FUSIÓN

fusión combinación de dos o más cosas que libera energía

Este libro del estudiante para escribir pertenece a

____

Maestro/Salón

____

HOUGHTON MIFFLIN HARCOURT

Front Cover: *crab* ©Mark Webb/Alamy; *Great Basin National Park* ©Frans Lanting/Corbis; *tree frog* ©DLILLC/Corbis; *beaker* ©Gregor Schuster/Getty Images; *rowers* ©Stockbyte/Getty Images.

Back Cover: *Giant's Causeway* ©Rod McLean/Alamy; *digital screen* ©Michael Melford/Stone/Getty Images; *mountain biker* ©Jerome Prevost/TempSport/Corbis; *gecko* ©Pete Orelup/Getty Images.

Printed in the U.S.A.

ISBN 978-0-547-81425-4

13 2331 20
4500813527 BCDEFG

Consultores del programa

Michael A. DiSpezio
Global Educator
North Falmouth, Massachusetts

Marjorie Frank
Science Writer and Content-Area Reading Specialist
Brooklyn, New York

Michael Heithaus
Director, School of Environment and Society
Associate Professor, Department of Biological Sciences
Florida International University
North Miami, Florida

Donna Ogle
Professor of Reading and Language
National-Louis University
Chicago, Illinois

Revisores del programa

Paul D. Asimow
Professor of Geology and Geochemistry
California Institute of Technology
Pasadena, California

Bobby Jeanpierre
Associate Professor of Science Education
University of Central Florida
Orlando, Florida

Gerald H. Krockover
Professor of Earth and Atmospheric Science Education
Purdue University
West Lafayette, Indiana

Rose Pringle
Associate Professor
School of Teaching and Learning
College of Education
University of Florida
Gainesville, Florida

Carolyn Staudt
Curriculum Designer for Technology
KidSolve, Inc.
The Concord Consortium
Concord, Massachusetts

Larry Stookey
Science Department
Antigo High School
Antigo, Wisconsin

Carol J. Valenta
Associate Director of the Museum and Senior Vice President
Saint Louis Science Center
St. Louis, Missouri

Barry A. Van Deman
President and CEO
Museum of Life and Science
Durham, North Carolina

¡Energízate con Fusión!

Este programa fusiona...

Aprendizaje electrónico y actividades de laboratorio virtuales

Actividades de laboratorio y exploraciones

Libro del estudiante para escribir

...y genera nueva energía en el científico de hoy: ¡tú!

Libro del estudiante para escribir

S.T.E.M.

Ingeniería y tecnología

¡Actividades de STEM a lo largo del programa!

Actividades diversas y de laboratorio

Las ciencias se basan en actividades prácticas.

¿Cómo influye la sequía en las plantas?

Hay sequía cuando cae menos lluvia de lo normal en un lugar. ¿Qué les pasa a las plantas cuando el medio en el que viven cambia y no reciben la cantidad normal de agua?

Materiales
5 vasos de plástico
marcador negro
125 semillas
tierra para macetas
agua
taza de medir

1 Rotula los vasos de *A* a *E*.

2 Llena los vasos con tierra para macetas húmeda. Planta 25 semillas en cada uno.

3 Riega los vasos de acuerdo con el siguiente horario:
- Vaso A: 50 mL de agua al día
- Vaso B: 25 mL de agua al día
- Vaso C: 50 mL de agua cada dos días
- Vaso D: 50 mL de agua una vez por semana
- Vaso E: nada de agua

Interesantes investigaciones en todas las lecciones.

Haz preguntas y pon a prueba tus ideas.

Saca conclusiones y comunica lo que aprendas.

Aprendizaje electrónico y actividades de laboratorio virtuales

Las lecciones digitales y los laboratorios virtuales ofrecen opciones de aprendizaje electrónico para todas las lecciones de *Fusión*.

Explora, por tu cuenta o en grupo, los conceptos científicos del mundo digital.

360° de investigaciones

Contenido

Niveles de investigación ■ Dirigida ■ Guiada ■ Independiente

VOLUMEN UNO

LA NATURALEZA DE LAS CIENCIAS Y S.T.E.M.

Unidad 2—El proceso de ingeniería 61

CIENCIAS DE LA VIDA

Unidad 3—Células y sistemas corporales

Unidad 4—Cómo crecen y se reproducen los seres vivos

VOLUMEN DOS

CIENCIAS DE LA TIERRA

CIENCIAS FÍSICAS

Unidad 13—La materia

UNIDAD 1

La labor de los científicos

La gran idea

Los científicos hacen observaciones e investigaciones cuidadosas para responder preguntas.

Me pregunto por qué

¿Por qué unos científicos trabajan al aire libre y otros trabajan en un laboratorio?

Da vuelta a la página para descubrirlo.

Por esta razón Los científicos trabajan para responder preguntas. Algunas preguntas se pueden responder en investigaciones de campo. Otras requieren instrumentos en un laboratorio.

En esta unidad vas a aprender más sobre La gran idea, y a desarrollar las preguntas esenciales y las actividades del Rotafolio de investigación.

Niveles de investigación ■ Dirigida ■ Guiada ■ Independiente

La gran idea Los científicos hacen observaciones e investigaciones cuidadosas para responder preguntas.

Preguntas esenciales

¡Ya entiendo La gran idea!

Cuaderno de ciencias

No te olvides de escribir lo que piensas sobre la Pregunta esencial antes de estudiar cada lección.

Lección 1

Pregunta esencial

¿Qué son las ciencias?

Ponte a pensar

Halla la respuesta a la siguiente pregunta en la lección y escríbela aquí.

¿Qué habilidades científicas podrías usar para estudiar los peces de un acuario?

Lectura con propósito

Vocabulario de la lección

Haz una lista de los términos. A medida que aprendes cada uno, toma notas en el Glosario interactivo.

Usa los títulos

Los buenos lectores leen primero los títulos y los usan para plantear preguntas que establezcan el propósito de la lectura. La lectura con propósito ayuda a los lectores a enfocarse en la comprensión de lo que se está leyendo, y así cumplir el propósito.

Lo que hacen los científicos

Desenterrar fósiles. Mirar a través de telescopios. Mezclar sustancias químicas en un laboratorio. Usar computadoras para predecir el estado del tiempo. Estas son solo algunas de las cosas que hacen los científicos.

Lectura con propósito Mientras lees estas dos páginas, convierte mentalmente el título en una pregunta y subraya las oraciones que respondan tu pregunta.

¿Te parece divertido resolver rompecabezas y buscar tesoros enterrados? Si es así, tal vez te gustaría ser paleontólogo. Los paleontólogos son científicos que estudian la historia de la vida en la Tierra. Como todos los científicos, ellos tratan de explicar cómo y por qué ocurren las cosas en el mundo natural, y responden sus preguntas haciendo investigaciones.

Una **investigación** es un procedimiento realizado para observar, estudiar o examinar con cuidado una cosa para aprender más sobre ella.

Además de conocer mucho sobre los seres vivos del pasado, los paleontólogos deben poseer muchas otras destrezas. En realidad, todo científico debe poseerlas. Los científicos **observan** o usan sus cinco sentidos para recopilar información. Y todos **comparan**, para encontrar las semejanzas y diferencias entre objetos y acontecimientos.

Observar

Escribe una observación que pudieras hacer sobre el fósil.

____

____

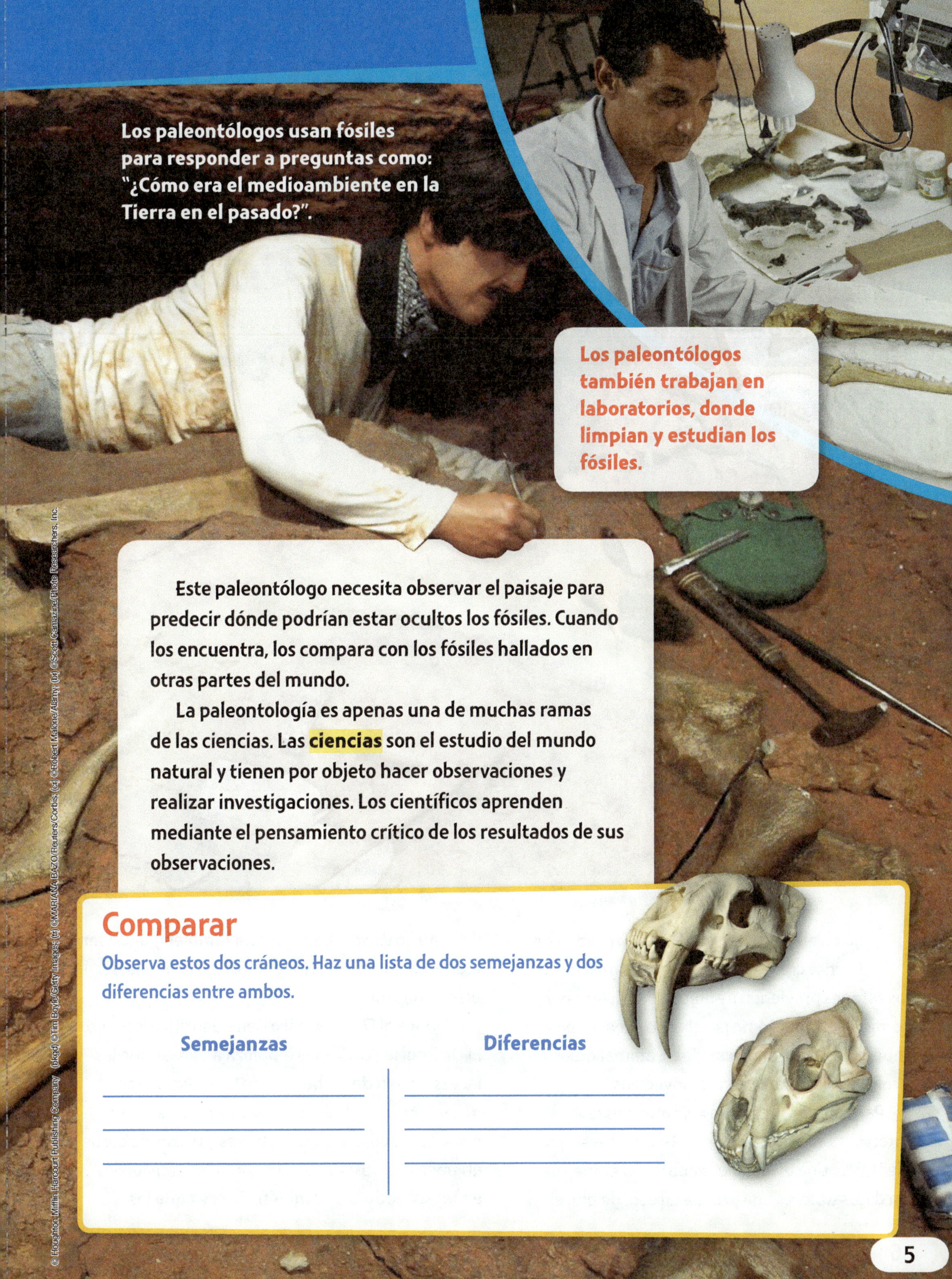

Los paleontólogos usan fósiles para responder a preguntas como: "¿Cómo era el medioambiente en la Tierra en el pasado?".

Los paleontólogos también trabajan en laboratorios, donde limpian y estudian los fósiles.

Este paleontólogo necesita observar el paisaje para predecir dónde podrían estar ocultos los fósiles. Cuando los encuentra, los compara con los fósiles hallados en otras partes del mundo.

La paleontología es apenas una de muchas ramas de las ciencias. Las **ciencias** son el estudio del mundo natural y tienen por objeto hacer observaciones y realizar investigaciones. Los científicos aprenden mediante el pensamiento crítico de los resultados de sus observaciones.

Comparar

Observa estos dos cráneos. Haz una lista de dos semejanzas y dos diferencias entre ambos.

Semejanzas	Diferencias

¡Compruébalo!

En el siglo XVII no había muchas maneras de conservar la carne fresca. ¡La carne podrida se llenaba enseguida de larvas o gusanos. ¡Qué asco! ¿De dónde saldrían esas larvas?

Lectura con propósito Encierra en un círculo los ejemplos de evidencia en estas dos páginas.

¡La carne podrida se convierte en larvas!

▶ Tacha con una X grande la explicación que se comprobó que *no* era verdadera.

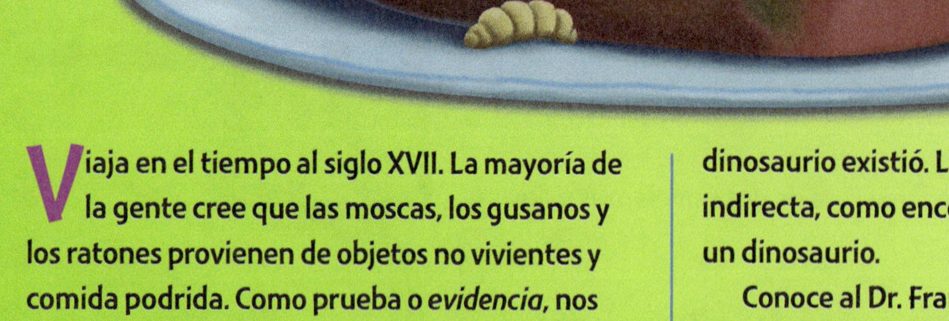

Viaja en el tiempo al siglo XVII. La mayoría de la gente cree que las moscas, los gusanos y los ratones provienen de objetos no vivientes y comida podrida. Como prueba o *evidencia*, nos muestran cómo el cuerpo de un animal muerto pronto se llena de gusanos movedizos.

Para un científico, una **evidencia** es la información recopilada durante una investigación científica. Una evidencia, como ver el cráneo de un dinosaurio, es una prueba directa de que el dinosaurio existió. La evidencia también puede ser indirecta, como encontrar el fósil de la huella de un dinosaurio.

Conoce al Dr. Francesco Redi, científico italiano. El Dr. Redi lee un libro y empieza a pensar que las larvas vienen de los huevos de las moscas. Redi **planea y dirige investigaciones** para recoger evidencias. Coloca algunas larvas y trozos de carne en frascos, y observa que las larvas se convierten en moscas adultas. También observa que las

El Dr. Redi colocó carne fresca en dos frascos, uno tapado y el otro destapado.

La carne del frasco destapado se llenó de gusanos, en cambio, la del frasco cerrado, no.

moscas adultas ponen huevos y que de estos salen más larvas.

Más adelante, el Dr. Redi prepara un experimento. Para ello, coloca carne en varios frascos. Algunos los tapa y otros los deja abiertos. Observa que solo la carne de los frascos abiertos tiene larvas.

El Dr. Redi hace muchos experimentos. Prueba con peces, ranas y serpientes muertos. Todas las evidencias apoyan su idea: los insectos vivos solo pueden provenir de otros insectos vivos.

▶ Llena los espacios en blanco de este organizador gráfico.

Observar y hacer ______________.

↓

Planear y dirigir ______________.

↓

Usar la ______________ para explicar las observaciones.

Las larvas salen de los huevos que ponen las moscas.

Evitar trampas

Los humanos somos demasiado grandes para quedar atrapados en una telaraña. Sin embargo, hay ciertas trampas que debes evitar cuando piensas como un científico.

Lectura con propósito A medida que leas estas dos páginas, convierte mentalmente el título en una pregunta y subraya las oraciones que respondan a tu pregunta.

▶ Mira las palabras de la telaraña de abajo. Ponles una estrella a las que *deberías* usar para sacar conclusiones apropiadas. Tacha las que no correspondan.

Opiniones

Favoritos

Observaciones

Inferencias

Evidencia

Sentimientos

Cómo sacar conclusiones

Los científicos **sacan conclusiones** a partir de los resultados de sus investigaciones. Una conclusión debe ser respaldada con evidencia. Otros científicos juzgan la conclusión con base en la cantidad de evidencia dada. Juzgan en qué medida la evidencia apoya la conclusión.

No saques conclusiones demasiado rápido. ¡Esa es una de las trampas peliagudas de la ciencia! Tal como lo hizo el Dr. Redi, debes repetir tus investigaciones y pensar en lo que puedes **inferir** de tus observaciones. Y luego, solo entonces, sacar conclusiones.

Supón que dedicas una semana a observar las arañas. Podrías concluir que todas las arañas fabrican telarañas para atrapar su presa. Esto puede ser cierto para las arañas que has observado, pero no lo es para todas las arañas. Algunas de ellas, como la araña lobo, cazan su presa.

Observación Información recopilada utilizando los sentidos.	El insecto está atrapado en la telaraña.
Inferencia Idea o conclusión basada en una observación.	Más tarde, la araña se alimentará del insecto.
Opinión Creencia personal que no necesita prueba.	¡Las arañas son repugnantes!

¿Opinión o evidencia?

Una **opinión** es una creencia o juicio. No necesita ser probada o respaldada con evidencias. Puedes opinar que las arañas son repugnantes o desagradables. Aunque otros no estén de acuerdo, tú puedes quedarte con tu opinión.

Los sentimientos y opiniones personales no deberían afectar la forma en que haces tus investigaciones. Tampoco deberían afectar tus conclusiones. Aunque es difícil, la ciencia consiste en tener una mentalidad abierta. Por ejemplo, no ignores la evidencia solo porque no te agrada su significado.

▶ Escribe una observación, una inferencia y una opinión de lo que ves en la imagen.

Observación	
Inferencia	
Opinión	

Por qué es importante

El conocimiento crece

¿Cómo se relaciona un hombre que investigó la electricidad y los cables hace más de 350 años con el lanzamiento del último videojuego?

Stephen Gray, un científico nacido en 1666, se encontraba trabajando en su casa cuando descubrió que la energía eléctrica podía moverse a través de un alambre corto. Stephen Gray llevó sus materiales a las casas de sus amigos y les mostró su descubrimiento. Entre todos, fueron alargando el alambre.

Hoy en día, los científicos tienen muchas maneras de **comunicarse** o compartir los resultados de sus investigaciones. Cuando los científicos se comunican con claridad, otros pueden repetir sus investigaciones, comparar los resultados entre sí y ampliar las ideas. Así, crece el conocimiento científico.

Comunícate

Haz una lista de las formas en las que puedes comunicarte.

____

____

____

____

1729 Stephen Gray muestra que la electricidad puede ser transportada a través de un alambre.

1882 Thomas Edison inaugura la primera estación eléctrica.

El conocimiento crece cuando se comunica. Cada descubrimiento científico conduce a nuevas preguntas. Se aprende más y se inventan cosas nuevas.

El primer videojuego fue inventado en 1958. Su creador fue un científico llamado William Higinbotham. ¿La razón? Hacer que el Día del Visitante en su laboratorio fuera más interesante para el público. Y lo logró, porque cientos de personas esperaban en fila para jugar.

Échale un vistazo a la línea cronológica. La ciencia tras el juego de Higinbotham se remonta cientos de años o más.

1947 Se inventa el transistor, necesario para fabricar radios y computadoras.

1953 Se vende la primera computadora.

1958 William Higinbotham inventa el primer videojuego.

1967 Se inventa la primera calculadora portátil.

1971 Entra en funcionamiento la primera máquina de videojuegos con monedas.

1972 Se venden los primeros sistemas de videojuegos para el hogar.

1977 Se venden los primeros videojuegos portátiles.

Las primeras máquinas de videojuegos no eran muy complejas.

2009 Los científicos usas las tarjetas de videojuegos súper rápidas de las computadoras para investigar la estructura de las moléculas.

Los videojuegos actuales son rápidos, complejos e interactivos.

Conoce a los científicos

Hoy en día hay más personas empleadas como científicos que nunca antes en la historia. Sin embargo, ¡quedan infinidad de preguntas sin respuesta para que tú las respondas!

Lectura con propósito Mientras lees estas dos páginas, subraya lo que estudia cada tipo de científico.

Astrónomo

Los astrónomos hacen preguntas sobre cómo funciona el universo. Debido a que las novas, los agujeros negros y las galaxias están tan lejos, usan las relaciones entre el tiempo y el espacio para investigarlos. También miden las distancias en el espacio en unidades llamadas años luz. Un año luz es la distancia que viaja la luz en un año de la Tierra.

Práctica matemática

Usar fracciones

La Tierra y Marte se desplazan alrededor del Sol. Cada vez que la Tierra da una vuelta completa alrededor del Sol, Marte realiza cerca de $\frac{1}{2}$ de su vuelta.

1. **¿Cuántas vueltas da la Tierra alrededor del Sol en el tiempo que le toma a Marte dar una vuelta?**

____

2. **En el dibujo de abajo, pon una *X* donde Marte estará después de que la Tierra complete cinco vueltas alrededor del Sol.**

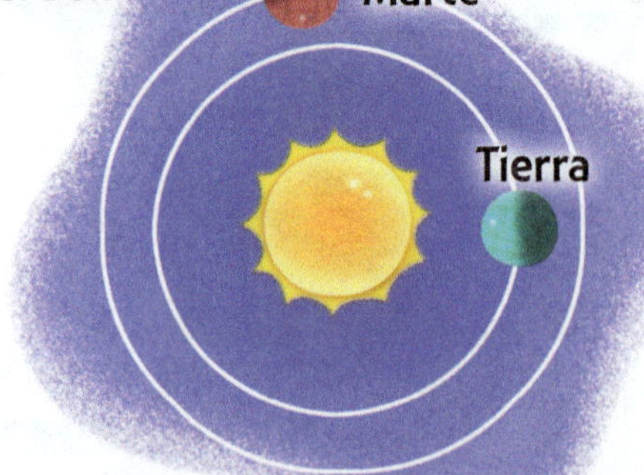

No necesitas ser un profesional para dedicarte a la astronomía. Hay personas que han descubierto muchos cometas y estrellas nova con telescopios desde ¡sus patios!

Ordena

Cuando **ordenas**, colocas los objetos o los sucesos uno después del otro, en la secuencia correcta. Escribe los números *1, 2, 3* y *4* para mostrar el orden de las siguientes imágenes.

______ ______ ______ ______

Botánico

Un botánico se hace preguntas e investiga acerca de las plantas. Por ejemplo, algunos estudian cómo las condiciones ambientales afectan el ciclo de vida de una planta.

Taxónomo

Los taxónomos son científicos que identifican los tipos de seres vivos y los **clasifican** de acuerdo a cómo se relacionan entre sí. Cuando clasificas, ordenas los objetos o sucesos en categorías basadas en características específicas.

Clasifica

Observa las mariposas en esta página. ¿Cuáles serían algunas maneras de clasificarlas?

____

____

____

Cuando termines, lee la Clave de respuestas y corrige lo que sea necesario.

Lee el resumen y completa los espacios en blanco con las palabras que faltan.

El objetivo de un científico es comprender el mundo natural. Para ello, un científico planea y realiza 1. ____________________.

Los científicos usan la 2. ____________________ que recogen para sacar 3. ____________________.

Un buen científico no permite que sus creencias personales u 4. ____________________ influyan en su estudio.

Los científicos utilizan muchas destrezas importantes. Por ejemplo, cuando un científico 5. ____________________, usa sus observaciones y conocimientos previos para determinar lo que sucede.

Lee los enunciados a continuación. Escribe la destreza científica utilizada por cada estudiante.

6. Ángela hizo una lista de las semejanzas entre dos planetas. ____________________

7. Krystal separó unas piedras en cinco grupos según su color. ____________________

8. Robbie explicó los resultados de su investigación a sus compañeros de clase. ____________________

9. Dmitri examinó la apariencia y la sensación al tacto de las plumas. ____________________

10. Juan organizó las etapas del proceso de la primera a la última. ____________________

Clave de respuestas: 1. investigaciones 2. evidencia 3. conclusiones 4. opiniones 5. infiere 6. comparar 7. clasificar 8. comunicar 9. observar 10. ordenar

Nombre ______________________________

Juego de palabras

1 Completa el crucigrama. Si necesitas ayuda, usa las palabras del recuadro amarillo.

Horizontales

3. Poner las cosas en grupos.
6. Lo que hace alguien que recopila información usando los sentidos.
7. Creencia o juicio.
8. Idea o conclusión basada en una observación.
9. Estudio de la naturaleza por medio de la investigación.

Verticales

1. Proceso de estudiar o examinar algo para aprender más acerca de él.
2. Compartir la información.
4. Hechos e información recopilados en el tiempo.
5. Observaciones e información que apoyan una conclusión.
6. Organizar las cosas según cuando sucedieron o por su tamaño.

clasificar	comunicar	evidencia*	inferencia	investigación*
conocimiento	observa	opinión*	ordenar	ciencias*

* Vocabulario clave de la lección

Aplica los conceptos

2 Compara estos dos pájaros. Enumera sus semejanzas y diferencias.

Semejanzas:

____

____

Diferencias:

____

____

3 Supón que alguien te dice que vio un pájaro nunca antes visto en tu estado. ¿Qué tipo de evidencia le pedirías?

____

____

____

4 En tu opinión, ¿cuál es el animal más atemorizante de la Tierra? ¿Cómo afectaría esto a tus investigaciones?

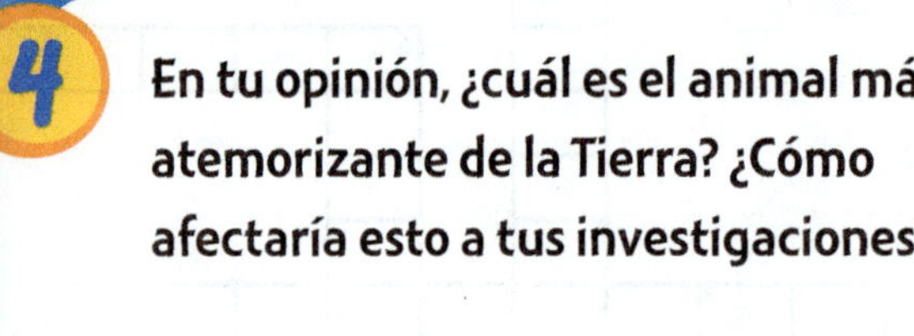

____

____

____

____

5 Una mañana, ves un cubo de basura volcado y con las bolsas de plástico abiertas. ¿Qué puedes inferir al respecto?

____

____

____

Para la casa

¿Cómo puedes comunicarte con gente de otras partes del mundo, recopilar datos reales y ayudar a responder una pregunta? Investiga en Internet sobre proyectos de ciencias. Escoge un proyecto interesante. Participa con tu familia.

6 COSAS que debes saber sobre los meteorólogos

1

Un meteorólogo es una persona que estudia el tiempo.

2

Los meteorólogos usan instrumentos para medir la temperatura, la velocidad del viento y la presión atmosférica.

Los meteorólogos usan los datos que recogen para pronosticar el tiempo.

4

Las computadoras les sirven a los meteorólogos para comunicar los datos sobre el tiempo en todo el mundo.

5

Recoger los datos apropiados les sirve a los meteorólogos para ver los diferentes patrones del tiempo.

6

Los pronósticos de los meteorólogos le sirven a la gente para protegerse durante el mal tiempo.

Sé una meteoróloga

Usa la gráfica del pronóstico del tiempo para responder las preguntas.

1 ¿Cuál fue la temperatura el jueves? ________

2 ¿Qué día fue nublado y lluvioso? ________________

3 ¿Cuántos grados hizo más frío el martes que el jueves?

____

4 ¿Qué día estuvo parcialmente nublado? _________

5 Compara las temperaturas del martes y del viernes. ¿Qué día tuvo la temperatura más alta?

____

6 En el pronóstico de abajo, ¿qué día muestra la temperatura más alta? _________________ ¿Y la más baja? __________________

Rotafolio
de investigación,
pág. 3

Nombre ____________________

Pregunta esencial

¿Cómo aprenden los científicos sobre el mundo natural?

Establece un propósito

¿Qué aprenderás de esta investigación?

____

____

____

____

____

Piensa en el procedimiento

¿Cómo elegiste las predicciones que escribirías en tu origami para predecir el tiempo?

____

____

____

____

Anota tus datos

Anota tus resultados en la tabla de abajo.

Fecha	Predicción origami	Predicción del servicio meteorológico	Tiempo que hace

Saca tus conclusiones

De las dos clases de predicciones del tiempo, ¿cuál parece ser la correcta? Explica.

Analiza y amplía

1. **¿Qué resultados crees que obtendrías si continuaras tu investigación durante un mes?**

2. **¿Cómo crees que hace sus predicciones el servicio meteorológico?**

3. **¿Por qué es importante que los científicos hagan buenas predicciones del tiempo?**

4. **La gráfica lineal muestra la temperatura promedio en Houston, TX, en octubre. ¿Puedes predecir cuál será la temperatura en Houston el próximo octubre? ¿Cómo lo harías?**

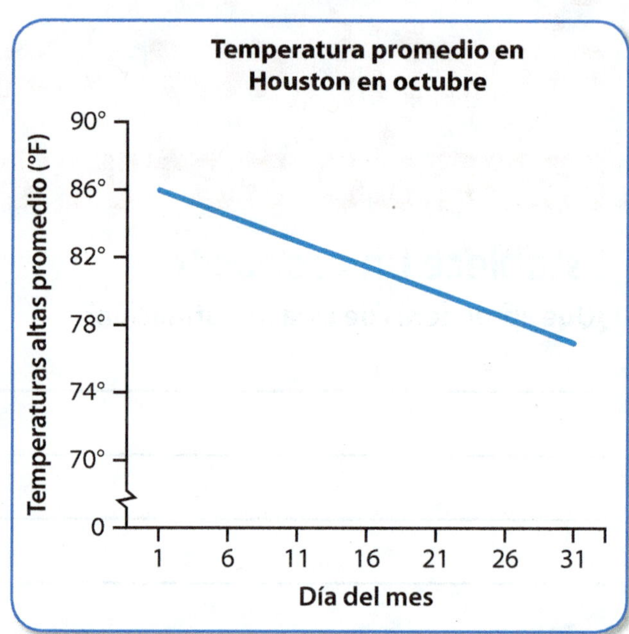

5. **¿Qué más te gustaría saber sobre cómo hacen sus predicciones los científicos? Escribe tus ideas en forma de preguntas.**

Instrucciones

1. Arranca con cuidado esta página de tu libro.
2. Recorta el cuadrado de abajo: lo usarás para hacer el origami de predecir el tiempo.
3. En cada conjunto de líneas, escribe una predicción del tiempo.
4. Sigue las instrucciones de la siguiente página para doblar y usar tu origami de predecir el tiempo.

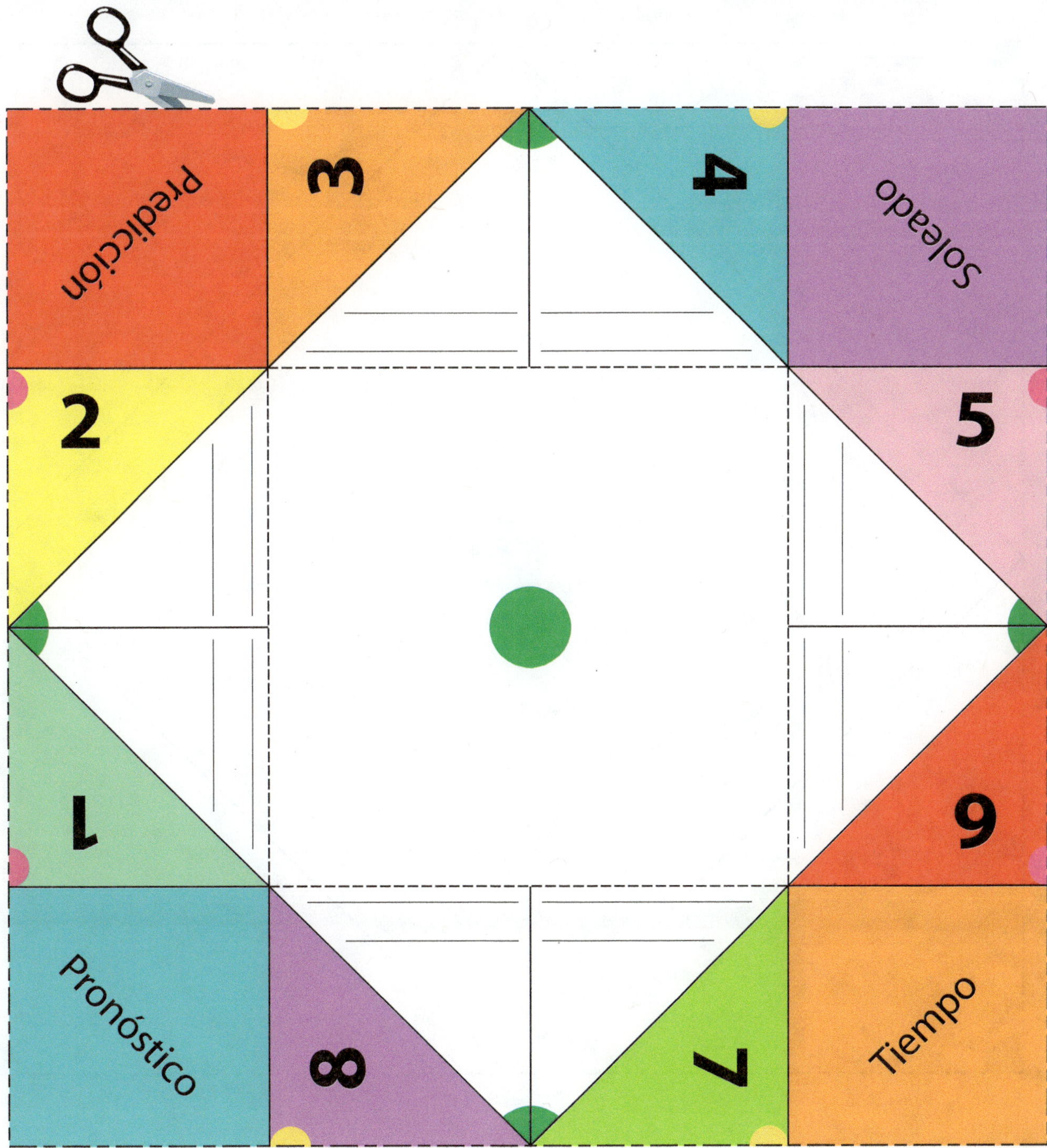

Instrucciones (continuación)

5. **Dobla los puntos azules hacia el círculo azul. Voltea el papel y dobla los puntos verdes hacia el círculo verde.**
6. **Dobla el papel por la mitad para que los puntos amarillos se toquen entre sí. Haz un pliegue y desdobla el papel. Dóblalo otra vez por la mitad para que los puntos rosados se toquen entre sí.**
7. **Pon tus dedos bajo los cuadrados de colores. Planea con tu grupo cómo usar este origami para predecir el clima.**

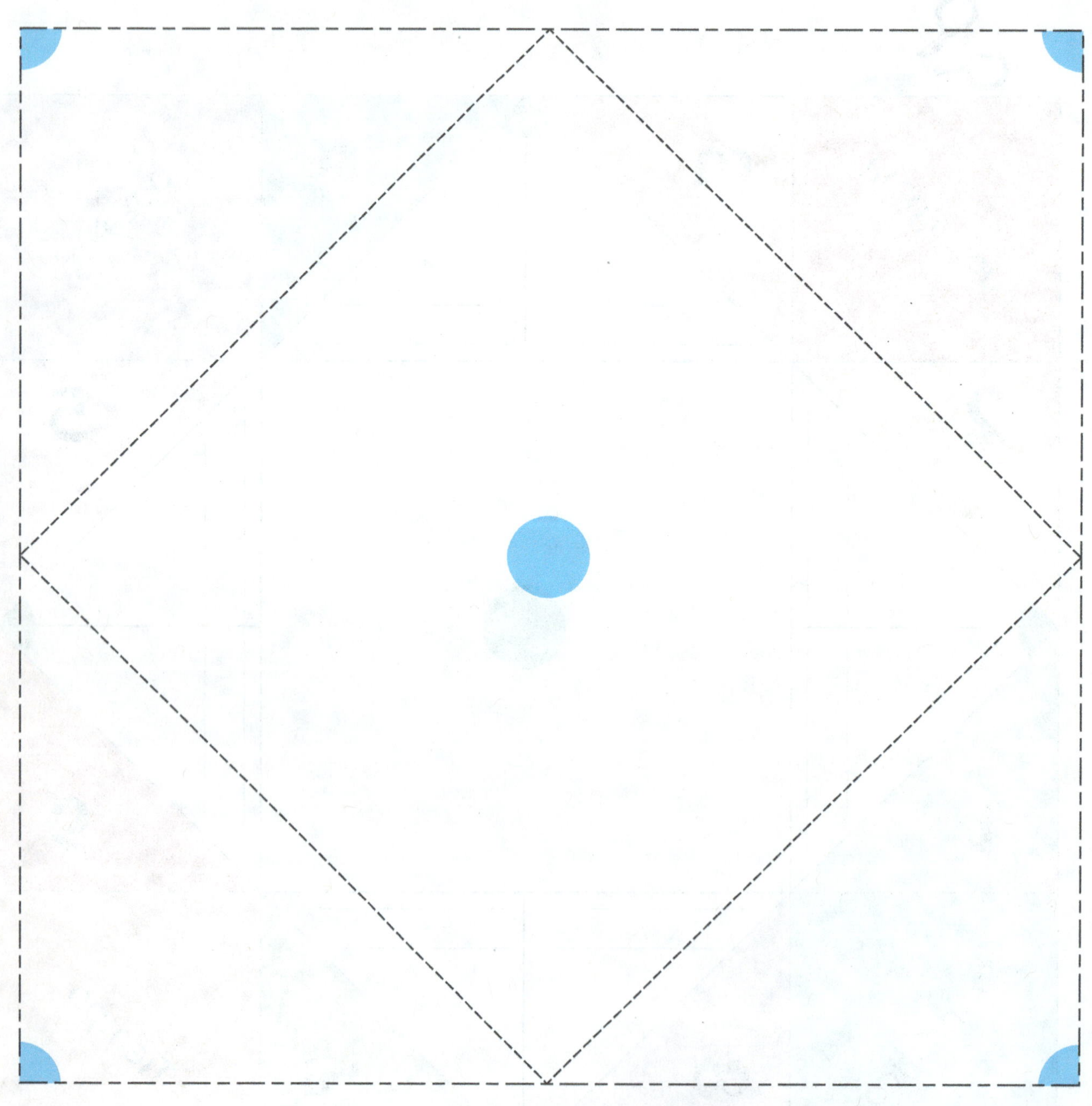

Pregunta esencial

¿Cuáles son algunos tipos de investigaciones?

Ponte a pensar

Halla la respuesta a la siguiente pregunta en esta lección y escríbela aquí.

¿Qué hizo esta científica antes de empezar su experimento con plantas?

____

____

____

____

Lectura con propósito

Vocabulario de la lección

Haz una lista de los términos. A medida que aprendes cada uno, toma notas en el Glosario interactivo.

____

____

____

____

Ideas principales

La idea principal de un párrafo es la idea más importante. La idea principal puede estar en la primera oración o en otro lado. Los buenos lectores buscan las ideas principales, haciéndose la siguiente pregunta: ¿de qué trata este párrafo principalmente?

Todo un proceso

Probar modelos de puentes, trazar el recorrido de una tormenta, buscar planetas lejanos en el cielo: cada una de estas investigaciones usa métodos científicos.

Lectura con propósito Mientras lees estas dos páginas, subraya las ideas principales.

¿Cómo afecta la forma de una habitación el sonido de la voz?

¿Cómo afecta un resfriado la voz de una persona?

¿Puede la voz humana romper un vidrio?

¿Qué tan alto puede cantar una cantante?

Empezar con una pregunta

Los científicos observan el mundo y luego hacen preguntas con base en sus observaciones. Pero no todas las preguntas son iguales. Una buena pregunta científica es la que puede ser respondida por medio de la investigación. Una investigación científica empieza siempre con una pregunta.

Planear una investigación

Cuando un científico tiene una pregunta comprobable, es el momento de planear una investigación. Los científicos usan **métodos científicos** para investigar. Hay muchas formas en las que un científico investiga el mundo, pero todos los métodos científicos usan la lógica y el razonamiento.

► **Supón que acabas de oír a una cantante de ópera practicar con la voz. Escribe tu propia pregunta científica sobre los sonidos que hace la cantante.**

____

____

Experimentos

En un experimento, los científicos controlan todas las condiciones de la investigación y estudian lo que le sucede a un grupo de muestras que son iguales, excepto por una diferencia.

Observaciones repetidas

Los científicos usan observaciones repetidas para estudiar procesos de la naturaleza que pueden observar pero que no pueden controlar.

Uso de modelos

Los científicos usan modelos cuando no pueden experimentar en el objeto real. Los modelos los ayudan a investigar cosas que son grandes (como un planeta), costosas (como un puente) o incontrolables (como el tiempo).

Las investigaciones se diferencian

El método que usa un científico depende de la pregunta que él o ella esté investigando. Un **experimento** es una investigación en la que todas las condiciones están controladas. Los modelos se usan para representar objetos reales o procesos. Los científicos hacen observaciones repetidas para estudiar procesos de la naturaleza sin perturbarlos.

Cómo sacar conclusiones

Independientemente del método científico usado, los científicos tendrán resultados que pueden usar para sacar conclusiones. Las conclusiones pueden responder a la pregunta que hicieron antes de empezar. También, pueden llevar a otras preguntas y a muchas ideas más en la investigación.

▶ Escribe el tipo de investigación que podrías hacer para responder a las siguientes preguntas.

¿Cómo reaccionan diferentes diseños de puentes a vientos fuertes?

____

¿Qué tan rápido sopla el viento en el lugar donde se construirá un puente?

____

¿Qué tipo de pintura funciona mejor para evitar la oxidación de un puente?

____

Observaciones explosivas

¿Cómo afecta un huracán a los animales? ¿Están muriendo los arrecifes de coral? ¿Cómo crían las ballenas a sus crías? Estas son algunas preguntas de las ciencias que pueden ser respondidas con la observación repetida.

Lectura con propósito Mientras lees estas dos páginas, pon una estrella al lado de tres ejemplos de observación repetida.

Old Faithful

Algunas preguntas de las ciencias solo pueden ser respondidas haciendo observaciones, debido a que algunas cosas son muy grandes, están muy lejos o son incontrolables en un experimento. Sin embargo, se puede aprender bastante de la observación repetida.

En el Parque Nacional Yellowstone, hay agujeros en el suelo que expulsan agua caliente y vapor. Estos se llaman géiseres. El Old Faithful es un géiser famoso que entra en erupción cada hora. Las observaciones del géiser realizadas durante años pueden ser usadas para predecir cuándo ocurrirá la próxima erupción. Una predicción es una afirmación, que se basa en información, sobre un suceso futuro.

El momento de la próxima erupción del Old Faithful depende de cuánto duró la erupción anterior. Supón que la última erupción fue a las 3:05 pm y duró 3 minutos y 15 segundos. Predice cuándo será la próxima erupción.

Cuánto dura una erupción	1 min 30 seg	2 min	2 min 30 seg	3 min	3 min 30 seg	4 min	4 min 30 seg	5 min
Tiempo para la próxima erupción	50 min	57 min	65 min	71 min	76 min	82 min	89 min	95 min

Con frecuencia, lo primero que se observa de una ballena es su chorro.

Los científicos tienen muchas preguntas sobre las ballenas, el mamífero más grande de la Tierra. ¿Cuánto viven las ballenas? ¿Cómo se comunican? ¿Cómo cuidan a sus crías? ¿Qué distancia pueden recorrer en un año? Estas preguntas se responden con la observación repetida.

Por ejemplo, la aleta caudal es diferente en cada ballena. Los científicos toman fotos de las aletas y las usan para identificar ballenas particulares. Una vez que saben cómo es cada ballena, pueden reconocerlas cada vez que las ven en el océano.

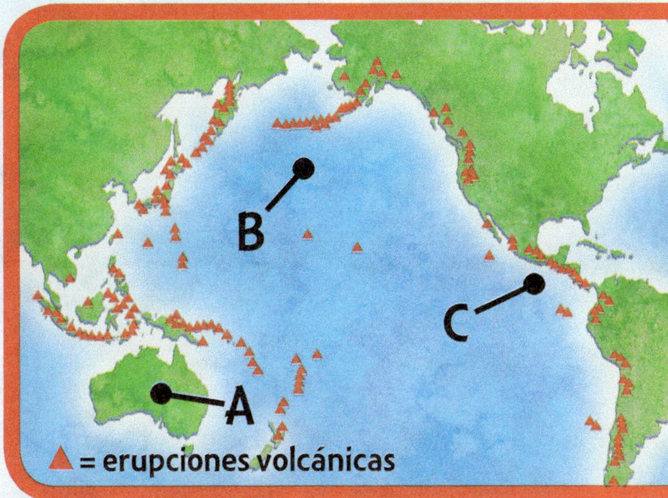

Predecir

Los científicos han observado y registrado las erupciones volcánicas durante cientos de años. El mapa de la izquierda muestra la información. ¿En qué lugar, A, B o C, es más probable que ocurra una erupción volcánica? ______

¿Por qué crees que los científicos llaman a esta región "El anillo de fuego"?

______

______

Súper modelos

¿Cómo vuela un murciélago? ¿Cómo se verían de cerca los anillos de Saturno? ¿Cómo funciona un corazón? Estas son algunas preguntas de ciencias que pueden ser respondidas usando modelos.

En una computadora se pueden hacer modelos complejos. Estos modelos muestran el lugar donde podrían suceder los mayores daños si ocurriera un terremoto.

Lectura con propósito Encierra en un círculo los diferentes tipos de modelos que están descritos en estas dos páginas.

Cuando es necesario hacer un modelo

Cuando los científicos no pueden experimentar con el propio asunto, pueden usar modelos. Los modelos científicos son necesarios para entender sistemas que tienen muchas partes escondidas, como una colonia de hormigas o Internet. Los científicos sacan conclusiones y hacen predicciones, estudiando los modelos.

Cuanto más precisa es la representación que hace el modelo del objeto real, más útil es. Por eso, los científicos van cambiando los modelos a medida que van obteniendo más información.

Tipos de modelos

Los modelos se hacen de diferentes formas. Una forma es construir un modelo físico. Una mesa vibradora con modelos de edificios es un modelo físico. Otra forma es programar modelos de simulación en computadora. Los científicos pueden acelerar el tiempo en modelos en computadora para ver qué podría pasar en el futuro. Una tercera forma de hacer modelos es dibujar diagramas y organigramas. Estos modelos bidimensionales se usan para mostrar cómo están relacionadas las ideas.

Los terremotos son difíciles de predecir y pueden causar daños. Las nuevas estructuras se han diseñado para prevenir daños.

Los científicos construyen "mesas vibradoras" que modelan el movimiento de terremotos reales. Esta foto muestra dos tipos de casas sometidas a prueba. ¿Qué casa parece ser más segura en un terremoto?

Usa modelos

¿En qué se parecen un modelo de terremoto hecho de gelatina y un terremoto real? ¿En qué se diferencian?

Semejanza: ______________________________

Diferencia: ______________________________

____

Puedes modelar los efectos de un terremoto usando gelatina como suelo y edificios hechos de bloques.

Saber hacer experimentos

Estás disfrutando de un helado de frutas, y el calor de tu lengua derrite el helado. Mientras sorbes el líquido, piensas en cómo se congelan diferentes sustancias.

Lectura con propósito Mientras lees las próximas cuatro páginas, encierra en un círculo el vocabulario de la lección cada vez que se use.

Haz preguntas

Sabes que un congelador es lo suficientemente frío para congelar agua. También sabes que el jugo es principalmente agua. Preguntas: "¿agregar sustancias al agua afecta su punto de congelación?"

Muchas preguntas de ciencias, incluida esta, pueden responderse haciendo experimentos. Un **experimento** es un proceso que se usa para probar una *hipótesis*. Es buena idea hacer algunas observaciones antes de establecer una hipótesis. Por ejemplo, podrías poner una pequeña cantidad de jugo de naranja en un congelador. Después, podrías revisarlo con frecuencia para ver si hay cambios.

Formula una hipótesis

Una hipótesis es una afirmación que puede ser probada y explicará lo que puede pasar en una investigación. En el caso de la pregunta sobre congelación, piensas en lo que ya sabes. También puedes hablar con otras personas o puedes investigar preguntando a un experto.

Descubrirás que el punto de congelación y el punto de fusión de un material debería ser la misma temperatura. Un experto sugiere que es mejor medir el punto de fusión que el de congelación.

Diseña un experimento

Un experimento bien diseñado tiene dos o más planes de acción. Esto te permite comparar los resultados entre ellos. Para el experimento de congelación/fusión, cada plan de acción será un vaso de líquido.

Una **variable** es cualquier situación en un experimento que pueda ser cambiada. En la mayoría de los experimentos hay muchas, muchas variables que considerar. El truco es mantener todas las variables iguales en cada plan de acción, excepto una. Esa será la variable que probarás.

Entre los planes de acción debe haber uno llamado **control**. El control es el plan de acción con el que compararás todos los demás.

Has decidido disolver diferentes sustancias en agua y congelarlas. Después, planeas sacarlas del congelador y revisar sus temperaturas con un termómetro mientras se derriten.

Hipótesis

Completa el espacio en blanco en la hipótesis.

Cualquier sustancia disuelta en agua ______________________ la temperatura a la que se congela y descongela la mezcla.

Identifica y controla variables

Cuando identificas y controlas variables, determinas qué situaciones deben permanecer igual y cuáles deben cambiar. Encierra en un círculo la variable que será probada. Subraya las variables que permanecerán iguales.

- los tipos de vasos
- la cantidad de agua
- el material que está disuelto en el agua
- la temperatura del congelador
- los tipos de termómetros
- el tiempo que dejas los vasos en el congelador

La única diferencia entre estos vasos es lo que se le ha agregado al agua.

Realiza el procedimiento

Un procedimiento son los pasos que sigues en tu experimento. Digamos que llenas cuatro vasos idénticos, cada uno con un líquido diferente:

- agua pura
- agua salada
- agua con azúcar
- agua con vinagre

A continuación, pones un termómetro en cada vaso. Luego, pones los vasos en el congelador. Cuando los cuatro estén congelados, los sacas del congelador y observas lo que pasa. Cuando los contenidos estén medio derretidos, mides la temperatura de cada líquido. Esa temperatura es el punto de fusión.

Es buena idea repetir el procedimiento muchas veces. Cada vez tendrás más resultados para tener en cuenta. Si los resultados son muy parecidos, tendrás más evidencia para apoyar tus conclusiones.

▶ Si pudieras, ¿cómo cambiarías este experimento?

____

____

____

____

Registra y analiza datos

Puedes escribir tus observaciones en oraciones o puedes llenar una tabla. Sin importar cómo lo hagas, asegúrate de registrarlas correctamente. Revísalas dos veces o pide a un miembro del equipo que las revise.

Una vez terminado el experimento y con los datos registrados, puedes analizar tus resultados. Si los datos están en números, tus habilidades matemáticas serán útiles. Por ejemplo, en la tabla de datos de abajo, necesitarás saber cómo escribir, leer y comparar decimales.

Experimento del punto de fusión	
Sustancia	Punto de fusión (°C)
Agua pura	0.0 °
Agua salada	−3.7 °
Agua con azúcar	−1.8 °
Agua con vinagre	−1.1 °

Saca tus conclusiones y evalúa la hipótesis

Sacas las conclusiones con base en tus resultados. Recuerda que todas las conclusiones deben estar sustentadas con evidencia. Cuantas más evidencias tengas, más sólida será tu conclusión.

Una vez que tengas una conclusión, mira tu hipótesis y decide si está sustentada o no. Si no lo está, intenta replantear tu hipótesis. Luego, diseña un nuevo experimento para probarla. Eso es lo que hacen los científicos: crear con base en lo que aprenden.

Saca tus conclusiones

¿Qué conclusión puedes sacar con base en este experimento?

____

____

____

____

____

____

Entrega especial: Presentación de datos

Una vez que hayas terminado una investigación científica, querrás compartirla ¿Cuál es la mejor forma de comunicar los datos que recogiste?

Como parte de sus investigaciones, los científicos recogen, registran e interpretan datos. Hay más de una forma de mostrar o comunicar tus datos. Algunas presentaciones son más apropiadas para algunas formas de datos que otras.

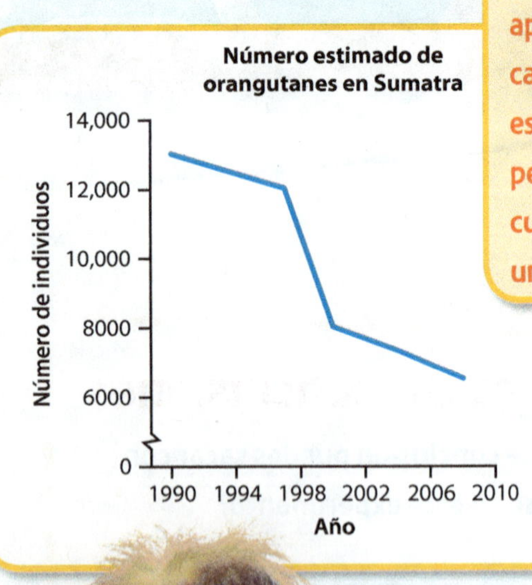

Las gráficas lineales son apropiadas para mostrar cambios en el tiempo, especialmente cambios pequeños. Si quieres mostrar cuánto creces cada año, usa una gráfica lineal.

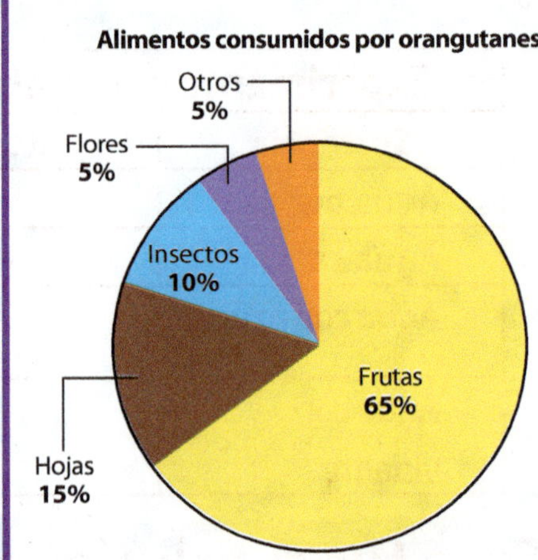

Las gráficas circulares son apropiadas para comparar partes con el todo. Si quieres presentar fracciones o porcentajes, usa una gráfica circular.

Los diagramas son apropiados para mostrar datos que no contienen números. Este diagrama muestra cómo un orangután usa una herramienta para comerse las semillas de una fruta.

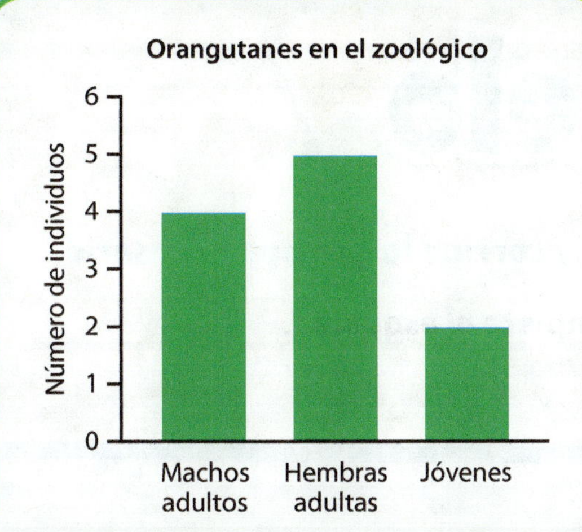

Las gráficas de barras son apropiadas para comparar cosas o grupos de cosas. Cuando tus datos estén por categorías, usa una gráfica de barras.

Práctica matemática

Dibujar una gráfica de barras

Dibuja una gráfica de barras en esta página. Usa los datos de la tabla de abajo. Decide si quieres las barras verticales u horizontales. Marca con cuidado los intervalos en cada eje. Dibuja las barras. Luego, titula y marca todas las partes de tu gráfica.

Número de orangutanes contados	
Día	Número
Lunes	7
Martes	13
Miércoles	10
Jueves	2
Viernes	6

Cuando termines, lee la Clave de repuestas y corrige lo que sea necesario.

El esquema de abajo es un resumen de la lección. Completa el esquema.

En pocas palabras

I. Métodos científicos
- A. Todos empiezan con una pregunta
- B. Las investigaciones varían
  1. experimentos
  2. (1) ______________________
  3. (2) ______________________
- C. Todos tienen resultados desde los cuales (3) ______________________

II. Observaciones repetidas
- A. Algunas cosas son muy grandes, están muy lejos o no se pueden controlar en un experimento.
- B. Ejemplos
  1. volcanes
  2. (4) ______________________

III. Usar modelos
- A. Se necesitan para entender sistemas que tienen muchas partes ocultas.
- B. Tipos de modelos
  1. diagramas y organigramas
  2. (5) ______________________
  3. (6) ______________________

IV. Experimentos controlados
- A. Hacer preguntas
- B. Formular una hipótesis
- C. (7) ______________________
- D. Realizar el procedimiento
- E. (8) ______________________
- F. Sacar conclusiones

V. Organizar y presentar datos
- A. Las presentaciones de datos sirven para comunicar
- B. Clases de presentaciones de datos
  1. gráficas circulares
  2. (9) ______________________
  3. (10) ______________________
  4. (11) ______________________

Clave de respuestas: 1. modelos 2. observaciones repetidas 3. sacar conclusiones 4. géisers y ballenas 5. simulación por computadora 6. modelos físicos 7. Diseñar un experimento 8. Registrar y analizar datos 9. gráficas lineales 10. gráficas de barras 11. diagramas

Nombre ____________________

Juego de palabras

1 **Lee cada clave. Luego, halla y encierra en un círculo el término en la sopa de letras.**

Claves

1. Lo que usan los científicos para investigar: ____________ ________________
2. Deben ser lo más parecidos posible al objeto real: __________
3. Parte del experimento que se usa para comparar todos los otros grupos: __________
4. Lo que hacen los científicos que sirve de base a sus investigaciones: _______ ____________
5. Cualquier condición en un experimento que puede ser cambiada: ___________
6. Tipo de gráfica apropiada para mostrar cambios en el tiempo: __________ _________
7. Afirmación que puede ser probada y que explica lo que crees que pasará en un experimento: ____________
8. Los pasos que sigues en un experimento: _________________
9. Usar patrones observados para decir qué puede pasar a continuación: ___________
10. Investigación controlada: _______________

Z	M	S	A	T	N	U	G	E	R	P	R	E	C	A	H	J	X
G	X	M	I	J	M	S	O	T	A	D	R	E	G	O	C	E	R
M	E	T	O	D	O	S	C	I	E	N	T	I	F	I	C	O	S
A	L	E	M	D	N	B	A	O	R	J	O	J	H	A	T	I	A
R	B	W	N	L	E	O	S	I	N	O	G	U	R	N	G	M	S
J	A	R	H	Q	V	L	U	X	Z	T	M	J	E	Q	A	E	I
A	I	E	Z	G	O	L	O	K	R	W	R	M	L	R	H	V	S
P	R	E	D	E	C	I	R	S	S	V	I	O	G	J	O	S	E
Z	A	R	A	N	A	L	I	Z	A	R	N	A	L	A	G	E	T
H	V	H	O	O	P	R	O	C	E	D	I	M	I	E	N	T	O
Q	E	C	M	G	S	A	L	P		D	Z	R	A	B	O	R	P
G	O	Z	V	A	Y	N	X	O	B	S	E	R	V	A	R	Z	I
S	T	G	P	I	M	E	L	R	U	H	C	L	O	J	Z	U	H
R	X	L	A	E	N	I	L	A	C	I	F	A	R	G	E	G	P

RETO: ¿Cuántas palabras importantes de la lección, adicionales, puedes encontrar en la sopa de letras? Escríbelas abajo.

____

____

____

____

____

____

Aplica los conceptos

2 Responde qué tipo de investigación funciona mejor para cada pregunta: observación repetida, usar modelos o experimentos controlados. Luego, explica cómo harías la investigación.

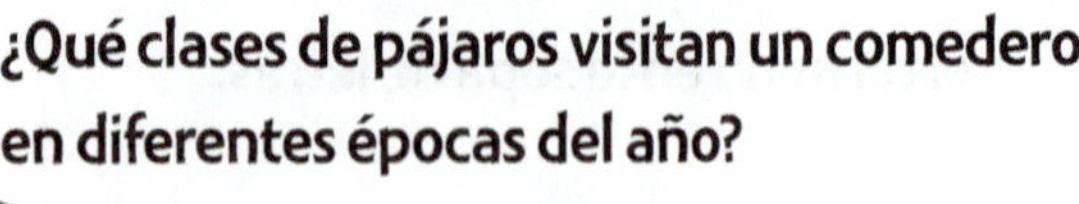

¿Qué clases de pájaros visitan un comedero en diferentes épocas del año?

¿Qué hierve más rápido, el agua caliente o el agua fría?

¿Qué partes tiene un ascensor y cómo funcionan?

¿Cómo afecta la longitud de la cola de una cometa la forma en que vuela?

3 La hipótesis de Ryan es que los colores oscuros se calientan más rápidamente. Puso un termómetro en una media de lana roja, un guante de algodón verde y un sombrero de nailon negro. ¿Qué error hay en su procedimiento?

Usa los métodos científicos para que tu familia coma un refrigerio saludable. Diseña un experimento para descubrir si cubrir las rodajas de manzana con jugo de limón evita que se oscurezcan. Realiza tu experimento.

Rotafolio de investigación, pág. 5

Nombre ____________________

Pregunta esencial

¿Cómo realizamos un experimento controlado?

Establece un propósito

¿Qué aprenderás de este experimento?

____

____

____

____

____

____

____

Piensa en el procedimiento

¿Cuál es la variable que se probará en este experimento?

____

Una prueba es cuando repites el mismo procedimiento varias veces. ¿Por qué es importante hacer pruebas repetidas de este experimento?

____

____

____

Anota tus datos

Anota tus resultados en la tabla de abajo.

Material de la superficie	Altura del rebote de la pelota					
	Prueba 1	Prueba 2	Prueba 3	Prueba 4	Prueba 5	Promedio

Saca tus conclusiones

¿Qué puedes concluir en base a tu experimento?

Analiza y amplía

1. Piensa en los materiales en que rebota la pelota. ¿Qué hay en ellos que afecta la altura a la que rebota la pelota?

2. ¿Qué otros materiales puedes poner a prueba? Predice los resultados.

3. El tenis se practica en tres tipos de superficies: grama, arcilla y cancha dura. Las canchas duras suelen estar hechas de asfalto, el material negro de la superficie de la calle con pintura encima. Predice cómo esas superficies afectarán los rebotes de pelota. Luego, investiga y descubre los pros y contras de cada tipo.

4. ¿Qué más te gustaría descubrir sobre cómo rebotan las pelotas?

Lección 5

Pregunta esencial

¿Cuáles son algunos de los instrumentos científicos?

Ponte a pensar

Halla la respuesta a la siguiente pregunta en esta lección y escríbela aquí.

Este equipo científico está lleno de líquidos. ¿Qué instrumentos pueden usar los científicos para medir el volumen de un líquido?

____

____

____

Lectura con propósito

Vocabulario de la lección

Haz una lista de los términos. A medida que aprendes cada uno, toma notas en el Glosario interactivo.

____

____

____

____

Comparar y contrastar

Muchas ideas de esta lección están conectadas porque explican comparaciones y contrastes, es decir, las semejanzas y diferencias entre las cosas. Los buenos lectores se enfocan en las comparaciones y contrastes cuando se preguntan: ¿En qué se parecen estas cosas? ¿En qué se diferencian?

Salidas de campo

Si te gustan las salidas escolares de campo, quizás quieras convertirte en un científico de campo. Los científicos de campo viajan alrededor del mundo estudiando la naturaleza. Empacan sus instrumentos y los llevan con ellos.

Lectura con propósito A medida que lees estas dos páginas, encierra en un recuadro los nombres de todos los instrumentos científicos.

Los científicos estudian el mundo natural "en el lugar". Con frecuencia, sus investigaciones consisten en observaciones repetidas. Usan instrumentos para aumentar el poder de sus sentidos. La elección de estos instrumentos dependerá de las preguntas que se hagan.

Red

¿Qué tipo de animales nadan en las orillas de las lagunas? Un científico podría usar una red y un molde de observación para responder esta pregunta. Moviendo cuidadosamente la red en el agua pueden atrapar animales pequeños sin hacerles daño.

Lupa

¿Cómo se mueve una hormiga? ¿Cómo usa su aparato bucal? Una lupa podría ayudar a responder estas preguntas. Sostén la lupa cerca del ojo y mueve la otra mano para acercar el objeto. Mueve el objeto hacia delante y hacia atrás hasta que esté bien enfocado.

Cámaras

¿Qué come un pez escorpión? ¿Cómo atrapa su alimento? Para investigarlo, un científico podría usar una cámara de video sumergible. Las cámaras ayudan a los científicos a grabar los sucesos.

Práctica matemática

Estimar por muestreo

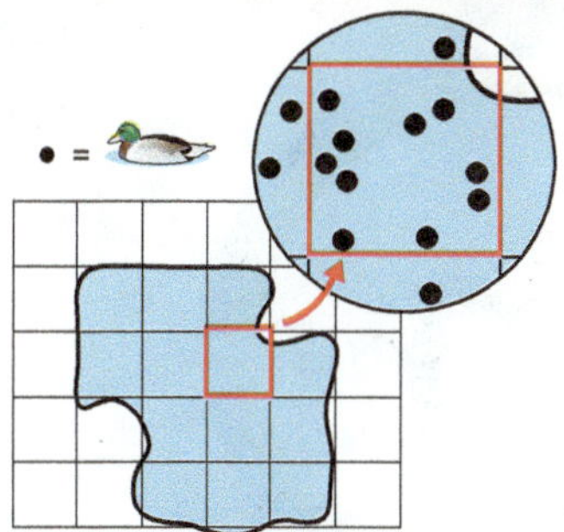

Los científicos fotografían patos desde un avión y luego dibujan una cuadrícula sobre la foto. ¿Cuántos patos estimas que hay en todo el lago?

____

¿En qué podría diferenciarse tu estimado del número real de patos?

____

____

____

En el laboratorio

¿Qué vive en una gota de agua de una laguna? ¡Muchas criaturas diminutas! Algunas se comportan como animales, otras como plantas. Todas son demasiado pequeñas para verlas con una lupa.

Lectura con propósito A medida que lees estas dos páginas, une con una línea cada par de instrumentos que se comparan.

Los instrumentos científicos pueden ser pesados y costosos. Si quieres observar la vida minúscula de una laguna, necesitarás instrumentos científicos que son demasiado grandes o muy delicados para llevarlos al terreno. Por ejemplo, los científicos usan computadoras para registrar y analizar datos, construir modelos y comunicarse con otros científicos.

Usar números

Algunas herramientas ayudan a los científicos a contar cosas. Algunos científicos estiman, otros hacen complejos cálculos matemáticos. Todos los científicos deben sentirse cómodos **usando números**.

▶ Para hallar la amplificación de un microscopio óptico se debe multiplicar el poder del lente ocular por el poder del objetivo. La letra X representa las veces que aumenta el tamaño del objeto.

Aumento del ocular	Aumento del objetivo	Aumento total
10X	40X	
15X	60X	
8X	100X	

Microscopio óptico

Los diminutos seres que viven en el agua de una laguna son **microscópicos** o demasiado pequeños para observarlos a simple vista. Un microscopio óptico amplifica las cosas o las hace ver más grandes. El objeto que se va a observar se coloca en un portaobjetos transparente. La luz pasa a través del objeto y un par de lentes. Tú miras a través del lente ocular y ajustas la imagen moviendo las perillas de enfoque.

Gotero

Un gotero es un tubo con una perilla de goma en un extremo. Oprime la perilla y sumerge la punta del gotero en un líquido. Cuando sueltas la perilla, el líquido sube por el tubo. Al oprimir la perilla lentamente, el líquido sale en gotas.

Microscopio electrónico

Los microscopios ópticos fueron inventados hace 500 años. Pero la tecnología o el uso que les damos a los instrumentos, ha mejorado. Hoy, un microscopio electrónico de barrido (SEM) puede ampliar un objeto hasta un millón de veces. El SEM dispara un haz de electrones al objeto, y en la pantalla de la computadora aparece una imagen de la superficie del objeto.

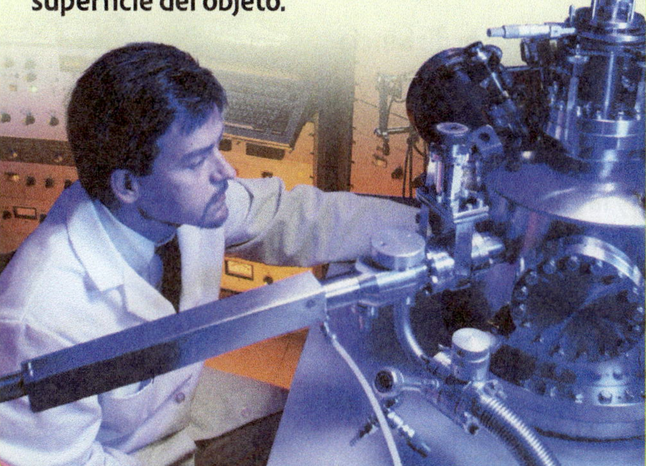

Pipeta

Una pipeta es un instrumento parecido al gotero, pero más exacto. Se usa para añadir o retirar pequeñas cantidades de líquido. Por lo general, las pipetas tienen marcas a un lado para medir volúmenes. ¡Un tipo de pipetas forma gotas tan diminutas que solo se pueden ver con un microscopio electrónico de barrido!

Tomar las medidas

¿Qué tienen en común un dígito, un palmo, una mano, un dracma líquido, un celemín, una vara y una piedra? ¡Todos son, o fueron en un tiempo, unidades de medida!

Lectura con propósito A medida que lees las siguientes cuatro páginas, encierra en un círculo todas las unidades de medida.

Cuando **tomas una medida**, haces observaciones que consisten en números y unidades. Hoy, en la mayoría de los países se usan las unidades del Sistema Internacional (SI) en la vida diaria. Si visitaras alguno de estos países, comprarías las frutas o el queso en *kilogramos*. En Estados Unidos, casi todas las medidas usan las unidades de la época en que los colonos ingleses habitaron Norteamérica.

Sin embargo, científicos de todo el mundo (incluyendo los de Estados Unidos) usan el sistema métrico o SI.

El sistema métrico se basa en múltiplos de 10. En el sistema métrico, las unidades base se dividen en unidades más pequeñas usando prefijos como *mili-*, *centi-* y *deci-*. Las unidades base cambian a unidades mayores usando prefijos como *deca-* y *kilo-*.

Midiendo la longitud

Longitud es la distancia entre dos puntos. La unidad métrica base de la longitud es el *metro*. Las reglas, la regla de un metro y la cinta de medir son instrumentos para medir la longitud.

Para medir la distancia entre dos lados de un objeto se usa un calibrador.

Medir el tiempo

El tiempo describe lo que demoran los sucesos en ocurrir. La unidad base del tiempo es el segundo. Entre las unidades mayores están el minuto, la hora y el día. Las más pequeñas incluyen el milisegundo y el microsegundo. Los relojes, cronómetros y calendarios son algunas herramientas para medir el tiempo.

Mide tu libro de ciencias

Usa un instrumento y unidades métricas para medir la longitud, el ancho y el grosor de tu libro de ciencias.

Largo: ____________________

Ancho: ____________________

Grosor: ____________________

Medir la temperatura

La temperatura describe qué tan caliente o frío está algo. Para medir la temperatura se usan los termómetros. Los científicos miden la temperatura en grados Celsius. Casi todo el mundo usa estos grados. En Estados Unidos, los grados Fahrenheit se usan para informar el tiempo, tomar la temperatura corporal y para cocinar.

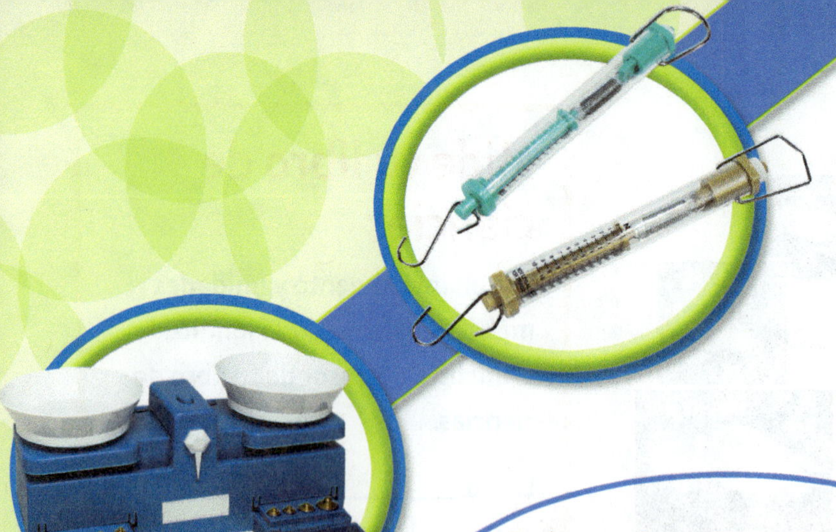

Con esta báscula, puedes comparar directamente las masas de dos objetos. Pon un objeto en cada platillo. El platillo que baja más contiene la mayor masa.

Báscula de platillos

Una **báscula** es un instrumento para medir masa. *Masa* es la cantidad de materia de un objeto. La unidad base de la masa es el kilogramo. Un kilogramo equivale a 1,000 gramos.

Para medir en gramos, coloca un objeto en un platillo.

Siempre debes tomar una báscula por su base.

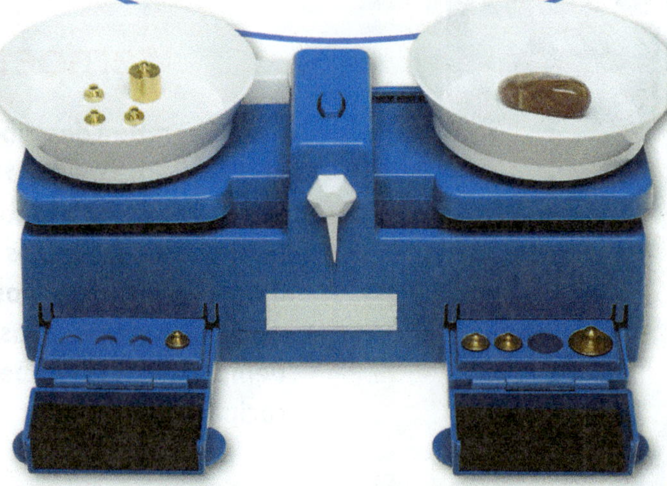

Añade pesas en gramos al otro platillo hasta que los dos platillos estén equilibrados. Luego, suma los valores de las pesas en gramos para hallar la masa total.

Esta báscula de platillos tiene cajones para guardar las pesas.

Báscula de tres brazos

La báscula de tres brazos mide la masa con mayor precisión que la báscula de platillos. Consta de un platillo y tres brazos. Para hallar el número de gramos se mueven las pesas corredizas hasta que el brazo se equilibre.

Masa digital

La báscula electrónica calcula la masa de un objeto y muestra el resultado en una pantalla.

¿Qué tan fuerte es?

Una **báscula de resorte** es un instrumento usado para medir la fuerza. Fuerza es un halón o empujón. Cuando un objeto cuelga de la báscula, se mide la fuerza de gravedad, o peso. Cuando se usa una báscula de resorte para halar un objeto, se mide la fuerza necesaria para mover el objeto. De cualquiera de las dos formas, la unidad base se llama newton.

▶ Traza líneas para unir cada instrumento con lo que mide y las unidades.

Instrumento	Lo que mide	Unidades
	• fuerza •	• segundos, minutos, horas, días, años, etc.
	• temperatura •	• gramos, miligramos, kilogramos, etc.
	• longitud •	• newtons
	• masa •	• grados Celsius, grados Fahrenheit
	• tiempo •	• metros, kilómetros, milímetros, etc.

Más medidas

El día es caluroso y sientes sed. ¿Cuánta limonada te gustaría beber? ¿Mil mililitros o 1,000 centímetros cúbicos? ¿No sabes? ¡Sigue leyendo!

Lectura con propósito A medida que lees las siguientes dos páginas, encierra en un círculo las palabras importantes que están definidas y subraya sus definiciones.

Unidades de volumen

Volumen es la cantidad de espacio que ocupa un sólido, un líquido o un gas. Existen dos unidades métricas base para medir el volumen. Un *metro cúbico* mide un metro de largo, un metro de ancho y un metro de alto. El *litro* es la unidad base usada con frecuencia para medir el volumen de los líquidos. Tal vez conozcas los litros porque muchas bebidas se venden en botellas de 1 ó 2 litros. Este par de unidades métricas de volumen están estrechamente relacionadas entre sí. En un metro cúbico (m^3) hay 1,000 litros (L).

▶ Un centímetro cúbico (cm^3) equivale a 1 mililitro (ml). Ambos equivalen a cerca de 20 gotas de un gotero.
¿Cuál es mayor: 1,000 ml o 1,000 cm^3?

____

1 cm
1 cm
1 cm

Hallar el volumen

Puedes hallar el volumen de un prisma rectangular multiplicando la longitud por el ancho y por la altura. Para hallar el volumen de un líquido, usa una taza de medir, un vaso graduado o una probeta graduada. Usa agua para hallar el volumen de una figura irregular. Pon agua en una probeta graduada. Anota el volumen. Luego, introduce el objeto en el agua y anota el nuevo volumen. Resta los dos números para hallar el volumen del objeto.

La superficie de un líquido en una probeta graduada es curva. Esta curva se llama *menisco*. Siempre debes medir el volumen desde el centro del menisco.

Medidas precisas

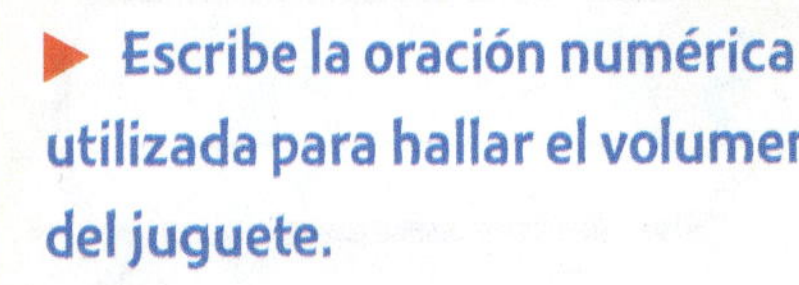

▶ Escribe la oración numérica utilizada para hallar el volumen del juguete.

Cuando una medida se aproxima al tamaño verdadero es **precisa**. Intenta medir lo más precisamente que puedas con los instrumentos que tienes. Asegúrate de que ninguno esté dañado y que los sabes usar correctamente. También presta atención a las unidades correspondientes a cada instrumento. Las medidas precisas son importantes cuando se hacen investigaciones científicas, cuando se hornea y cuando se toman medicinas.

Sigue los siguientes consejos para mejorar la precisión:

- ✓ Maneja cada instrumento apropiadamente.
- ✓ Usa cada instrumento de la misma manera siempre. Por ejemplo, lee la medición al nivel de tus ojos.
- ✓ Mide hasta el mínimo valor posicional que permita el instrumento.
- ✓ Mide dos veces.
- ✓ Anota tus medidas con cuidado, incluyendo las unidades.

Cuando termines, lee la Clave de repuestas y corrige lo que sea necesario.

Los científicos usan muchas clases de instrumentos para observar, medir y estudiar cosas de la naturaleza. Completa los espacios en blanco de las casillas con ejemplos de los instrumentos que usan los científicos.

Instrumentos científicos

Otros instrumentos
- 1 ________________
- gotero
- 2 ________________
- cámara

Instrumentos para observar
- 3 ________________
- 4 ________________
- binoculares
- telescopio

Instrumentos para medir
- 5 ________________
- 6 ________________
- 7 ________________
- 8 ________________
- vaso graduado y probeta graduada
- cronómetro

Clave de respuestas: 1. red; 2. computadora; 3. microscopio; 4. lupa ; 5. regla y regla de 1 metro; 6. báscula de resorte; 7. báscula; 8. termómetro

Ejercita tu mente

Lección 5

Nombre ______________________________

Juego de palabras

1 Ordena las letras revueltas para formar un término científico.

	Letras	Respuesta	Pista
1.	venumol	_ _ _ _ (_) _ _	Cantidad de espacio que ocupa un sólido, un líquido o un gas
2.	townne	(_) _ _ _ _ _	Unidad para medir fuerza
3.	dgesonu	_ _ _ _ _ (_) _	Unidad métrica de tiempo
4.	alcusáb ed tilolalps	_ _ _ _ _ _ _ _ _ _ _ _ (_) _ _ _ _ _	Instrumento para medir masa
5.	rdsgao seCisul	(_) _ _ _ _ _ _ _ _ _ _ _ _ _	Unidad métrica de temperatura
6.	troem	_ _ (_) _ _	Unidad métrica de longitud
7.	trobape agurdada	_ _ _ _ (_) _ _ _ _ _ _ _ _ _ _ _	Instrumento para medir volumen
8.	alasbuc ed rostree	_ _ (_) _ _ _ _ _ _ _ _ _ _ _ _ _	Instrumento para medir fuerza
9.	amrgo	_ _ _ _ (_)	Unidad métrica de masa
10.	isrepca	(_) _ _ _ _ _ _	Medida cercana al tamaño real
11.	trilo	_ _ _ _ (_)	Unidad métrica de volumen

Acertijo: Ordena las letras encerradas en círculos para resolver el siguiente acertijo.

¿Por qué el capitán pidió una báscula?

Porque quería _ _ _ _ _ _ _.

la masa del _ _ _ _ _ _ _ _ _.

Aplica los conceptos

2 Di cómo podrías usar uno o más de estos instrumentos para investigar cada pregunta.

¿En qué se parecen y en qué se diferencian dos dientes fósiles?

¿Qué tipo de mariposas se encuentran en el campo?

¿Qué saben hasta ahora los científicos sobre el fondo del océano?

¿Cómo afecta la masa de un balón la distancia que recorre al rodar?

3 Determina qué mide cada instrumento y las unidades métricas que usa.

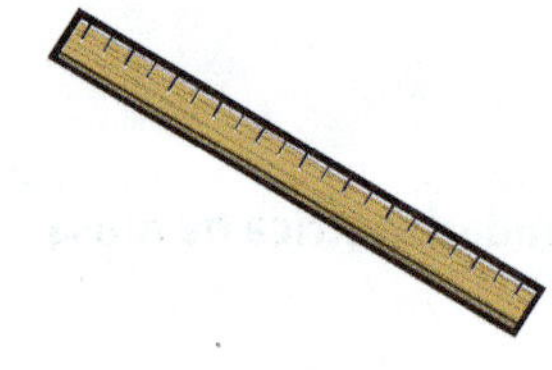

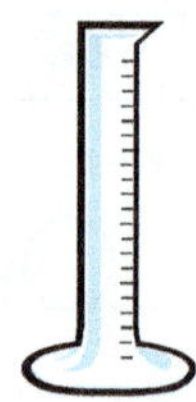

Para la casa

En tu escuela o en la biblioteca pública, busca un libro sobre el modo en que los científicos trabajan y los instrumentos que usan. Lee y comenta el libro con tu familia. Prepara un breve resumen para presentarlo a tus compañeros de clase.

Rotafolio
de investigación,
pág. 7

Nombre ______________________________

Pregunta esencial

¿Qué pueden aprender los científicos con sus observaciones?

Establece un propósito

¿Qué aprenderás de esta investigación?

____

____

____

____

____

Piensa en el procedimiento

¿Qué planes debo hacer antes de comenzar esta investigación?

____

____

____

____

____

____

¿Qué instrumentos se usan en esta investigación? ¿Qué medidas, si hay que hacerlas, se pueden tomar con ellos?

____

____

____

____

____

Anota tus datos

Anota tus resultados en la tabla de abajo.

Muestra de suelo: ______________

Mis observaciones:

Cantidad de agua retenida en 100 mL de suelo: ______________

Masa antes de secarse: ______________

Masa después de secarse: ______________

Saca tus conclusiones

Compara tus datos con los datos de otros grupos. ¿Qué puedes concluir?

Analiza y amplía

1. **¿Por qué es importante que los suelos puedan retener agua?**

2. **¿Por qué debe saber un agricultor cómo es el suelo de su granja?**

3. **¿En qué se diferencia esta investigación de un experimento controlado?**

4. **¿Por qué era importante conocer la masa del suelo antes de dejarla secar durante una semana?**

5. **¿Qué más te gustaría averiguar sobre los diferentes tipos de suelo?**

Nombre ____________________

Repaso de vocabulario

Completa las oraciones con las palabras de la casilla.

- báscula
- control
- evidencia
- experimento
- microscópicos
- opinión
- báscula de resorte
- variable

1. Una investigación en la cual todas las condiciones están bajo control es un (a) ____________________.

2. Jane quiere medir la masa de una roca. El instrumento que debe usar es un (a) ____________________.

3. Cualquier condición en un experimento que se puede cambiar es un (a) ____________________.

4. La situación experimental con la cual se comparan todas los demás montajes es el ____________________.

5. La información que los científicos recolectan cuando investigan el mundo natural se llama ____________________.

6. Los objetos que son demasiado pequeños para verlos solamente con los ojos son ____________________.

7. Jaime quiere averiguar cuánta fuerza se necesita para subir un carrito por una rampa. La herramienta que debe usar es un(a) ____________________.

8. Una creencia o un juicio no apoyado por una investigación es un(a) ____________________.

Conceptos de ciencias

Rellena la burbuja con la letra de la mejor respuesta.

9. Josh cultiva una plantas que han estado recibiendo $\frac{1}{2}$ taza de agua dos veces a la semana. Ahora quiere averiguar qué pasa cuando se disminuye la cantidad de agua, como se muestra en la tabla.

Planta	Cantidad de agua
1	$\frac{1}{2}$ taza dos veces a la semana
2	$\frac{1}{2}$ taza una vez a la semana
3	$\frac{1}{2}$ una vez cada dos semanas
4	nada de agua

¿Qué planta es el control?

Ⓐ Planta 1 Ⓑ Planta 2
Ⓒ Planta 3 Ⓓ Planta 4

10. Los cinco sentidos se usan para hacer observaciones. Podemos usar las observaciones para sacar conclusiones. ¿Cuál de las siguientes es una conclusión?

Ⓐ "El objeto es plano".
Ⓑ "las flores huelen a menta".
Ⓒ "Los grillos cantan par atraer a las parejas".
Ⓓ "La comida está salada".

11. Tres estudiantes lanzaron dardos al centro del tablero de dardos. ¿Qué blanco muestra el resultado más preciso?

Ⓐ
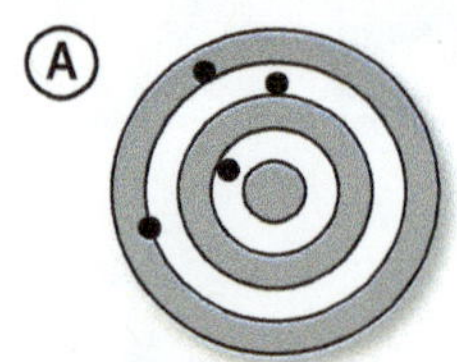

Ⓒ
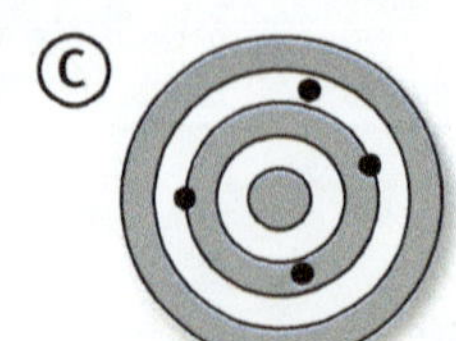

Ⓑ
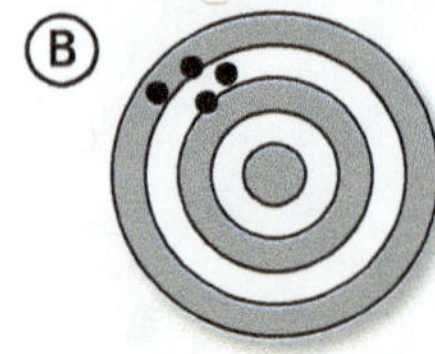

Ⓓ
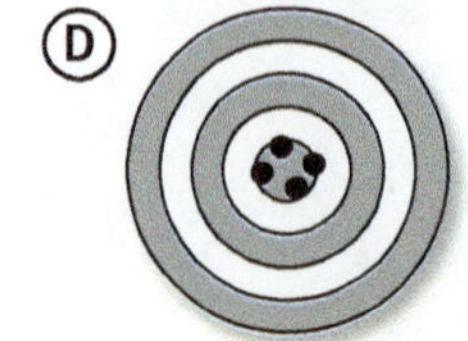

12. Samara observa y esboza las fases de la Luna durante un período de cinco semanas. Aquí se muestran sus dibujos.

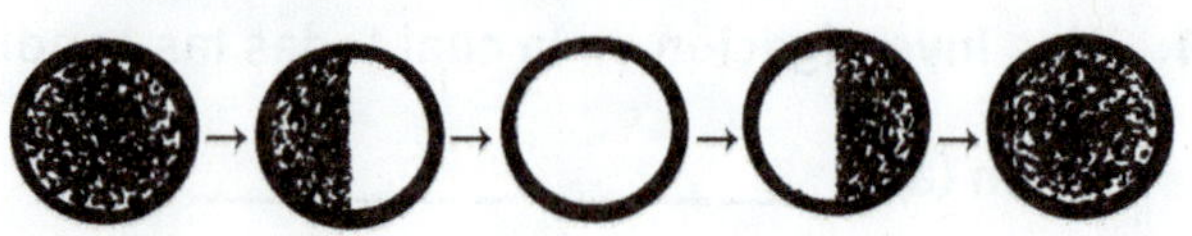

¿Qué declaración describe mejor la investigación de Samara?

Ⓐ Involucra una representación.
Ⓑ Involucra experimentación.
Ⓒ Involucra observaciones repetidas.
Ⓓ Involucra experimentación y observaciones repetidas.

13. A veces los resultados de una investigación no son lo que esperamos. Cuando esto ocurre, ¿qué deben hacer los científicos?

Ⓐ Deben cambiar los resultados.
Ⓑ Deben defender sus resultados como correctos.
Ⓒ Deben planear otra investigación para probar los resultados de la primera.
Ⓓ Deben ignorar el primer conjunto de resultados y planear una investigación diferente.

14. ¿Por qué los científicos repiten sus experimentos?

Ⓐ para evitar hacer observaciones
Ⓑ para deshacerse de la información que obtuvieron anteriormente
Ⓒ para desarrollar un procedimiento que pueden usar más adelante
Ⓓ para asegurarse de que la información que obtienen es confiable

Nombre ____________________

15. María cuenta el número de personas que asisten a varios partidos de básquetbol y muestra sus datos en una gráfica de barras.

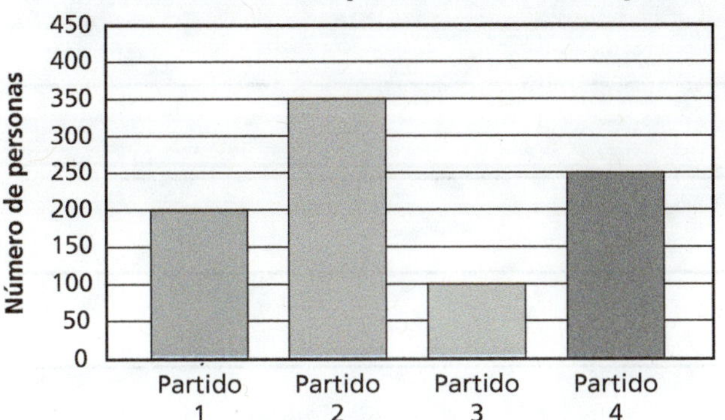

¿Cuántas personas más observó María en el Partido 2 que en el Partido 1?

Ⓐ 100

Ⓑ 150

Ⓒ 200

Ⓓ 550

16. Jen quiere descubrir, de cuatro superficies, cuál produce la menor fricción cuando una bola rueda sobre ella. Diseña un experimento en el que el mismo tipo de objeto rueda sobre cada material bajo las mismas condiciones. Repite el experimento tres veces para cada material, y calcula el promedio de la distancia que rueda el objeto antes de parar en los tres ensayos. ¿Cuál es la **mejor** manera para que Jen anote sus observaciones y datos?

Ⓐ en una tabla

Ⓑ en una gráfica de línea

Ⓒ en una gráfica circular

Ⓓ en un diagrama de Venn

17. Lía midió el volumen de un líquido con una probeta graduada. La siguiente ilustración muestra tres posiciones de donde puede hacer una lectura.

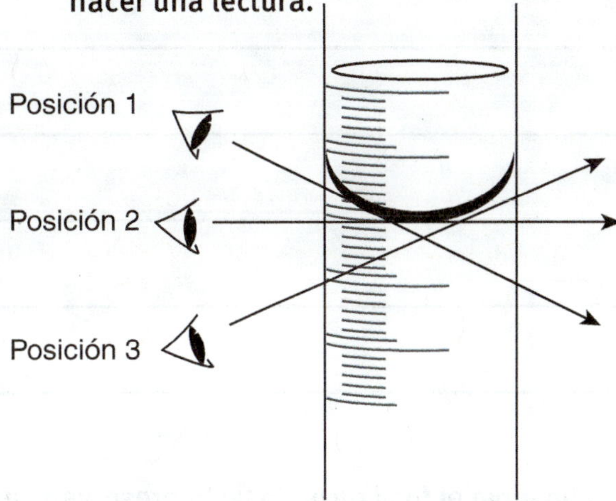

¿En qué posición obtendrá Lía una lectura precisa?

Ⓐ Posición 1

Ⓑ Posición 2

Ⓒ Posición 3

Ⓓ Todas las posiciones dan lecturas precisas.

18. Ben mira a su mamá frotarse jabón en un dedo para aflojar un anillo. Ben piensa que el jabón debe reducir la fricción y diseña una investigación para probar su idea. Tira de un peso por una tabla y anota la fuerza con una báscula de resorte. Luego pone jabón en la tabla y tira del peso nuevamente a la misma velocidad. ¿Qué variable mide Ben?

Ⓐ la velocidad con la que se tira del peso

Ⓑ la cantidad de peso que se tira

Ⓒ la fuerza necesaria para tirar del peso

Ⓓ el tipo de superficie sobre la que se tira del peso

Aplica la investigación y repasa La gran idea

19. Aaliya sabe que las rebanadas de manzana se ennegrecen cuando se dejan al aire libre. También sabe que si se les añade ciertos líquidos, esto no ocurre. Aaliya piensa que puede usar agua, *ginger ale* o jugo de limón. ¿Cómo debe montar un experimento para descubrir cuál funciona? ¿Cuáles son las variables? ¿Qué usará de control?

20. Yamil observa el fósil de un insecto preservado en ámbar.

¿Qué puede aprender Yamil sobre el fósil al observarlo? ¿Qué instrumento puede usar en sus observaciones?

21. Señala cuál de los siguientes enunciados es una hipótesis y explica por qué. ¿Cómo decides si la hipótesis es correcta?

a. El agua de mar es demasiado salada.

b. El agua se calienta más rápido si contiene sal.

c. Las sondas espaciales han descubierto pequeñas cantidades de agua en la Luna.

UNIDAD 2

El proceso de ingeniería

La gran idea

La tecnología está por todas partes. Los ingenieros aplican sus conocimientos de ciencia para diseñar soluciones de problemas prácticos.

Me pregunto por qué

¡Mezcladoras, rodillos, cortadoras, tambores y tolvas, todos funcionan con electricidad! Me pregunto por qué hacen falta tantas máquinas para hacer un chicle.

Por esta razón El procesamiento de alimentos depende de la tecnología. Las máquinas hacen golosinas que siempre tienen el mismo sabor, color, olor y tamaño. Cuando sale una bolita de chicle del dispositivo sabes exactamente lo que obtienes.

En esta unidad vas a aprender más sobre La gran idea, y a desarrollar las preguntas esenciales y las actividades del Rotafolio de investigación.

Niveles de investigación ■ Dirigida ■ Guiada ■ Independiente

La gran idea La tecnología está por todas partes. Los ingenieros aplican sus conocimientos de ciencias para diseñar soluciones de problemas prácticos.

Preguntas esenciales

Cuaderno de ciencias

No te olvides de escribir lo que piensas sobre la Pregunta esencial antes de estudiar cada lección.

Pregunta esencial

¿Qué es el proceso de diseño?

Ponte a pensar

Halla la respuesta a la siguiente pregunta en esta lección y escríbela aquí.

¿Cuáles son los pasos para diseñar tecnología tal como el brazo del robot que ves aquí?

____

____

____

____

____

____

Lectura con propósito

Vocabulario de la lección

Haz una lista de los términos. A medida que aprendes cada uno, toma notas en el Glosario interactivo.

______________ ______________

______________ ______________

Problema-Solución

Las ideas en esta lección están conectadas por medio de una relación de problema y solución. Los buenos lectores marcan un problema con una *P* para mantenerse informados del modo en que la información está organizada. Cuando se describen varias soluciones, marcan cada solución con una *S*.

Obras ingeniosas

¿Te cepillaste los dientes esta mañana? ¿Hiciste correr agua del grifo? ¿Fuiste a la escuela en carro o en autobús? Si hiciste alguna de estas cosas, usaste un producto de ingeniería.

Lectura con propósito Mientras lees estas páginas, subraya los aparatos de ingeniería.

Los aparatos de ingeniería, como las computadoras, nos ayudan a resolver muchos problemas. Los ingenieros usan computadoras y diagramas hechos a mano para planear sus diseños.

Los ingenieros se dedican a resolver problemas, inventando o mejorando productos que nos permiten satisfacer nuestras necesidades. Usando sus conocimientos de ciencias y matemáticas, buscan soluciones a problemas de la vida diaria. Ese proceso se llama **ingeniería**.

Todos los días, desde que nos levantamos hasta que nos acostamos, usamos obras de ingeniería. Las obras de ingeniería están por todas partes. Incluyen herramientas sencillas y máquinas complejas.

Los ingenieros trabajan en muchos campos. Algunos diseñan nuevos tipos de materiales y los ponen a prueba. Otros trabajan en laboratorios médicos. ¡Los ingenieros también diseñan los motores que algún día nos permitirán volar hasta Marte!

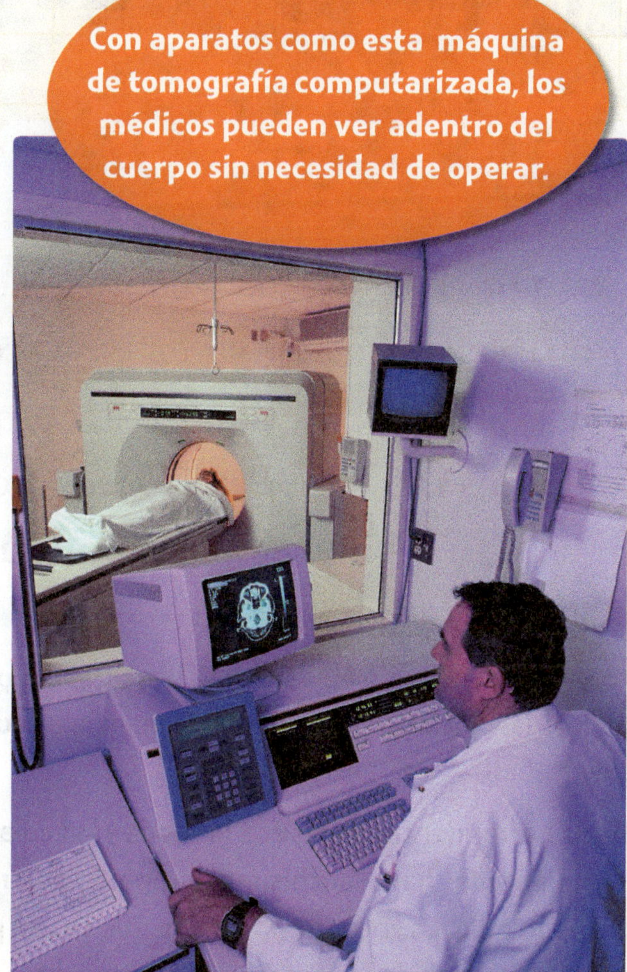

Con aparatos como esta máquina de tomografía computarizada, los médicos pueden ver adentro del cuerpo sin necesidad de operar.

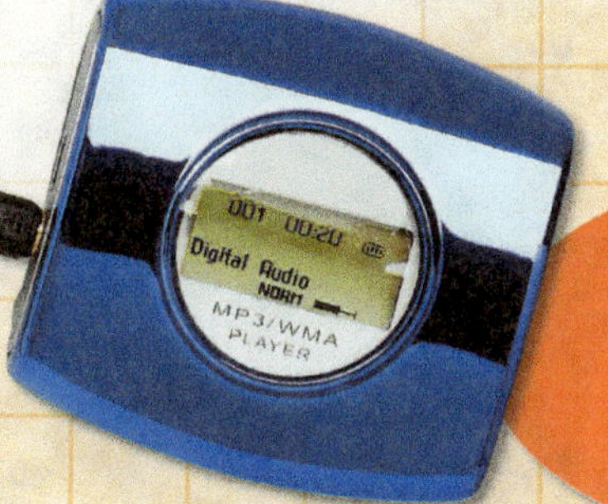

A veces los ingenieros diseñan aparatos con un solo propósito en mente: ¡la diversión!

Diario de ingeniería

Haz una lista de algunos aparatos de ingeniería que usas todos los días. Explica la necesidad que satisface cada uno de ellos.

Aparato	Necesidad

La herramienta correcta para el trabajo correcto

Cuando ves u oyes la palabra *tecnología*, probablemente piensas en cosas como televisores de pantalla plana, computadoras y teléfonos móviles. Pero la tecnología no está limitada a las invenciones modernas.

Lectura con propósito Mientras lees estas dos páginas, subraya las oraciones que describen la manera en que la tecnología afecta nuestra vida.

Las herramientas de piedra, la rueda y las velas fueron inventadas hace muchísimo tiempo. Son ejemplos de tecnología. La **tecnología** es algo que se usa para satisfacer necesidades y resolver problemas prácticos.

La tecnología desempeña un papel importante en el mejoramiento de nuestra vida. Las herramientas y las máquinas facilitan nuestro trabajo o lo hacen más rápidamente. Los medicamentos nos ayudan a recuperar la salud y a vivir más tiempo. Los satélites nos ayudan a predecir el tiempo y a comunicarnos.

La tecnología cambia a medida que aumentan los conocimientos y que encontramos maneras de satisfacer nuestras necesidades. Por ejemplo, cuando la gente fue conociendo otros materiales, pudo reemplazar las herramientas de piedra por herramientas de metal. Cuando la gente conoció mejor la electricidad, las tablas de lavar y las máquinas a manija fueron reemplazadas por lavadoras eléctricas.

En siglos pasados se lavaba la ropa frotándola en piedras en el río. Gracias a la invención de la tabla de lavar, se pudo lavar la ropa en casa.

En los últimos 150 años los ingenieros mejoraron las máquinas de lavar. Incluso hoy se están diseñando nuevas lavadoras para que trabajen con mayor rapidez y eficiencia.

La tabla de lavar facilitó el lavado de la ropa, pero igual era un trabajo pesado. En el siglo XIX los ingenieros diseñaron máquinas de lavar que se podían llenar de agua y que tenían un estrujador de manija. El estrujador permitía escurrir el agua de la ropa.

▶ Completa esta tabla para mostrar en qué se parecen y en qué se diferencian las máquinas de lavar que se muestran aquí.

Semejanzas	Diferencias

El proceso de diseño (Parte 1)

La tecnología está por todas partes: juegos de video, televisores 3D, hornos de microondas. Pero la tecnología no sale de la nada. Ocurre mediante un proceso en etapas.

Lectura con propósito Mientras lees páginas, pon entre corchetes las oraciones que describen un problema. Escribe *P* en el margen. Subraya la oración que describe una solución. Escribe *S* al lado de esas oraciones.

Cuando los ingenieros diseñan nuevas tecnologías, siguen un *proceso de diseño*. El proceso tiene varias etapas y empieza de la siguiente manera:

1. Busca un problema Los ingenieros tienen que identificar primero una necesidad o un problema que se tenga que resolver. Después buscan soluciones posibles. Puede haber más de una buena solución.

2. Planea y crea Los ingenieros eligen la solución que les parece más práctica. Hacen un modelo que funcione, o un **prototipo**, para probarlo.

Durante todo el proceso de diseño, los ingenieros anotan cuidadosamente todo lo que hacen. Las buenas notas incluyen apuntes y dibujos detallados. Las notas los ayudan a recordar lo que hicieron y dan información a otras personas que estén trabajando en problemas similares. Si el prototipo no funciona, los datos pueden dar pistas para una solución que *quizá* funcione la siguiente vez.

El proceso de diseño empieza por buscar un problema que resolver. Los patines funcionan muy bien en superficies lisas, como el piso de una pista de patinaje. Pero no funcionan muy bien en superficies que no son lisas, como el césped.

Los ingenieros hacen dibujos detallados de sus prototipos y escriben notas sobre los materiales que piensan usar. Sus apuntes y dibujos son los datos que estudian a medida que crean un prototipo y le hacen cambios.

Los ingenieros usan sus notas y dibujos para hacer el primer prototipo. Este prototipo es un patín diseñado para funcionar en superficies que no son lisas.

¡Problema resuelto!

Lo primero que se hace en un proceso de diseño es identificar un problema y pensar en soluciones. Completa la tabla con un problema o una solución.

Problema	Solución
El cordón del ratón de la computadora se enreda constantemente.	
	Cuadrante del reloj que se ilumina
	Lector electrónico de mano
Lesiones en choques de vehículos	

El proceso de diseño (Parte 2)

¿Te pones nervioso cuando oyes la palabra *prueba*? Una prueba es una buena manera de decidir si comprendes las ciencias y si funciona un prototipo.

Lectura con propósito Mientras lees estas dos páginas, haz un recuadro alrededor de las palabras clave que señalan secuencia u orden.

Los diseñadores de patines trabajan sin parar en los pasos del proceso de diseño. Encontraron un problema e hicieron un prototipo. ¿Ahora qué sigue?

3. Probar y mejorar Después de hacer un prototipo, los ingenieros lo ponen a prueba. Los **criterios** son los estándares que ayudan a los ingenieros a medir la forma en que su diseño logra cumplir la tarea. A menudo los datos muestran aspectos que necesitan mejorar.

4. Modificar el diseño Después de probarlo, puede ser que los ingenieros decidan que deben ajustar el diseño. Un diseño nuevo necesitará un prototipo nuevo y más pruebas.

Generalmente, se prueba un prototipo y se modifica el diseño varias veces antes de fabricar el producto a gran escala y venderlo al consumidor.

5. Comunicar Finalmente, los ingenieros comunican sus resultados oralmente y en informes escritos.

Los ingenieros usan criterios para probar un prototipo. Tal vez junten datos sobre la velocidad con que se puede patinar en una superficie rugosa o el número de veces que el patinador se cae. La velocidad y la seguridad son dos criterios en la prueba que ves aquí.

Si el diseño no cumple todos los criterios, entonces se modifica. Un diseño que resultaría peligroso se revisará aunque cumpla todos los demás criterios. Los ingenieros se concentran en las mejoras. Revisan sus dibujos y llevan apuntes sobre los cambios en el diseño.

Este es el patín con el diseño modificado. Tiene ruedas más grandes que funcionan mejor en superficies rugosas. El patinador puede andar más rápido y lejos sin caerse.

Práctica matemática

Resuelve el problema

Los ingenieros probaron una rueda con un diámetro de 100 mm. Luego probaron una rueda 15% más grande.

Convierte 15% en un decimal.

____

¿Qué tamaño tiene la rueda más grande?

____

Si al principio no tienes éxito...

Si Thomas Edison se hubiera preguntado: "¿Cuántas veces debo crear un prototipo nuevo?" ¿Cuál crees que sería su respuesta?

Muchas cosas afectan el tiempo que toma lograr el producto final para una tecnología nueva. Los tipos de materiales necesarios, el costo, el tiempo que toma producir cada prototipo y la seguridad son tan solo algunos de los criterios que los ingenieros tienen en cuenta.

Thomas Edison hizo 1,000 intentos de desarrollar un foco que no se apagara rápidamente. Le tomó casi dos años desarrollar un foco que cumpliera con el criterio de ser de larga duración.

Algunos de los primeros prototipos de focos de Edison

Los carros deben someterse a pruebas de choque antes de salir a la venta.

Los carros del futuro serán distintos de los de hoy y también usarán combustibles diferentes. Antes de sacar un carro nuevo al mercado, este pasa por años de pruebas y modificaciones del diseño.

La búsqueda de materiales que funcionen influye en el proceso de diseño. Edison descubrió que los materiales usados para fabricar focos deben ser resistentes al calor.

Es muy costoso desarrollar ciertas tecnologías. Por ejemplo, es costoso fabricar los prototipos de ciertos aparatos electrónicos. El costo de fabricar el prototipo a su vez afecta el costo del producto final.

A veces lleva muchos años desarrollar un carro nuevo pues debe pasar por pruebas de seguridad y del medioambiente. Las leyes del medioambiente fijan límites a los contaminantes que un vehículo puede liberar, y determinan la cantidad de gasolina por milla que este debe consumir.

Empareja los criterios

Traza una línea de la tecnología a los criterios que se deben tener en cuenta durante el proceso de diseño.

Tecnología	Se debe tener en cuenta
Carro de hidrógeno	Liviano, resistente
Computadora portátil	Encontrar combustible
Bicicleta	Portátil, batería de larga duración

Cuando termines, lee la Clave de respuestas y corrige lo que sea necesario.

En los espacios en blanco, escribe la palabra correcta.

ingeniería	tecnología

1. Las cosas que los ingenieros diseñan para satisfacer las necesidades de los humanos son ______________
2. La ____________________ es el proceso de diseñar y probar nuevas tecnologías.
3. Los cepillos de dientes, las máquinas lavadoras y las computadoras son ejemplos de ______________
4. La ____________________ usa las matemáticas y las ciencias para probar aparatos y diseños.

En pocas palabras

Completa las palabras que faltan para explicar cómo los ingenieros realizan el proceso de diseño. Usa la casilla de palabras si necesitas ayuda.

comunicar	ingeniería	llevan buenos apuntes
necesidades	problema	prototipo

5. La ____________________ es el uso de las ciencias y las matemáticas para resolver problemas diarios. Los ingenieros inventan y mejoran las cosas que satisfacen las 6. ____________________ humanas. El proceso de diseño que los ingenieros siguen incluye encontrar un 7. ____________________, crear y probar un 8. ____________________ y 9. ____________________ los resultados. Durante cada paso del proceso de diseño, los ingenieros 10. ____________________.

Clave de respuestas: 1. tecnología 2. ingeniería 3. tecnología 4. ingeniería 5. ingeniería 6. necesidades 7. problema 8. prototipo 9. comunicar 10. llevar buenos apuntes

Ejercita tu mente

Lección 1

Nombre ______________________________

Juego de palabras

1 Al lado de cada oración escribe *T* si la oración trata más que todo sobre el uso de la tecnología. Escribe *I* si la oración trata más que todo sobre el proceso de diseño en ingeniería.

_____ 1. Sarah le mandó un mensaje de texto a Sam por su teléfono celular.

_____ 2. La enfermera usó un termómetro digital para tomarle la temperatura al paciente.

_____ 3. Henry probó tres marcas de licuadoras. Quería saber cuál hacía los batidos más cremosos.

_____ 4. Los obreros en la fábrica usan máquinas para embotellar el agua mineral.

_____ 5. Jessica inventó una trampa para ratones mejor. Patentó su invento.

_____ 6. Elí usó las matemáticas para averiguar cuánto peso resistía un puente.

_____ 7. La enfermera usa una máquina de rayos X nueva.

_____ 8. Mayling está diseñando una nevera que usa menos electricidad.

_____ 9. El soplanieves nuevo de Guillermo permite quitar la nieve más rápidamente.

_____ 10. Las computadoras portátiles están diseñadas para ser más pequeñas, livianas y fáciles de cargar.

Aplica los conceptos

2 Empareja la imagen de la tecnología con la necesidad que satisface. Traza una línea de la tecnología a la necesidad que satisface.

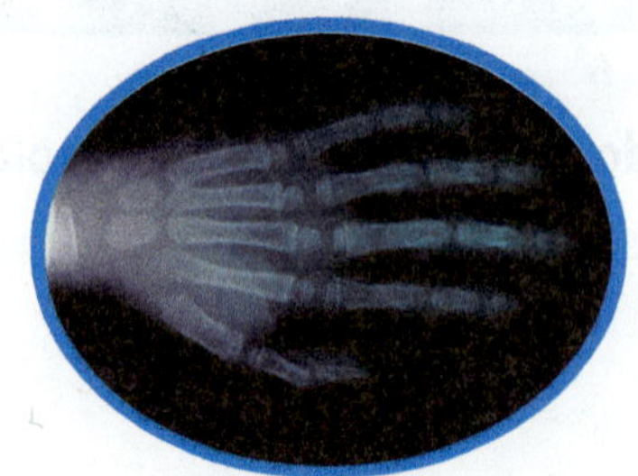

ir a la escuela

levantarse a tiempo

ver con claridad

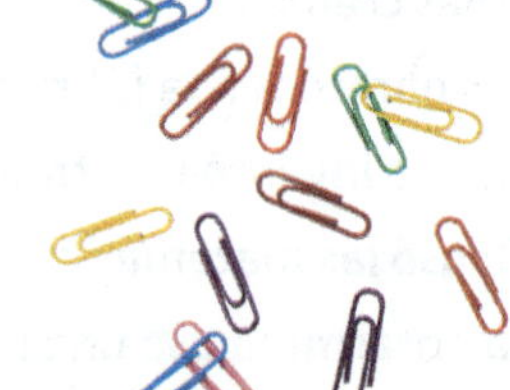

hacer una torta

arreglar un hueso roto

sujetar papeles

3 Escribe las palabras que faltan en las siguientes oraciones. Usa la casilla de palabras si necesitas ayuda.

lluvia de ideas	**buenos apuntes o datos**	**problema**	**prototipo**

Jeremy tenía un ________________ que quería resolver: su carrito era muy lento. Jeremy y su amigo Todd generaron una ________________ para hacerlo ir más rápido. Entre los dos diseñaron un ________________ y lo probaron. Tomaron ______________________ que demostraron que el carrito realmente iba más rápido.

Nombre ________________________________

4 Encierra en un círculo las palabras o las frases que son criterios para diseñar unos patines seguros. Tacha las que *no* sean criterios para la seguridad.

rodar suavemente	frenar fácilmente	vienen en diferentes estilos
ajustados cómodamente	vienen en diferentes colores	resistentes

5 Mira el diagrama de flujo que muestra los pasos del proceso de diseño. Luego lee la lista de pasos para diseñar un termo. Estos pasos no están en orden. Escribe la letra de cada paso en la cajilla apropiada del diagrama de flujo.

El proceso de diseño

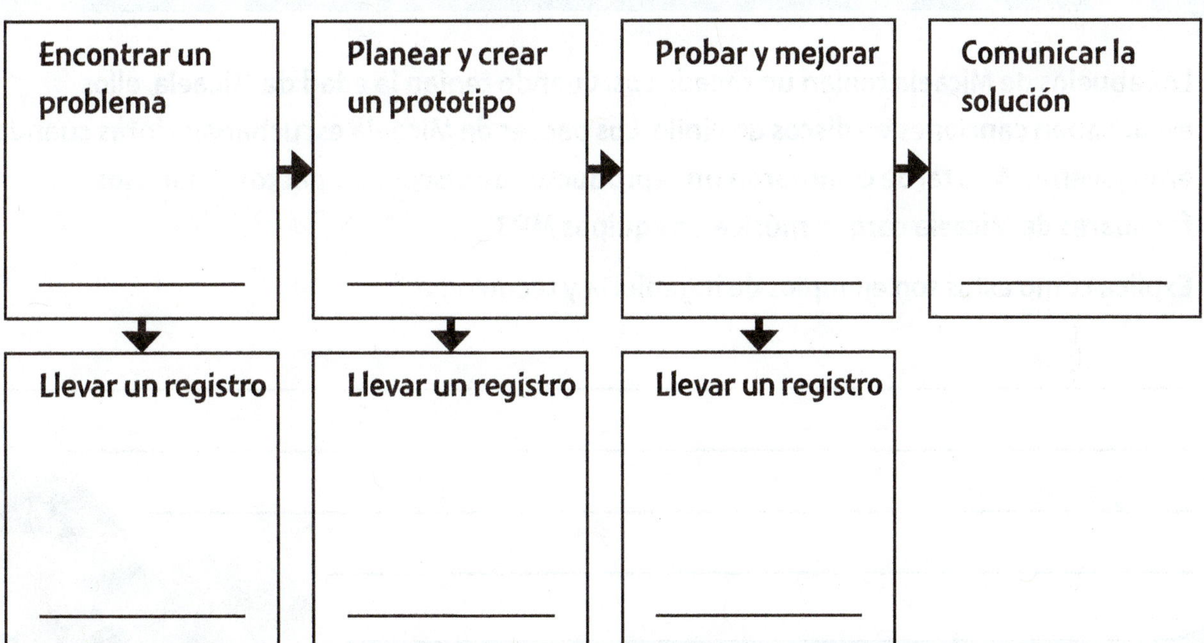

Pasos para diseñar un termo

A Llevar tablas de datos.

B Escribir un informe.

C Escribir ideas.

D Hacer dibujos.

E Medir la temperatura dentro del recipiente.

F Mantener calientes las cosas calientes y frías las cosas frías.

G Usar materiales aislantes para hacer un recipiente.

6 Sylvia es ingeniera. Su amigo Martín es un artista que pinta con óleos. Martín le dice a Sylvia que le toma mucho tiempo sacar la pintura a base de aceite de los pinceles. También es engorroso. Escribe tres o más oraciones para explicar lo que haría Sylvia para planear una solución para el problema de Martín.

____

____

____

____

____

7 Los abuelos de Micaela tenían un tocadiscos. Cuando tenían la edad de Micaela, ellos escuchaban canciones en discos de vinilo. Los padres de Micaela escuchaban cintas cuando eran jóvenes. Más tarde compraron un reproductor de discos compactos. Ahora, los familiares de Micaela cargan música en equipos MP3.

Explica cómo estos son ejemplos de ingeniería y tecnología.

____

____

____

____

Para la casa

Pregúntale a una persona mayor sobre una tecnología que ha cambiado desde que él o ella era joven. Comenta cómo la ingeniería ha cambiado esa tecnología con los años.

Rotafolio de investigación
página 9

Nombre ____________________

Pregunta esencial

¿Cómo puedes diseñar la solución de un problema?

Establece un propósito

¿Cuál es el propósito de esta investigación?

____

____

Formula tu hipótesis

Esboza una balsa con monedas de un centavo para mostrar cuál te parece ser el mejor diseño. Escribe una breve descripción de las características claves de tu balsa.

____

____

____

Piensa en el procedimiento

¿Qué variables pueden afectar los resultados de esta investigación?

____

____

____

____

Anota tus datos

En el espacio de abajo, haz una tabla para anotar tus resultados. Incluye información sobre cada diseño de las balsas y el número de monedas de un centavo y su posición.

Saca tus conclusiones

¿Por qué algunos de sus modelos de balsas funcionaron mejor que otros?

____

____

____

____

Analiza y amplía

1. Haz un esbozo de un diseño de una balsa que piensas que NO flotaría. Explica por qué no flotaría.

____

____

____

____

____

2. Mary y Sarah crearon unos modelos de balsa idénticos. La balsa de Mary se hundió al añadirle tan solo seis monedas de un centavo. La balsa de Sarah resistió 12 monedas antes de hundirse. Sugiere una razón posible de la diferencia.

____

____

____

____

3. A menudo los científicos crean y prueban modelos para resolver problemas. ¿Qué ventajas tiene resolver problemas de esa manera?

____

____

____

____

____

____

4. Piensa en otras preguntas que te gustaría hacer sobre diseñar soluciones para un problema.

____

____

____

____

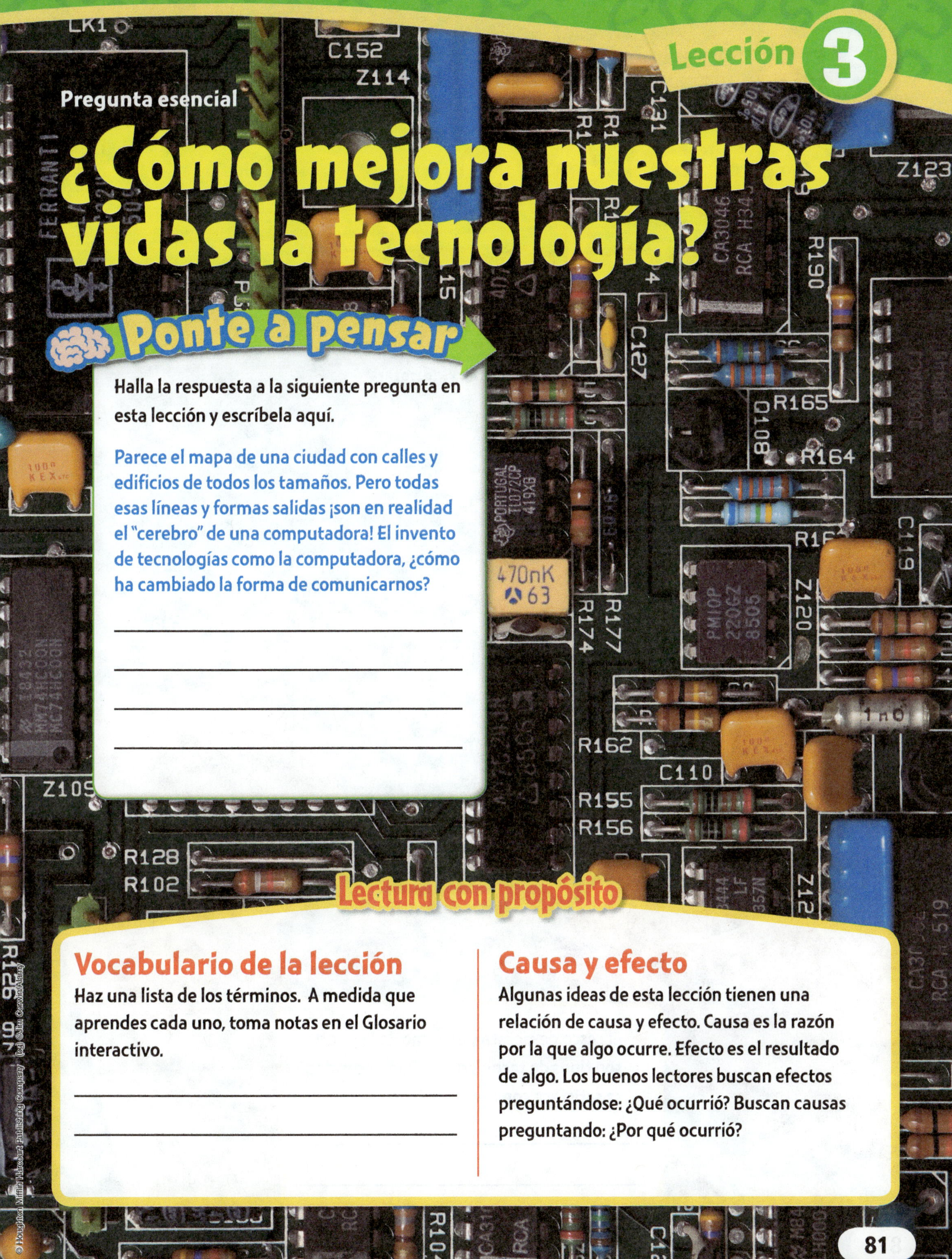

Lección 3

Pregunta esencial

¿Cómo mejora nuestras vidas la tecnología?

Ponte a pensar

Halla la respuesta a la siguiente pregunta en esta lección y escríbela aquí.

Parece el mapa de una ciudad con calles y edificios de todos los tamaños. Pero todas esas líneas y formas salidas ¡son en realidad el "cerebro" de una computadora! El invento de tecnologías como la computadora, ¿cómo ha cambiado la forma de comunicarnos?

____

____

____

____

Lectura con propósito

Vocabulario de la lección

Haz una lista de los términos. A medida que aprendes cada uno, toma notas en el Glosario interactivo.

____

____

Causa y efecto

Algunas ideas de esta lección tienen una relación de causa y efecto. Causa es la razón por la que algo ocurre. Efecto es el resultado de algo. Los buenos lectores buscan efectos preguntándose: ¿Qué ocurrió? Buscan causas preguntando: ¿Por qué ocurrió?

La zona de tecnología

Toma el lápiz y míralo atentamente. Lo que tienes en la mano es tecnología.

Lectura con propósito A medida que leas estas dos páginas, traza recuadros alrededor de los nombres de dos cosas que se están comparando.

La mayoría de las cosas que usas todos los días son *tecnología*. El lápiz, la bicicleta, el foco, incluso la ropa que llevas puesta son tecnología. Al cocinar alimentos usas la tecnología. Lo que determina que algo sea tecnología no es su modernismo. La tecnología no tiene que ser complicada ni necesita electricidad para funcionar.

Lo necesario es que la tecnología satisfaga una necesidad humana. Un lápiz te permite escribir tus ideas o trabajar en problemas de matemáticas. Al leer sobre las tecnologías en estas dos páginas, piensa en qué necesidades satisfacen. ¿Cómo puedes satisfacer esas necesidades sin estos objetos?

▶ El casco de ciclista y el pomo de la puerta son tipos de tecnologías. ¿Qué necesidad se satisface con cada uno?

▶ Antes de las cremalleras, la ropa se cerraba con botones. ¿Qué otras tecnologías satisfacen esta necesidad?

La manera como la gente satisface sus necesidades cambia con el tiempo. Imagina una cocina de pioneros de una chimenea y sin agua corriente. Unas ollas pesadas de hierro eran la tecnología que se necesitaba para cocinar la comida. En una cocina moderna, se pueden usar platos de plástico en un horno de microondas para cocinar la comida o una merienda rápida. La necesidad de preparar alimentos no ha cambiado, pero sí ha cambiado la manera como se preparan.

▶ Unas tecnologías son muy divertidas. ¿Qué necesidad se satisface con esta tecnología?

Veo veo tecnología

¡Rápido! Busca todas las tecnologías que veas en tu salón de clase en 60 minutos. ¡Ya!

Cómo se satisfacen las necesidades de la gente

Es el año 1860. Quieres ponerte en contacto con un amigo o amiga que vive lejos. Hoy quizá le enviarías un mensaje de texto. ¿Y en aquel tiempo?

Lectura con propósito A medida que leas estas dos páginas haz una raya debajo de una causa. Haz dos rayas debajo de su efecto.

1869

Cuando se abrió el ferrocarril transcontinental, el tiempo que tardaba una carta en atravesar el país se redujo a una semana o menos.

1858

A comienzos del siglo XIX, el correo de larga distancia lo llevaban jinetes, barcos de vapor y coches de caballos. Un coche de caballos tardaba 25 días en llevar una carta 3,000 km (1,700 mi) de St. Louis a San Francisco.

1881

El tiempo para enviar un mensaje a través del país se redujo a minutos con el invento del telégrafo.

A comienzos del siglo XIX, comunicarse con alguien lejano era algo que tardaba semanas o meses. A veces esas comunicaciones resultaban sencillamente imposibles. Cuando la gente comenzó a mudarse al oeste a medida que los Estados Unidos iban creciendo, aumentó la necesidad de contar con comunicaciones confiables. La línea cronológica en estas páginas muestra cómo la tecnología fue cambiando como respuesta a esta necesidad.

El tiempo que tardaba comunicarse con alguien que estaba al otro extremo del país se redujo al desarrollarse tecnologías nuevas. Lo que antes tomaba semanas, luego días, luego minutos, ¡ahora se hace casi instantáneamente! Hoy se envían textos de aquí para allá casi tan rápidamente como se puede hablar en persona. El correo electrónico se puede enviar a muchas personas al mismo tiempo. Parece que las nuevas tecnologías para comunicarnos se desarrollan cada vez más rápidamente. ¿Qué vendrá ahora?

1915

Comenzó el servicio telefónico entre dos lugares del país.

1993

Se desarrolló el primer teléfono "inteligente".

Práctica matemática

Resuelve el problema

Supón que puedes enviar 2 mensajes de texto por minuto. ¿Cuántos podrías enviar en el tiempo que tardaba enviar una carta por coche de caballos de St. Louis a San Francisco en 1858?

____

____

____

Riesgos y beneficios de la tecnología

El teléfono celular te permite comunicarte desde casi cualquier parte. ¿Qué ocurre cuando deja de funcionar el teléfono o cuando sale un modelo nuevo y mejor?

Lectura con propósito A medida que leas estas páginas, subraya las cosas que se están contrastando.

La tecnología tiene efectos tanto positivos como negativos. Los efectos positivos se llaman *beneficios*. Los beneficios son las formas en que una tecnología satisface una necesidad. Por ejemplo, un celular permite que los amigos y familiares se comuniquen contigo en cualquier lugar donde estés. Pueden permitirte navegar por Internet o bajar aplicaciones útiles.

Los efectos negativos se llaman *riesgos*. La tecnología del teléfono celular cambia rápidamente y hay personas que se cambian a un modelo nuevo a los pocos meses. De esta manera, se gastan más recursos y los teléfonos viejos pueden terminar en un vertedero. El riesgo es ambiental.

Cualquiera que sea la tecnología, siempre tiene riesgos y beneficios. Piensa qué impacto tiene en tu vida cada una de las tecnologías descritas aquí. ¿Vale la pena correr los riesgos para tener la tecnología?

Las computadoras

BENEFICIOS	RIESGOS
Las computadoras te permiten comunicarte con tus amigos y familiares. Te permiten navegar por Internet buscando información que te sirve para tus tareas, te permite jugar ciertos juegos.	La tecnología de la computadora cambia rápidamente y muchas computadoras terminan en vertederos. Las computadoras son costosas y el uso de Internet te expone a dar con sitios que son peligrosos.

Los carros

BENEFICIOS

Los carros nos ofrecen libertad personal al permitir que vayamos a casi cualquier parte. Llevan objetos pesados que no podrías mover solo.

RIESGOS

Los carros consumen gasolina que viene de un recurso limitado: el petróleo. También contaminan el aire y son peligrosos si no se conducen correctamente.

Reproductores MP3

BENEFICIOS

Los reproductores MP3 te permiten bajar y escuchar tu música preferida sin molestar a los demás.

RIESGOS

El volumen muy alto te puede dañar el oído. Es posible que no puedas bajar ciertas canciones.

Riesgos contra beneficios

Los alimentos congelados y enlatados vienen envasados. Escribe algunos beneficios y riesgos de consumir alimentos envasados.

BENEFICIOS	RIESGOS
___	___
___	___
___	___

Tecnología viva

Con frecuencia, las diversas ramas de la ciencia resultan conectadas. A veces se emplean dispositivos de ingeniería en los seres vivos. Esto conecta la ingeniería con la biología.

Esta planta limpia el agua de desecho para que se pueda devolver al medioambiente sin peligro.

Los ingenieros que trabajan con seres vivos se llaman bioingenieros. Cuando los bioingenieros aplican el proceso de diseño de ingeniería a los seres vivos, están practicando **bioingeniería**.

Un bioingeniero es capaz de diseñar un criadero y criar grandes cantidades de peces para la alimentación y otros propósitos.

Una parte importante de la bioingeniería tiene que ver con el medioambiente. Los bioingenieros diseñan herramientas para impedir o limpiar la contaminación, por ejemplo. Todo producto que se utilice para beneficiar a los organismos o su medioambiente es un ejemplo de **biotecnología**.

La bioingeniería también tiene que ver con la salud y la nutrición. Por ejemplo, con ingeniería se pueden modificar las plantas para que crezcan más rápidamente o más grandes a fin de alimentar a más gente. La comida del ganado se puede modificar para que los animales sean más saludables.

Los bioingenieros también diseñan biotecnologías que ayudan a detectar o tratar las enfermedades. Por ejemplo, en los hospitales, los escáneres ven el interior del cuerpo. Así, el médico puede ver un órgano enfermo o lesionado. Otros dispositivos le ayudan al cirujano a hacer operaciones.

Algunos bioingenieros diseñan dispositivos que reemplazan partes del cuerpo humano. Las piernas artificiales son de ayuda para las personas que han perdido las propias. La piel artificial es una ayuda para las personas quemadas. Los bioingenieros han desarrollado incluso corazones artificiales.

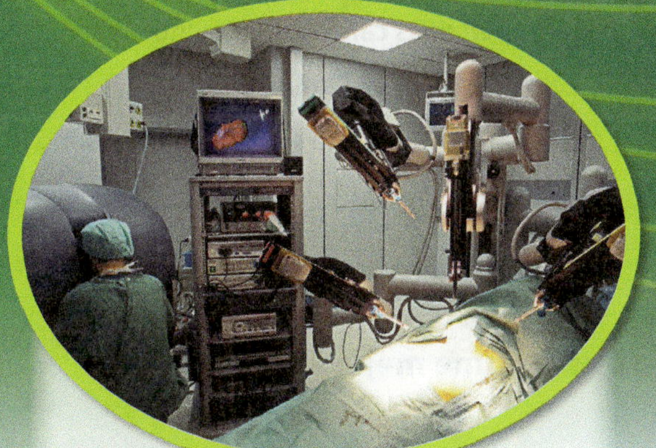

Hoy los cirujanos realizan operaciones delicadas con la ayuda de máquinas computarizadas.

Este corazón artificial no se parece a uno verdadero, pero cumple la misma función.

La bioingeniería y las necesidades humanas

Identifica la necesidad humana que cada una de estas tecnologías satisface.

Biotecnología	Necesidad
Planta de tratamiento de agua	
Criadero de peces	
Cirugía robótica	
Corazón artificial	

Resúmelo

Cuando termines, lee la Clave de respuestas y corrige lo que sea necesario.

En pocas palabras

Completa las palabras que faltan para explicar cómo la tecnología mejora nuestra vida. Usa las palabras de la casilla si necesitas ayuda.

beneficios	bioingeniería	riesgos
efecto	necesidad	tecnología

La tecnología puede ser simple o compleja, pero todas la tecnologías satisfacen una 1. ____________________. 2. La ____________________ cambia a medida que las necesidades de las personas cambian. La tecnología puede tener un 3. ____________________ positivo y negativo. Los efectos positivos se llaman 4. ____________________. Los efectos negativos se llaman 5. ____________________. La aplicación del diseño de ingeniería a los seres humanos es la 6. ____________________.

Traza una línea desde la imagen hasta el enunciado que resume mejor lo que ella representa.

7. La ingeniería nos da tecnologías que protegen el medioambiente, mejoran la nutrición o reemplazan partes del cuerpo.
8. Un beneficio de los alimentos envasados es la comodidad. Un riesgo es el aumento en la cantidad de basura.
9. Hasta una cremallera también es tecnología porque satisface una necesidad humana.
10. La tecnología de la comunicación ha cambiado muchísimo con el tiempo.

Clave de respuestas: 1. necesidad 2. tecnología 3. efecto 4 beneficios 5 riesgos 6. bioingeniería 7. Línea al corazón artificial 8. línea al alimento enlatado 9. línea a la cremallera 10. línea al teléfono inteligente

Ejercita tu mente

Nombre ______________________________

Juego de palabras

1 Usa las palabras en la casilla de abajo como ayuda para ordenar las palabras destacadas en cada enunciado. Luego, escribe la palabra ordenada en la línea.

Un sroeig de usar la computadora es exponerse a sitios de Internet peligrosos.

____

Un criadero de peces es un ejemplo de ítnaciolobgoe.

____

gtolencíao es cualquier cosa que satisfaga una necesidad o resuelva un problema.

____

Los ingenieros trabajan con organismos vivos durante el proceso de ionigbereanií.

____

Un fneciieob de un carro es que ofrece libertad personal.

____

beneficio	bioingeniería*	biotecnología*
riesgo	tecnología	

*Vocabulario clave de la lección

Aplica los conceptos

2 Describe cómo los cambios en el transporte han afectado la comunicación a largas distancias. Cita un ejemplo. ______________________________

____

____

3 Nombra dos beneficios y dos riesgos de cada una de estas tecnologías.

Bolsas de plástico del mercado	
BENEFICIOS	RIESGOS
______	______
______	______
______	______

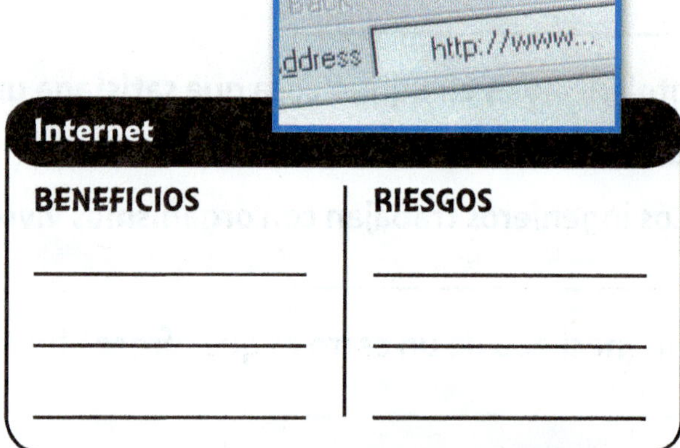

Internet	
BENEFICIOS	RIESGOS
______	______
______	______
______	______

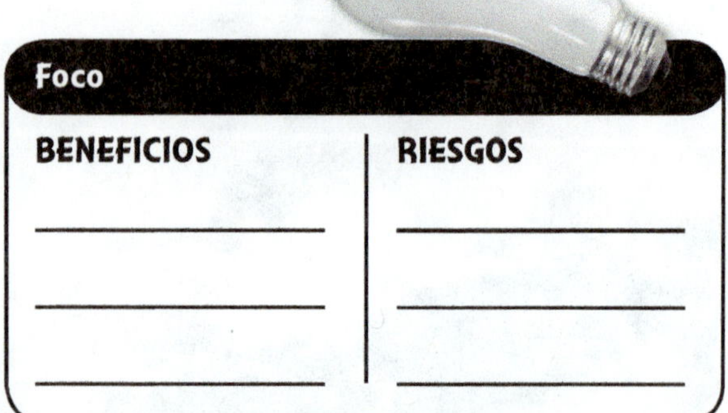

Foco	
BENEFICIOS	RIESGOS
______	______
______	______
______	______

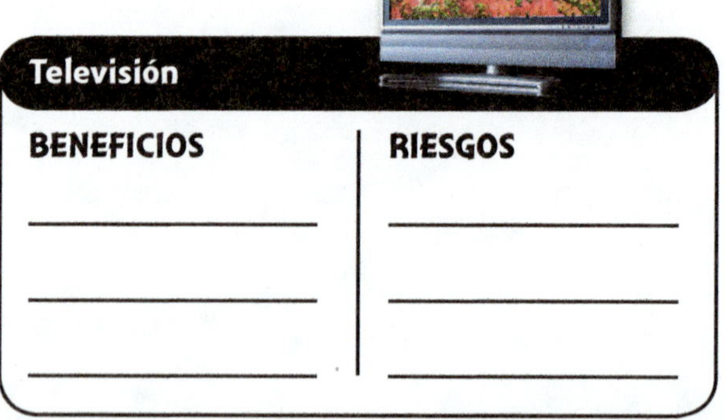

Televisión	
BENEFICIOS	RIESGOS
______	______
______	______
______	______

Para la casa

Con un familiar, identifica cinco ejemplos de tecnología que haya en tu casa. Explica a tu familiar qué necesidades se satisfacen con cada tecnología. Trata de identificar los riesgos y los beneficios de cada una.

1 Los diseñadores de prótesis ayudan a personas que no tienen alguna parte del cuerpo, como una mano, un brazo o una pierna.

2 Las personas a quienes ayudan quizá perdieron la parte del cuerpo por una lesión o una enfermedad. O quizá nacieron sin esa parte del cuerpo.

3 Los diseñadores de prótesis crean la prótesis que reemplaza la parte del cuerpo que falta.

10 cosas que debes saber sobre los diseñadores de prótesis

4 Para diseñar una prótesis, los diseñadores tienen que estudiar cómo se mueve el cuerpo humano.

5 Un diseñador de prótesis busca nuevas maneras de mejorar la forma en que se hace una prótesis.

6 Usan computadoras lo mismo que herramientas tradicionales, entre ellas el taladro.

7 Una prótesis se hace para satisfacer las necesidades de cada usuario.

8 Un individuo puede necesitar una prótesis para nadar, correr, hacer ciclismo o jugar al golf.

9 Una prótesis se diseña para moverse con facilidad y naturalidad y bajo el control del usuario.

10 ¡Los diseñadores de prótesis son capaces de cambiarle la vida a una persona!

El diseño de una prótesis deportiva

Para cada imagen, escribe el número de los criterios de diseño que satisfacen las necesidades de cada persona.

1. Debe permitir que la pierna se doble hacia adelante y que se fije la rodilla.
2. Debe quedar cómoda en la rodilla y permitir que rote el tobillo.
3. Debe ser liviana, flexible y resistir el impacto fuerte.
4. Debe ser liviana y capaz de rotar 180°.
5. Debe ser a prueba de agua y permitir que se fije el tobillo.
6. Debe tener piezas para agarrar diferentes objetos.
7. Debe ser capaz de rotar 90° y tener buena tracción.

_____

_____

_____

_____

Rotafolio de investigación página 11

Nombre ____________________

Pregunta esencial

¿Cómo puedes usar la ingeniería para resolver un problema?

Establece un propósito

¿Qué problema estás tratando de resolver?

____

____

¿Qué utilidad tendría un abridor de frascos?

____

____

____

Piensa en el procedimiento

¿Qué es un prototipo?

____

Describe dos ideas para tu prototipo.

____

____

____

____

____

Anota tus datos

Haz un plan detallado para tu abridor de frascos. Rotula los materiales. Describe cómo va a funcionar. Luego haz tu prototipo y pruébalo.

____

____

____

Saca tus conclusiones

¿Qué criterios usaste para probar tu prototipo?

Describe cómo probaste tu prototipo. Anota los datos que recopilaste.

Analiza y amplía

1. ¿El prototipo necesitó mejoras? Descríbelas.

2. Resume cómo diseñaste y probaste tu abridor de frascos.

3. Describe otro diseño para un abridor de frascos que se podría hacer con los materiales provistos.

4. Piensa en otros diseños que podrías hacer si tuvieras materiales diferentes. ¿Cómo funcionaría ese diseño?

Nombre ______________________

Repaso de vocabulario

Completa las oraciones con las palabras de la casilla.

bioingeniería
biotecnología
criterios
ingeniería
prototipo
tecnología

1. El empleo de conocimientos científicos para resolver problemas prácticos es ______________________.

2. El empleo de ciencias y matemáticas para fines prácticos como diseñar estructuras, máquinas y sistemas es ______________________.

3. Los estándares para medir el éxito de un diseño son ______________________.

4. El proceso de aplicar el proceso de diseño de ingeniería a los seres vivos es ______________________.

5. El modelo original o de prueba sobre el cual se basa un producto es un(a) ______________________.

6. Las piernas artificiales son un ejemplo de ______________________.

7. Los modelos de computadora, junto con los datos matemáticos, ¿qué información dan a los bioingenieros?

   (A) qué prótesis es más bonita
   (B) qué prótesis sería menos necesaria
   (C) qué cambios habría que hacerle a un dispositivo prostético
   (D) qué ajustes habría que hacerle al plan de comercialización

8. Esta radiografía de un pie es un ejemplo ¿de qué tipo de ciencia o ingeniería?

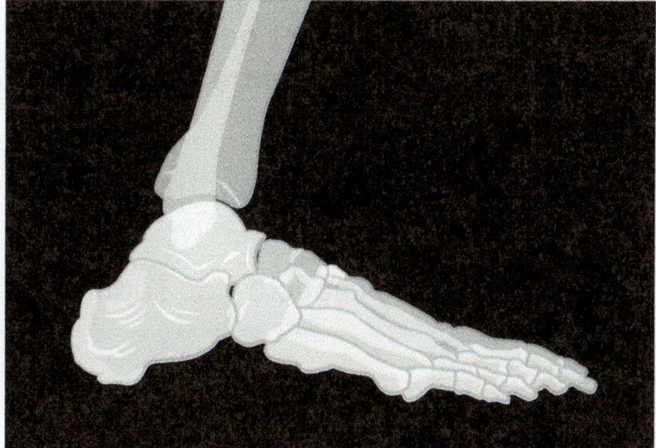

   (A) biotecnología
   (B) microbiología
   (C) diseño de prototipo
   (D) dispositivos prostéticos

Conceptos de ciencias

Rellena la burbuja con la letra de la mejor respuesta.

9. Imagina que eres un bioingeniero que está diseñando una prótesis para reemplazar la articulación de un hombro. Estás haciendo un prototipo. ¿Qué criterio de diseño importante para la articulación del hombro debes incluir?

Ⓐ Debe parecer realista en su color y aspecto visual.

Ⓑ Debe ser capaz de hacer todos los movimientos donde encaja con el hueso.

Ⓒ Debe impedir que la persona para quien se diseña se vuelva a lesionar.

Ⓓ Debe ser más fuerte que una articulación de hombro corriente y debe ser capaz de soportar más peso.

10. Un diseñador deportivo desea hacer un producto rentable que sea de beneficio para el usuario. Los datos siguientes muestran el resultado de una encuesta sobre las actividades deportivas preferidas por los estudiantes.

Participación en los deportes de la escuela secundaria	
Deporte	**Porcentaje de los estudiantes**
básquetbol	80
ciclismo	60
fútbol	50
natación	30

Por inferencia, ¿cuál crees que sería el producto más necesario entre los estudiantes encuestados?

Ⓐ un casco para proteger contra las lesiones de la cabeza

Ⓑ calzado de alto impacto y de soporte para el tobillo

Ⓒ traje de baño que repele el agua para carreras de natación

Ⓓ pantalones cortos con la parte de atrás acolchada

11. Tú y tu grupo de diseño han diseñado un nuevo reloj de pulsera a prueba de agua hecho de un material suave y flexible como tela. ¿Cuál de los prototipos siguientes serviría para predecir el funcionamiento del reloj en la vida real?

Ⓐ un dibujo gráfico del reloj

Ⓑ un modelo computarizado del reloj que realmente se mueve

Ⓒ un modelo del reloj hecho de plástico o tela y que se puede llevar puesto

Ⓓ una versión del reloj hecho del nuevo material y que se puede llevar puesto

12. Una compañía ha desarrollado una nueva patineta que rueda más fácilmente sobre la grava y el pasto. Unos usuarios de la nueva patineta están desgastando caminos a través del parque local. ¿Qué aspecto de la tecnología está representado por esta situación?

Ⓐ beneficios y riesgos

Ⓑ diseño y nuevo diseño

Ⓒ modelos de computadora y prototipos

Ⓓ búsqueda y comunicación de ideas

13. Los bioingenieros diseñaron una mano prostética capaz de agarrar objetos pequeños entre el pulgar y el dedo índice. El pulgar no era uno de los criterios de diseño originales. ¿Qué proceso fue el más responsable de que se incluyera esta característica en el diseño final?

Ⓐ solución de problemas después de la fabricación

Ⓑ inquietudes de los médicos por la seguridad

Ⓒ sesiones de búsqueda de ideas dentro del grupo de diseño

Ⓓ prueba del prototipo y nuevo diseño

14. Estás determinando los criterios que aplicarás para decidir lo bien o mal que funciona tu prototipo de carro de carreras. ¿Qué unidades usarías para determinar la distancia que viajó el carro?

Ⓐ gramos

Ⓑ grados

Ⓒ metros

Ⓓ litros

15. Los ingenieros están investigando varios materiales que, en su criterio, podrían ser apropiados para usar en una articulación de rodilla artificial. Tienen que elegir un material fuerte que tenga una densidad (masa ÷ volumen) del orden de 2.3–2.6.

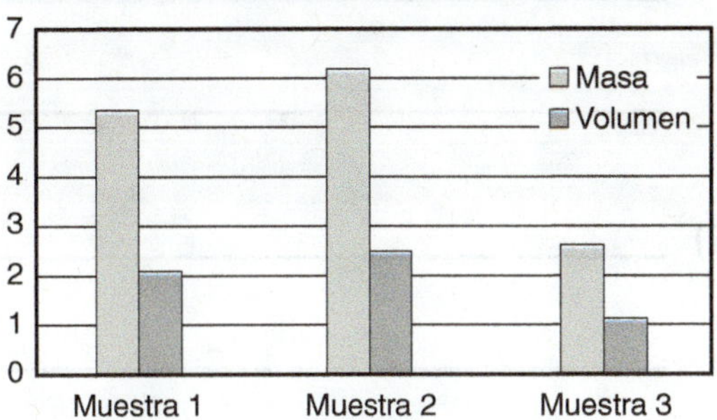

¿Qué conclusión pueden sacar los ingenieros de los datos de la gráfica?

Ⓐ Todas las muestras cumplen lo criterios de densidad que los ingenieros identificaron.

Ⓑ La Muestra 3 tiene el menor volumen y no debe considerarse para la rodilla.

Ⓒ La Muestra 2 tiene la mayor masa por volumen y es el material más denso.

Ⓓ Todas las muestras caen fuera del rango aceptable y muestran una masa de 5–6.

16. Un grupo de ingeniería está desarrollando un dispositivo que ayudará a las familias de agricultores a limpiar el agua para beber. El dispositivo tiene que ser barato para que las familias puedan comprarlo. ¿En qué etapa del proceso de ingeniería hay que tener en cuenta la necesidad de que el dispositivo sea barato?

Ⓐ antes de hacer el prototipo

Ⓑ después de poner el producto en el mercado

Ⓒ antes de identificar el problema

Ⓓ una vez terminadas las pruebas

Aplica la investigación y repasa La gran idea

Escribe la respuesta a estas preguntas.

17. Para hacer el prototipo de una prótesis para una parte del cuerpo humano, hay que usar materiales de modos que parezcan las acciones de las verdaderas partes del cuerpo. Por ejemplo, se pueden usar ligas para simular la acción de los músculos sobre los huesos para moverlos. Describe **dos** formas en que las ligas imiten el músculo en un modelo de un brazo humano.

(1) ______________________________

____

(2) ______________________________

____

18. Una mochila llena no debe pasar del 20 por ciento del peso de un estudiante. Sin embargo, la mayoría de los médicos recomiendan un límite de peso del 15 por ciento. Estos datos aparecen en la siguiente tabla.

Peso corporal (lb)	Límite recomendado de 15% (lb)	Peso máximo de 20% (lb)
70	$10\frac{1}{2}$	14
80	12	16
90	$13\frac{1}{2}$	18
100	15	20
110	$16\frac{1}{2}$	22
120	18	24

Los materiales que frecuentemente se usan para hacer mochilas tienen las siguientes propiedades:

Material	Costo	Resistencia	Peso
plástico	bajo	baja	bajo
lona	moderado	media	medio
cuero	alto	alta	alto

a. ¿Cuál es el peso máximo que debe llevar un estudiante que pesa 70 lb?

____

b. ¿Cuál es el rango de pesos para un estudiante que pesa 80 lb?

____

____

c. Sugiere un material para una mochila que sirva para que un estudiante de 70 lb lleve 9 lb de libros y materiales. Respalda tu respuesta.

____

____

UNIDAD 3

Células y sistemas corporales

La gran idea

Todos los seres vivos están formados por células. Las células trabajan juntas para formar tejidos, órganos y sistemas de órganos.

Me pregunto por qué

¿Por qué el galope de los caballos sobre el suelo helado suena como truenos? *Da vuelta a la página para descubrirlo.*

Por esta razón Las patas de los caballos terminan en una estructura fuerte que se llama casco. Al correr, los cascos de los caballos golpean el suelo helado produciendo un ruido que suena a truenos.

En esta unidad vas a aprender más sobre La gran idea, y a desarrollar las preguntas esenciales y las actividades del Rotafolio de investigación.

Niveles de investigación ■ Dirigida ■ Guiada ■ Independiente

La gran idea Todos los seres vivos están formados por células. Las células trabajan juntas para formar tejidos, órganos y sistemas de órganos.

Preguntas esenciales

¡Ya entiendo La gran idea!

Cuaderno de ciencias

No te olvides de escribir lo que piensas sobre la Pregunta esencial antes de estudiar cada lección.

Pregunta esencial

¿Qué son las células?

Ponte a pensar

Halla la respuesta a las siguientes preguntas en esta lección y escríbela aquí.

¿Qué tiene en común una ballena con una ameba? ¿Qué las hace diferentes?

____

____

____

Lectura con propósito

Vocabulario de la lección

Haz una lista de los términos. A medida que aprendes cada uno, toma notas en el Glosario interactivo.

______________ ______________

______________ ______________

______________ ______________

______________ ______________

Idea principal y detalles

Las oraciones de apoyo dan información sobre un tema. La información puede incluir ejemplos, rasgos, características o datos. Los buenos lectores se mantienen concentrados en el tema cuando preguntan: ¿Qué dato o qué información añade esta oración al tema?

Células nerviosas

Hecho todo de células

¿Sabías que las células que ves en estos dibujos se encuentran en tu cuerpo? Tu cuerpo está formado por células nerviosas, células de piel y muchas otras células. ¡Juntas, las células te permiten hacer todo lo que haces!

Células de piel

Lectura con propósito Mientras lees la siguiente página, subraya las partes que conforman la *teoría celular.*

Todos los seres vivos tienen un cuerpo formado por células. La **célula** es la unidad básica de estructura y función de los seres vivos. Es decir, una célula es la unidad más pequeña de vida. Los seres vivos también se llaman **organismos**. Los organismos pueden estar formados por una célula o por miles de millones de células. Los animales multicelulares tienen células diferentes que cumplen varias funciones.

► La forma de una célula te indica su función. ¿Qué células son planas y te protegen? ¿Qué células son como hilos y envían mensajes?

____

____

____

Casi todas las células son muy pequeñas y no se ven a simple vista: Son *microscópicas.* Antes del siglo XVII no se sabía que las células existían porque no había microscopios. Hoy podemos ver partes diminutas de las células con microscopios muy potentes. En el siglo XIX, los científicos juntaron sus conocimientos sobre las células y desarrollaron la *teoría celular*. Esta teoría tiene tres partes. (1) Todos los seres vivos están formados por células. Desde los organismos más grandes del mundo hasta las diminutas amebas unicelulares, todos los organismos están formados por células. (2) Todos los procesos de la vida tienen lugar en las células. Tus células toman oxígeno, liberan dióxido de carbono y producen la energía que necesitas. (3) Las células nuevas nacen de células que ya existen. Los organismos necesitan células nuevas para crecer y repararse.

La célula única de la ameba realiza todos los procesos necesarios para la vida.

Robert Hooke observó células muertas de cortezas de árboles, como estas células de corcho. Les puso el nombre *células* a esas estructuras porque parecían "pequeñas celdas".

Hooke fue la primera persona que estudió células con un microscopio. Usó uno como el que se muestra aquí.

¿De qué partes se componen las células?

¡Hay que trabajar mucho para mantener un cuerpo vivo! Las células tienen partes que cumplen ciertas funciones. Lee en estas dos páginas acerca de las funciones que tienen las partes de las células.

Lectura con propósito Mientras lees estas dos páginas, encierra en un círculo las partes que tienen en común las células vegetales y animales. Subraya las partes que son diferentes.

Las plantas y los animales están formados por células. Hay muchas partes de las células vegetales y animales que son iguales. Pero las plantas y los animales necesitan cosas diferentes para vivir. Por eso, algunas partes de sus células son diferentes.

Célula animal

El **núcleo** está cubierto por una membrana y controla todas las actividades celulares, por ejemplo hacer más células, producir energía, tomar materiales y eliminar los desechos.

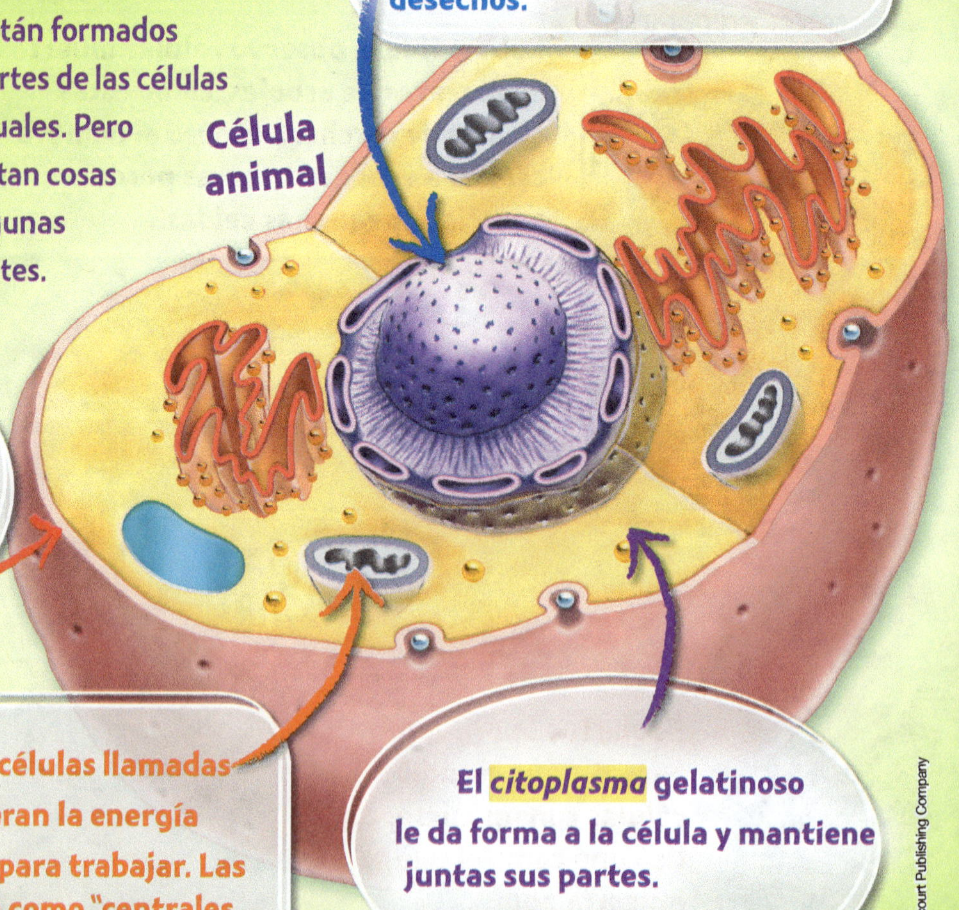

Todas las células tienen una **membrana** celular que las cubre y controla todo lo que entra y sale de ellas.

Las partes de las células llamadas ***mitocondrias*** liberan la energía que la célula usa para trabajar. Las mitocondrias son como "centrales de energía" para las células.

El ***citoplasma*** gelatinoso le da forma a la célula y mantiene juntas sus partes.

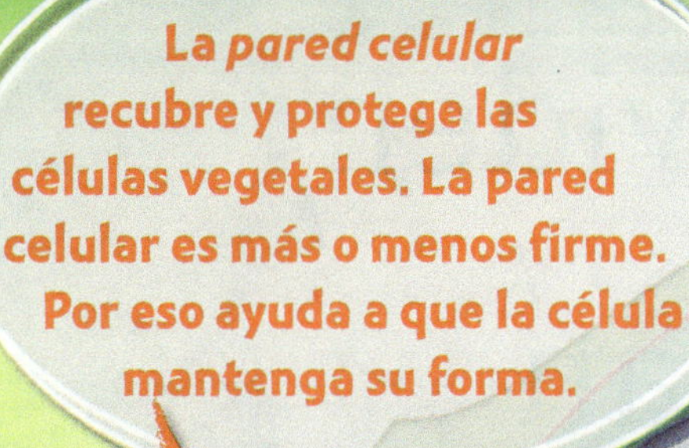

Célula vegetal

La *vacuola* grande de las células vegetales almacena agua, nutrientes y desechos. Hay muchas células animales que tienen vacuolas, pero son mucho más pequeñas que en las células vegetales.

Cada *cloroplasto* usa energía solar para fabricar azúcar. El azúcar es alimento para la planta. Los animales obtienen alimentos de su medioambiente.

▶ Completa la tabla describiendo las partes que componen las células.

Núcleo

Comparación entre células vegetales y animales

Parte de la célula	Vegetales, animales o ambas	Función
Membrana celular	Ambas	
Núcleo		
Mitocondria		Libera energía
Cloroplasto	Plantas	
Pared celular		Recubre y protege la célula

Mitocondria

Cloroplasto

Las células se dividen y se multiplican

¿Alguna vez te has puesto a pensar por qué se dividen las células? ¡Podrías decir que las células se dividen para multiplicarse!

Lectura con propósito Mientras lees estas dos páginas, subraya dos razones por las cuales se dividen las células.

Imagina que estás con unos amigos y quieres organizar un partido de fútbol. ¿Qué sería lo primero que harías? ¡Dividir el grupo en dos equipos! Para seguir activas, las células también se tienen que dividir. El proceso de división celular permite que las células individuales se multipliquen. Las células se dividen por dos razones principales.

Crecimiento Las células no pueden ser muy grandes. Si una célula es muy grande no puede obtener los materiales que necesita para eliminar los desechos. Entonces, para crecer, el organismo debe producir más células.

Reproducción Los organismos se tienen que reproducir. Casi todos los organismos se reproducen sexualmente. Producen células llamadas óvulos y espermatozoide mediante división celular. Estas dos células se unen luego para formar nuevos organismos.

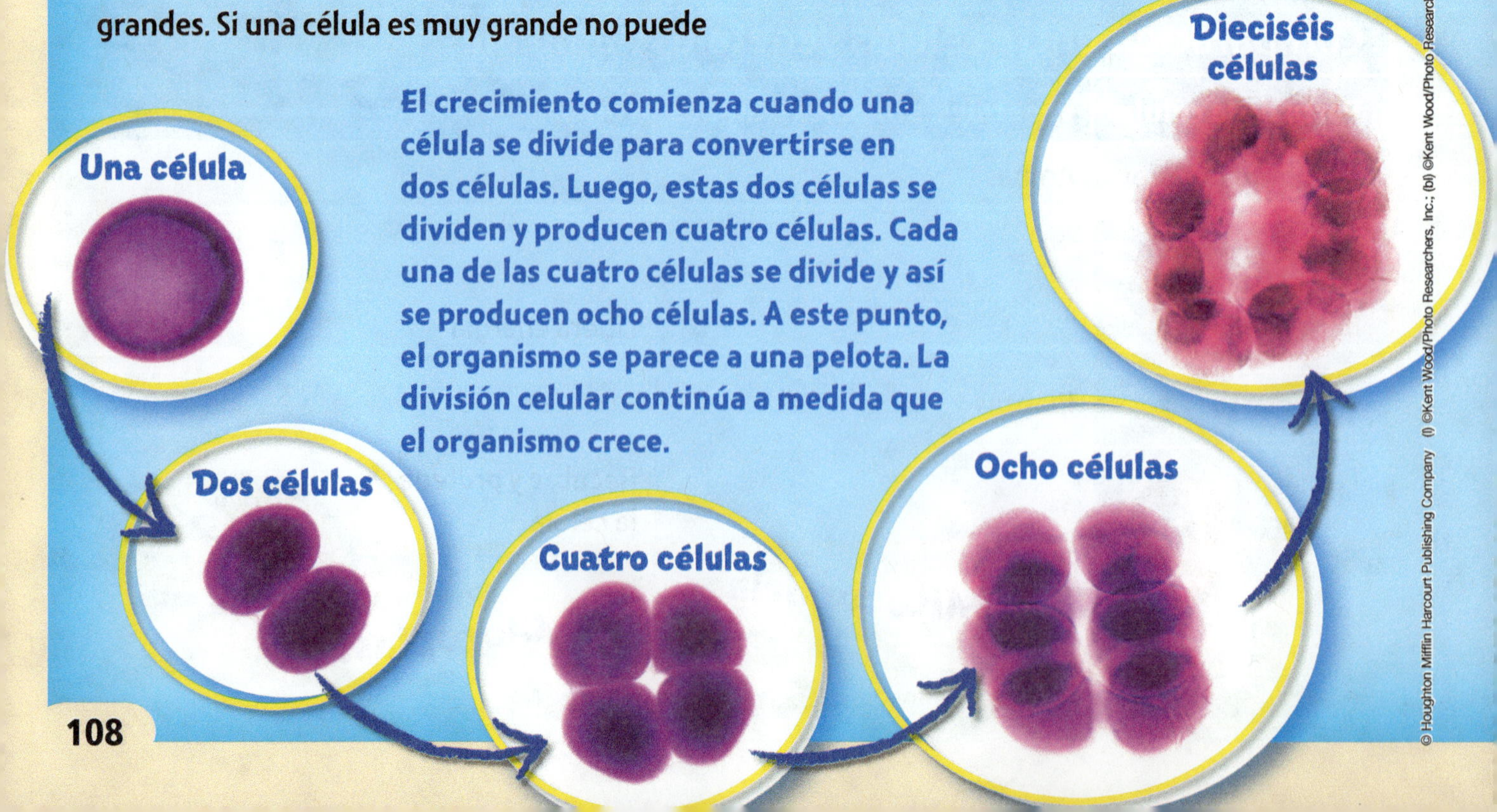

El crecimiento comienza cuando una célula se divide para convertirse en dos células. Luego, estas dos células se dividen y producen cuatro células. Cada una de las cuatro células se divide y así se producen ocho células. A este punto, el organismo se parece a una pelota. La división celular continúa a medida que el organismo crece.

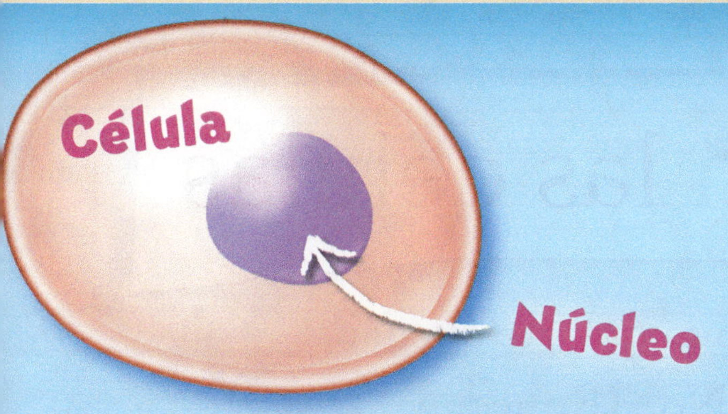

ADN

Un organismo tiene características específicas. Por ejemplo, tus ojos son de cierto color. La información que controla las características de un organismo, como el color de los ojos o la estatura, viene de las células de los padres cuando se reproducen.

En el núcleo de cada célula hay unas estructuras llamadas *cromosomas*. Los cromosomas están hechos de ADN, los bloques básicos de vida. El ADN tiene secciones que se llaman *genes*. Los genes controlan las características de un organismo.

Práctica matemática

División celular

¿Cuánto tiempo se demora una célula en producir nuevas células mediante la división celular? Imagina que una célula se divide una vez cada 5 minutos.

A los 5 minutos: 1 célula $\times$ 2 = 2 células

A los 10 minutos: 2 células $\times$ 2 = 4 células

¿Cuánto tiempo debe pasar para que haya 16 células?

____

También puedes calcular el número de células que habrá después de cierto tiempo. Si las células se siguen dividiendo cada 5 minutos, ¿cuántas células habrá después de una hora?

____

Cómo se dividen las células

Si cortas un sándwich por lo mitad, ¿te quedan dos sándwiches completos? No. Te quedan dos mitades. Las células, en cambio, se dividen mediante un proceso que produce células nuevas completas. Esto ocurre de dos maneras: por mitosis o por meiosis.

Lectura con propósito Mientras lees estas dos páginas, escribe números junto a los pasos de división celular para indicar el orden correcto.

La mitosis ocurre en las células del cuerpo y ayuda al crecimiento. La mitosis tiene cinco pasos que se llevan a cabo en el núcleo. Hay un sexto paso que no es parte de la mitosis y ocurre por fuera del núcleo. Durante el sexto paso, el citoplasma se divide y se forman dos células nuevas. Estas células nuevas crecerán del tamaño de la célula original. También tendrán el mismo número de cromosomas que la célula original.

Mitosis

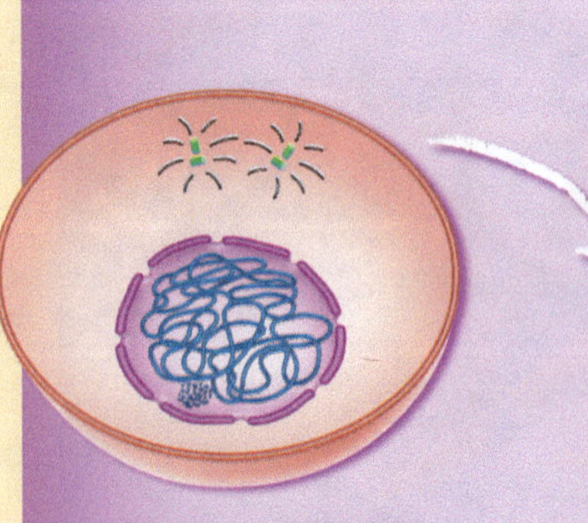

Antes de la división celular se copia el ADN. El ADN se encuentra en unos hilos de cromosomas sueltos en el núcleo.

Luego los cromosomas se juntan y forman unas estructuras como barras. Los cromosomas duplicados se unen cerca de su centro. La membrana del núcleo desaparece.

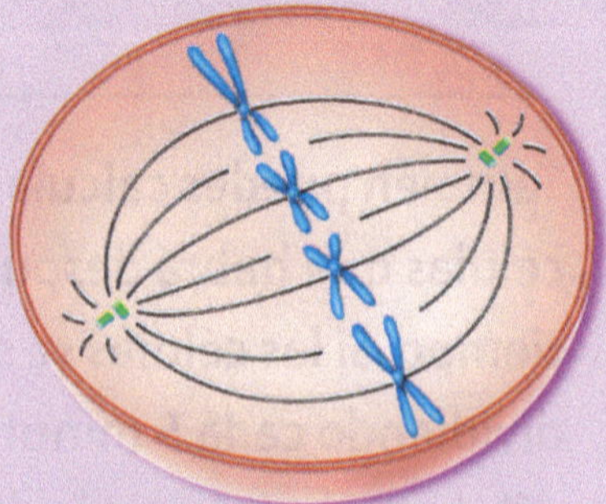

Los cromosomas duplicados se colocan en fila en la mitad de la célula.

La meiosis forma las células sexuales: óvulo y espermatozoide. Estas células solo tienen la mitad de los cromosomas que tienen las células del cuerpo. Las dos se unen durante la *reproducción sexual* para formar una célula nueva. Cuando las células sexuales se unen, la nueva célula que resulta tiene un conjunto completo de cromosomas.

Por ejemplo, los humanos tienen 46 cromosomas. Sus células sexuales tienen 23 cromosomas. Cuando las dos se unen, forman una sola célula que tiene 46 cromosomas. Una célula se dividió por mitosis para convertirse en un individuo nuevo.

▶ Ahora que sabes que las células sexuales humanas tienen la mitad de cromosomas que las células del cuerpo, mira los dibujos de la derecha. Cita una posible razón que explique por qué las células sexuales humanas tienen menos cromosomas.

____

____

____

____

____

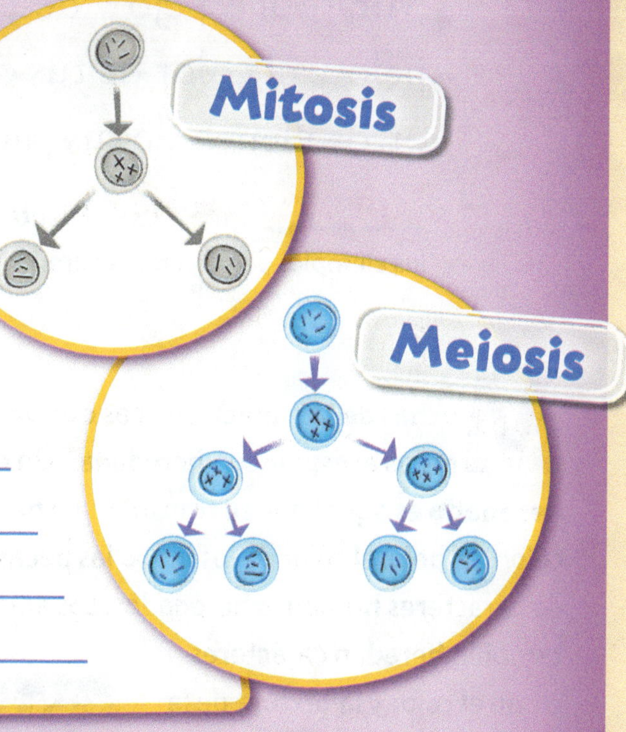

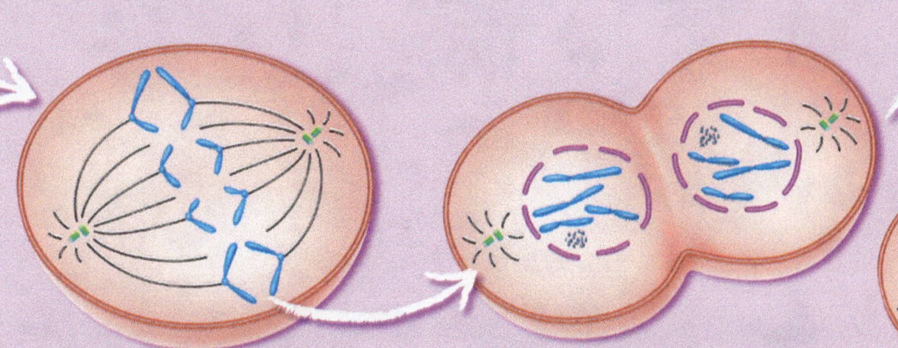

Los cromosomas duplicados se dividen y cada mitad se mueve hacia lados opuestos de la célula.

Se forma una membrana nuclear alrededor de los cromosomas recién separados. El citoplasma presiona hacia adentro.

Finalmente se divide el citoplasma. La división celular está completa. Ahora hay dos células nuevas.

¿De dónde vienen los carácteres?

Mírate al espejo y describe lo que ves. ¿Describiste tu pelo y el color de tus ojos? Esos carácteres y muchos otros vienen de tus padres.

Lectura con propósito Mientras lees estas dos páginas, subraya la definición y los ejemplos de carácteres heredados.

Muchas de las características que ves cuando te miras al espejo son heredadas. Un **carácter heredado** es aquel que se transmite de padres a hijos. El color del pelo, el color de los ojos o las pecas son ejemplos de caracteres humanos heredados. Los animales también heredan carácteres, como el color y la textura de la piel. Los gatitos que ves en esta página heredaron el pelaje de sus padres.

¿Notaste que uno de los gatitos en la página de la izquierda tiene el pelo de un color diferente del de la madre? Esto ocurre porque hay diferencias genéticas entre padres e hijos. Lo mismo sucede en las familias humanas, como las de esta página. Los miembros de una misma familia tienen diferencias genéticas que producen diferentes carácteres.

Las diferencias genéticas son el resultado de la meiosis. Un organismo recibe solamente la mitad de sus genes de cada uno de los padres. Por eso el organismo no es idéntico a ninguno de ellos. Además, cada hijo de una pareja recibe un conjunto de genes diferentes. Esto significa que los hijos no son idénticos, a menos que sean gemelos idénticos.

Algunos carácteres heredados son el color de la piel, el color del pelo, la forma de la cara, la forma de los lóbulos de las orejas, ¡hasta el tono de tu voz!

Mis carácteres heredados

Cuando hayas leído el texto y observado las imágenes, escribe abajo tus carácteres.

La capacidad de enrollar la lengua es un carácter heredado.

Carácteres dominantes y recesivos

¿Tus ojos son de un color diferente a los de tu mamá? ¿Por qué sucede eso?

Lectura con propósito Mientras lees estas dos páginas, subraya por qué aparecen las carácteres recesivos.

El niño y la niña en esta foto muestran varios caracteres heredados. Ella tiene el pelo rizado. Él tiene el pelo liso. Ella tiene pecas. Él no las tiene. ¿Qué determina que estos carácteres sean visibles? Gregor Mendel halló una explicación en el siglo XIX. Se dio cuenta de que las plantas de guisantes eran altas o cortas e investigó cómo el carácter de altura se transmitía desde la planta original.

Los ojos pardos, el pelo oscuro, el pelo rizado, los hoyuelos y las pecas son caracteres dominantes en los humanos.

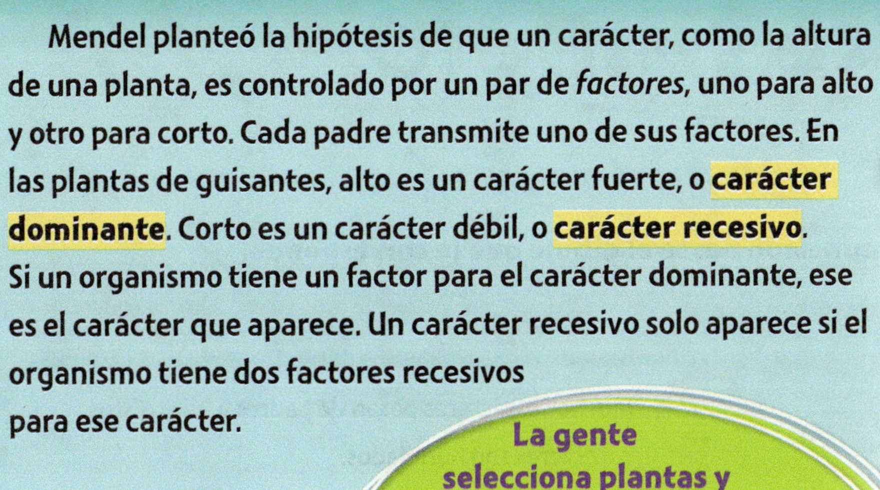

Mendel planteó la hipótesis de que un carácter, como la altura de una planta, es controlado por un par de *factores*, uno para alto y otro para corto. Cada padre transmite uno de sus factores. En las plantas de guisantes, alto es un carácter fuerte, o **carácter dominante**. Corto es un carácter débil, o **carácter recesivo**. Si un organismo tiene un factor para el carácter dominante, ese es el carácter que aparece. Un carácter recesivo solo aparece si el organismo tiene dos factores recesivos para ese carácter.

La gente selecciona plantas y animales para reproducir ciertos caracteres. Este conejo angora es el producto de una reproducción selectiva. ¿Cómo se diferencia de los conejos silvestres?

▶ Mendel cruzó plantas de guisantes altas y cortas. Toda la progenie fueron plantas altas. El dibujo muestra lo que sucedió cuando Mendel cruzó la progenie de plantas altas entre sí. Parte de esa progenie fueron plantas cortas. ¿Qué plantas muestran factores dominantes? ¿Qué plantas muestran *solo* factores recesivos?

Resúmelo

Cuando termines, lee la clave de respuestas y corrige lo que sea necesario.

Dibuja una línea desde cada enunciado hasta el dibujo que le corresponde.

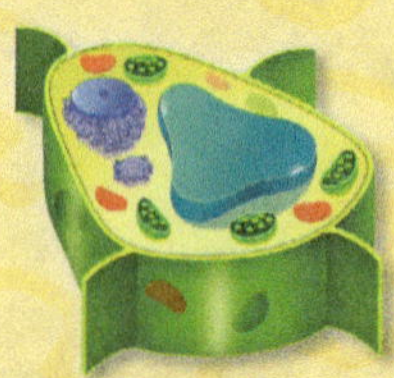

1. Muchos carácteres pasan de padres a hijos. Estos carácteres son heredados.

2. La mitosis es el proceso mediante el cual las células del cuerpo producen más células, y hace crecer el organismo.

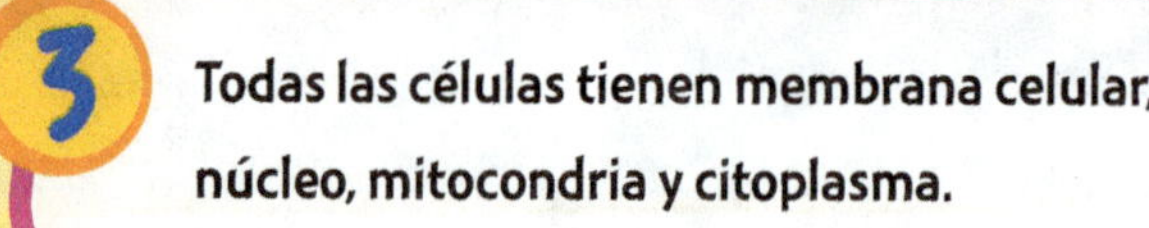

3. Todas las células tienen membrana celular, núcleo, mitocondria y citoplasma.

4. El núcleo dirige todas las actividades de la célula, como crecimiento, producción de energía, absorción de materiales y eliminación de desechos.

5. Los carácteres dominantes aparecen si el organismo tiene un factor para esos caracteres. Debe haber dos factores presentes para que aparezca un carácter recesivo.

6. Las células vegetales tienen cloroplastos y pared celular. Las células animales no. Las vegetales también tienen una vacuola grande.

Clave de respuestas: 1. quinta imagen: cachorros 2. cuarta imagen: mitosis 3. segunda imagen: célula animal 4. tercera imagen: núcleo 5. última imagen: lengua enrollada 6. primera imagen: célula vegetal

Nombre ______________________

Juego de palabras

1 Ordena las palabras de la derecha y completa los espacios en blanco en cada oración.

A. Un ______________ es un ser vivo. — eisomsi

B. Todas las células están rodeadas por una ______________ que controla lo que entra y sale de la célula. — átrrecac oadehrde

C. El ______________ de una célula es gelatinoso y mantiene juntas sus partes. — oisctlpma

D. El proceso de ______________ produce células que tienen el mismo número de cromosomas que la original. — raulelc nbammera

E. El proceso de ______________ produce células sexuales. — ssiitom

F. La ______________ protege a las plantas y conserva su forma. — atcraecr cesievor

G. Un ______________ se transmite de padres a hijos. — gimsarono

H. Un ______________ solo se expresa si los dos factores están presentes en el organismo. — derap ralulec

Extra: ¿Cuántas partes diferentes de la célula puedes nombrar?

______________ ______________

______________ ______________

______________ ______________

______________ ______________

Aplica los conceptos

2 Lee cada enunciado sobre la teoría celular. Traza una línea desde cada enunciado hasta el dibujo correspondiente.

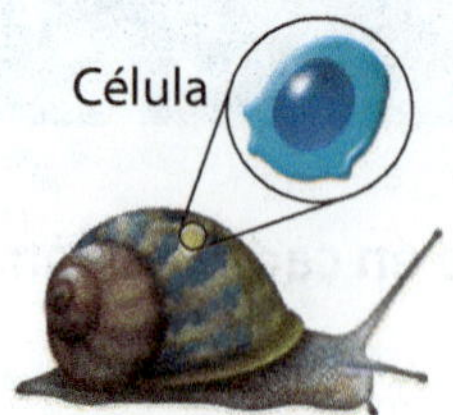

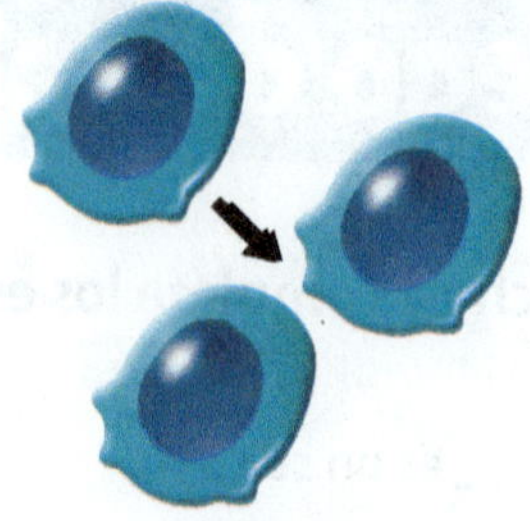

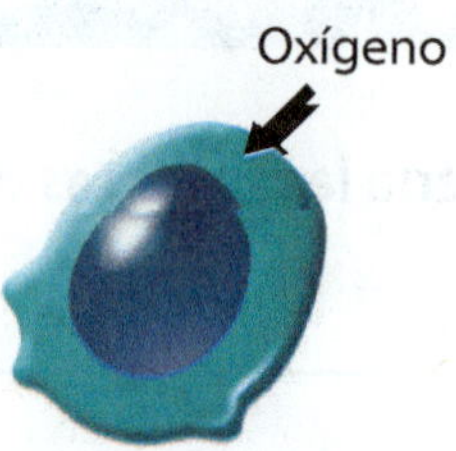

A. Las células nuevas vienen de células existentes.

B. Los procesos de vida se llevan a cabo adentro de las células.

C. Todos los seres vivos están formados por células.

3 Escribe la parte de la célula que forma pareja con cada ser vivo. Tus respuestas pueden ser *cloroplasto, membrana celular* o *ambas.*

A. Árbol

____

C. Insecto

____

B. Ave

____

D. Girasol

____

4 Escribe *1, 2, 3, 4* ó *5* debajo de cada dibujo para indicar la secuencia correcta de la división celular.

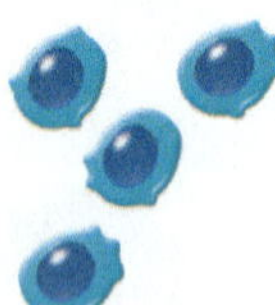

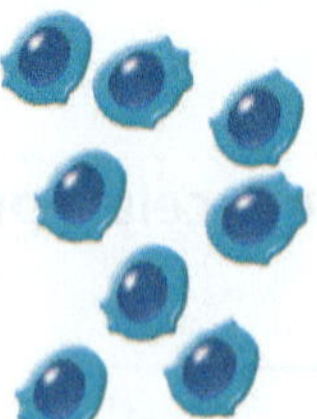

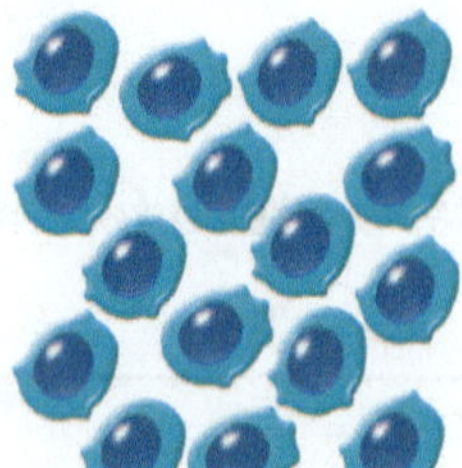

_______ _______ _______ _______ _______

Nombre ____________________

5 Para cada carácter, escribe *heredado* o *no heredado* en la línea.

A. Color de los ojos

____

B. Montar en bicicleta

____

C. Color del pelo

____

D. Leer

____

E. Textura del pelo

____

6 Para cada característica, escribe *dominante* o *recesivo* en la línea.

A. Hoyuelos

____

B. Plantas de guisantes cortas

____

C. Ojos azules

____

D. Pelo rizado

____

E. Sin pecas

____

7 Elige el tipo de célula que corresponde a cada ser vivo. Escribe *A* o *B* abajo del dibujo.

A

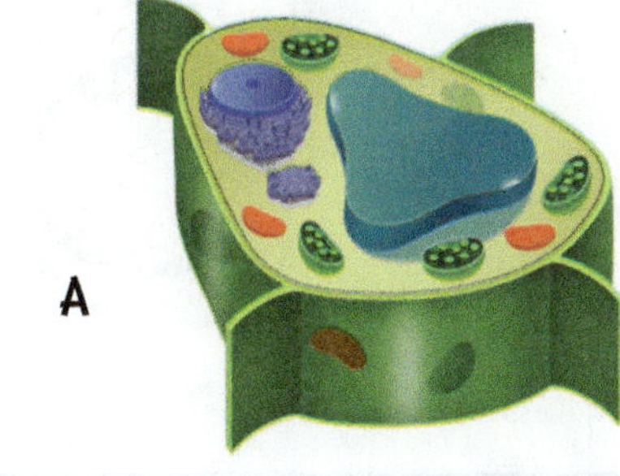

B

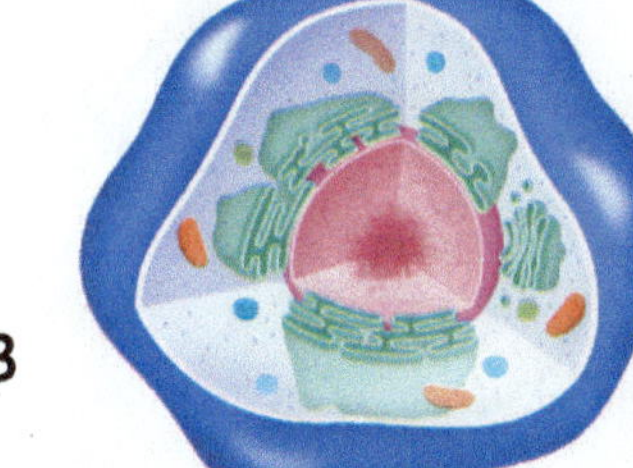

8 Lee cada enunciado. Decide si describe *mitosis* o *meiosis*.

A. Produce células sexuales. ______________________.

B. La nuevas células tienen el mismo número de cromosomas que la célula original. ______________________.

C. Permite el crecimiento. ______________________.

D. Produce dos células a partir de una sola. ______________________.

E. Las nuevas células tienen la mitad de cromosomas que la célula original. ______________________.

F. Hace posible la reproducción sexual. ______________________.

9 Los círculos representan la mitosis de una célula. Supón que la célula original tiene dos cromosomas. Dibuja el número correcto de cromosomas que debe haber en cada círculo.

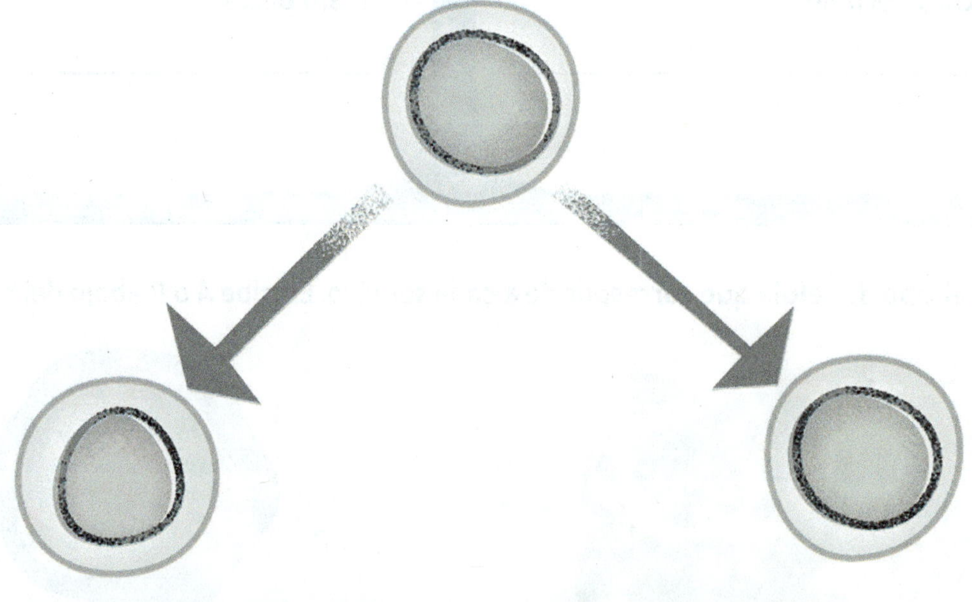

Usa cartulina y cuerda para hacer un modelo de mitosis celular. Explícale a un miembro de tu familia lo que sucede con los cromosomas durante la mitosis.

Bombeo de la sangre

S.T.E.M. Ingeniería y tecnología

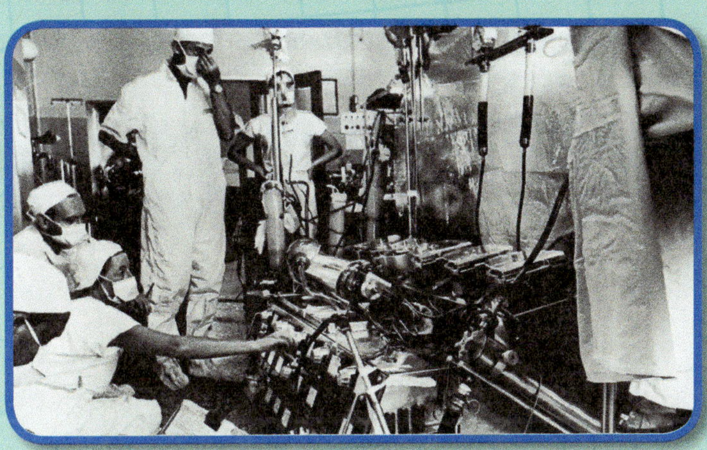

Década de 1950 Primeras máquinas El primer dispositivo para mantener el flujo artificial de sangre por el cuerpo fue la máquina cardiopulmonar. Se usaba para mantener vivo al paciente mientras le operaban el corazón. Todavía hoy se usan esas máquinas en cirugía. Sacan la sangre del cuerpo, transfieren gases y vuelven a poner la sangre.

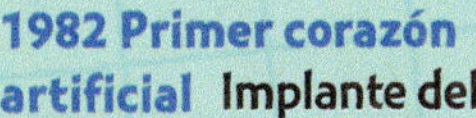

1964 Programa del corazón artificial Los Institutos Nacionales de Salud iniciaron un programa para desarrollar un corazón artificial capaz de sustituir un corazón humano defectuoso.

1982 Primer corazón artificial Implante del primer corazón artificial en una persona. Este corazón fue diseñado para funcionar temporalmente, mientras se hallaba un donante de corazón para realizar el transplante.

Década de 1990 Asistencias mecánicas para el corazón La Asistencia Mecánica Cardiovascular del Ventrículo Izquierdo (LVAD por sus siglas en inglés) es un dispositivo implantado que mantiene vivo al paciente mientras espera un donante de corazón. Todavía el trasplante de corazón natural sigue siendo la mejor solución a largo plazo para los pacientes cardiacos.

Década de 2010 Corazones artificiales hoy Este es el primer corazón artificial autónomo. Es una alternativa al trasplante de corazón.

Soluciones

¿Cómo han mejorado con el tiempo los dispositivos mecánicos que ayudan a circular la sangre?

____

____

____

S.T.E.M. continuación

El corazón artificial es el último recurso que tienen las personas que no pueden seguir viviendo sin él, o que no pueden esperar a que aparezca un donante de corazón. Investiga cómo funcionan el corazón humano verdadero y el corazón artificial más moderno. Dibuja y rotula un diagrama del corazón humano y del corazón artificial. Describe cómo bombea la sangre cada uno.

Decídelo tú

¿Qué ventajas y desventajas tienen los corazones artificiales? ¿Qué mejoras reducirían las desventajas?

Parte de la base

Acepta el desafío de hacer un diseño de ingeniería. Completa el Rotafolio de investigación **Cómo usar el microscopio.**

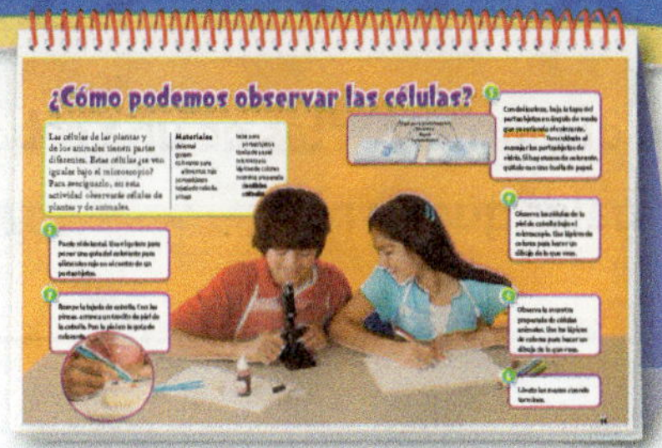

Rotafolio de investigación 14

Nombre ______________________________

Pregunta esencial

¿Cómo podemos observar las células?

Establece un propósito

¿Qué quieres hallar en esta actividad?

____

____

____

____

¿Qué propósito tiene usar colorante de alimentos para observar células vegetales?

____

____

____

____

Piensa en el procedimiento

Cuando los científicos observan, usan los sentidos para aprender acerca de objetos y sucesos. En el centro de casi todas las células hay estructuras que dirigen su función. Busca esas estructuras. Con base en lo que observas, ¿cuántas de esas estructuras tiene cada célula?

____

____

¿Cómo se llama la estructura que dirige?

____

____

Anota tus observaciones

Dibujo de una célula vegetal

Dibujo de una célula animal

Saca tus conclusiones

¿Qué semejanzas observas en las dos células?

¿Qué diferencias observas en las dos células?

¿Por qué crees que las células vegetales tienen una cubierta exterior más gruesa que las células animales?

Analiza y amplía

1. **Imagina que encuentras un organismo misterioso. ¿Cómo podrías saber si es una planta o un animal?**

2. **¿Crees que otras partes de una cebolla se ven iguales que su piel?**

3. **Estás observando una muestra de tejido bajo el microscopio. Cada célula de ese tejido tiene una pared celular, una membrana celular, un núcleo y organelas, incluso cloroplastos y vacuolas. ¿De qué tipo de organismo proviene este tejido? ¿Cómo lo sabes?**

4. **¿Qué otras preguntas te gustaría hacer sobre las células?**

5. **Nombra dos maneras de hallar la respuesta a tu pregunta.**

Lección 3

Pregunta esencial

¿Cómo trabajan en conjunto las células?

Ponte a pensar

Halla la respuesta a la siguiente pregunta en esta lección y escríbela aquí.

¿Qué sentidos puede usar la niña para percibir la flor?

____

____

____

____

Lectura con propósito

Vocabulario de la lección

Haz una lista de los términos. A medida que aprendes cada uno, toma notas en el Glosario interactivo.

______________ ______________

______________ ______________

____

Secuencia

Las ideas principales de esta lección están conectadas por una secuencia, o un orden que describe los pasos de un proceso. Los buenos lectores se enfocan en la secuencia cuando marcan la transición de un paso del proceso a otro.

¿Cómo están organizadas LAS CÉLULAS?

¡Tu cuerpo tiene un millón de millones de células! Todas trabajan juntas para que puedas comer, jugar, ir a la escuela y leer esta página.

Lectura con propósito Mientras lees esta página, nombra cuatro partes del cuerpo de más simple, 1, a más compleja, 4.

Has leído que cada una de las células que componen tu cuerpo tienen partes que le permiten llevar a cabo sus funciones. Además, tus células deben trabajar en conjunto. Las celulas están organizadas de ese modo para que tu cuerpo funcione bien.

Tejido Las células del mismo tipo que trabajan juntas forman un **tejido**. Tu cuerpo tiene diferentes tipos de tejidos: *tejido muscular, tejido conjuntivo, tejido nervioso y tejido epitelial.*

Órgano Muchos tejidos que trabajan juntos forman un **órgano**. Tu piel es un órgano formado por los cuatro tipos de tejidos. Tu corazón es un órgano formado casi enteramente por tejido muscular.

Sistemas de órganos Los órganos que trabajan juntos forman un **sistema de órganos**. Tu corazón forma parte del sistema circulatorio. El sistema circulatorio manda la sangre con oxígeno a todas las partes de tu cuerpo.

▶ Numera los dibujos de más simple, 1, a más complejo, 4.

____

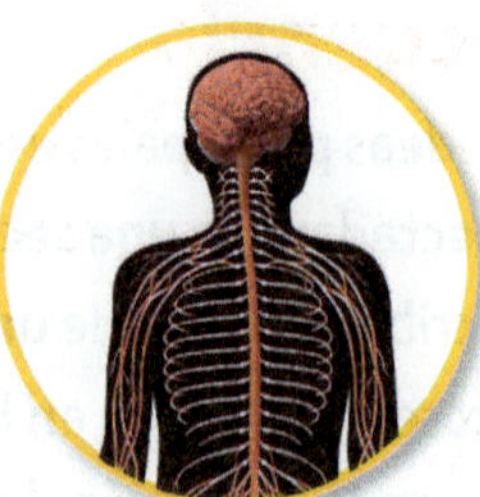
____

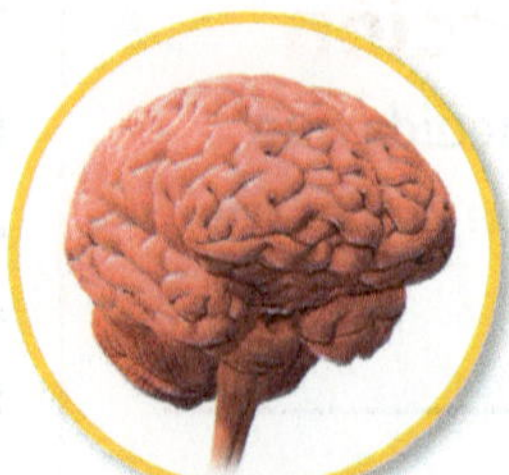
____

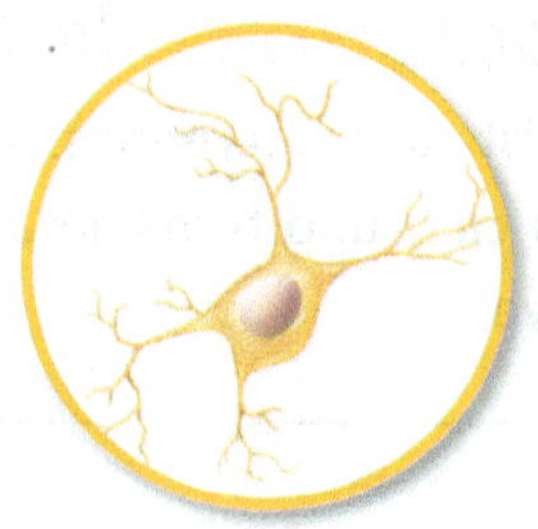
____

Tu cerebro y tu espina dorsal son órganos formados por tejido nervioso. Estos órganos son parte de tu sistema nervioso.
El tejido conjuntivo mantiene unidos los tejidos y órganos. Los tendones en tus piernas y brazos son tejido conjuntivo. Conectan los músculos y los huesos.
¡Tu piel es el órgano más grande de tu cuerpo! El tejido epitelial forma la capa exterior de tu piel. El tejido epitelial también cubre muchos órganos adentro de tu cuerpo.
El tejido muscular forma una buena parte de tu cuerpo. Tus brazos y piernas no se podrían mover y tu corazón no podría latir sin el tejido muscular.
PASAS

La autopista de información

¡No le quites el ojo a la pelota! ¡En pocos segundos ves la pelota, corres hacia ella y mueves la raqueta! ¿Cómo transmite el cuerpo toda la información que se necesita para hacer esto? Sigue leyendo y lo descubrirás.

Lectura con propósito Mientras lees esta página, subraya los nombres de las partes del sistema nervioso.

Las dos funciones principales de tu *sistema nervioso* son percibir el entorno y comunicar información al cuerpo. Tu sistema nervioso está formado por unas estructuras diminutas llamadas *células nerviosas*. Los nervios están formados por cadenas largas de células nerviosas. Los nervios llevan la información hasta y desde el **cerebro**. El cerebro es el órgano que procesa la información. Es como una computadora formada por millones de células nerviosas que trabajan en conjunto.

La *médula espinal* es un paquete de tejido nervioso que parece hecho de cuerdas y que baja por tu columna vertebral. La médula espinal es el camino principal para la información que viaja desde y hasta el cerebro. Los nervios de todo el cuerpo se conectan a la médula espinal. Algunos de estos nervios mandan información al cerebro. Otros nervios reciben señales del cerebro.

Imagina que estás jugando al tenis. Los nervios en tus ojos perciben luz. Estos nervios, como otros que tienes en la cabeza, mandan la información directamente a tu cerebro sin que la señal pase por la médula espinal. Ves la pelota venir hacia ti. Tu cerebro decide una acción. Manda instrucciones por tu médula espinal hasta los nervios del cuerpo. Los mensajes de tu cerebro le "dicen" a tus piernas que corran por la cancha y a tus brazos que muevan la raqueta para golpear la pelota. ¡Y todo esto ocurre en segundos!

Información por relevos

Completa los espacios en blanco para explicar el camino que podría tomar una señal nerviosa en este jugador de tenis.

LA VISTA y EL OLFATO

¿Por qué ves tantos colores y sientes deliciosos aromas en el carnaval?

Lectura con propósito Mientras lees esta página, escribe números junto a la oración correcta para indicar el orden en que ocurren los pasos del sentido de la vista.

Tu cuerpo obtiene información por medio de los sentidos. Dos de tus sentidos son la vista y el olfato.

Vista Tus ojos son los órganos de los sentidos que te permiten ver el mundo. La parte del ojo que le da su color se llama *iris*. Luego la luz entra al ojo por una apertura en el iris llamada *pupila*. La luz golpea el fondo del ojo, llamado *retina*. En la retina hay células nerviosas que detectan la luz. Estas células envían señales por las vías nerviosas hasta el cerebro. El cerebro interpreta la información y tú puedes ver.

Olfato Cuando respiras por la nariz, unas estructuras que tienes adentro perciben los químicos que hay en el aire. Esas estructuras están unidas a las células nerviosas del bulbo olfatorio, el cual manda mensajes al cerebro sobre los químicos. Este es tu sentido del olfato.

Ojos

La luz entra en los ojos por la __________, pasa por el __________, y estimula la __________, donde el nervio detecta __________.

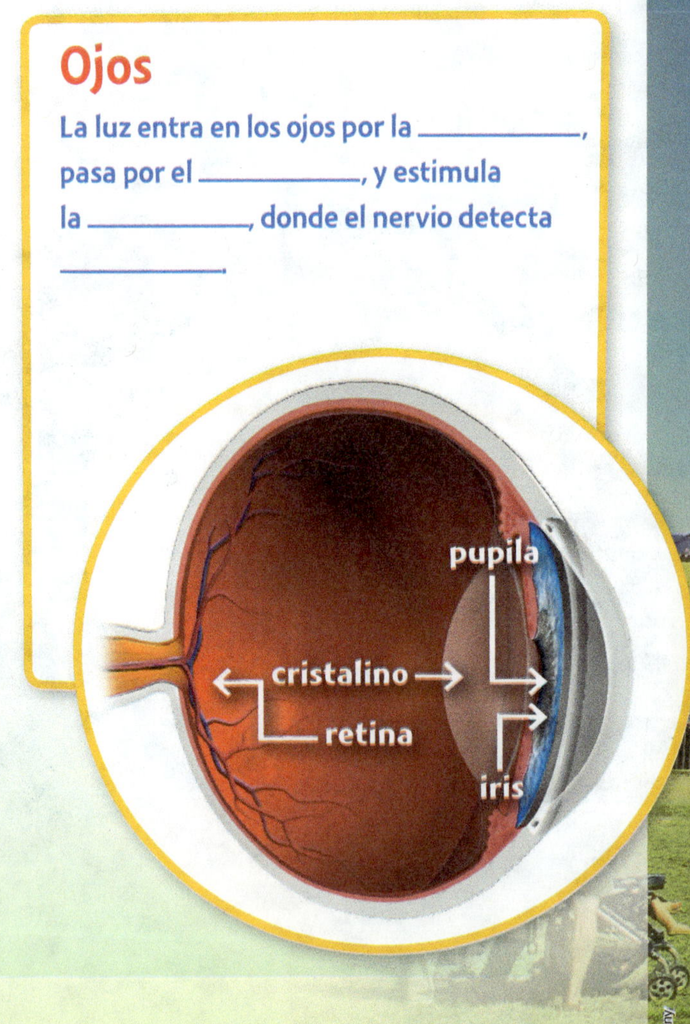

La nariz

Cuando respiras, el aire viaja por el órgano del olfato: tu nariz. Adentro de tu nariz hay unas estructuras que perciben __________________ en el aire. Estas estructuras envían mensajes al ____________________ y luego al ____________________, que interpreta los mensajes.

EL OÍDO y EL GUSTO

¿Por qué puedes oír el crujir de una manzana y sentir el sabor dulce de su jugo?

Lectura con propósito Mientras lees esta página, escribe números junto a la oración correcta para indicar el orden en el que ocurren los sucesos del sentido del oído.

Oído La parte del oído que puedes ver es el oído externo. El oído externo canaliza el sonido hasta el oído medio. Adentro del oído medio, el sonido hace vibrar el tímpano. Las vibraciones pasan a unos huesos diminutos, que a su vez hacen vibrar el oído interno. Allí hay una estructura llena de líquido que se llama cóclea que hace vibrar unos pelillos diminutos que están adheridos a los nervios. Los nervios envían los mensajes de las vibraciones al cerebro y así puedes oír.

Gusto ¿Alguna vez has notado unos pequeños bultos en la lengua? Adentro de ellos están las *papilas gustativas*. Las papilas gustativas perciben las sustancias químicas que hay en la comida y están conectadas con nervios que envían mensajes al cerebro. El cerebro interpreta esta información como sabores.

Práctica matemática

Interpreta los datos de la tabla

Las papilas gustativas de la lengua perciben sabores dulces, agrios, salados, amargos y sustancioso. La tabla muestra la sensibilidad de la lengua a estos sabores. Cuanto más pequeño sea el número en la columna de la derecha, menos moléculas son necesarias para percibir el sabor.

Sensación de gusto	
Sabor	No. de moléculas por litro de solución
Salado	0.010
Agrio	0.0009
Dulce	0.01
Amargo	0.000008
Sustancioso	0.0007

Escribe los sabores en orden de más sensible a menos sensible para la lengua.

____

____

____

____

____

Oído

Los órganos de la audición son tus oídos. Las vibraciones pasan del __________ a unos huesos diminutos llamados martillo, yunque y estribo. Luego las vibraciones pasan a la __________ y a unos pelillos unidos a los nervios.

Lengua

El órgano del gusto es tu lengua. Cuando comes, unas estructuras que hay en la lengua perciben las sustancias químicas de la comida. Estas estructuras se llaman __________.

La piel que te cubre

A la gente no se le ocurre pensar que la piel sea un órgano, ¡pero sí lo es! El cuerpo no podría sobrevivir sin la piel.

Lectura con propósito Mientras lees esta página, encierra en un círculo las partes del sistema tegumentario que se describen abajo.

Tu cuerpo está recubierto por una capa protectora llamada **piel**. La piel forma parte del sistema tegumentario. También las uñas de las manos y los pies , y el pelo. Este sistema protege la parte interna del cuerpo.

La piel evita que entren gérmenes. Si alguna vez has sufrido un corte que se haya infectado, sabes lo importante que es evitar que los gérmenes entren en tu cuerpo. La piel también permite que el agua se quede adentro del cuerpo. Es impermeable y por eso evita que te deshidrates.

¿Qué sucede cuando tienes mucho calor? El sudor ayuda a refrescar tu cuerpo. También hay vasos sanguíneos diminutos cerca de la superficie de la piel que mantienen fresca la sangre.

¿Pero qué pasa cuando tienes frío? El pelo sirve para conservar el calor de la cabeza. También te protege la piel de la cabeza de lesiones y produce sombra para protegerte de los peligrosos rayos solares.

Huellas dactilares

Dibuja las yemas de tus dedos en los círculos.

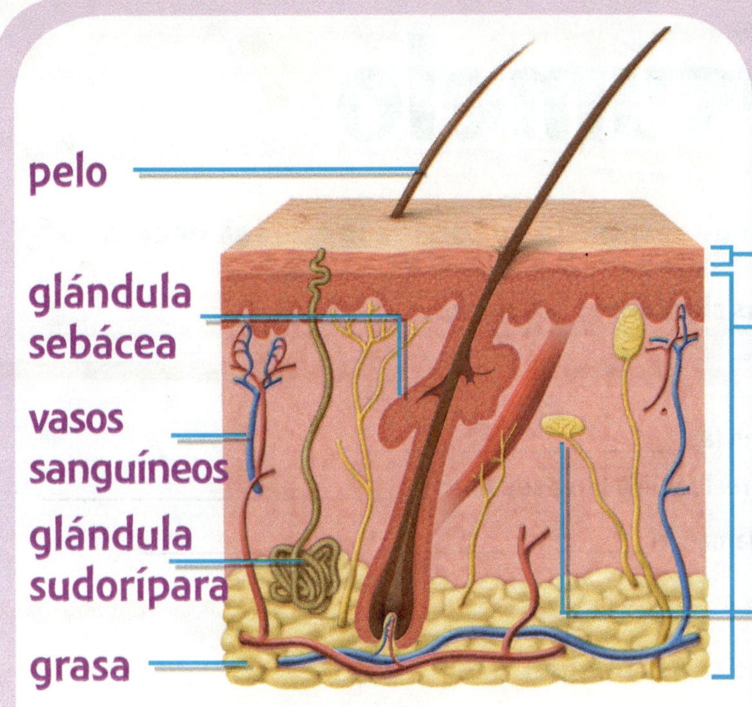

Epidermis

Esta es la capa exterior de la piel. En algunos lugares es muy delgada, como en tus párpados, pero en otras es más gruesa.

Dermis

Esta es la capa interior de la piel. Contiene los folículos del cabello, las glándulas sudoríparas, vasos sanguíneos y terminaciones nerviosas.

Terminaciones nerviosas

Estas son estructuras especiales que perciben tacto, calor, frío, dolor, presión y vibración.

Mira tus dedos. ¿Ves espirales, curvas y ondas? Son las crestas de fricción que forman tus huellas dactilares, y que hacen que tus dedos sean sensibles al tacto.

Cuando termines, lee la Clave de respuestas y corrige lo que sea necesario.

Completa los espacios en blanco de las siguientes oraciones.

1 Las células que trabajan juntas se llaman (a) ______________________.
Varios tejidos que trabajan juntos para realizar una tarea se llaman (b) ______________________.
Varios órganos que trabajan juntos se llaman (c) ______________________.

Lee los resúmenes. Empareja cada uno con la imagen que le corresponda.

2 El cerebro, la médula espinal y los nervios forman el sistema nervioso. El sistema nervioso percibe el ambiente, manda información al cerebro, procesa la información y le da instrucciones al cuerpo.

3 La luz entra en el ojo por una apertura en el iris que se llama pupila.

4 La piel, el pelo y las uñas forman parte del sistema tegumentario humano. Protege los órganos internos, ayuda a mantener la temperatura del cuerpo y es impermeable.

5 Los ojos, oídos, nariz y lengua son órganos de los sentidos. Tienen partes especiales para percibir el entorno.

6 Los cuatro tipos de tejidos son: muscular, conjuntivo, nervioso y epitelial.

Clave de respuestas: 1a tejidos 1b órgano 1c sistema de órganos 2B 3A 4E 5D 6C

Nombre ____________________

Juego de palabras

1 Ordena las palabras de la derecha y completa los espacios en blanco de cada oración.

1. El sistema _ _ _ _ _ _ _ _ envía mensajes por todo tu cuerpo. — o r s o i v n e
2. El sistema _ _ _ _ _ _ _ _ _ _ _ _ _ protege los órganos del cuerpo. — n e m u g e t o i r a t
3. La _ _ _ _ es el órgano más grande de todo el cuerpo y recubre y protege a los otros órganos. — i l e p
4. El _ _ _ _ _ _ _ recibe mensajes del cuerpo, procesa la información y le manda a su vez instrucciones al cuerpo. — e r o r b e c
5. Un sistema de _ _ _ _ _ _ _ es un grupo de órganos que trabajan juntos para cumplir una función. — s o g r a n s
6. Los _ _ _ _ _ _ _ _ _ son la vista, el gusto, el olfato, el oído y el tacto. — s o d i t n e s
7. La _ _ _ _ _ _ llena de líquido pasa las vibraciones de sonido a unos pelillos diminutos adheridos a los nervios. — c c a l e ó
8. La piel está formada por tejido _ _ _ _ _ _ _ _ _. — l a i i p e l t e

Extra: Escribe cinco partes del cuerpo que se escriben con cuatro letras y cuatro que se escriben con cinco letras.

____________________ ____________________

____________________ ____________________

____________________ ____________________

____________________ ____________________

____________________ ____________________

Aplica los conceptos

2 Algunas áreas del cuerpo tienen más estructuras sensoriales que otras. ¿Cuál crees tú que tiene más? Para cada par de partes corporales, encierra en un círculo la que tú piensas que tiene más estructuras sensoriales. Luego explica por qué.

¿Por qué? ______________________

____

____

____

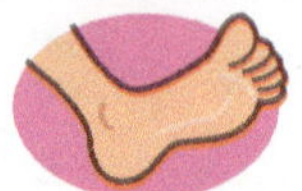

¿Por qué? ______________________

____

____

____

3 Dibuja una línea que conecte el tipo de tejido con la parte del cuerpo que le corresponde.

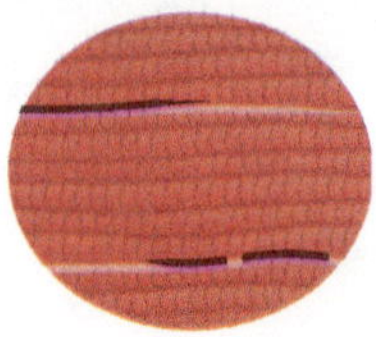

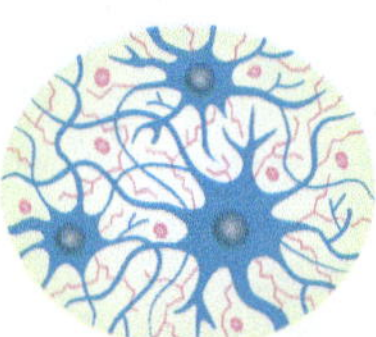

Cubre tu cuerpo y muchos órganos.

Se contrae para mover la sangre.

Envía mensajes sobre olores y sonidos al cerebro.

4 ¿En qué se parecen los sentidos del gusto y del olfato?

____

____

____

____

5 ¿Cuál de las siguientes estructuras tiene glándulas sudoríparas?

a. bulbo olfatorio

b. retina

c. dermis

d. cóclea

Haz un modelo del sistema nervioso con objetos que encuentres en tu casa, como cuerdas y tubos de cartón. Explícales a los miembros de tu familia qué representa cada parte y cómo viajan los mensajes.

Lección 4

Pregunta esencial

¿Cómo se mueve, respira y hace circular la sangre el cuerpo?

Ponte a pensar

Halla la respuesta a la siguiente pregunta en esta lección y escríbela aquí.

¿Qué órganos hacen posible que muevas los brazos y piernas para nadar estilo libre?

____

____

Lectura con propósito

Vocabulario de la lección

Haz una lista de los términos. A medida que aprendes cada uno, toma notas en el Glosario interactivo.

______________ ______________

______________ ______________

______________ ______________

Ideas principales

La idea principal de un párrafo es la idea más importante. La idea principal puede estar en la primera oración o en otro lugar. Los buenos lectores buscan las ideas principales cuando se preguntan: ¿De qué trata principalmente esta sección?

Huesos fuertes

Trata de alzar un lápiz sin doblar los dedos. ¿Cómo sería la vida sin huesos ni articulaciones?

Lectura con propósito Mientras lees esta página, subraya la idea principal de cada párrafo y pon entre corchetes [ ] una idea de apoyo.

El *sistema óseo* está formado por huesos, ligamentos y cartílagos. **Los huesos** son órganos que soportan y protegen el cuerpo, almacenan minerales y permiten el movimiento. Por ejemplo, las costillas y el cráneo protegen órganos interiores, mientras que los músculos adheridos a los huesos mueven los brazos y las piernas.

Los huesos tienen una capa externa dura que contiene calcio. Adentro, los huesos tienen una capa esponjosa que se llama médula donde se producen las células de la sangre. Tal vez has visto la médula alguna vez adentro de un hueso de vaca.

¿Qué hacen los huesos?

Escribe cinco funciones de los huesos.

____

____

____

____

Tócate la punta de la nariz con los dedos. Eso que sientes bajo la piel es cartílago. El cartílago sirve de colchón en los extremos de los huesos y también forma partes flexibles, como tus orejas y tu nariz.

El sitio donde se encuentran dos o más huesos se llama articulación. Los *ligamentos* conectan los huesos en las articulaciones. Algunas articulaciones, como las del cráneo, no se pueden mover. Otras permiten solo cierta cantidad de movimiento.

Articulación de rótula Mueve tu brazo en círculos. La articulación de rótula de tu hombro permite ese movimiento circular.

Articulación en bisagra Dobla y estira una pierna. La articulación en bisagra de tu rodilla permite el movimiento hacia adelante y hacia atrás.

Articulación en pivote Mueve la cabeza como diciendo ¡no! La articulación de tu cuello que permite ese movimiento de rotación es una articulación en pivote.

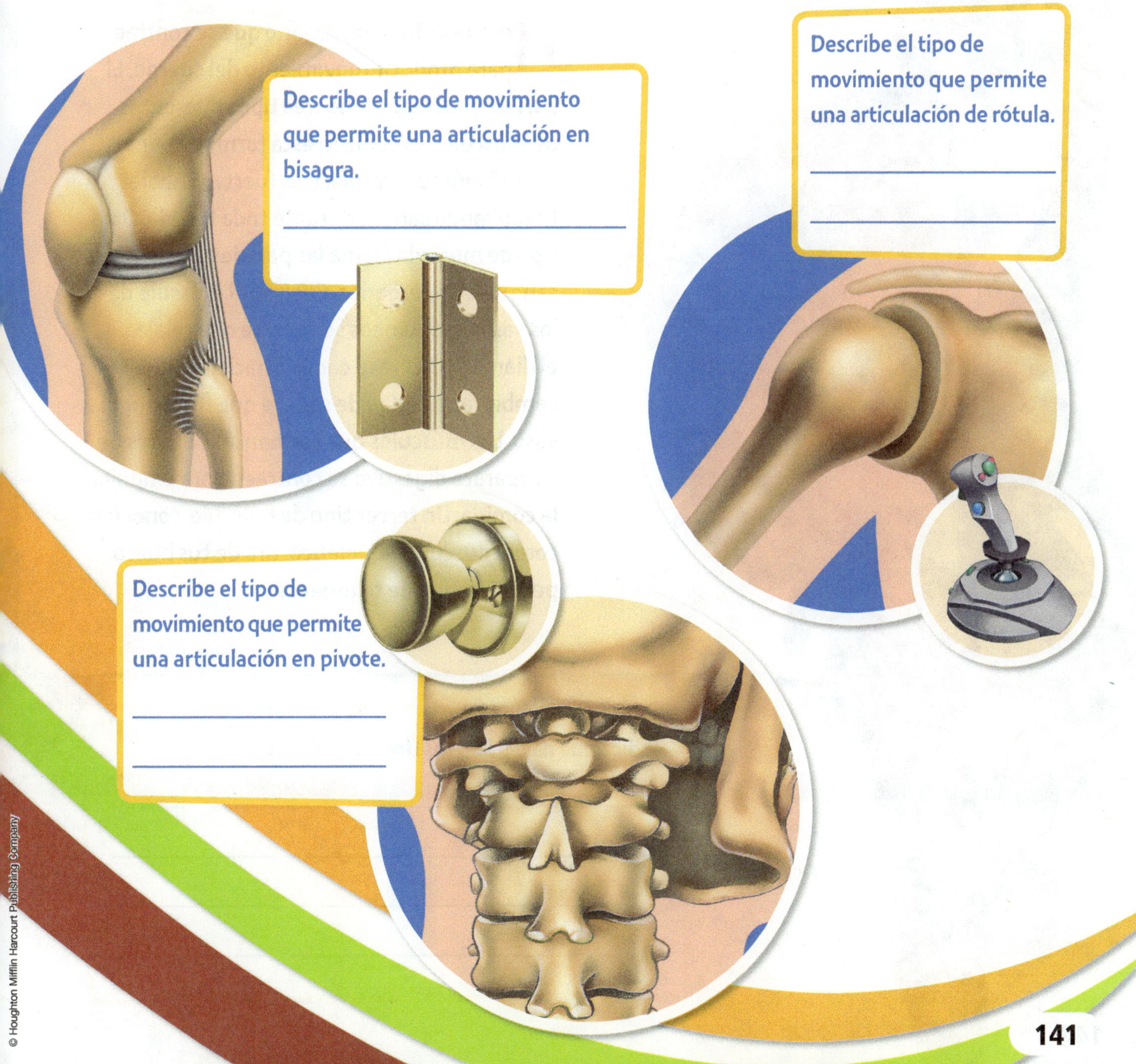

Describe el tipo de movimiento que permite una articulación en bisagra.

____

Describe el tipo de movimiento que permite una articulación de rótula.

____

____

Describe el tipo de movimiento que permite una articulación en pivote.

____

____

Músculos fuertes

¡Sonríe! Empleaste al menos diez músculos para producir esa expresión en tu cara.

Lectura con propósito Mientras lees estas dos páginas, haz una línea debajo de una causa. Haz dos líneas debajo del efecto.

Un **músculo** es un órgano que se contrae para producir movimiento del cuerpo. El *sistema muscular* tiene tres tipos diferentes de músculos. El corazón está formado por un tipo. El músculo cardíaco es fuerte: Trabaja bombeando sangre durante toda tu vida. Otro tipo de músculo forma las paredes de los vasos sanguíneos y órganos. Cuando el músculo de los vasos sanguíneos se contrae o se relaja, el diámetro del vaso cambia haciendo que cambie la cantidad de sangre que fluye por el vaso. Los músculos que forman las paredes de tu aparato digestivo se contraen para empujar la comida. Un tercer tipo de músculo, conocido como músculo esquelético, tira de tus huesos permitiendo que te muevas.

Indica qué hacen los tres tipos de músculos.

______

______

______

______

¿Qué pasaría si tú tuvieras que pensarlo para hacer latir el corazón? ¡Afortunadamente no tienes que preocuparte por eso! Los latidos del corazón y la contracción y relajamiento de los vasos sanguíneos son movimientos musculares *involuntarios*, lo que significa que ocurren sin que tengas que pensar en ello. Los movimientos que tú controlas son *voluntarios*. Correr y jugar en la computadora son ejemplos de movimientos voluntarios.

Los *tendones* son bandas fuertes de tejido que conectan los músculos esqueléticos a los huesos. Durante los movimientos voluntarios, los músculos que se contraen tiran de los tendones que mueven los huesos. Esto sucede cuando tus piernas se mueven cuando corres, o cuando tus dedos oprimen las teclas en la computadora.

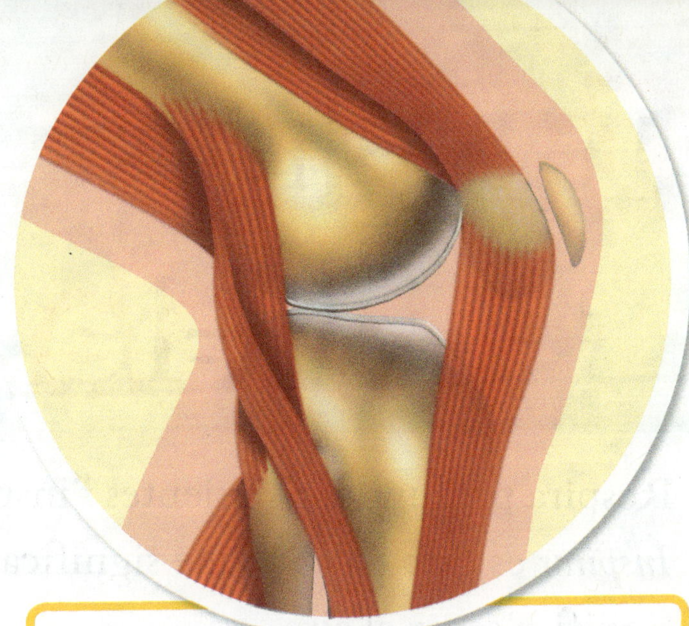

Los músculos esqueléticos conectan la parte superior de la pierna con la parte inferior en la articulación de la rodilla. ¿Qué sucede con la parte inferior de la pierna cuando se contrae el músculo arriba de la rodilla?

Los músculos solo se contraen para producir movimiento. Por eso los músculos esqueléticos trabajan en parejas. Cuando un músculo se contrae, el otro músculo se relaja. El músculo que se contrae mueve el hueso al que está unido. Cuando el músculo opuesto se contrae, el primer músculo se relaja. ¿Qué sucede si los dos músculos se contraen al mismo tiempo?

A moverse

Traza un círculo alrededor del músculo que hace que dobles el brazo.

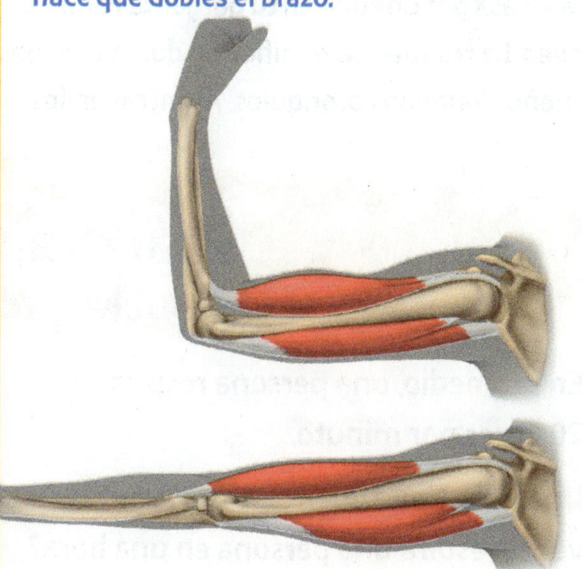

Inhala, exhala

Respira profundo. ¿Te sientes "inspirado"? Deberías. *Inspirar* es otra palabra que significa tomar aire. *Expirar* significa sacar el aire.

Lectura con propósito Mientras lees el texto que sigue, traza un cuadrado alrededor de las cinco partes del sistema respiratorio que se describen.

Los órganos del *sistema respiratorio* obtienen el oxígeno que el cuerpo necesita y eliminan dióxido de carbono, un gas de desecho. Los principales órganos del sistema respiratorio son los **pulmones**. Los pulmones son órganos esponjosos que se expanden al llenarse de aire.

El aire entra en tu cuerpo por la nariz o la boca y pasa por un tubo en tu garganta llamado *tráquea*. La tráquea se ramifica en dos tubos más pequeños llamados bronquios. Al entrar en los pulmones, los bronquios se ramifican en muchos bronquiolos. Al final de cada bronquiolo hay unas bolsas diminutas llamadas alvéolos. Los pulmones están compuestos casi en su totalidad de alvéolos. Cuando inhalas, el aire entra en los pulmones y los alvéolos se inflan como pequeños globos. Cuando exhalas, el aire sale de los alvéolos y de los pulmones.

Práctica matemática

Resuelve problemas verbales

En promedio, una persona respira 20 veces por minuto.

Una hora tiene 60 minutos. ¿Cuántas veces respira una persona en una hora?

____

____

Un día tiene 24 horas. ¿Cuántas veces al día respira una persona?

____

Si cada vez que respiras tomas 1 litro de aire, ¿cuánto aire pasa por tus pulmones todos los días?

____

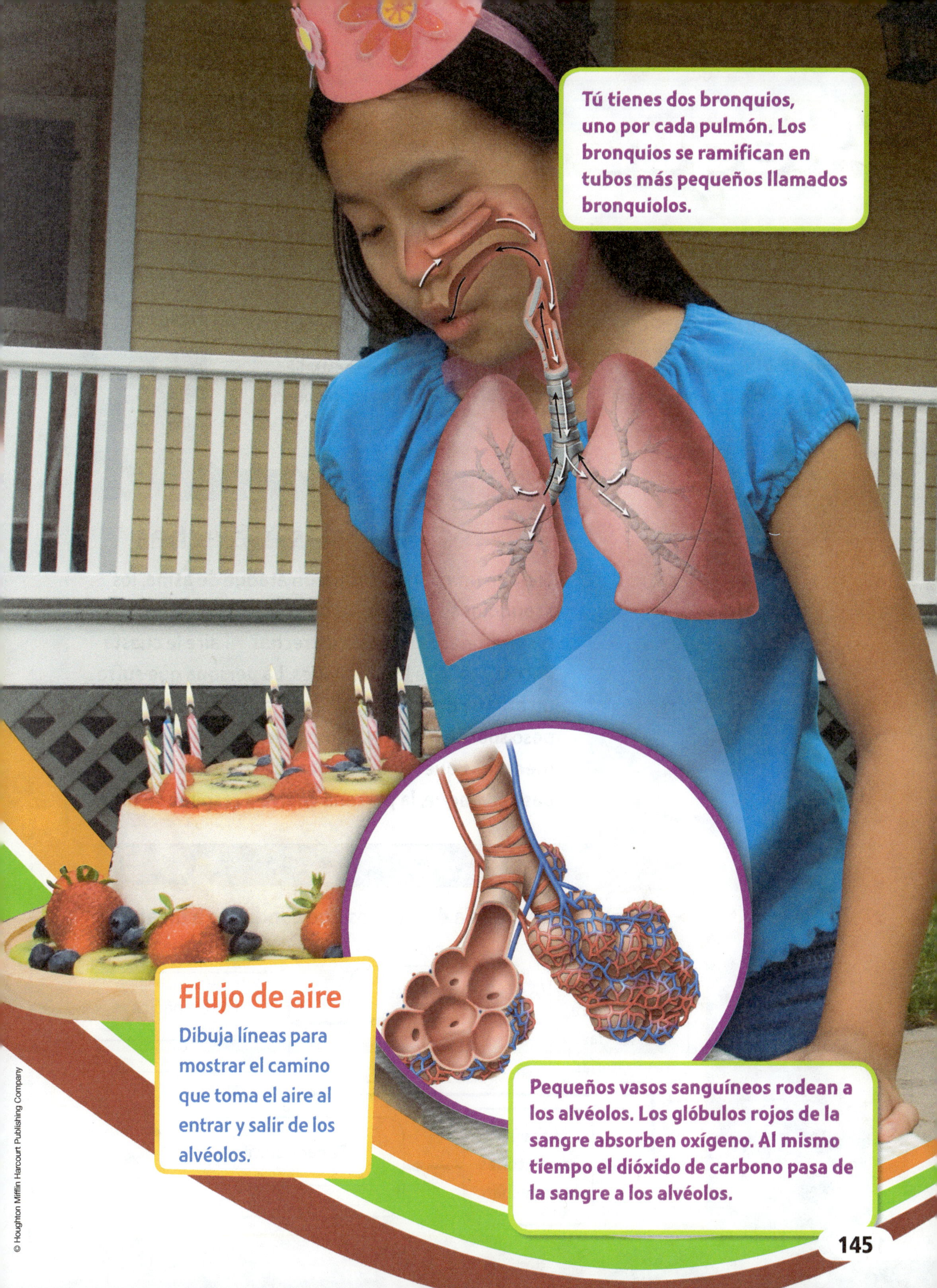
Tú tienes dos bronquios, uno por cada pulmón. Los bronquios se ramifican en tubos más pequeños llamados bronquiolos.
Flujo de aire
Dibuja líneas para mostrar el camino que toma el aire al entrar y salir de los alvéolos.
Pequeños vasos sanguíneos rodean a los alvéolos. Los glóbulos rojos de la sangre absorben oxígeno. Al mismo tiempo el dióxido de carbono pasa de la sangre a los alvéolos.

Ataque de asma

El asma es una enfermedad que dificulta la respiración. Cuando tienen un ataque, algunos chicos dicen que es como respirar por una pajilla.

Lectura con propósito Mientras lees estas dos páginas, dibuja una estrella junto a la oración que te parezca más importante y prepárate para explicar por qué.

Vías respiratorias estrechas

Cuando una persona sufre un ataque de asma, los bronquios se hinchan. Al hincharse, las vías respiratorias se vuelven estrechas. Al aire le cuesta entrar y salir de los pulmones. La persona que sufre un ataque de asme tose, resuella o siente un gran peso sobre el pecho. Le cuesta respirar. Hay medicinas que alivian los ataques de asma. Cuando pasa el ataque, la persona vuelve a respirar bien.

▶ Completa la secuencia de sucesos que conducen a un ataque de asma.

El causante del ataque entra en las vías respiratorias. → Las vías respiratorias se irritan. → Los bronquios se ____________. → Las vías respiratorias se estrechan. → Se hace difícil ____________.

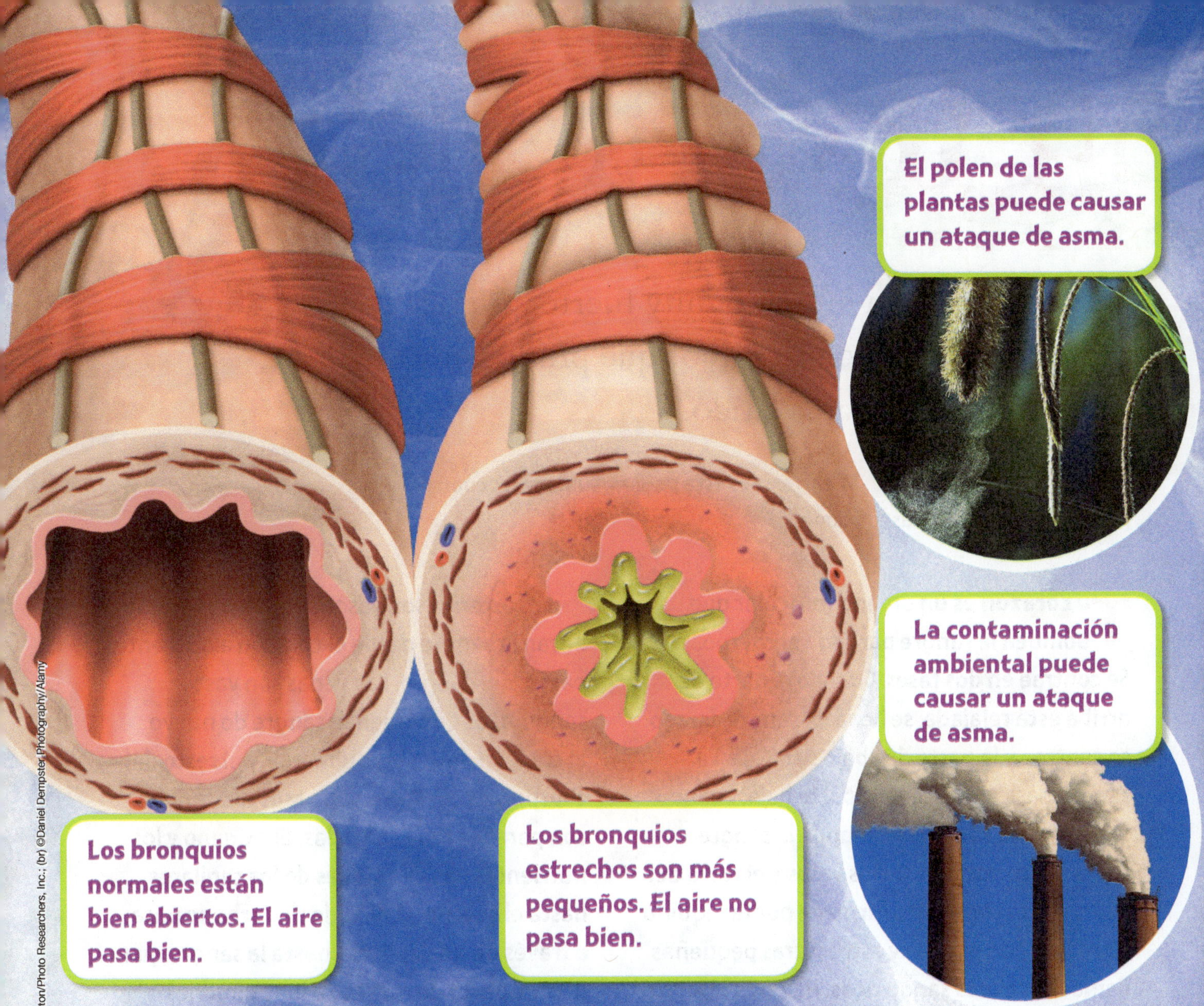

Causas

No se conocen las causas precisas del asma. Algunas personas nacen con asma y otras la desarrollan a medida que crecen. Pero los médicos sí saben que hay ciertas cosas, o causantes, que pueden producir un ataque de asma. El humo, la contaminación del aire y las alergias pueden causar un ataque.

Tratamiento

Las personas que sufren de asma tratan de evitar causantes en el aire que provocan ataques. Sin embargo, una persona no puede evitar todas las causantes, como por ejemplo el polen o la contaminación del aire. El médico le puede dar al paciente un dispositivo llamado inhalador. Un inhalador es un rocío de medicina que ayuda a abrir las vías respiratorias durante un ataque. Hay otras medicinas que sirven para prevenir los ataques de asma.

Late que late

Tu corazón es un músculo muy fuerte. ¡Nunca descansa! El sonido de tambor que producen sus contracciones se llama latido.

Lectura con propósito Mientras lees esta página, subraya las cuatro partes de la sangre y sus funciones.

Tu **corazón** es un órgano muscular que bombea la sangre por todo el cuerpo. Se contrae en dos fases. Cuando la parte de arriba está relajada, se llena de sangre. Luego se contrae y la parte de abajo se relaja. La sangre pasa entonces a la parte baja. Cuando la parte baja se contrae, manda la sangre fuera del corazón hasta los vasos y el resto del cuerpo. La sangre está formada por un líquido claro llamado plasma y estructuras pequeñas llamadas células sanguíneas. Hay tres tipos de células sanguíneas: glóbulos rojos, glóbulos blancos y plaquetas.

Las arterias son vasos sanguíneos que se llevan la sangre desde el corazón a diferentes partes del cuerpo. Las venas son vasos sanguíneos que traen la sangre de nuevo al corazón desde los pulmones y el resto del cuerpo. Los capilares son vasos diminutos con paredes muy delgadas. El oxígeno y los nutrientes pasan a través de los capilares hasta el cuerpo. El dióxido de carbono pasa a través de los capilares hasta la sangre que lo transporta de regreso a los pulmones. El corazón, los vasos sanguíneos y la sangre forman parte del *sistema circulatorio*.

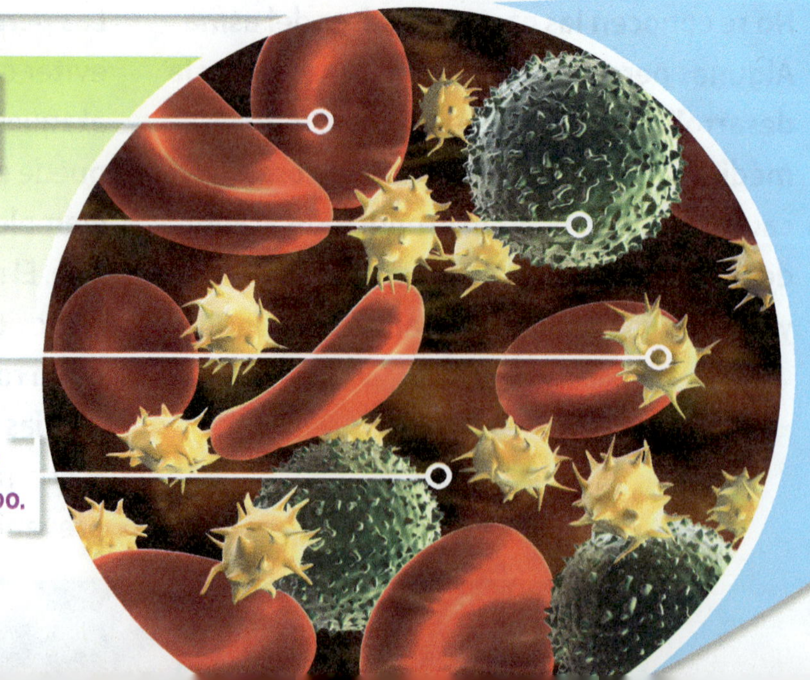

Los glóbulos rojos transportan oxígeno por todo tu cuerpo.

Los glóbulos blancos combaten las enfermedades.

Las plaquetas detienen el sangrado juntándose para formar coágulos.

El plasma transporta nutrientes y células sanguíneas por todo el cuerpo.

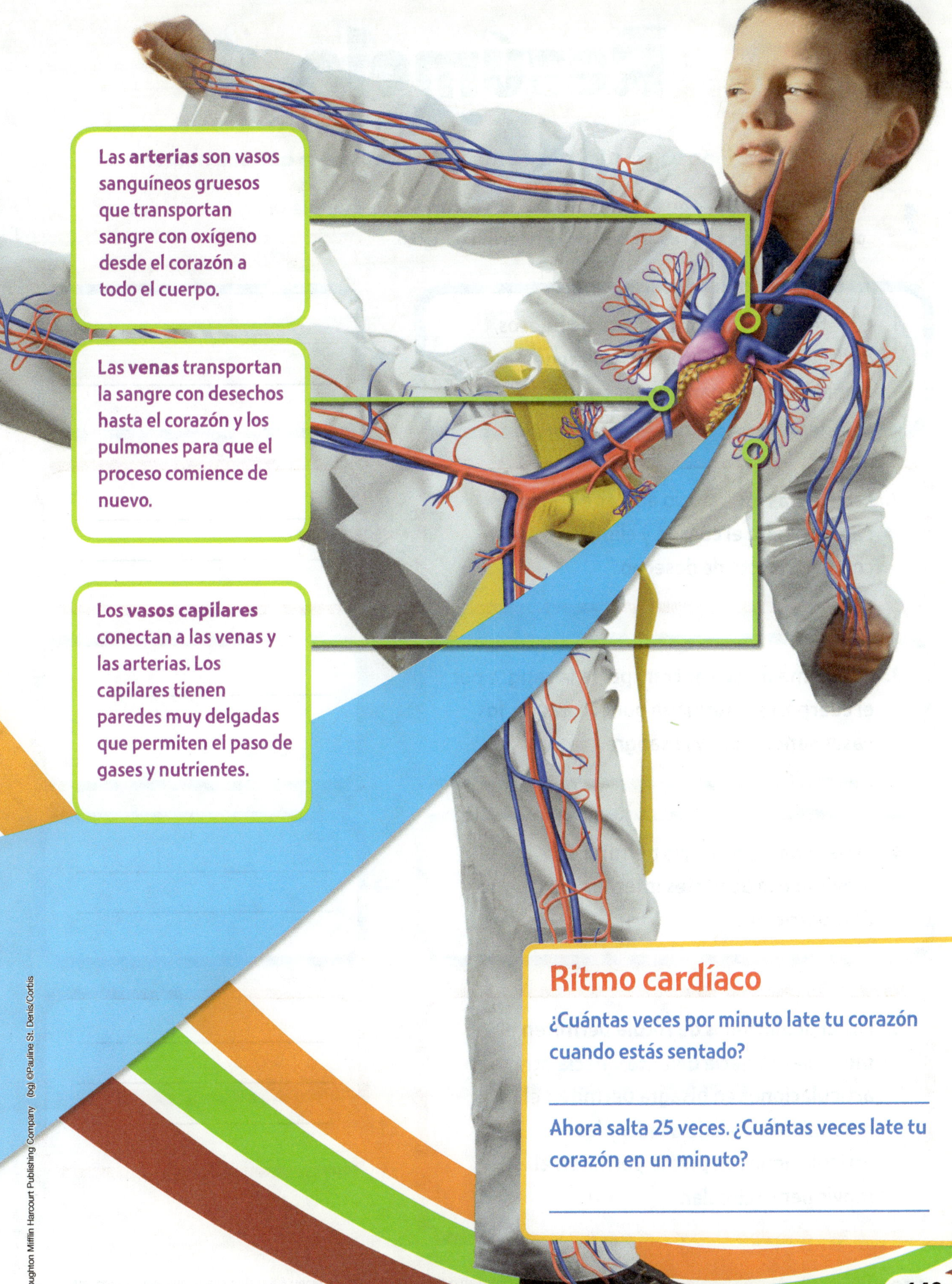

Ritmo cardíaco

¿Cuántas veces por minuto late tu corazón cuando estás sentado?

____

Ahora salta 25 veces. ¿Cuántas veces late tu corazón en un minuto?

____

Cuando termines, usa la Clave de respuestas y corrige lo que sea necesario.

1 **Lee los resúmenes que siguen. Todos son incorrectos. Cambia la parte azul de cada resumen para hacerlo correcto.**

1. El sistema circulatorio consta de huesos, cartílago y ligamentos. Tus pulmones trabajan juntos para mover tu cuerpo. → ________________ ________________

2. El sistema respiratorio absorbe dióxido de carbono para el cuerpo y elimina oxígeno como producto de desecho. → ________________ ________________

3. El sistema muscular transporta la sangre por el cuerpo. Está formado por el corazón, los vasos sanguíneos y la sangre. → ________________

4. El sistema respiratorio permite el movimiento de partes internas del cuerpo y del cuerpo mismo. → ________________ ________________

5. Las articulaciones de rótula permiten el movimiento hacia delante y hacia atrás; las articulaciones en bisagra permiten el movimiento de lado a lado; y las articulaciones en pivote permiten el movimiento circular. → ________________ ________________ ________________

Clave de respuestas: 1. óseo, músculos esqueléticos 2. oxígeno, dióxido de carbono 3. circulatorio 4. muscular 5. circular, hacia delante y hacia atrás, de lado a lado o de rotación

Ejercita tu mente

Nombre ______________________________

Juego de palabras

1 Lee las definiciones y completa el crucigrama.

Horizontales

1. Órganos que se expanden al llenarse de aire.
4. Órgano que bombea la sangre por el cuerpo.
8. Sistema de órganos que mueve la sangre por el cuerpo.
9. Sistema de órganos formado por tejido que se contrae y relaja.
10. Sistema de órganos que lleva aire al cuerpo y luego lo saca.

Verticales

2. Tejido que conecta a unos huesos con otros.
3. Tubos que conectan la tráquea con los bronquiolos.
5. Parte del cuerpo que trabaja en parejas para mover tu cuerpo.
6. Sistema de órganos que soportan el cuerpo.
7. Lugar donde se encuentran dos huesos.

Aplica los conceptos

2 Completa la tabla que describe el paso del aire por el sistema respiratorio.

El aire entra por la nariz o la boca y circula por

______________________.

Luego pasa por unos tubos largos llamados ____________ y por otros más pequeños llamados

____

hasta llegar a los

______________________.

Ahí el oxígeno entra en la sangre y el

____

sale de la sangre y entra en los

______________________.

El aire vuelve a salir por los

____

y luego por los

______________________.

Luego pasa por la

____

y finalmente sale del cuerpo por la nariz o la boca.

3 ¿Cómo se relacionan las funciones de los músculos y los huesos?

____

____

____

Para la casa

Haz un modelo del esqueleto humano usando diferentes tipos de pasta. Habla con tu familia acerca de los huesos que hay y las funciones que cumplen.

Pregunta esencial

¿Cómo digiere los alimentos, elimina los desechos y envía mensajes el cuerpo?

Ponte a pensar

Halla la respuesta a la siguiente pregunta en esta lección y escríbela aquí.

Si pudieras ver a través de tu cuerpo, verías esto al mirarte en el espejo. ¿Qué es ese tubo enrollado en tu abdomen y qué función cumple?

____

____

____

Lectura con propósito

Vocabulario de la lección

Haz una lista de los términos. A medida que aprendes cada uno, toma notas en el Glosario interactivo.

______________ ______________

______________ ______________

____

Cómo usar tablas

Las tablas agregan información al texto que ves en esa misma página. Los buenos lectores hacen pausas para repasar las tablas y determinar de qué manera esa información amplía lo que están leyendo.

Lo que entra . . .

Cuando comes, la comida baja por un tubo largo. A medida que el alimento se traslada, se va descomponiendo en pedazos más pequeños y el cuerpo absorbe todo lo útil. Lo que queda son desechos.

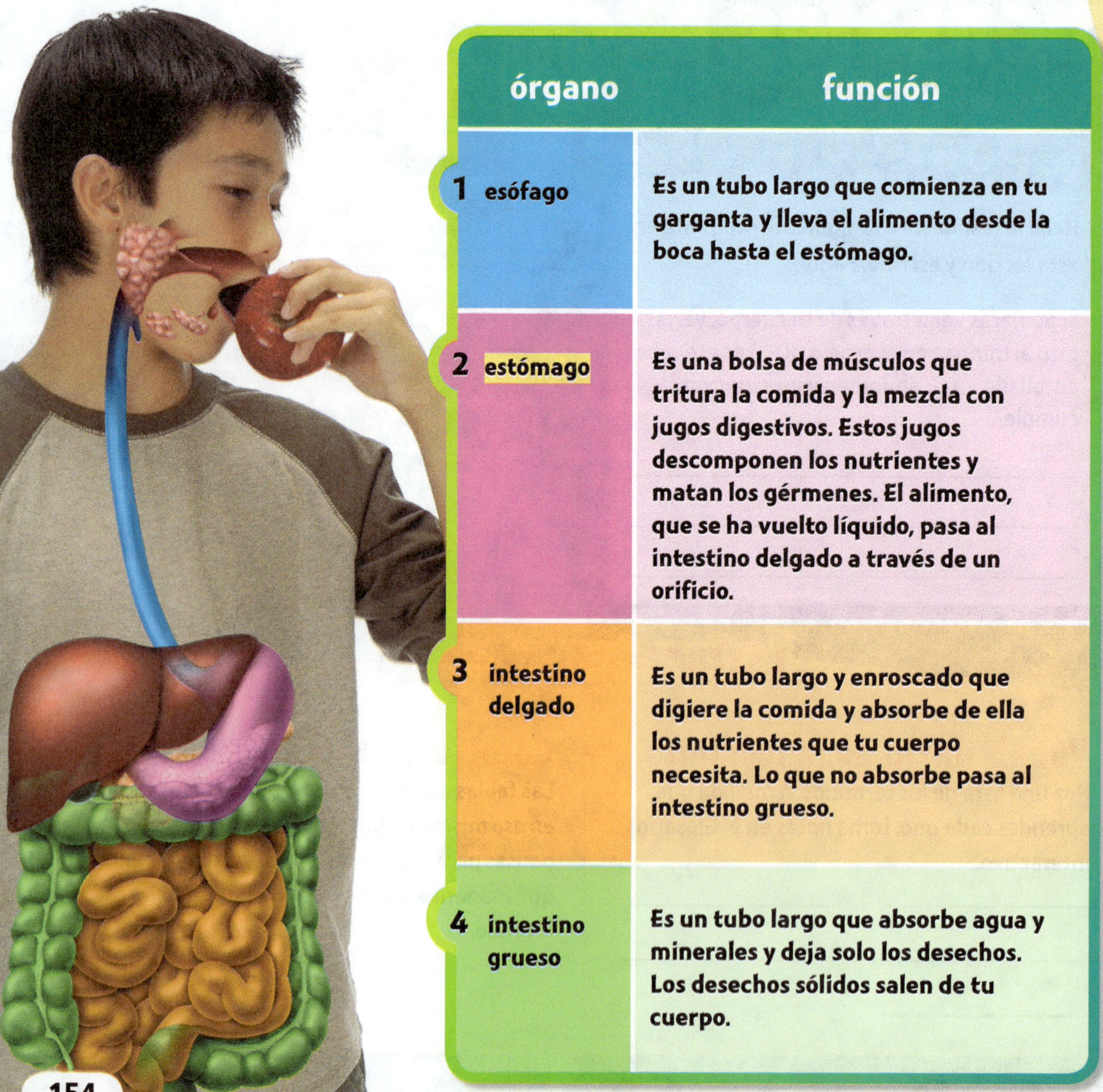

órgano	función
1 esófago	Es un tubo largo que comienza en tu garganta y lleva el alimento desde la boca hasta el estómago.
2 estómago	Es una bolsa de músculos que tritura la comida y la mezcla con jugos digestivos. Estos jugos descomponen los nutrientes y matan los gérmenes. El alimento, que se ha vuelto líquido, pasa al intestino delgado a través de un orificio.
3 intestino delgado	Es un tubo largo y enroscado que digiere la comida y absorbe de ella los nutrientes que tu cuerpo necesita. Lo que no absorbe pasa al intestino grueso.
4 intestino grueso	Es un tubo largo que absorbe agua y minerales y deja solo los desechos. Los desechos sólidos salen de tu cuerpo.

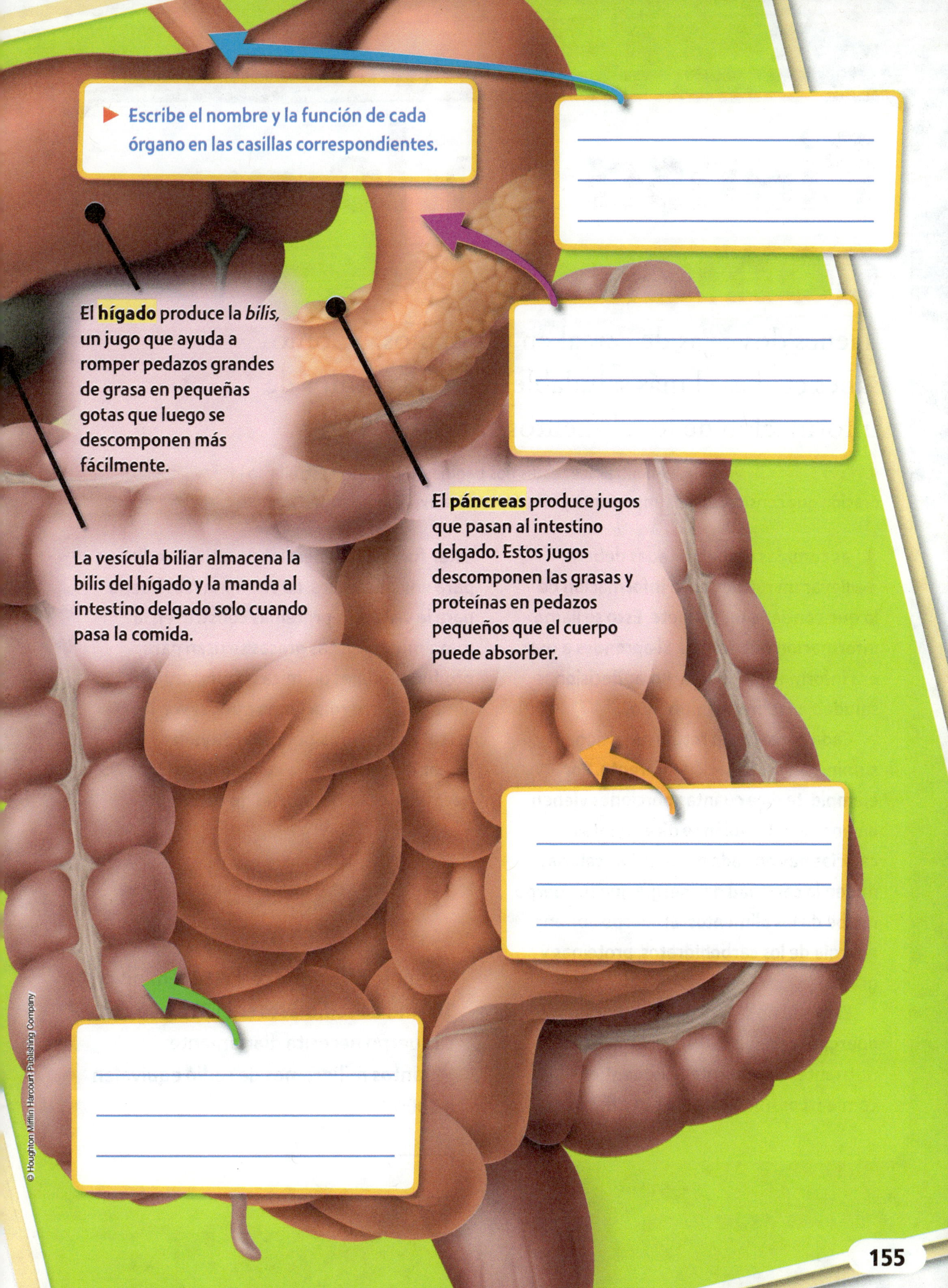
▶ Escribe el nombre y la función de cada órgano en las casillas correspondientes.
El **hígado** produce la *bilis,* un jugo que ayuda a romper pedazos grandes de grasa en pequeñas gotas que luego se descomponen más fácilmente.
La vesícula biliar almacena la bilis del hígado y la manda al intestino delgado solo cuando pasa la comida.
El **páncreas** produce jugos que pasan al intestino delgado. Estos jugos descomponen las grasas y proteínas en pedazos pequeños que el cuerpo puede absorber.

Por qué es importante

Piensa en lo que comes

Tienes dos cajas de cereal en tus manos. ¿Cómo sabes cuál es el más saludable? Lee los rótulos de información de los alimentos antes de decidir.

Lectura con propósito Mientras lees estas dos páginas, dibuja una estrella en la oración que consideres más importante y prepárate para explicar por qué.

Las comidas empaquetadas deben llevar un rótulo con la información de lo que contiene un paquete. Esto se llama información nutricional. Si aprendes a usar esa información podrás tomar decisiones saludables sobre tus alimentos.

Cada parte de un rótulo nutricional suministra información diferente. Por ejemplo, te dice cuántas porciones vienen en una caja. También te dice cuántas calorías hay en cada porción. Las calorías miden la cantidad de energía que tu cuerpo recibe de los alimentos. El cuerpo obtiene energía de los carbohidratos, proteínas y grasas.

El rótulo no solo te da información sobre energía. También te dice el número de nutrientes importantes que contiene la comida. Los huesos necesitan calcio para estar fuertes. Los nervios necesitan sodio para enviar señales. La vitamina A es buena para la vista. Las proteínas construyen la masa muscular. Las grasas se usan para producir señales químicas importantes y almacenar energía. Como puedes ver, leer los rótulos en los alimentos te ayudará a tomar decisiones para cumplir todas las necesidades nutricionales de tu cuerpo.

Práctica matemática

Resuelve problemas

Una porción de este cereal te suministra 160 mg de sodio. Esto es el 7% de lo que tu cuerpo necesita diariamente. ¿Cuántos miligramos de sodio equivalen a 100%?

____

____

Información Nutricional

Tamaño por porción: 3/4 taza (30g)
Porciones por paquete: 14 aprox.

Cantidad por porción	Cereal solo	Con 1/2 taza de leche descremada
Calorías	120	160
Calorías de grasa	15	20
	% **Valor diario en ****	
Grasa total 2g*	**3%**	**3%**
Grasa saturada 0g	**0%**	**0%**
Colesterol 0mg	**0%**	**1%**
Sodio 160mg	**7%**	**9%**
Potasio 65mg	**2%**	**8%**
Carbohidrato Total 25g	**8%**	**10%**
Fibra alimentaria 3g		
Azúcares 3g		
Otros carbohidratos 11g		
Proteína 2g		

*Cantidad en cereal. Una porción del cereal más leche descremada suministra 2g de grasa, menos de 5mg de colesterol, 220mg de sodio, 270mg de potasio, 31g de carbohidrato (19g de azúcares) y 6g de proteína.
os porcentajes de valor diarios están basados en una eta de 2.000 calorías. Sus valores diarios pueden ser ores o menores dependiendo de sus necesidades cas:

	Calorías	2,000	2,500
otal	Menos de	65g	80g
saturada	Menos de	20g	25g
	Menos de	300mg	300mg
	Menos de	2,400mg	2,400mg
		3,500mg	3,500mg
os totales		300g	375g
entaria		25g	30g

El tamaño de la porción te ayuda a decidir cuánto debes comer del alimento para obtener suficientes nutrientes.

El % del valor diario te indica el porcentaje nutritivo de una porción de este alimento comparado con la cantidad que deberías consumir en un día.

Esta sección muestra cuántos gramos (g) o miligramos (mg) de cada tipo de nutriente deberías consumir todos los días, según el número de calorías que necesites.

▶ ¿Cuántas calorías tiene una porción con ½ taza de leche descremada?

____

...Tiene que salir

La digestión de los alimentos produce un tipo de desecho. El uso de nutrientes produce otro tipo de desecho. El *sistema excretor* elimina estos desechos del cuerpo y mantiene su nivel de agua y sal en equilibrio.

Lectura con propósito Mientras lees esta página, subraya los diferentes tipos de desechos que se describen.

Tu cuerpo "quema" nutrientes así como el fuego quema la leña. Tu cuerpo no produce cenizas, pero los nutrientes "quemados" sí producen desechos. Por ejemplo, a medida que las proteínas se descomponen se produce amoníaco. ¡El amoníaco es muy tóxico! El hígado convierte el amoníaco en urea, que es menos tóxica. Pero si se acumula mucha te puedes enfermar. Por eso el cuerpo la elimina como orina. Al sudar también se elimina una pequeña cantidad de urea.

Lo mismo que el fuego, tu cuerpo usa oxígeno y produce un gas de desecho llamado dióxido de carbono. El dióxido de carbono sale de los pulmones cuando expiras.

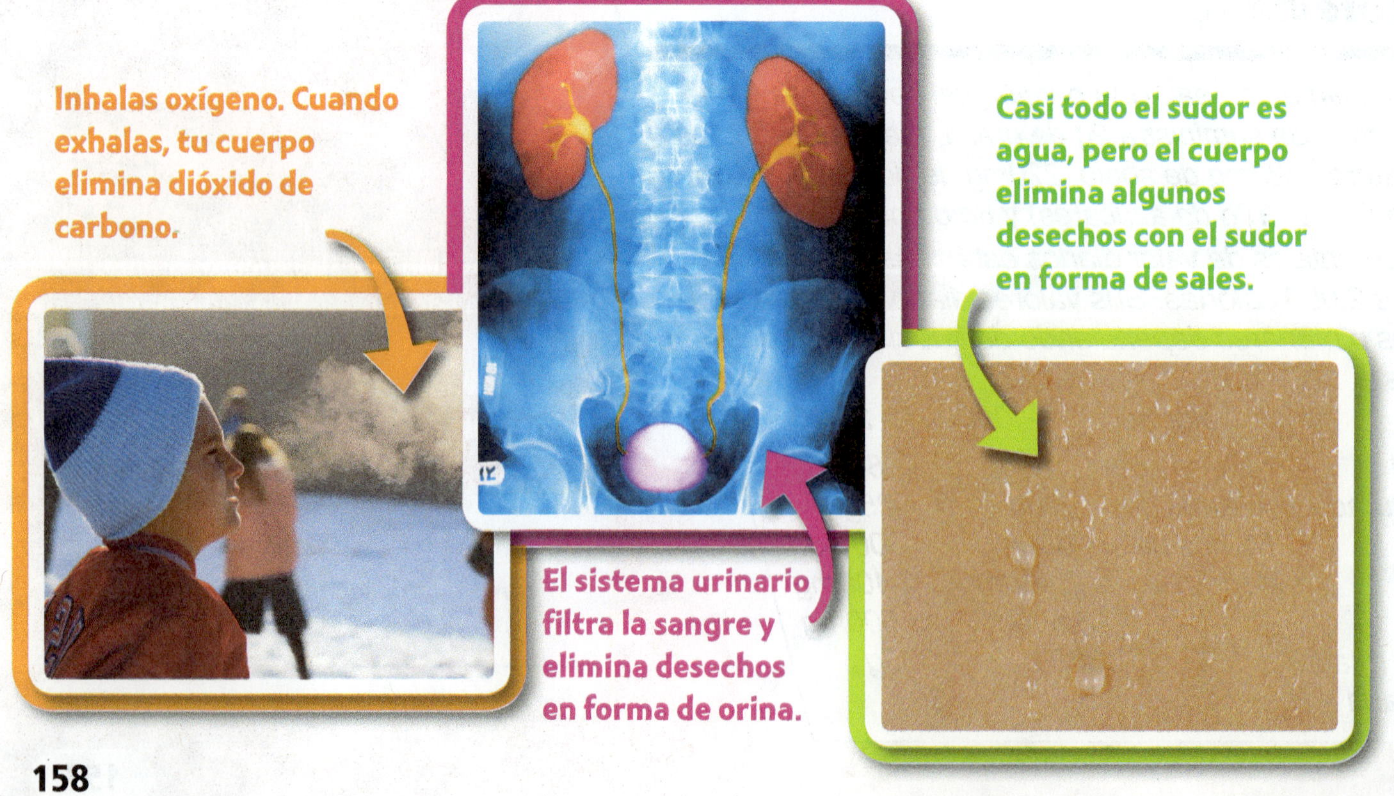

Inhalas oxígeno. Cuando exhalas, tu cuerpo elimina dióxido de carbono.

El sistema urinario filtra la sangre y elimina desechos en forma de orina.

Casi todo el sudor es agua, pero el cuerpo elimina algunos desechos con el sudor en forma de sales.

El sistema urinario

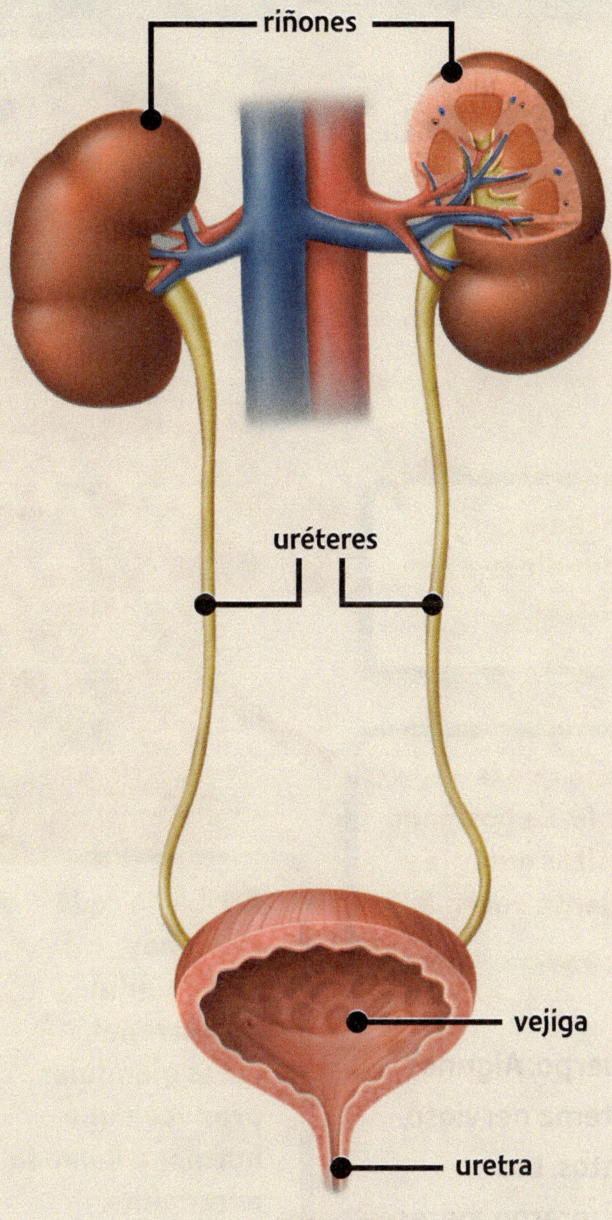

1 Los **riñones** son órganos que sacan desechos de la sangre. También ayudan a conservar agua y controlan que la sangre no tenga demasiada o muy poca sal.

2 Después de que los riñones filtran la sangre, el desecho, la *orina*, se acumula en unos tubos llamados *uréteres,* que llevan la orina hasta la vejiga.

3 La **vejiga** guarda la orina y luego la saca del cuerpo. La vejiga se puede expandir como un globo ¡y puede contener hasta una pinta de orina!

4 La uretra es un tubo pequeño que saca del cuerpo la orina que está en la vejiga.

Organízalo – Secuencia

Escribe los órganos en orden para mostrar el paso de la orina por el sistema urinario.

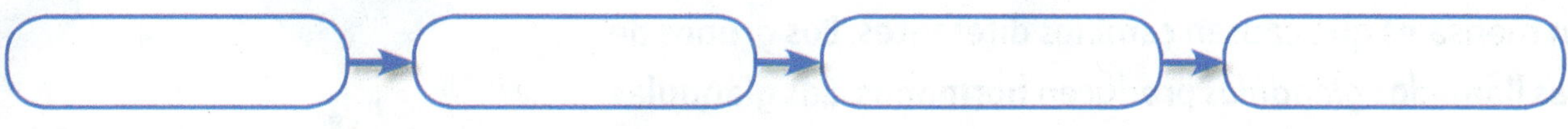

Mensajes químicos

¿Qué le pasó al chico de la foto? ¿Se puso la ropa equivocada?

Lectura con propósito Mientras lees estas dos páginas, dibuja una línea debajo de una causa. Dibuja dos líneas debajo del efecto.

La glándula pituitaria se localiza debajo del cerebro, y produce hormonas que les dicen a las otras glándulas lo que tienen que hacer.

La tiroides produce una hormona que le permite a tu cuerpo usar energía. La hormona tiroides aumenta cuando necesitas energía y disminuye cuando tienes suficiente energía.

Arriba de cada riñon hay una glándula suprarrenal. Estas glándulas producen una hormona llamada adrenalina.

Siempre hay mensajes viajando por tu cuerpo. Algunos mensajes, como los que pasan por el sistema nervioso, son rápidos como el rayo. Otros son más lentos. Los mensajes que hicieron crecer al niño se demoraron meses, ¡aunque parece que creció más rápido de lo que pudo usar su ropa!

Los químicos llamados *hormonas* transmiten mensajes que producen el crecimiento y otros cambios lentos en el cuerpo. Las hormonas viajan de un lugar del cuerpo a otro y llevan mensajes que causan cambios diferentes. Los grupos de células llamados *glándulas* producen hormonas. Las glándulas y las hormonas forman el *sistema endocrino*.

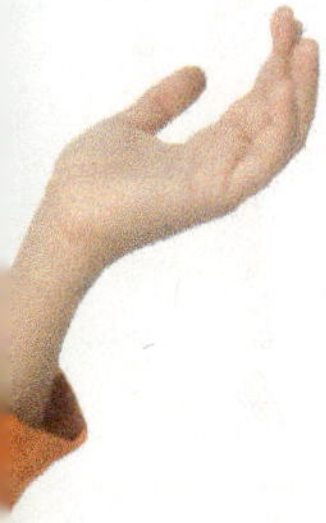

Cuando sientes miedo reaccionas muy rápido. Tu reacción es causada por la adrenalina. Tu corazón late más rápido y empiezas a sudar. ¡Esta respuesta te prepara para defenderte o correr!

Tu páncreas produce una hormona que controla el azúcar de la sangre. Cuando la cantidad de azúcar es muy alta, el páncreas libera la hormona insulina. A medida que el nivel de azúcar en la sangre disminuye, el páncreas deja de liberar insulina.

A la glándula pituitaria también se le llama glándula maestra, porque les dice a las otras glándulas lo que tienen que hacer. Por ejemplo, les dice a la tiroides y a las suprarrenales cuándo tienen que liberar hormonas. La pituitaria también libera la hormona del crecimiento. Esta hormona produce cambios en el cuerpo que llevan a la madurez. La hormona del crecimiento puede causar períodos de crecimiento rápido que causan "dolores de crecimiento".

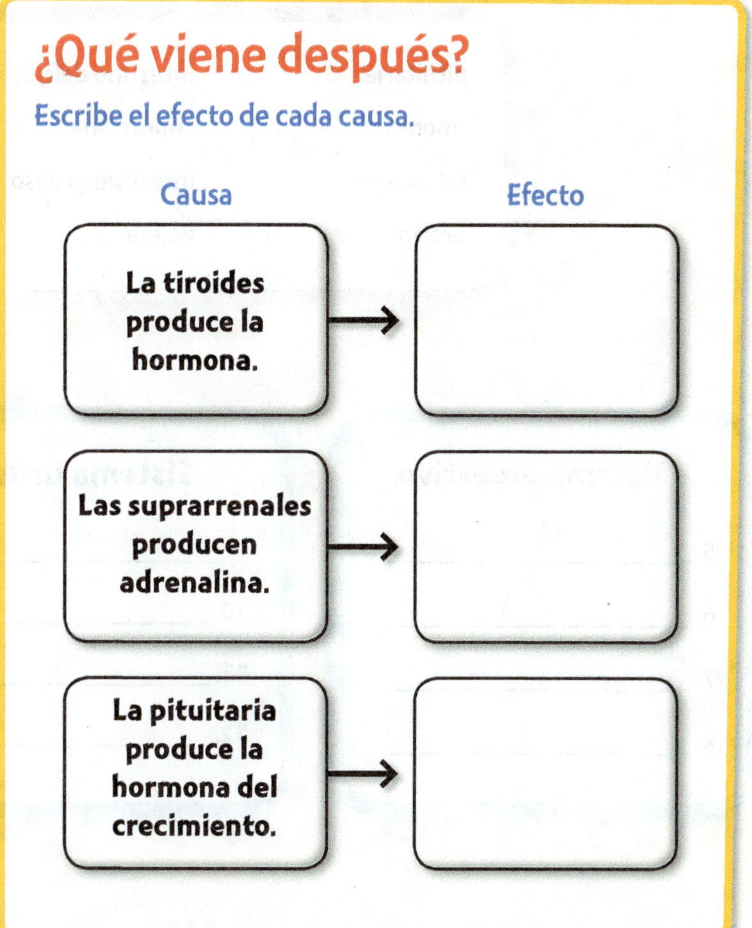

¿Qué viene después?

Escribe el efecto de cada causa.

Causa		Efecto
La tiroides produce la hormona.	→	
Las suprarrenales producen adrenalina.	→	
La pituitaria produce la hormona del crecimiento.	→	

Cuando termines, lee la Clave de respuestas y corrige lo que sea necesario.

Completa el párrafo de resumen llenando los espacios en blanco. Luego escribe cada palabra de la lista en la casilla que lleva el título del sistema corporal que le corresponde.

En pocas palabras

Tu cuerpo está formado por muchos 1. ____________________ que trabajan juntos como un sistema. 2. El sistema ____________________ es un tubo largo dentro de tu cuerpo, que extrae los nutrientes de la comida para que tu cuerpo los use. 3. El sistema ____________________ es responsable de sacar los desechos del cuerpo. 4. El sistema ____________________ produce hormonas que causan cambios como el crecimiento.

pituitaria	intestino delgado	esófago
riñones	suprarrenal	uréteres
estómago	intestino grueso	páncreas
uretra	vejiga	tiroides

Sistema digestivo

5. ____________________
6. ____________________
7. ____________________
8. ____________________

Sistema urinario

9. ____________________
10. ____________________
11. ____________________
12. ____________________

Sistema urinario

13. ____________________
14. ____________________
15. ____________________
16. ____________________

Clave de respuestas: 1. órganos 2. digestivo 3. excretor 4. endocrino 5–8 (en cualquier orden) esófago, estómago, intestino delgado, intestino grueso 9–12 (en cualquier orden) riñones, uréteres, vejiga, uretra 13–16 (en cualquier orden) pituitaria, suprarrenal, tiroides, páncreas

Ejercita tu mente

Lección 5

Nombre ______________________________

Juego de palabras

1 Lee las definiciones. Escribe las respuestas en las líneas. Luego busca las palabras en la sopa de letras.

u	a	u	r	i	n	a	r	i	o	c	h	v
t	r	g	h	c	a	u	i	n	m	y	t	o
i	e	v	i	o	d	s	h	t	a	d	e	i
r	n	j	g	l	d	d	v	e	j	i	g	a
o	d	i	a	t	o	a	e	s	l	m	n	t
i	o	m	d	i	g	e	s	t	i	v	o	
d	c	e	o	c	l	f	t	i	k	s	c	m
e	r	p	l	d	s	j	r	n	h	u	e	r
s	i	á	m	r	r	i	ñ	o	n	e	s	d
d	n	n	e	l	a	u	j	g	b	r	ó	l
v	o	c	a	a	m	t	p	r	o	m	f	s
o	r	r	g	l	á	n	d	u	l	a	a	
a	p	e	n	i	r	l	s	e	a	e	g	n
s	q	a	b	n	t	h	b	s	d	q	o	c
t	e	s	t	ó	m	a	g	o	s	f	t	i

1. Estos órganos en forma de fríjol filtran la sangre y eliminan los desechos.
   ____
2. Este tubo largo conecta la boca con el estómago.
   ____
3. Esta glándula permite que tu cuerpo use energía.
   ____
4. Este órgano se expande y llena de orina hasta que está listo para expulsarla.
   ____
5. En este órgano el agua sale hasta que sólo quedan desechos sólidos.
   ____
6. Este órgano produce jugos que descomponen las proteínas en el intestino delgado.
   ____
7. Este sistema transporta el alimento por el cuerpo y absorbe los nutrientes.
   ____
8. Este órgano produce un jugo que descompone pedazos grandes de grasa en pedazos más pequeños.
   ____
9. Este sistema manda mensajeros químicos por el cuerpo.
   ____
10. Esta estructura es un grupo de células que producen hormonas.
   ____
11. Este órgano tritura la comida y la mezcla con jugos digestivos.
   ____
12. Este sistema filtra los desechos de la sangre.
   ____

Aplica los conceptos

2 Piensa en cómo los órganos dependen de otros órganos para realizar sus funciones. Completa cada oración.

1. La comida no puede llegar al estómago sin la __________ y sin el ______________.
2. Los riñones no pueden funcionar sin la ___________ porque la ___________ no podría salir del cuerpo.
3. El intestino delgado no puede funcionar sin el _____________ porque no se podrían descomponer las grasas.

3 Explica por qué la estructura que se ilustra aquí se llama glándula maestra.

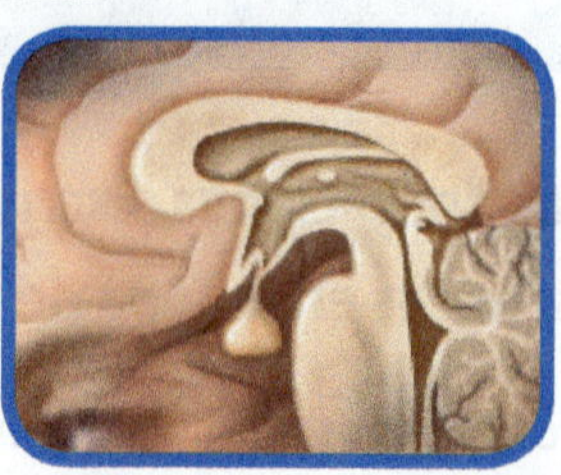

____

____

____

4 Explica en qué se parecen los objetos que se ilustran abajo.

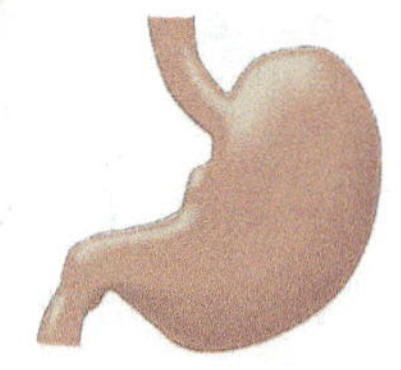

estómago y licuadora

____

____

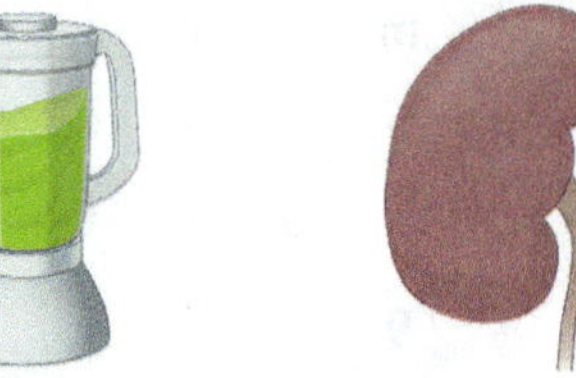
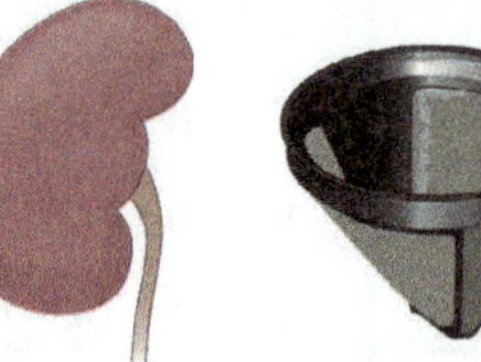

riñón y filtro para café

____

____

vejiga y globo de agua

____

____

5 El páncreas forma parte de dos sistemas corporales diferentes. Nombra los dos sistemas. Describe la función del páncreas en ambos. _______________________________

____

____

Escribe las palabras *intestino delgado, páncreas, esófago, hígado, intestino grueso, vesícula biliar* y *estómago* en tarjetas de fichero. Come una merienda. Pídele a tu familia que te explique la función que cumple cada órgano en la digestión.

Conoce a los Gray de la biología

Henry Gray

Henry Gray fue un cirujano inglés que sentía fascinación por el estudio de la anatomía, es decir, el estudio de las partes del cuerpo. En 1858, con solo 31 años de edad, Henry Gray publicó un libro de anatomía que se convirtió en una de las obras científicas más famosas de todos los tiempos: *Anatomía de Gray*. El libro incluía dibujos detallados de todos los órganos y sistemas del cuerpo humano. Henry Gray murió de viruela tres años después, pero su trabajo todavía perdura. En 2009, se publicó la edición 40 de la *Anatomía de Gray*, que aún hoy es usada por médicos, estudiantes y otros científicos.

Asa Gray

Asa Gray fue un botánico estadounidense que se dedicó al estudio de las plantas. Aunque fue contemporáneo de Henry Gray, no tenían relación de parentesco. Ni siquiera llegaron a conocerse. No obstante, el trabajo de ambos tenía cosas en común. En compañía del ilustrador científico Isaac Sprague, Asa Gray publicó el *Manual de Gray*, con información sobre casi todas las plantas del norte de Estados Unidos. Es una obra que, después de más de un siglo de haber sido escrita, sigue siendo usada en la actualidad por los botánicos. Asa Gray es considerado uno de los más importantes botánicos de la historia.

Sé un ilustrador científico

¡Prueba ser un ilustrador científico! Ensaya primero con el dibujo anatómico de los huesos de la mano humana, y luego con la ilustración botánica de una rama de frambuesa.

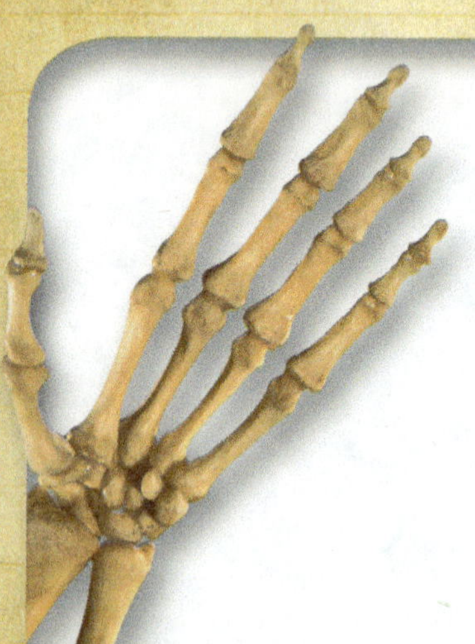

Huesos de la mano humana

Rama de frambuesa

Rotafolio de investigación, pág. 18

Nombre ______________________

Pregunta esencial

¿Qué hace el cuerpo para mantenerse fresco?

Establece un propósito

¿Qué aprenderás de este experimento?

____

____

____

____

Formula tu hipótesis

Escribe tu hipótesis o enunciado comprobable.

____

____

____

____

Piensa en el procedimiento

¿Cuál muestra es la muestra de control? ¿Cuál es su propósito?

____

____

____

____

Anota tus datos

Anota tus observaciones en una tabla de datos.

Saca tus conclusiones

¿Los resultados apoyaron tu hipótesis?

____

____

____

____

Analiza y amplía

1. ¿Cuál fue la diferencia entre la temperatura inicial y la final para cada uno de tus grupos del experimento? Muestra tu trabajo en el siguiente espacio.

2. En el siguiente espacio, haz una gráfica de barras para mostrar tus datos.

3. ¿Cómo se relaciona esta actividad con la función de sudar?

4. Un enfriador por evaporación es un tipo de aire acondicionado que sopla aire sobre una superficie húmeda. Usa tus datos para explicar si crees que este sería un buen método para enfriar un edificio.

5. ¿Por qué es importante que tu cuerpo sea capaz de enfriarse por sí mismo?

6. Piensa en otras preguntas que te gustaría hacer sobre la evaporación y el enfriamiento.

Repaso de la Unidad 3

Nombre ______________________

Repaso de vocabulario

Completa las oraciones con las palabras de la casilla.

teoría celular
corazón
carácter heredado
hígado
núcleo
órgano
estómago
tejido

1. La idea de que todos los seres vivos están formados por células, que todos los procesos de vida tienen lugar en las células y que las células nuevas vienen de células que ya existen se llama ______________________.

2. El órgano muscular que bombea sangre por todo el sistema circulatorio se llama ______________________.

3. Una parte del cuerpo formada por partes más pequeñas que cumplen una función se llama ______________________.

4. La parte de la célula que controla la obtención de materiales, la producción de energía y la eliminación de desechos se llama ______________________.

5. El órgano de gran tamaño que produce el jugo digestivo llamado bilis es el ______________________.

6. Un conjunto de células parecidas que trabajan en conjunto se llama ______________________.

7. El órgano que parece una bolsa donde la comida se mezcla con jugos digestivos y es triturada por músculos se llama ______________________.

8. Una característica que pasa de padres a hijos es un(a) ______________________.

Conceptos de ciencias

Rellena la burbuja con la letra de la mejor respuesta.

9. David envolvió cinco termómetros en trozos de tela. Metió cuatro de ellos en líquidos diferentes. Dejó el quinto seco. Luego los puso a la sombra durante cinco minutos. La tabla de abajo muestra las temperaturas que anotó para cada termómetro.

Alcohol	Aceite mineral	Agua salada	Agua	Seco
72 °F	82 °F	78 °F	78 °F	83 °F

¿Qué líquido se evaporó más rápido?

Ⓐ agua
Ⓑ alcohol
Ⓒ agua salada
Ⓓ aceite mineral

10. ¿Por qué dejó David un termómetro seco?

Ⓐ David tenía cinco termómetros pero solo cuatro líquidos. Por eso dejó uno seco.
Ⓑ David quería descubrir la temperatura del cuarto donde realizó su experimento.
Ⓒ El termómetro seco era la variable para comparar con los otros termómetros.
Ⓓ El termómetro seco era el control para comparar con los otros termómetros.

11. ¿Qué proceso es una función del sistema óseo?

Ⓐ intercambio de gases
Ⓑ apoyo estructural
Ⓒ eliminación de desechos
Ⓓ control de la temperatura

12. Durante los primeros años de existencia del teléfono, la gente tenía que llamar a una operadora. La operadora comunicaba a las dos personas. ¿Qué parte del cuerpo cumple una función parecida a la que cumplía la operadora?

Ⓐ cerebro
Ⓑ nariz
Ⓒ ojos
Ⓓ piel

13. Durante el recreo, René se raspó una rodilla. La enfermera le puso una venda. ¿Cuál de las funciones que normalmente cumple la piel cumple ahora la venda?

Ⓐ Evita la deshidratación.
Ⓑ Controla la temperatura del cuerpo.
Ⓒ Evita que entren bacterias al cuerpo.
Ⓓ Siente cuando la tocan.

14. Tocaste accidentalmente una estufa caliente y de inmediato retiraste la mano. ¿Qué afirmación describe correctamente los sistemas de órganos que participaron en tu reacción?

Ⓐ solamente el sistema nervioso
Ⓑ solamente el sistema tegumentario
Ⓒ ni el sistema nervioso ni el sistema tegumentario
Ⓓ tanto el sistema nervioso como el sistema tegumentario

Nombre ______________________________

15. El siguiente dibujo muestra algunos músculos y huesos del brazo.

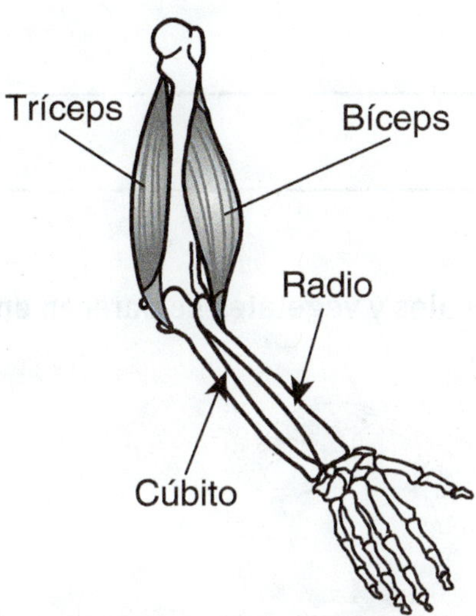

Si el brazo se dobla, ¿qué palabras describen lo que está haciendo el músculo bíceps?

Ⓐ se relaja
Ⓑ se retrae
Ⓒ se contrae
Ⓓ se constriñe

16. Una función importante del cuerpo es tomar oxígeno del aire y liberar dióxido de carbono a la atmósfera. ¿Qué órgano realiza esta función?

Ⓐ el corazón
Ⓑ los pulmones
Ⓒ la boca
Ⓓ el intestino

17. La orina es el producto del sistema urinario. ¿De qué se compone la orina humana normal?

Ⓐ oxígeno
Ⓑ nutrientes
Ⓒ agua y desechos
Ⓓ todos los líquidos que toma una persona

18. Las células del cuerpo obtienen energía de los nutrientes y oxígeno. ¿Qué sistema del cuerpo transporta oxígeno y nutrientes por el cuerpo?

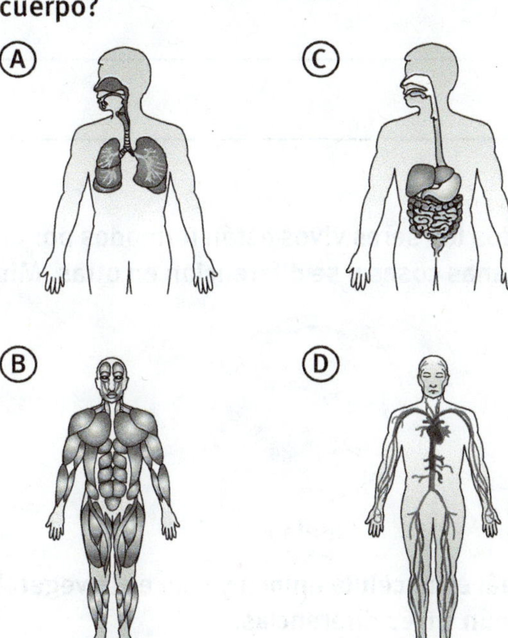

19. La digestión ocurre en el tracto digestivo, ilustrado aquí.

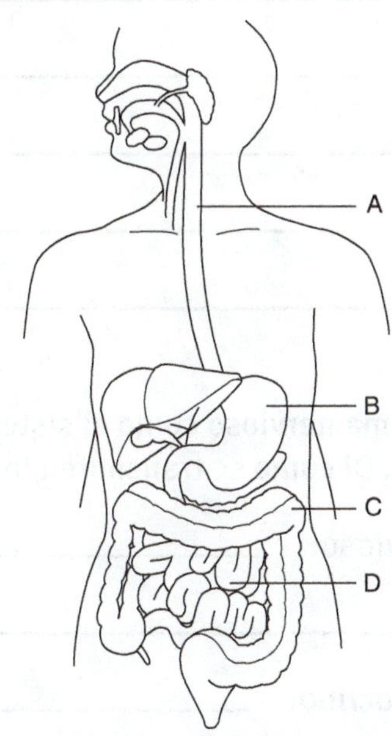

¿En qué orden se mueve la comida por los órganos del tracto digestivo?

Ⓐ A, B, C, D
Ⓑ A, C, B, D
Ⓒ A, B, D, C
Ⓓ A, D, B, C

Aplica la investigación y repasa La gran idea

Escribe las respuestas para estas preguntas.

20. Es un día caluroso de verano. Juan ha estado corriendo y jugando al fútbol con sus amigos. Según lo que has aprendido sobre el cuerpo humano, explica por qué Juan respira pesadamente, su corazón late veloz y está sudando.

____

____

21. Todos los seres vivos están formados por células. Las células animales y vegetales se parecen en algunas cosas y se diferencian en otras. Mira las células de abajo.

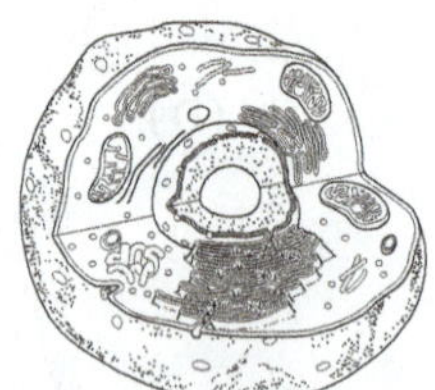

Célula A

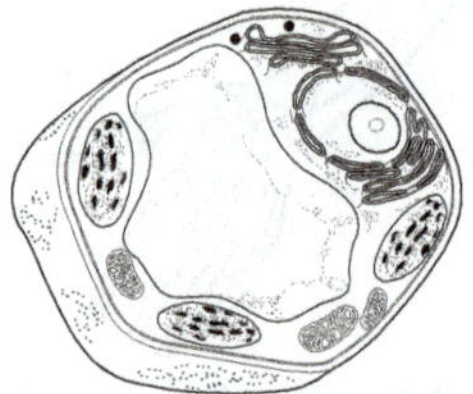

Célula B

¿Cuál es la célula animal y cuál es la vegetal? Describe tres cosas que estas células tienen en común y tres diferencias.

a. Identifica las células. ____

____

b. Semejanzas: ____

____

c. Diferencias: ____

____

22. Tanto el sistema nervioso como el sistema endocrino envían mensajes por el cuerpo. Describe los dos sistemas. Di como se transmiten los mensajes y el tiempo que les toma viajar por el cuerpo.

a. Sistema nervioso: ____

____

b. Sistema endocrino: ____

____

UNIDAD 4

Cómo crecen y se reproducen los seres vivos

La gran idea

Todos los seres vivos tienen características observables que permiten clasificarlos. Las plantas y los animales transmiten estas características a sus descendientes.

Me pregunto por qué

Tiene espinas como un puercoespín. Tiene una lengua larga y pegajosa como un oso hormiguero. ¡Y pone huevos! ¿Qué es este animal de aspecto tan extraño? Me pregunto por qué los científicos lo clasificarían como mamífero. *Da vuelta a la página para descubrirlo.*

Por esta razón Los científicos clasifican al equidna como un mamífero aunque pone huevos. La mayoría de los mamíferos dan a luz a sus hijos. Cuando los huevos del echidna revientan, las crías son diminutas. ¡No son más grandes que una haba!

En esta unidad vas a aprender más sobre La gran idea, y a desarrollar las preguntas esenciales y las actividades del Rotafolio de investigación.

Niveles de investigación ■ Dirigida ■ Guiada ■ Independiente

La gran idea Todos los seres vivos tienen características observables que permiten clasificarlos. Las plantas y los animales transmiten estas características a sus descendientes.

Preguntas esenciales

¡Ya entiendo La gran idea!

Cuaderno de ciencias

No te olvides de escribir lo que piensas sobre la Pregunta esencial antes de estudiar cada lección.

Pregunta esencial

¿Cómo se agrupan los seres vivos?

Ponte a pensar

Halla la respuesta a la siguiente pregunta en esta lección y escríbela aquí.

¿Por qué se clasifica el pasto como una planta? ¿Por qué no se clasifica la seta como una planta?

____

____

____

____

____

Lectura con propósito

Vocabulario de la lección

Haz una lista de los términos. A medida que aprendes cada uno, toma apuntes en el Glosario interactivo.

______________ ______________

______________ ______________

______________ ______________

Idea principal y detalles

Las oraciones de apoyo dan información sobre un tema. La información puede ser ejemplos, rasgos, características o datos. Los buenos lectores se mantienen concentrados en el tema cuando preguntan: ¿Qué dato o qué información añade esta oración al tema?

¿Para qué clasificar?

¿Clasificarías, o agruparías, los insectos y las aves juntos solamente porque tienen alas? ¡Claro que no! Entonces, ¿cómo se clasifican los organismos?

Lectura con propósito Mientras lees estas dos páginas, encierra la idea principal entre corchetes.

Cuando visitas la tienda de abarrotes para comprar mantequilla de cacahuete, ¿cómo la encuentras? La tienda clasifica, o agrupa, artículos que son similares para que sea más fácil encontrarlos. Los científicos se valen de la **clasificación** para organizar los seres vivos en grupos semejantes.

Los dominios y reinos son los niveles de clasificación más amplios.

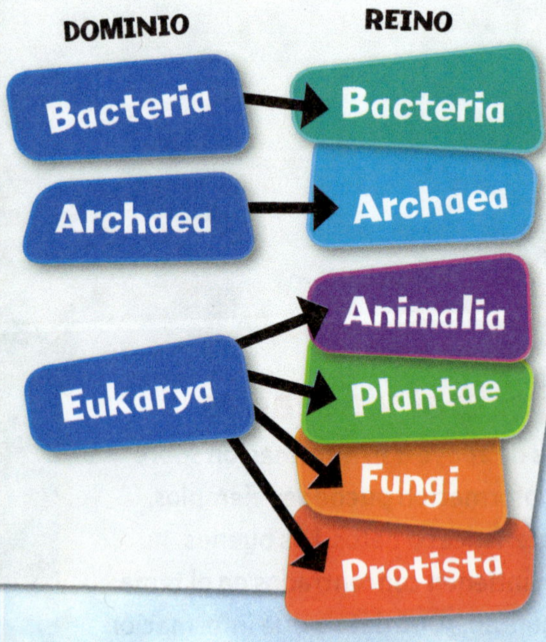

DOMINIO	REINO
Bacteria	Bacteria
Archaea	Archaea
Eukarya	Animalia
	Plantae
	Fungi
	Protista

Tanto esta ave como la planta reciben el nombre común de ave del paraíso. Aunque tienen el mismo nombre común, y aunque ambas están llenas de colorido, son muy distintas. Es claro que no deben agruparse juntas. Entonces, si el nombre común no ayuda, ¿cómo las clasificamos?

¿Y qué tal esta lombriz y esta serpiente? Son de forma similar. ¿Por qué les damos nombres distintos? ¿En qué se parecen la serpiente y la lombriz? ¿En qué se diferencian?

Los científicos clasifican los organismos para poder entender cómo se relacionan. El tipo de célula, la estructura celular y la información genética son tres tipos de información que se emplea para clasificar los organismos. Otros rasgos que se emplean para clasificar los organismos son la forma, el tamaño y la simetría.

Los científicos emplean diferentes recursos para identificar y registrar datos sobre las diferencias entre los organismos. Estas diferencias sirven para identificar a un organismo. Una **clave dicotómica** es una tabla con muchas opciones que nos guía hacia el nombre de la cosa que queremos identificar. Se puede hacer una clave dicotómica para identificar toda clase de cosas.

Cómo usar una clave dicotómica

Completa la siguiente clave dicotómica para ayudarle a alguien a determinar qué tipo de calzado está viendo.

Dominio
Eukarya

Reino
Animalia

La clasificación de los seres vivos

El sistema empleado por los científicos para clasificar a los seres vivos empieza con grupos que incluyen muchos organismos. ¡Pero no se detiene allí!

Lectura con propósito Subraya los niveles de clasificación de un camello.

Los organismos se clasifican en uno de tres dominios. Un **dominio** es el nivel de clasificación más amplio. Los organismos se separan en dominios según sus estructuras celulares. Al ir bajando por cada nivel de clasificación, los organismos están más relacionados entre sí.

REINO

El camello está en el Reino Animalia.

FILO

Luego, los organismos en los reinos se agrupan en filos. El camello está en el filo Chordata (Cordados).

CLASE

Un filo se descompone en clases. El camello está en la clase Mammalia (Mamíferos).

ORDEN

El siguiente nivel de división es el orden. Los camellos son parte del orden Artiodactyla (Artiodáctilos) .

Los organismos a la derecha se llaman comúnmente estrellas de mar, pero los científicos los separan al clasificarlos. Todos están en el Reino Animal. Estos animales marinos tienen esqueleto óseo, es decir de huesos, pero no tienen columna vertebral. Todos pertenecen al filo de los Equinodermos. La verdadera estrella de mar, arriba, pertenece a la clase de los Asteroideos. La estrella quebradiza y la estrella cesta se parecen a la verdadera estrella de mar pero difieren de ella en aspectos importantes. Se clasifican en la clase de los Ofiuroideos.

▶ ¿En qué se parecen estos organismos? ¿En qué se diferencian?

____

____

____

____

____

FAMILA

Las órdenes se dividen en familias. Los camellos pertenecen a la familia Camelidae (Camélidos).

GÉNERO

Un **género** es una subdivisión de una familia. Este camello pertenece al género *Camelus* (Camello).

ESPECIE

Por último, los organismos se clasifican por especies. Las **especies** son organismos únicos. Este camello pertenece a la especie *dromedario* (dromedario).

El nombre científico en dos partes del camello es *Camelus dromedarius*. Como ves, el nombre científico se compone de los nombres del género y la especie. El nombre del género siempre empieza con mayúscula; el nombre de la especie, no. Este nombre en dos partes de basa en un sistema formulado por el científico Carolus Linnaeus en el siglo XVIII.

Dominio
Eukarya

Reino
Plantae

Las plantas y los animales

¿Cuántos animales y plantas diferentes reconoces? Tanto las plantas como los animales están en el dominio Eukarya, pero se agrupan en reinos diferentes.

Lectura con propósito Al leer estas dos páginas, subraya las partes del texto que explican cómo se clasifican las plantas y los animales.

Existen más de 320,000 especies de plantas. Las plantas se componen de muchas células y se valen de la luz solar para hacer su alimento. Unas plantas son muy grandes y otras son diminutas. Los científicos clasifican las plantas según las estructuras que tienen y cómo usan esas estructuras para vivir.

Unas plantas tienen tejido vascular. El tejido vascular consiste en conductos largos y angostos que transportan materiales por toda la planta. Otras plantas simplemente absorben los materiales que necesitan, así como una esponja absorbe agua.

Las plantas también se clasifican por su manera de reproducirse. Unas plantas producen semillas dentro de un fruto mientras que otras producen semillas en piñas. ¡Unas plantas ni siquiera producen semillas! Todas estas características sirven para clasificar las plantas.

Este conífero es una planta vascular. Produce semillas en piñas, puede crecer hasta gran altura y vive muchos años.

Los musgos no tienen tejido vascular. Crecen cerca del suelo y absorben nutrientes como una esponja.

Unas plantas se valen de flores para reproducirse. Las plantas de flor son la especie más numerosa dentro del Reino Plantae.

El cangrejo es un invertebrado, lo cual significa que no tiene columna vertebral. Vive en la tierra y en el agua.

Esta rana es un anfibio. Empieza su vida bajo el agua como renacuajo antes de crecer y convertirse en una rana adulta que vive en tierra.

Este león es un mamífero. Los mamíferos tienen pelo. Los jóvenes beben leche del cuerpo de la madre.

Las aves tienen alas y plumas. Aunque el pollo no vuela, la mayoría de las aves sí vuelan.

La mayoría de los animales se componen de múltiples células y no pueden fabricar sus propios alimentos. Los animales generalmente se dividen en dos grupos principales. Los animales con columna vertebral se llaman vertebrados. Los vertebrados comprenden los peces, las aves, los reptiles, los anfibios y los mamíferos. Los animales sin columna vertebral se llaman invertebrados. Los invertebrados comprenden los insectos, los gusanos, las medusas y las esponjas.

Los vertebrados constituyen solo un 5%, aproximadamente, de la población de animales en el mundo. ¡Aproximadamente el 95% son invertebrados!

Dentro de estos dos grupos principales, los animales se clasifican según sus estructuras corporales, cómo toman oxígeno y digieren alimentos y muchos factores más. ¿Cuáles crees que sean estos otros factores?

Práctica matemática

Usa las fracciones

Los mamíferos representan aproximadamente $\frac{1}{10}$ del total de los vertebrados. Las aves representan aproximadamente $\frac{1}{6}$. Juntos, ¿qué fracción de los vertebrados corresponde a los mamíferos y las aves?

____

Dominio
Eukarya

Reino
Fungi

Los hongos y los protistas

A veces microscópicos, a veces enormes, los hongos y los protistas son reinos que a menudo pasamos por alto.

Lectura con propósito Al leer estas dos páginas, traza una caja alrededor de las oraciones que explican cómo se clasifican los hongos y los protistas.

Las setas son hongos. A veces solamente vemos parte del hongo. ¿Sabías que algunos de los organismos más grandes del mundo son hongos? ¡Hay especies más grandes que una ballena!

Las setas son un tipo de hongo que a veces crece en la tierra. Aunque unos hongos crecen en el suelo, no son plantas. No fabrican su alimento con la luz solar, sino que se alimentan de materiales muertos o en proceso de descomposición.

Las levaduras son otro tipo de hongo. Al contrario de las setas, las levaduras se componen de una sola célula. Los científicos clasifican los hongos por su tamaño, forma y manera de reproducirse.

► Escribe dos razones por las que los hongos se clasifican en un reino distinto del de las plantas.

____
____
____
____
____
____

Una sola célula de levadura es visible solamente con microscopio.

El moho en este pan es un hongo. El moho descompone el pan para obtener energía.

Reino Protista

Los protistas

El Reino Protista es muy diverso. ¿Cómo clasificarías estos protistas?

La ameba, formada por una sola célula, puede formar una estructura que le permite moverse o estirarse para captar alimentos.

Esta alga parda es grande y su aspecto es similar a una planta. Vive en el agua y realiza la fotosíntesis.

La euglena es un protista de una sola célula. Como las plantas, tiene estructuras que le permiten fabricar su alimento con la luz solar.

El paramecio se traslada usando estructuras como vellos en el exterior de su cuerpo, que está formado por una sola célula. Con el movimiento puede sentir la presencia de su presa y capturarla.

El Reino Protista es probablemente el más diverso dentro del dominio de las eucarias (Eukarya). Los protistas pueden parecerse o actuar como plantas, hongos o incluso animales. La mayoría de los protistas se componen de una sola célula microscópica, pero algunos viven en colonias grandes que parecen un solo organismo.

Los protistas han desarrollado varias maneras de moverse. Unos forman estructuras que usan para arrastrarse sobre una superficie. Otros tienen estructuras como vellos que usan para trasladarse en el agua. Hay protistas que no se trasladan para nada.

Dentro del Reino Protista, los científicos han clasificado a los organismos tradicionalmente según se parezcan más a una planta, un animal o un hongo. Los protistas parecidos a las plantas usan la luz solar para fabricar alimentos. Se clasifican según su tamaño y color. Los protistas son capaces de trasladarse y capturar su presa. Los protistas parecidos a los hongos crecen y se alimentan como un hongo.

Dominio
Bacteria

Reino
Bacteria

Bacterias y arqueas

¿Sabías que las bacterias se cuentan entre los organismos vivos más simples? Aunque algunos tipos de bacterias son dañinos, ¡otros tipos son muy útiles!

Lectura con propósito Mientras lees estas dos páginas, traza cajas alrededor de las palabras que indican contrastes.

En la Tierra hay muchas más bacterias que cualquier otro ser vivo. Las bacterias están en casi todas partes. Son microscópicas y cubren las superficies de todo lo que ves. Pueden vivir sobre los humanos y otros organismos, ¡e incluso dentro de ellos!

Unas bacterias causan enfermedades o contaminan lagos y ríos, pero otras son benéficas. Las bacterias sirven para hacer alimentos como el yogur y el queso. ¡Incluso, tenemos bacterias en el cuerpo que nos ayudan a digerir la comida! Las bacterias se clasifican según su forma, tamaño, manera de obtener alimento y si usan oxígeno o no.

Algunos de los alimentos que comes se hacen con la ayuda de bacterias.

Las cianobacterias en este río se están reproduciendo rápidamente, produciendo una florescencia. En la florescencia, se puede agotar todo el oxígeno del agua, lo cual causa la muerte de otros organismos.

Reino
Archaea

Las arqueas son organismos de una sola célula parecidos a las bacterias. Sin embargo, las estructuras y el material genético de las arqueas y de las bacterias son diferentes, y por esto se clasifican en dominios diferentes.

Las arqueas viven en medioambientes extremos y reciben su energía de fuentes inusuales. Unas arqueas se encuentran en manantiales donde las temperaturas son tan altas que no sobrevive nada más. Unas arqueas reciben su energía del gas de azufre o del amoníaco. La mayoría de las arqueas se clasifican según su estructura química o su material genético.

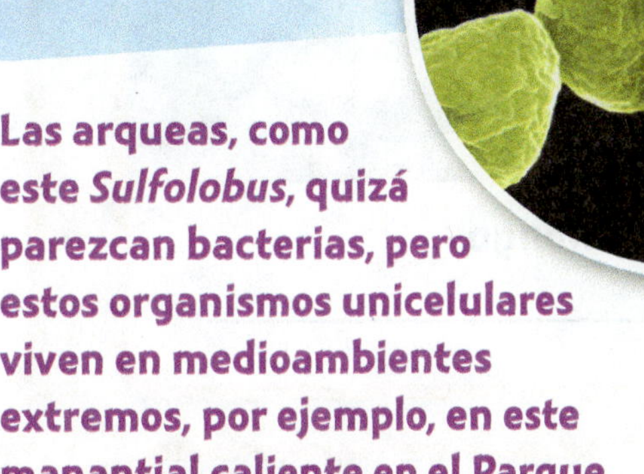

Las arqueas, como este *Sulfolobus*, quizá parezcan bacterias, pero estos organismos unicelulares viven en medioambientes extremos, por ejemplo, en este manantial caliente en el Parque Nacional Yellowstone.

▶ Usa la información en esta lección para completar la siguiente tabla.

Reino	Descripción del reino	Ejemplo
		canario
		pino
Fungi		moho del pan
Protista		
Bacteria		

Resúmelo

Cuando termines, lee la Clave de respuestas y corrige lo que sea necesario.

Escribe el nombre del reino al cual pertenece cada organismo.

hongo

____

musgo

____

cianobacteria

____

estrella de mar

____

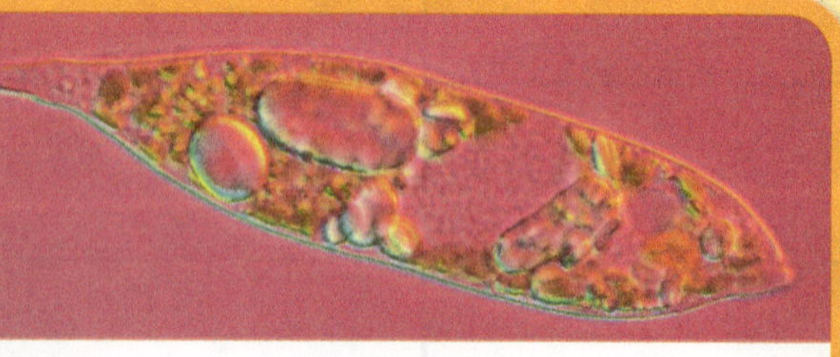

euglena

____

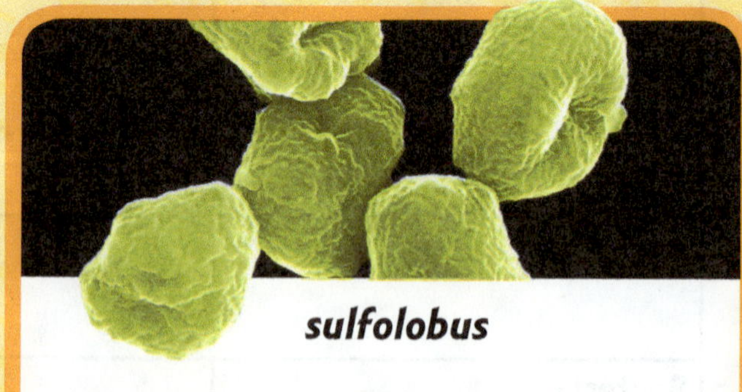

sulfolobus

____

Clave de respuestas: Hongo: Reino Fungi; musgo: Reino Plantae; cianobacteria: Reino Bacteria; estrella de mar: Reino Animalia; euglena: Reino Protista; *sulfolobus*: Reino Archaea

Nombre ______________________________

Juego de palabras

1 Usa las pistas como ayuda para ordenar las siguientes palabras.

1. midosoni ______________________ Los tres grupos más amplios empleados en la clasificación.

2. onogsh ______________________ El reino que incluye levaduras y setas silvestres.

3. fancicócalisi ______________________ La organización de los seres vivos en categorías.

4. sesepice ______________________ El nombre que identifica a un organismo único.

5. réngeo ______________________ La primera parte del nombre científico de un organismo.

6. apitorts ______________________ El reino que incluye *Euglena.*

7. niroe ______________________ El nivel de clasificación que viene después del dominio.

Aplica los conceptos

2 Explica cómo y por qué los científicos clasifican los organismos.

3 Dibuja un organismo que se clasificaría como un animal.

4 Haz un círculo alrededor del organismo que se clasificaría como una planta.

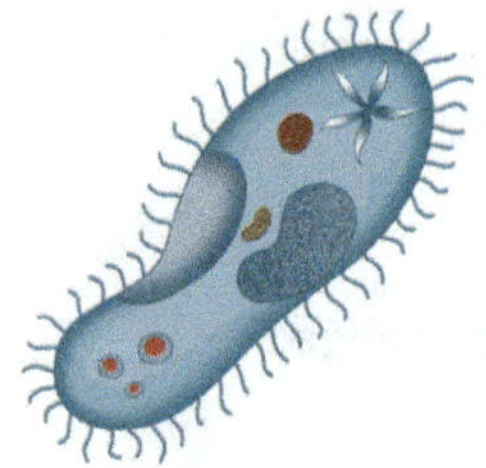

5 Explica por qué elegiste el organismo que marcaste. ¿Qué características lo harían clasificar así?

Comenta con tu familia lo que has aprendido acerca de la clasificación. Sal a caminar con un adulto y nombra los reinos de los organismos que ves.

Rotafolio de investigación
página 20

Nombre ______________________________

Pregunta esencial

¿Qué es una clave dicotómica?

Establece un propósito

¿Qué aprenderás en esta investigación?

____

____

____

____

Piensa en el procedimiento

Los frijoles que te dan, ¿por qué son diferentes unos de otros?

____

____

____

____

Anota tus datos

En el espacio provisto, haz tu clave dicotómica usando las características de los frijoles que identificaste.

Saca tus conclusiones

Los científicos clasifican y organizan los seres vivos según sus similitudes y sus diferencias. ¿Por qué es importante que usen las mismas características para clasificar los seres vivos?

Los científicos tienen que ser muy específicos al describir los seres vivos. ¿Por qué crees que evitan términos como *pequeño*, *grande*, *pesado* y *liviano* al clasificar los seres vivos?

Analiza y amplía

1. ¿Qué características usaste para clasificar los frijoles? ¿Qué características usaron tus compañeros de clase?

2. Compara las tablas con un compañero de clase. ¿Resultó una tabla más fácil de usar que la otra?

3. ¿Por qué sería más fácil para los demás identificar las cosas cuando se agrupan y clasifican en vez de solamente describirlas?

4. La clave dicotómica que usaste para clasificar los frijoles, ¿en qué se distinguía de las claves dicotómicas que usan los científicos para clasificar los organismos?

5. ¿Qué otras preguntas te gustaría hacer sobre la forma en que los científicos usan las claves dicotómicas?

Lección 3

Pregunta esencial

¿Cómo crecen y se reproducen las plantas?

Ponte a pensar

Halla la respuesta a la siguiente pregunta en esta lección y escríbela aquí.

¿En qué se diferencian las plantas y en qué se parecen?

____

____

____

____

Lectura con propósito

Vocabulario de la lección

Haz una lista de los términos. A medida que aprendes cada uno, toma notas en el Glosario interactivo.

______________ ______________

______________ ______________

______________ ______________

Secuencia

Muchas ideas en esta lección están conectadas por una secuencia, o un orden, que describe los pasos de un proceso. Los buenos lectores se concentran en la secuencia cuando marcan la transición de un paso de un proceso a otro paso.

Tubos que transportan

¿Te has preguntado alguna vez por qué un árbol enorme y un musgo pequeñito tienen tamaños tan diferentes? Los tejidos vasculares que funcionan como las venas de tu cuerpo ¡permiten que el árbol se eleve hacia el cielo!

Lectura con propósito Mientras lees estas dos páginas, traza un círculo alrededor de las palabras que describen una planta no vascular y subraya las palabras que describen una planta vascular.

No todas las plantas tienen tejido vascular. Las **plantas no vasculares**, como los musgos y las plantas hepáticas, son las plantas más simples. Por lo general, son plantas muy pequeñas que crecen en lugares húmedos. Como no tienen tejido vascular, no pueden subir agua fácilmente por la planta. Esto significa que las plantas no vasculares ¡casi nunca crecen más de 10 cm de alto! Siendo así, ¿cómo hacen las plantas no vasculares para mover los materiales? Las partes de una planta no vascular absorben nutrientes y agua de la misma manera que una esponja seca absorbe agua.

No vascular

Estas diminutas plantas hepáticas son un tipo de planta no vascular. Crecen en zonas húmedas donde es fácil absorber nutrientes y agua.

Una planta hepática quizá se parezca a otras plantas, pero no tiene raíces ni hojas verdaderas. Al igual que otras plantas no vasculares, las hepáticas no transportan material usando tejido vascular.

Cuando miras un árbol muy alto, estás mirando una planta vascular. Si el árbol absorbe agua del suelo con sus raíces, ¿cómo llega el agua hasta las hojas de arriba? Las **plantas vasculares** tienen tejidos vasculares que les permiten transportar agua, nutrientes y azúcares por largas distancias. Unos tubos en el tejido vascular suben el agua y los nutrientes por la planta del mismo modo que tú subes el agua cuando bebes por una pajita. La mayoría de las plantas que nos rodean, entre ellas los árboles, los pastos y los arbustos, son plantas vasculares.

Práctica matemática

Calcula el promedio

Un grupo de plantas de musgo tiene las siguientes alturas: 9 cm, 5 cm, 8 cm, 11 cm y 7 cm. Un grupo de plantas de pimiento tiene las siguientes alturas: 55 cm, 65 cm, 48 cm, 52 cm y 60 cm. Calcula los promedios y compara las alturas de las plantas vasculares y no vasculares.

____

____

____

____

Las plantas vasculares tienen hojas y raíces verdaderas. El agua, los nutrientes y los alimentos pasan por el tejido vascular a otras partes de la planta según la necesidad.

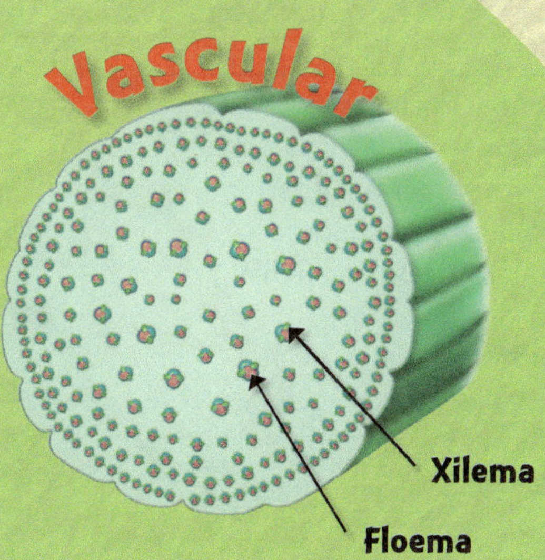

Si cortas una sección de tejido vascular, verás dos tipos de tubos más pequeños. El *xilema* lleva agua y nutrientes de las raíces a las otras partes de la planta. El *floema* lleva azúcar de las hojas al resto de la planta.

¡Sin semillas, por favor!

¿Conoces los helechos? Si has visto alguno, sabes que no son plantas pequeñitas. ¿Sabías que al comenzar su vida no eran más grandes que una sola célula?

Lectura con propósito Mientras lees estas dos páginas, escribe números al lado de los pasos para indicar la secuencia de cada ciclo de vida.

Una **espora** es una célula reproductiva que puede convertirse en una planta completa. Los musgos, las plantas hepáticas y los helechos son ejemplos de plantas que crecen de esporas. Los musgos y las hepáticas son plantas no vasculares, mientras que el helecho es una planta vascular. Estas tres plantas pasan por dos formas en su ciclo de vida.

El tallo delgado que se desarrolla a partir de una oosfera fecundada es la forma menos conocida de la planta de musgo.

En la punta de cada tallo sale una cápsula. En su interior se forman esporas. Cuando la cápsula se abre, las esporas salen disparadas.

La forma "con hojas" del musgo tiene partes masculinas que producen espermas y partes femeninas que producen oosferas. En las temporadas húmedas, los espermatozoides nadan hasta las oosferas y los fecundan.

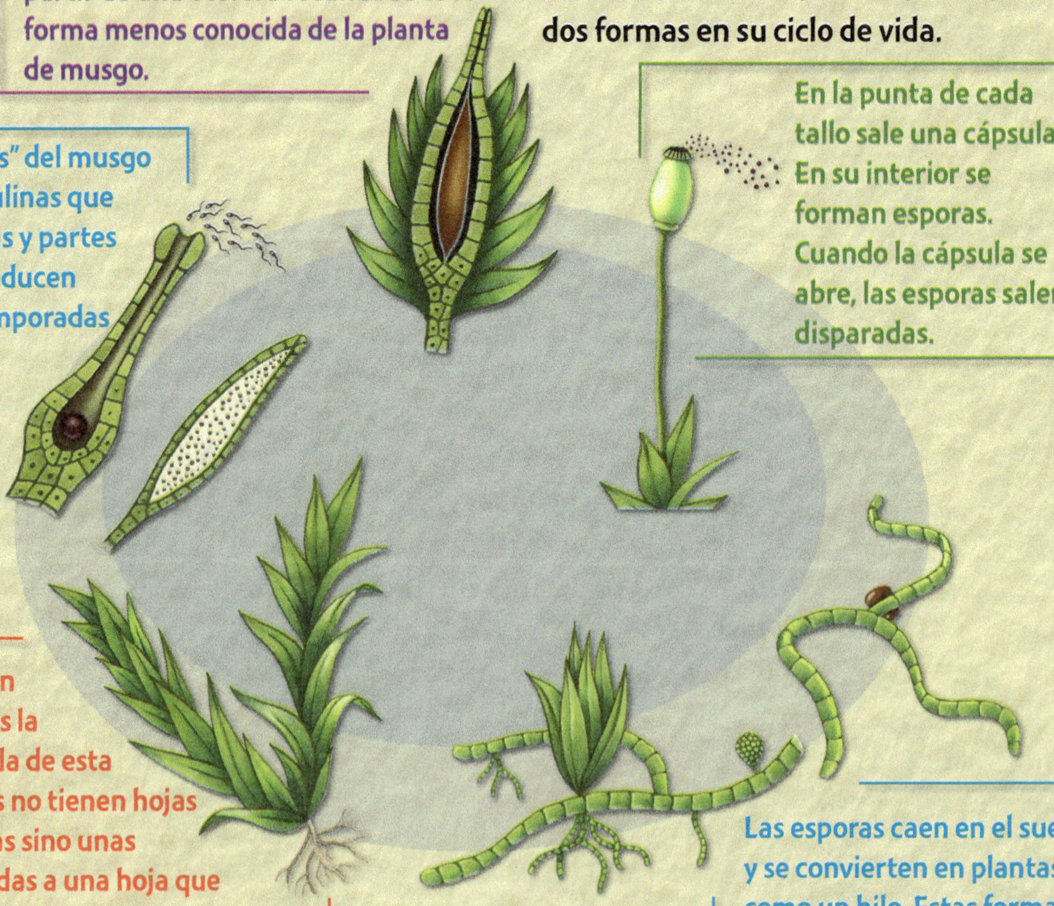

La forma verde "con hojas" del musgo es la forma más conocida de esta planta. Los musgos no tienen hojas ni raíces verdaderas sino unas estructuras parecidas a una hoja que fabrican alimento y unas estructuras parecidas a una raíz que las anclan al suelo.

Las esporas caen en el suelo y se convierten en plantas como un hilo. Estas forman botones que se convierten en estructuras verdes parecidas a hojas.

Los musgos, como los helechos, se valen de esporas para reproducirse. Si miras el lado inferior de una hoja de helecho, verás muchos pequeños racimos negros o marrones a lo largo de la hoja.

Estos racimos contienen cavidades más pequeñas llenas de esporas. Al reventarse una cavidad, se liberan las esporas.

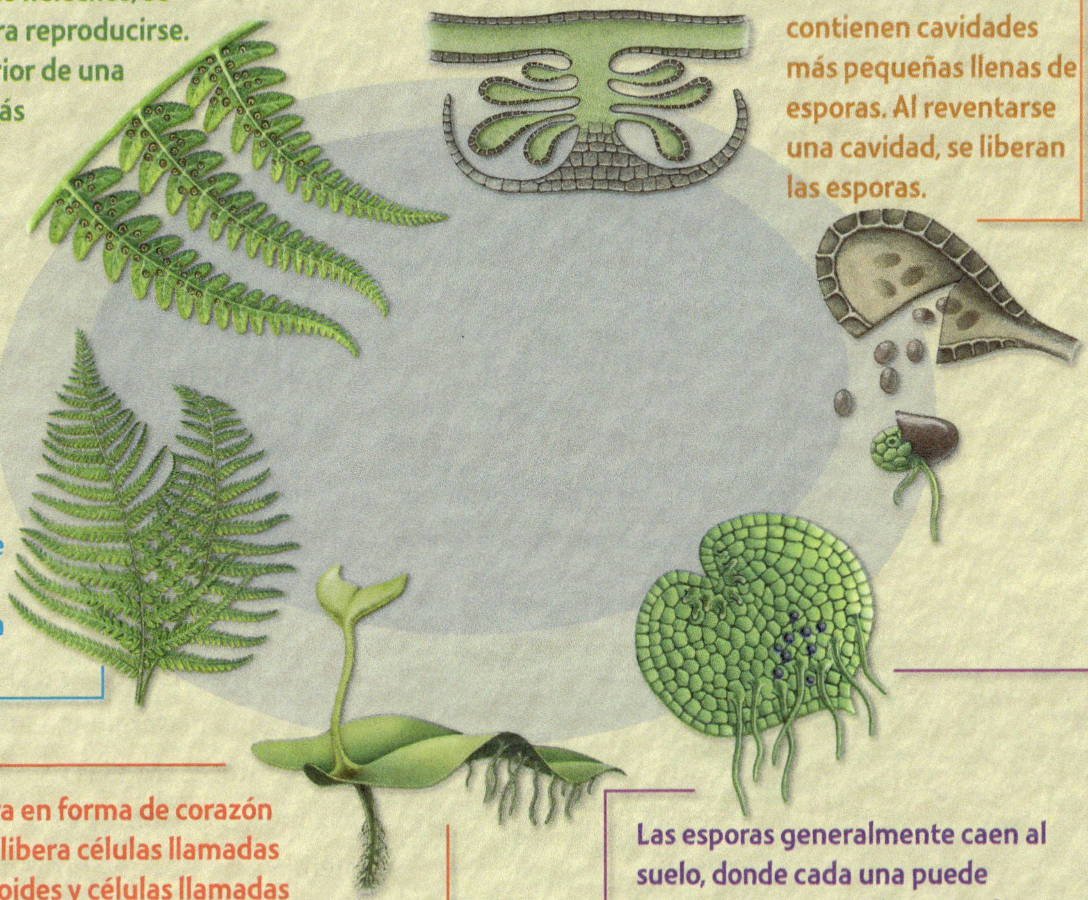

El helecho joven crece y se convierte en la planta de helecho vertical que se llama fronda. Esta es la otra forma del helecho.

La estructura en forma de corazón en la planta libera células llamadas espermatozoides y células llamadas oosferas. Los espermatozoides nadan hasta las oosferas y las fecundan. La oosfera fecundada se convierte en un helecho joven.

Las esporas generalmente caen al suelo, donde cada una puede convertirse en una diminuta forma de la planta de helecho, que tiene la forma de corazón. Si miras de cerca, puedes ver esta forma de la planta, aunque es muy pequeña.

▶ Usa la tabla para comparar y contrastar los musgos y los helechos.

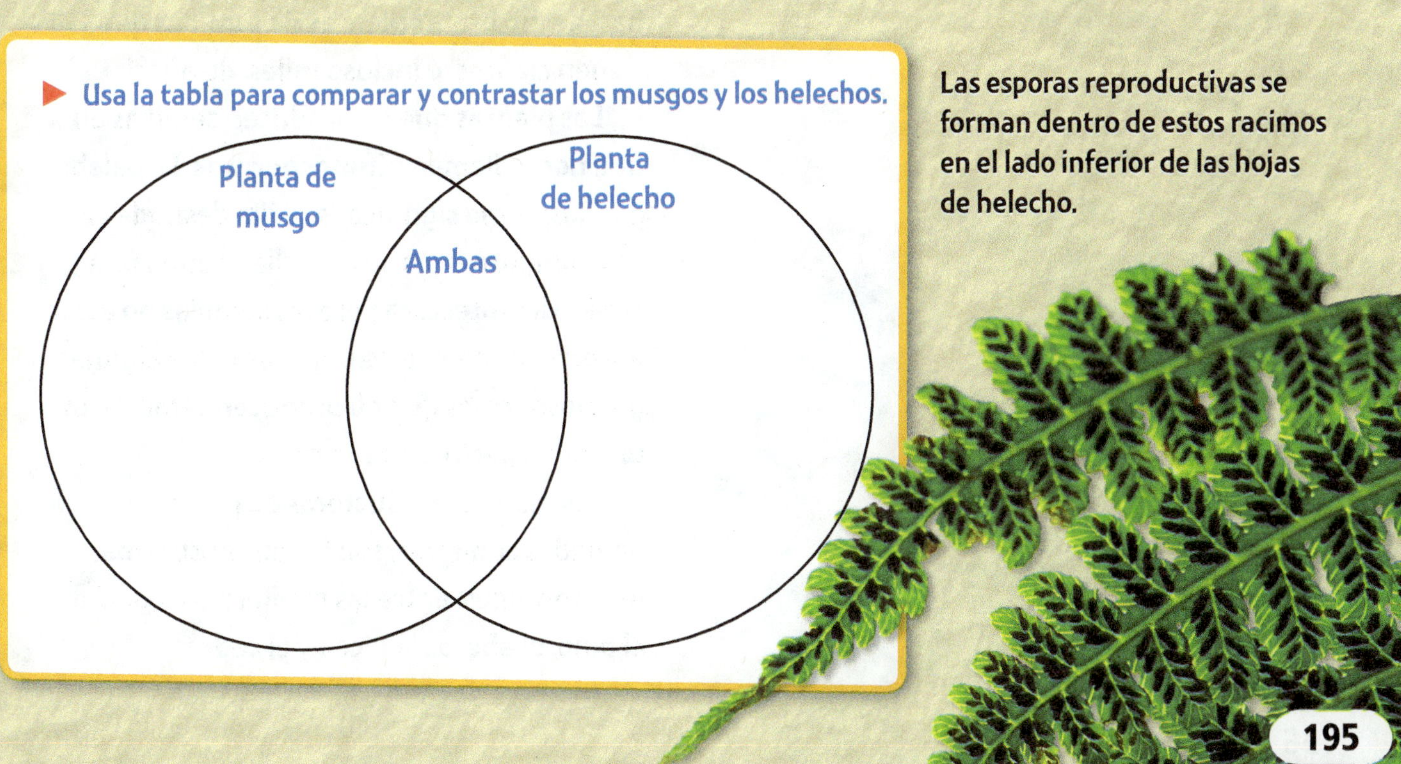

Las esporas reproductivas se forman dentro de estos racimos en el lado inferior de las hojas de helecho.

¡Semillas poderosas!

Probablemente has visto semillas de muchos tipos, ¡y quizá te has comido algunas! ¿En qué se diferencian las semillas de las esporas?

Lectura con propósito Mientras lees estas dos páginas, traza un círculo alrededor de las palabras que describen una planta no vascular y subraya las palabras que describen una planta vascular.

Estas piñas son parte de una gimnosperma. La gimnosperma produce semillas en piñas. Las piñas masculinas que son más pequeñas producen polen. Las piñas femeninas que son más grandes contienen oosferas en estructuras llamadas *óvulos*.

Hay plantas que no crecen de esporas sino de semillas. Las semillas tienen una ventaja sobre las esporas por varias razones. Las esporas tienen que estar siempre húmedas y brotan poco después de liberarse, pero las semillas no. La semilla tiene una cubierta que la protege, de modo que puede descansar en un medioambiente durante años hasta que se den las condiciones para que brote. ¡Los científicos han hecho brotar plantas de semillas que tienen cientos, e incluso miles, de años!

Las plantas que no producen semillas en una flor se llaman **gimnospermas**. La palabra *gimnosperma* significa "semilla desnuda". En una gimnosperma, las semillas tienen una cubierta protectora pero las semillas no están encerradas dentro de una fruta. Hay algunas gimnospermas que no producen semillas en una piña, pero estas son pocas.

Las plantas productoras de piñas, llamadas coníferas, son las gimnospermas más comunes. Entre las coníferas se cuentan el pino, el abeto , la pícea y el cedro.

En un pino, la oosfera fecundada en cada escama de la piña hembra se convierte en una semilla.

▶ Las formas siguientes son una naranja, una sandía y una habichuela. Dibuja semillas para cada una y explica por qué las pusiste allí.

____

____

Las gimnospermas no son las únicas plantas que producen semillas. Las **angiospermas** son plantas que producen semillas dentro de una flor. Más del 85% de las especies de plantas en la Tierra son gimnospermas. Piensa en las plantas que crecen cerca de tu escuela. ¿Crees que la mayoría son gimnospermas o angiospermas?

Unas semillas de angiospermas tienen una ventaja sobre otras. Como estas semillas frecuentemente están encerradas en una fruta, viajan fácilmente cuando los animales se comen las frutas. Las semillas de gimnosperma también pueden ser transportadas por animales, pero generalmente caen al suelo y crecen en el lugar donde cayeron.

Este granado produce flores. Las flores producen espermatozoides y oosferas que se juntan para convertirse en semillas dentro de la fruta.

De flor a fruta y semilla

Muchas angiospermas se valen de flores para reproducirse. ¿Sabes cómo una flor produce una fruta?

Lectura con propósito Al leer estas dos páginas, traza un círculo alrededor de los nombres de las partes de una flor.

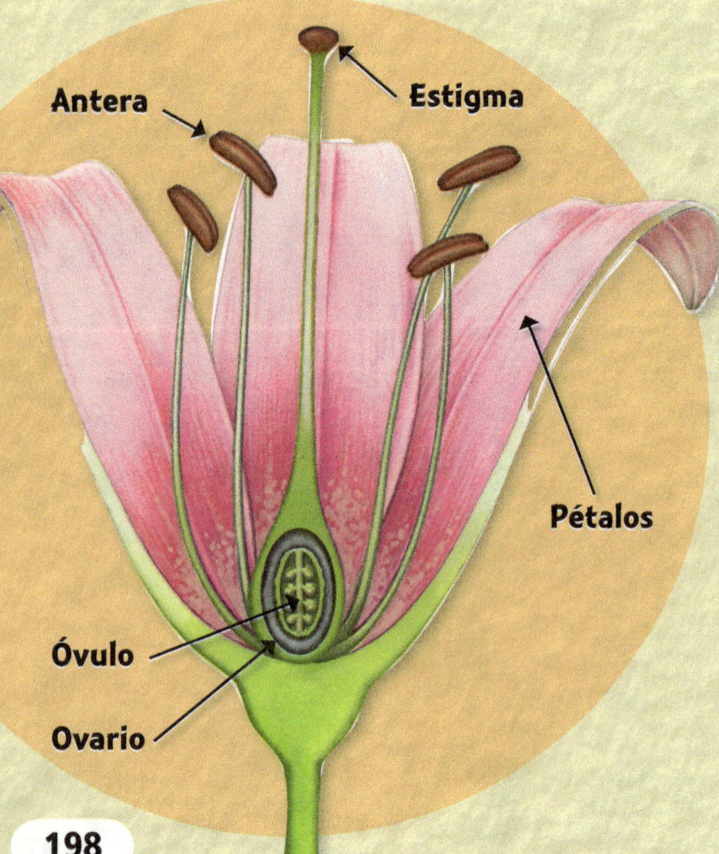

Aunque podemos pensar en las flores como algo grande y de colores, muchas son diminutas y difíciles de ver. Por ejemplo, ¿sabías que los pastos producen flores? ¡El roble y el arce también!

Una flor típica tiene partes reproductivas masculinas y femeninas. Una parte masculina, llamada la *antera*,produce granos de polen, que contienen espermatozoides. Entre las partes femeninas se cuentan el *estigma* y el *ovario* que contiene *oosferas* dentro de sus *óvulos*.

Las flores que tienen color o fragancia producen un néctar pegajoso que ciertos animales se comen. El animal recoge néctar y el polen se le pega al cuerpo. Cuando el animal va de flor en flor, lleva el polen a los estigmas de las flores. Esto se llama polinización.

Cuando cae polen en un estigma, unos espermatozoides del polen bajan a los óvulos del ovario. La fecundación ocurre cuando un espermatozoide se une con la oosfera dentro de un óvulo. Los óvulos se vuelven semillas. La pared de los óvulos pasa a ser la cubierta de la semilla y el ovario se convierte en fruta.

▶ Escribe la secuencia de sucesos que ocurren durante la polinización.

Desarrollo de una semilla de calabaza

El polen entra en el ovario de la flor y fecunda las oosferas dentro de los óvulos.

El ovario crece y los pétalos se caen. Los óvulos se convierten en semillas dentro del ovario.

La capa exterior del ovario se engrosa para formar una fruta alrededor de las semillas.

La fruta de calabaza madura está llena de semillas.

Cómo crecen las semillas

Una vez liberada una semilla, puede quedarse descansando mucho tiempo. Pero cuando las condiciones son propicias, ¡ojo! La semilla germina y se convierte en una nueva planta.

Lectura con propósito Mientras lees estas dos páginas, escribe números al lado de las leyendas para indicar el orden de los sucesos.

¿Qué les ocurre a las semillas cuando son liberadas en un tiempo frío o seco? Las semillas tienen una cubierta externa dura que las protege. Les permite descansar hasta que el medioambiente sea propicio para crecer. Muchas semillas de planta descansan durante el invierno y luego **germinan**, o empiezan a crecer, cuando las condiciones son buenas en la primavera y la tierra se calienta y se humedece.

Esta semilla de aguacate contiene un embrión que crecerá para convertirse en una planta nueva. En el aguacate, el embrión está compuesto mayormente de dos *cotiledones*. Estas hojas embrionarias suministran energía para la planta que emerge. El embrión y los cotiledones están rodeados por la cubierta protectora de la semilla.

Las plantas no se muestran a escala.

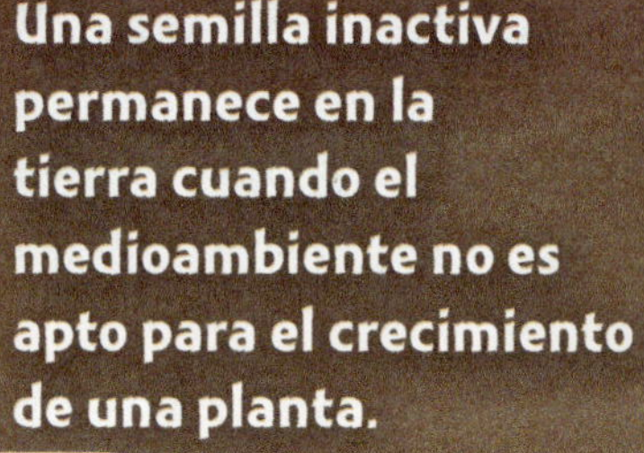

Una semilla inactiva permanece en la tierra cuando el medioambiente no es apto para el crecimiento de una planta.

Cuando las condiciones son propicias, la semilla germina. El embrión absorbe agua, rompe la cubierta de la semilla y sale. Hacia arriba crece un tallo y hacia abajo crece una raíz.

Los cotiledones suministran energía adicional para el crecimiento. Las raíces se hacen más densas.

▶ Escribe la secuencia de sucesos que ocurren al germinar la semilla de aguacate.

____

____

____

____

____

____

Las hojas maduran y la planta comienza a absorber más energía de la luz solar.

La planta sigue creciendo mientras el tallo empuja hacia arriba.

La planta crece y madura hasta producir flores y frutas.

Cuando termines, lee la Clave de respuestas y corrige lo que sea necesario.

Escribe el término que corresponda a cada foto y leyenda.

1

____

Tipo de planta que necesita crecer en lugares húmedos.

2

____

Tipo de tejido que transporta materiales por toda la planta.

3

____

Estructura que contiene las esporas en el musgo.

4

____

Estructura que produce semillas en las angiospermas.

5

____

Estructura que produce semillas en las gimnospermas.

6

____

Estructura reproductiva que permanece protegida antes de germinar.

Clave de respuestas: 1. no vascular 2. vascular 3. cápsula 4. flor 5. piña 6. semilla

Nombre ____________________

Juego de palabras

1. Usa las palabras de la casilla para completar el crucigrama.

Horizontales

2. Planta que no tiene verdaderas hojas ni raíces y que no crece alta.
3. Tipo de planta que produce semillas dentro de una piña.
5. Planta con tejido que puede transportar materiales por toda la planta.
7. Hojas que proveen alimento para una planta que está germinando.
8. Estructura reproductiva que puede convertirse en un helecho.
9. Estructura reproductiva que permanece protegida antes de germinar.

Verticales

1. Esto se convierte en la semilla, ya sea en una escama de una piña o en una flor.
3. Proceso en que una planta brota de una semilla.
4. Parte masculina de una flor.
6. Tipo de planta que produce flores para hacer semillas.

gimnosperma* angiosperma* germinación* no vascular* vascular*
espora* semilla antera cotiledones óvulo

Vocabulario clave de la lección

Aplica los conceptos

2 Dibuja y rotula la secuencia que muestra cómo una flor produce una semilla dentro de una fruta.

____

____

____

3 Traza un círculo alrededor de la planta que producirá una semilla dentro de una fruta.

4 Haz un dibujo de la cara inferior de una hoja de helecho, incluyendo los racimos. ¿Qué contienen los racimos?

____

____

____

____

____

5 Explica cómo sabrías la diferencia entre una piña masculina y una piña femenina de un pino.

____

____

____

____

____

Investiga una planta que te gustaría cultivar. Con un adulto, siembra una semilla que se convierta en tu planta. Observa cómo cambia semanalmente.

S.T.E.M.

Ingeniería y tecnología

Cómo funciona:

El rastreo de animales

El rastreo de animales ayuda a los científicos a aprender los patrones de traslado de estos. Los investigadores colocan en los animales diferentes dispositivos que les envían señales. Muchos mamíferos llevan collares de rastreo. Los sapos pueden llevar un cinturón de rastreo. ¡Los peces pueden tragar dispositivos diminutos que funcionan dentro del cuerpo!

A este león le han colocado un collar para GPS. Hay collares como estos que también tienen cámara para enviar videos.

Los dispositivos de rastreo se les fijan a los animales marinos con pegamento o ventosas. El collar envía señales a un satélite GPS, y así los científicos pueden localizar y rastrear el collar con el tiempo.

Soluciones

Describe cómo el cuerpo de un animal, su desplazamiento y su medioambiente determinan el diseño de un dispositivo de rastreo.

____

____

S.T.E.M.
continuación

Los dispositivos para rastrear animales ayudan a los científicos a comprender los comportamientos de los animales dentro de sus hábitats naturales.

Elige un animal. Dibuja un diagrama de cómo se le podría fijar un dispositivo de rastreo. Explica cómo va fijado el dispositivo y qué información capta.

____

____

Investiga una especie animal que se haya estudiado con un dispositivo de rastreo. ¿Qué tipo de dispositivo se usó? ¿Qué tipo de datos recogió y qué aprendieron los científicos sobre la especie?

____

____

____

____

Parte de la base

Acepta el desafío de hacer un diseño de ingeniería. Completa el Rotafolio de investigación Hacer un proceso: Imitación de una adaptación.

Rotafolio de investigación página 23

Nombre ______________________________

Pregunta esencial

¿Qué factores afectan la tasa de germinación?

Establece un propósito

¿Por qué es importante saber los factores que afectan la germinación?

____

____

____

____

____

Piensa en el procedimiento

¿Cuáles son los dos factores que estás probando en esta actividad?

____

____

____

____

____

Anota tus datos

En el espacio de abajo, haz una tabla para registrar tus observaciones.

Saca tus conclusiones

¿Qué plantas crecieron más? ¿Qué plantas crecieron menos?

¿Qué efecto tiene la luz sobre la germinación de las semillas?

¿Qué efecto tiene el agua sobre la germinación de las semillas?

Analiza y amplía

1. ¿Qué otro factor crees que podría afectar la germinación?

2. ¿Cómo puedes probar este factor?

3. ¿Qué otras preguntas te gustaría hacer sobre las tasas de germinación?

4. Elige una pregunta que escribiste e investígala. Escribe un resumen de tu investigación.

Pregunta esencial

¿Cómo crecen y se reproducen los animales?

Ponte a pensar

Halla la respuesta a la siguiente pregunta en esta lección y escríbela aquí.

¿En qué se parecen estos organismos? ¿En qué se diferencian?

____
____
____
____
____

Lectura con propósito

Vocabulario de la lección

Haz una lista de los términos. A medida que aprendes cada uno, toma notas en el Glosario interactivo.

_______________ _______________
____
____
____

Ideas principales y detalles

Las oraciones de apoyo dan información sobre un tema. La información puede ser ejemplos, rasgos, características o datos. Los buenos lectores se mantienen concentrados en el tema cuando preguntan: ¿Qué dato o qué información añade esta oración al tema?

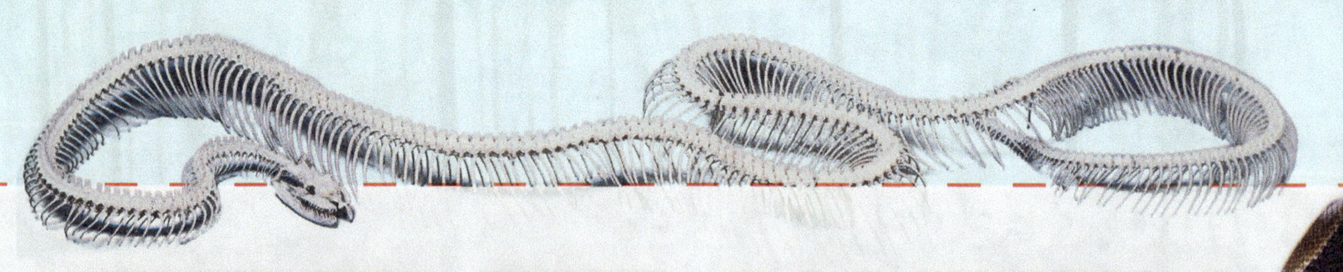

¿TIENES UNA COLUMNA?

¿En qué se parecen las aves y los peces? ¡Tienen columna vertebral! ¿Qué otros animales tienen columna vertebral?

Lectura con propósito Mientras lees estas dos páginas, subraya la idea principal.

Los animales difieren tanto que quizá te preguntes qué factores usaría un científico para clasificarlos. Uno de los factores principales que los científicos usan cuando clasifican animales es si tiene columna vertebral o no. Los **vertebrados** son animales con columna vertebral. Mira los diferentes vertebrados en estas páginas. Busca otros factores que pueden usar los científicos para clasificar estos animales.

En la mayoría de los casos, la columna vertebral se compone de huesos que están enlazados, como ves arriba en la columna vertebral de una serpiente.

Los peces son vertebrados que viven en el agua. Usan agallas para obtener el oxígeno que está presente en el agua.

Las ranas son anfibios. Los anfibios son vertebrados de piel lisa. La mayoría de los anfibios pasan parte de la vida en la tierra y parte en el agua.

Una serpiente es un reptil. Los reptiles son vertebrados de piel escamosa. La mayoría viven en la tierra y algunos viven en el agua.

Como los huesos están separados y enlazados, en vez de ser un solo hueso sólido, la columna vertebral es flexible. Gracias a la flexibilidad, los vertebrados se mueven fácilmente.

Los vertebrados se agrupan en cinco clases: mamíferos, aves, reptiles, anfibios y peces. Aunque la mayoría de los animales que puedes nombrar probablemente son vertebrados, ¡estos componen solamente como el 4.5% de las especies de animales!

Los mamíferos son vertebrados que tienen piel o pelo en el cuerpo. Los mamíferos jóvenes toman leche del cuerpo de la madre.

Dibuja un vertebrado

Este perro es un vertebrado. Dibújale la parte del cuerpo que hace que se clasifique así. ¿Qué dibujaste?

____

Las aves son vertebrados con plumas y alas. La mayoría de las aves vuelan.

INVERTEBRADOS SIN COLUMNA

Araña

Aproximadamente el 95.5% de los animales ¡carecen de columna vertebral! ¿Qué tipo de animales serán?

Lectura con propósito Mientras lees estas dos páginas, traza un círculo alrededor de las palabras clave que señalan un detalle, como un ejemplo o un dato agregado.

Los animales sin columna vertebral son **invertebrados**. Los invertebrados incluyen desde las esponjas muy simples hasta los insectos complejos. Los invertebrados llenan los arrecifes coralinos en los océanos y descomponen la materia muerta en el suelo. ¡Incluso, hay invertebrados que sirven de comida para los humanos!

Los invertebrados más simples son los corales, las esponjas y las medusas. Probablemente conozcas la lombriz. Las lombrices son invertebrados que descomponen los materiales del suelo.

Los *moluscos*, por ejemplo el buccino, son más complejos. Muchos moluscos tienen una concha que les protege el cuerpo blando. El calamar es un molusco que tiene concha interna. El pulpo es un molusco que no tiene concha.

Buccino

Esponja marina

Práctica matemática

Analiza datos

Número de especies de algunos invertebrados (estimado)	
Moluscos	85,000 especies
Arácnidos	102,000 especies
Crustáceos	47,000 especies
Insectos	1,000,000 especies

Usa la tabla para responder las preguntas.

Si encontraras un invertebrado, ¿probablemente sería qué tipo de vertebrado? ¿Por qué?

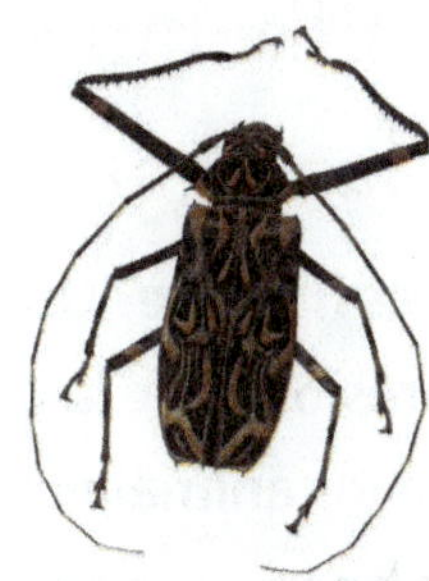

____

____

____

¿Cuántas especies más de insectos hay que de todos los demás tipos de invertebrados combinados?

____

La langosta de arrecife es un crustáceo.

Los *equinodermos,* por ejemplo los erizos de mar, son invertebrados que viven en el agua salada. Cuando alcanzan su madurez completa, su cuerpo tiene partes en múltiplos de cinco.

El grupo más grande de invertebrados es el grupo de los *artrópodos.* Los artrópodos tienen el cuerpo en partes segmentadas. El grupo de los artrópodos incluye los crustáceos, las arañas y los insectos. Los *crustáceos* tienen una concha externa dura y cinco pares de patas articuladas. Las arañas tienen dos segmentos corporales y ocho patas. Los insectos tienen antenas, mandíbulas y tres segmentos corporales. Hay más especies de insectos en la Tierra que todas las demás especies animales combinadas.

Erizo de mar

Lombriz

Por qué es importante

LA COMUNICACIÓN ES CLAVE

¿Nunca te has preguntado por qué muchas hormigas marchan en fila? Las hormigas siguen el mismo camino porque liberan señales químicas para que otras hormigas las sigan.

¿Cómo haces saber a otros que tienes hambre? Quizá usas palabras. También te comunicas con las expresiones de la cara o con gestos. La comunicación es tan importante para los animales como para los humanos. Muchos animales diferentes de las hormigas se comunican mediante sustancias químicas que otros animales pueden oler. Los olores sirven para comunicar un peligro o para hallar una pareja. Los gatos, los perros y otros animales se valen de olores para marcar sus fronteras.

Hay animales que se comunican con claves visuales. Las jibias cambian de color para enviar mensajes. Unos animales se valen del movimiento para enviar información. La grulla japonesa hace un baile para hallar pareja. La abeja también hace un baile. El complicado baile oscilante de la abeja les dice a sus compañeras de colmena dónde ha encontrado alimento.

Estas grullas japonesas se comunican por medio del movimiento. Los bailes se hacen para atraer una pareja.

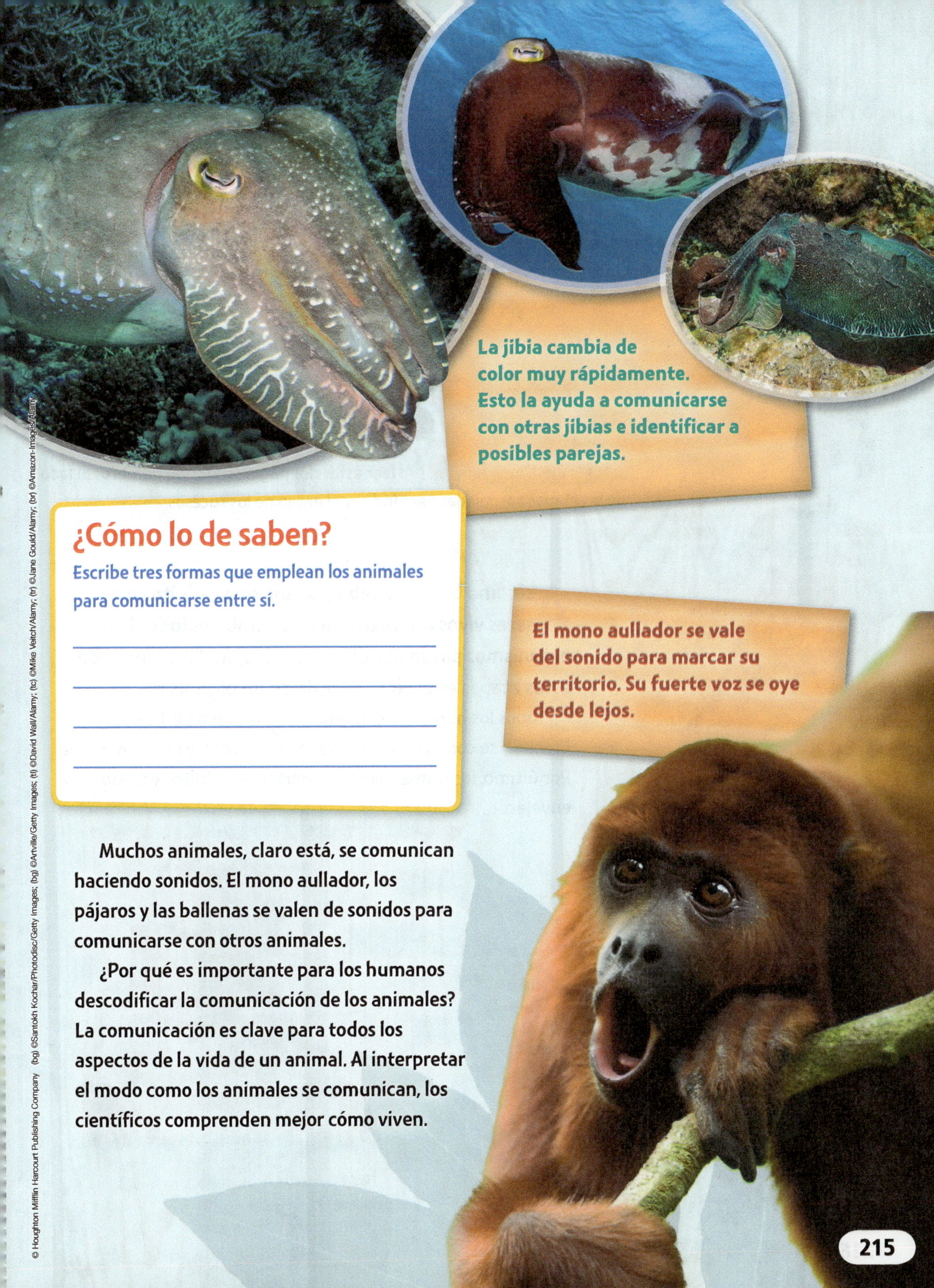

La jibia cambia de color muy rápidamente. Esto la ayuda a comunicarse con otras jibias e identificar a posibles parejas.

¿Cómo lo de saben?

Escribe tres formas que emplean los animales para comunicarse entre sí.

____

____

____

____

El mono aullador se vale del sonido para marcar su territorio. Su fuerte voz se oye desde lejos.

Muchos animales, claro está, se comunican haciendo sonidos. El mono aullador, los pájaros y las ballenas se valen de sonidos para comunicarse con otros animales.

¿Por qué es importante para los humanos descodificar la comunicación de los animales? La comunicación es clave para todos los aspectos de la vida de un animal. Al interpretar el modo como los animales se comunican, los científicos comprenden mejor cómo viven.

LAS ETAPAS EN LA VIDA

Estos escorpiones jóvenes son diferentes de su madre. ¿Cómo cambiarán con el tiempo?

Lectura con propósito Al leer estas dos páginas, escribe números al lado de las etapas apropiadas para indicar el orden de los sucesos.

Así como tú fuiste bebé y un día serás adulto, otros seres vivos también crecen y cambian. Todos los organismos pasan por diferentes etapas. El conjunto de estas etapas es el **ciclo de vida** de un organismo.

Todos los humanos comienzan la vida como infantes. Crecen y se convierten en niños que caminan y luego en niños. Por último, los humanos se convierten en adultos y luego envejecen.

Todo ciclo de vida en los animales comienza con un huevo u óvulo fecundado. En unos animales, como las aves y los reptiles, el huevo puede estar encapsulado dentro de una cáscara protectora dura o como cuero, y de allí empollan las crías. En los mamíferos, el óvulo se desarrolla dentro del cuerpo materno. El pequeño organismo seguirá creciendo después de desarrollarse a partir del óvulo.

El desarrollo de un organismo puede ser muy rápido o puede tardar muchos años. El organismo crece en tamaño y cambia al irse desarrollando. Cuando llega a adulto, puede vivir por su cuenta. También es capaz de reproducirse, o producir descendencia. El organismo seguirá envejeciendo. Al final, morirá.

Del huevo a la cría: un pato cambia a medida que crece.

Adulto maduro

▶ Traza una línea de la etapa juvenil de cada animal a su etapa adulta.

gatito	ganso
cachorro	gato
potrillo	adulto humano
gansarón	caballo
niño humano	perro
polluelo	pollo

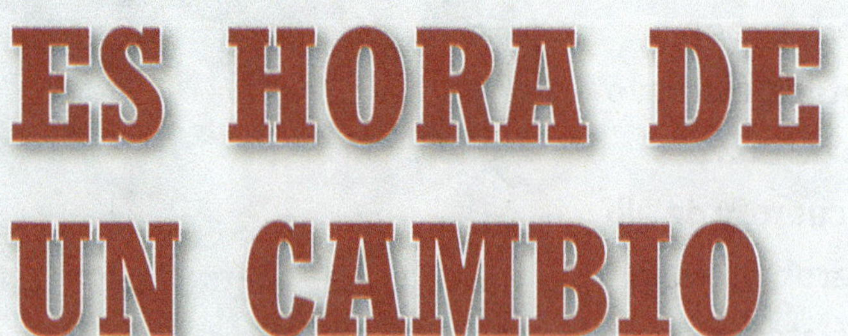

ES HORA DE UN CAMBIO

Unos animales no solamente aumentan de tamaño al crecer. Un animal puede cambiar tanto ¡que en diferentes etapas no parece ser el mismo organismo!

Lectura con propósito Mientras lees estas dos páginas, encierra en recuadros a las palabras clave que indican que se están comparando cosas.

Hay organismos que cambian su forma completamente al crecer. Este proceso se llama metamorfosis. Los insectos son los animales más comunes que sufren metamorfosis.

En la **metamorfosis completa**, un insecto, como esta mariquita, pasa por cuatro etapas en el ciclo de vida.

1. El insecto comienza su vida como un huevo.
2. El huevo se rompe y produce una *larva*. La larva come y aumenta de tamaño rápidamente.
3. La larva se desarrolla convirtiéndose en una *crisálida*. Como la crisálida no se mueve, frecuentemente se le dice la "etapa de descanso". Aunque no se está moviendo en la etapa de crisálida, el cuerpo del insecto está sufriendo un cambio enorme.
4. El adulto sale de la crisálida. El insecto adulto es capaz de volar y reproducirse.

Otro tipo de metamorfosis que ocurre en unos insectos es la metamorfosis incompleta. La **metamorfosis incompleta** tiene tres etapas: el huevo, la *ninfa* y el adulto. La etapa de ninfa parece como una versión más pequeña de la adulta, pero una ninfa no puede volar ni reproducirse. A medida que crece, la ninfa *muda*, o suelta su cascarón externo duro. La ninfa muda varias veces hasta que por fin se convierte en adulto.

La metamorfosis no se limita a los insectos. Las ranas también sufren metamorfosis al pasar de huevo a renacuajo y luego a adulto. ¿Se te ocurre algún otro animal que sufre metamorfosis?

Metamorfosis incompleta

La cigarra pasa por una metamorfosis incompleta. Una ninfa pequeña sale del huevo. La ninfa crece y muda hasta convertirse en un adulto maduro.

Los ciclos de vida de los insectos

Ves un huevo de insecto en una hoja. ¿Cuál será la próxima etapa? Nombra o describe la etapa que esperarías ver salir del huevo si el insecto sufre:

a. metamorfosis incompleta:

____

b. metamorfosis completa

____

Cuando termines, lee la Clave de respuestas y corrige lo que sea necesario.

Completa el siguiente organizador gráfico con información sobre la clasificación de los animales.

Animales

1. ______________________ tienen columna vertebral.

2. ______________________ no tienen columna vertebral.

3. Cinco clases
____
____
____
____
____

4. Cuatro tipos
____
____
____
____
____

En pocas palabras

Completa los recuadros con las etapas que faltan para ambos tipos de metamorfosis.

Metamorfosis incompleta

huevo → 5. ______________ → adulto

Metamorfosis completa

huevo → 6. ______________ → 7. ______________ → adulto

Clave de respuestas: 1. Vertebrados 2. Invertebrados 3. Las respuestas pueden variar: reptiles, peces, mamíferos, aves, anfibios 4. Artrópodos, moluscos, echinodermos, esponjas, gusanos 5. Ninfa 6. Larva 7. crisálida

Ejercita tu mente

Nombre ________________________________

Juego de palabras

1 Traza líneas para unir la definición a la palabra o frase y luego a la fotografía.

Un animal con columna vertebral	molusco	
Deshacerse de un esqueleto externo duro durante la metamorfosis incompleta	crisálida	
La etapa de la cual sale un adulto durante la metamorfosis completa	ciclo de vida	
Un invertebrado que lleva concha	mudar	
Un invertebrado con espinas duras	vertebrado	
Las diferentes etapas en el desarrollo de un organismo	erizo de mar	

Aplica los conceptos

2 Escribe un número debajo de cada imagen para mostrar el orden correcto del ciclo de vida de una mariquita.

_______ _______ _______ _______

3 Traza círculos alrededor de los vertebrados. Traza recuadros alrededor de los invertebrados.

4 Traza líneas para conectar cada vertebrado con las características que lo describen.

Vertebrado	Descripción
anfibio	Piel escamosa
ave	Vive parte de su vida en el agua y parte en la tierra.
pez	Cuerpo cubierto de plumas
mamífero	Vive y absorbe oxígeno debajo del agua.
reptil	Las crías toman leche de la madre.

Toma un juego de naipes y júntate con un miembro de tu familia. Hagan un código para comunicar el uno al otro, sin hablar, qué carta se elige. Ensayen el código eligiendo cartas y comunicándose.

Conoce a los activistas por los animales

Lisa Stevens

Lisa Stevens es zoóloga. Ha trabajado con animales la mayor parte de su vida. Maneja la muestra de pandas gigantes en el Zoológico Nacional de Washington, D.C. Como parte de su trabajo, instruye al público sobre esta especie en peligro. Cuando nació el bebé panda Tai Shan en el Zoológico Nacional, ella lo cuidó. Hoy solamente quedan 1,600 pandas gigantes en su hábitat natural. Unos 250 viven en zoológicos por todo el mundo.

Raman Sukumar

Raman Sukumar se crió en la India, donde le encantaba estudiar la naturaleza. Su abuela le decía *vanavasi*, nombre indio que significa "habitante del bosque". Él ha estudiado al elefante asiático en su hábitat natural desde hace 30 años. Sukumar busca una solución al problema que ocurre cuando viven los elefantes y las personas en una misma tierra. Ha enseñado a muchas personas por qué es importante preservar los hábitats de esta especie en peligro.

¡A SALVAR A LOS TAMARINOS!

El tamarino león dorado es una especie en peligro. Lee el relato sobre el tamarino león dorado. Haz los dibujos que faltan para completar la historia.

Los tamarinos león dorados viven en los bosques tropicales de Brasil.

La explotación de la madera y la construcción han dividido el hábitat de los tamarinos en pequeñas zonas aisladas unas de otras.

Quedan pocos tamarinos león dorados. Hay poco alimento y les falta espacio para andar.

Solución: Se pueden apartar tierras como hábitat para los tamarinos.

Con el tiempo, el número de tamarinos va aumentando. También tendrán el alimento que necesitan para vivir.

Lección 6

Pregunta esencial

¿Cuáles son algunas de las adaptaciones físicas y del comportamiento?

Ponte a pensar

Halla la respuesta a la siguiente pregunta en esta lección y escríbela aquí.

¡Cuidado! No permitas que te muerda… ¿esa oruga? ¿Qué tipo de adaptación tiene esta oruga?

Lectura con propósito

Vocabulario de la lección

Haz una lista de los términos. A medida que aprendes cada uno, toma notas en el Glosario interactivo.

Palabras clave: Detalles

Esta lección da detalles sobre cómo los seres vivientes están adaptados a los lugares donde viven. Las palabras clave conectan los temas principales con los detalles añadidos. *Por ejemplo* y *como* frecuentemente sirven de palabras clave. Los buenos lectores buscan palabras clave que conecten un tema con sus detalles.

Las adaptaciones

Los seres vivos tienen muchas semejanzas. También tienen muchas diferencias interesantes.

Lectura con propósito Mientras lees estas dos páginas, subraya la definición de *adaptación*.

En los desiertos viven muchos tipos de serpientes. Esto es porque las serpientes tienen las características que les ayudan a sobrevivir en un desierto. Por ejemplo, tienen una piel dura y escamosa que impide que se resequen.

Una característica que le ayuda a un ser vivo a sobrevivir se denomina una **adaptación**. Supón que un animal nace con una característica nueva. Si esta característica le ayuda a sobrevivir, es probable que el animal se reproduzca y transmita la característica a sus crías. Mientras el hábitat del animal no cambie, las crías que tengan esta característica también tienen probabilidad de sobrevivir y reproducirse. Con el tiempo, la adaptación se hace cada vez más común en la población. De esta manera, las poblaciones de plantas y animales se adaptan a su hábitat.

Estas liebres viven en hábitats muy diferentes. Por esto, tienen adaptaciones diferentes.

La liebre ártica vive en un hábitat frío. Tiene un pelaje grueso para mantenerse caliente y con sus orejas pequeñas no pierde calor.

Esta liebre vive en un hábitat cálido. Tiene orejas grandes que le mantienen fresca la sangre.

El avestruz, el ñandú y el emú viven en continentes distintos. Aunque viven muy lejos unos de otros, ¡se ven casi iguales! Sus hábitats son muy parecidos, de modo que tienen adaptaciones semejantes. Todas estas aves están adaptadas para correr rápidamente. Entre las aves que no vuelan, las avestruces son las más rápidas de la Tierra. ¡Alcanzan velocidades de 72 km/hr (45 mi/hr)!

▶ Tanto las enredaderas como los árboles son plantas, pero son muy distintos. ¿Qué adaptaciones ves en estas plantas, y cómo crees que estas adaptaciones las ayudan a sobrevivir?

____

____

____

____

____

____

Forma y función

¿Por qué será que los pingüinos son capaces de vivir en la Antártida y la mayoría de las demás aves no lo son? ¡Porque tienen una capa de grasa que los mantiene calientitos!

Lectura con propósito Mientras lees estas dos páginas, subraya las palabras y frases que describen adaptaciones de los animales y las plantas.

Algunas adaptaciones son diferencias en el cuerpo de los organismos. Estas se llaman adaptaciones físicas. Los organismos tienen adaptaciones físicas que les ayudan a sobrevivir en diferentes medioambientes. Cuando una planta o un animal tiene una característica que le permite sobrevivir de un modo que otras plantas o animales no pueden, entonces el organismo con la adaptación tiene una ventaja. Considera cómo algunos de los organismos que figuran en estas dos páginas logran sobrevivir en su medioambiente de mejor manera que otros organismos que no tienen estas adaptaciones.

Los ojos de este pájaro están cubiertos con párpados finos y transparentes que le permiten mantenerlos húmedos mientras el vuela.

Un pingüino tiene muchas adaptaciones que le permiten vivir en un medioambiente helado y mojado. Una capa de grasa debajo de sus plumas a prueba de agua lo mantiene caliente. También tiene alas en forma de aleta y patas palmeadas para nadar.

El bisonte tiene adaptaciones que le permiten vivir en las praderas. Tiene cuernos para protección y un pelaje que lo mantiene caliente en los inviernos fríos. También tiene cascos anchos que le permiten correr muy rápidamente en los pastizales.

Las espinas punzantes del cacto son en realidad hojas modificadas. Las espinas tienen una superficie total pequeña que mantiene a un mínimo la pérdida de agua. Este cacto tiene un tallo grueso que guarda el agua, lo cual es otra adaptación importante al medioambiente seco del desierto.

▶ Elige un animal o imagínate uno nuevo. Escribe una descripción del medioambiente en que vive el animal. Luego describe las adaptaciones que le permiten vivir en ese medioambiente específico.

____

____

____

____

____

____

____

Comer o ser comido

Las adaptaciones físicas, ya sea para destacarse contra un fondo o para confundirse con él, ayudan a los organismos a sobrevivir.

Lectura con propósito Mientras lees estas dos páginas, traza un círculo alrededor de las palabras clave que señalan detalles sobre la idea principal.

Hay adaptaciones físicas que protegen a los seres vivos para que no se los coman. Por ejemplo, las rosas tienen espinas punzantes que protegen el tallo para que no se lo coman. Otras adaptaciones físicas ayudan a ocultar al animal. Este tipo de adaptación se llama *camuflaje*. Cuando un lagarto verde se esconde entre la hierba verde, esta le sirve de camuflaje.

Los animales que cazan, como el águila, tienen adaptaciones que les ayudan a atrapar a su presa. El águila tiene muy buena vista. También tiene garras afiladas en las patas que usa para capturar a la presa.

Muchas plantas tienen adaptaciones que ayudan a esparcir sus semillas. Unas semillas viajan con el viento. Otras están dentro de bayas. Cuando un animal se come las bayas, las semillas se transportan a otro lugar.

¿Ves la lechuza en esta fotografía? Está camuflada para parecer la corteza del árbol.

El color fuerte de esta rosa atrae a los polinizadores, pero las espinas mantienen alejados a los animales que se comerían la planta.

Atrapar moscas

El colorido vivo de un animal frecuentemente es una advertencia de que el animal es peligroso. Muchos animales saben que la avispa del papel, como la que se ve abajo, produce una picadura dolorosa. La mosca cernícalo, de color negro y amarillo, no tiene aguijón. No hace ningún daño, pero como parece una avispa, los otros animales lo piensan dos veces antes de intentar comérsela. Esta adaptación se llama *mimetismo*.

▶ Traza una línea de la lengua del camaleón al insecto que más probablemente se comerá.

El camaleón tiene muchas adaptaciones que le ayudan a atrapar insectos. Tiene una lengua larga y pegajosa que captura al insecto en un abrir y cerrar de ojos. Tiene ojos que giran en todas las direcciones, lo cual le permite ver no solamente los alimentos sino los posibles peligros. El camaleón también tiene unas patas y una cola que se envuelven alrededor de las ramas, por lo cual es excelente trepador. Con todas estas adaptaciones, ¡una deliciosa mosca tiene que parecerse a una avispa para evitar que el camaleón se la coma!

¡Pórtate bien!

La forma en que actúan los seres vivos se llama comportamiento. Unos comportamientos son adaptaciones que ayudan a los animales a sobrevivir.

Lectura con propósito Mientras lees el siguiente párrafo, traza un círculo alrededor del comportamiento instintivo y subraya los ejemplos de comportamiento aprendido.

Ciertas cosas que hacen los animales parecen ser naturales en ellos. Al bebé no hay que enseñarle a llorar. A la araña no se le enseña a tejer su telaraña. Los comportamientos que los animales saben hacer sin que se les enseñe se llaman **instintos**. En cambio, hay otros comportamientos que tienen que aprender. Por ejemplo, un cachorro de león no nace sabiendo cazar, sino que aprende a cazar observando a la madre. El mapache aprende a lavar los alimentos observando a otros mapaches.

Unos murciélagos son *nocturnos*, lo cual significa que son activos de noche y duermen de día. Esto les permite cazar insectos que son activos solamente de noche.

Muchos animales tienen comportamientos que los protegen de los depredadores. Cuando un pulpo se asusta, libera tinta al agua. Si lo están atacando, el animal que lo ataca no lo podrá ver bien, y el pulpo será capaz de escaparse.

Cada año, millones de gansos blancos emigran al sur en el otoño y al norte en el verano.

Algunos animales se mudan a otros lugares en ciertos momentos del año para buscar alimento, reproducirse o escapar del clima muy frío. Este comportamiento instintivo se llama *migración*. Muchas aves, mariposas y algunos murciélagos migran largas distancias.

Otros animales hibernan. La *hibernación* es un período largo inactivo que es parecido al sueño pero no es igual. Cuando un animal está hibernando, sus procesos corporales se desaceleran y el animal sigue inactivo durante meses. ¿Te imaginas dormir una siesta de tres meses?

La forma en que actúan los animales con otros animales del mismo tipo se llama *comportamiento social*. Las abejas tienen un comportamiento social muy complejo. Se comunican con movimientos llamados "danza". Una abeja que encuentra alimento regresa al nido y hace una danza en figura de ocho. ¡El patrón de la danza les da mucha información a las demás abejas! Comunica en qué dirección deben ir, la distancia del alimento, cuánto alimento hay, ¡e incluso de qué tipo de alimento se trata!

Práctica matemática

Interpreta datos en una gráfica de barras

Las marmotas hibernan. Tienen que comer mucho en la primavera para acumular suficiente energía para sobrevivir durante la hibernación. Estudia la siguiente gráfica.

Masa corporal de una marmota

¿Aproximadamente cuánta masa tiene una marmota en marzo?

____

¿Durante qué mes empiezan a hibernar las marmotas?

____

____

El círculo de la vida

Todos los seres vivos crecen y se desarrollan. La forma en que se desarrollan los seres vivos puede ser una adaptación.

Lectura con propósito Traza un círculo alrededor de dos ejemplos de organismos cuyo ciclo de vida impide que los adultos y los jóvenes compitan por alimentos.

Los seres vivos pasan por etapas de crecimiento y desarrollo que constituyen un *ciclo de vida*. El ciclo de vida de un ser vivo se relaciona con su hábitat. Por esta razón, los ciclos de vida son un tipo de adaptación.

La mayoría de las ranas están adaptadas para vivir cerca del agua. El ciclo de vida de la rana comienza cuando pone sus huevos en el agua. Cuando los huevos se rompen, salen renacuajos. Los renacuajos viven en el agua hasta que les salen patas y pulmones. En este punto, son ranas y están preparados para vivir en tierra. En lugares donde el agua se seca rápidamente, los renacuajos se desarrollan más rápidamente. Esta variación en los ciclos de vida de las ranas ayuda a los renacuajos a sobrevivir.

Los renacuajos y las ranas viven en lugares diferentes y comen alimentos diferentes. Esta es otra adaptación. Las ranas y los renacuajos no compiten por el alimento, y así sobreviven más ranas. Muchos otros organismos tienen adaptaciones semejantes. Por ejemplo, las orugas comen hojas de las plantas y la mayoría de las mariposas chupan néctar de las flores.

polilla luna adulta

oruga de la polilla luna

huevos de salmón

Los salmones adultos viven en el mar, que es peligroso para los salmones jóvenes. Los adultos migran del océano a las aguas poco profundas de los ríos para poner huevos. En los ríos sobreviven los salmones más jóvenes.

► La hembra del impala tiene una o dos crías y luego pasa meses alimentándolos y protegiéndolos. La hembra del salmón pone miles de huevos y luego regresa al mar. ¿Cuáles son algunas ventajas de cada tipo de ciclo de vida?

____

____

____

____

____

____

____

Unos animales ajustan su ciclo de vida a los cambios en su hábitat. En un año muy seco, la hembra del impala, si está preñada, es capaz de esperar hasta un mes a que llueva, para dar a luz. Esta variación en su ciclo de vida ayuda a asegurar que haya suficiente alimento y agua para que la cría sobreviva.

► En el desierto no llueve con frecuencia. Cuando sí llueve, las semillas de las flores del desierto, como las que ves abajo, empiezan a crecer inmediatamente. Las plantas florecen, hacen semillas nuevas ¡y completan todo su ciclo de vida en pocas semanas! Explica cómo el ciclo de vida de las flores del desierto les ayuda a sobrevivir allí.

____

____

____

____

Los seres vivos cambian

Mira las serpientes que se deslizan por esta página. Todas se ven diferentes, aunque son el mismo tipo de serpiente. ¿Por qué no se ven iguales?

Lectura con propósito Mientras lees estas dos páginas, traza un círculo alrededor de la palabra o frase que indica un detalle, como un ejemplo o un dato agregado.

Tú no eres exactamente igual a tus padres. Tienes semejanzas con ellos, pero también hay pequeñas diferencias que te hacen único. Todo organismo es ligeramente distinto de todos los demás organismos. A veces estas diferencias son muy importantes.

Las serpientes del maíz, como las que se ven aquí, son de colores y patrones diferentes. Unas son de colores muy claros, otras son de color marrón dorado y otras son de color anaranjado fuerte. Supón que un halcón viene volando sobre un trigal. ¿Cuál de estas corre menos peligro de convertirse en su almuerzo? Si dijiste que la serpiente de color marrón dorado, tienes razón. ¿Por qué? Su color se confunde con el trigo del fondo. El halcón no la vería y la serpiente sobreviviría. La serpiente se reproduciría y transmitiría su color a sus crías. Sus crías de color marrón dorado tendrían mejor posibilidad de sobrevivir en el trigal y también tendrían más crías. Con el tiempo, la mayoría de las serpientes que viven en el trigal serían de color marrón dorado.

A veces los seres vivos cambian porque su medioambiente cambia. Por ejemplo, las bacterias han cambiado como resultado de su medioambiente cambiante. Desde que se descubrieron los antibióticos, el hombre ha aprendido a matar a las bacterias. El primer antibiótico, que fue la penicilina, salvó la vida de muchos porque mataba las bacterias causantes de enfermedades.

Sin embargo, en una población muy grande de bacterias, hay algunas a las que la penicilina no afecta. Estas bacterias sobreviven y se multiplican. Con el tiempo, producen poblaciones grandes de bacterias que no son afectadas por la penicilina.

Los investigadores han tenido que buscar antibióticos nuevos para matar a estas bacterias. Pero de nuevo, unas bacterias no mueren. Estas siguen multiplicándose.

A medida que se desarrollan nuevos tipos de antibióticos, las bacterias se han hecho resistentes a muchos de ellos. Ahora hay bacterias que son resistentes a casi todos los antibióticos conocidos. Estas bacterias son sumamente difíciles de matar.

Práctica matemática

Busca la mediana y la media

Longitud de serpientes del maíz adultas	
Serpiente 1	3.5 m
Serpiente 2	5.5 m
Serpiente 3	4.6 m
Serpiente 4	5.1 m
Serpiente 5	4.8 m
Serpiente 6	3.9 m
Serpiente 7	5.3 m

Las serpientes del maíz adultas varían no solamente en su color sino también en su longitud. La tabla muestra las longitudes de varias serpientes del maíz adultas. Estudia los datos y luego responde a las preguntas.

1. La mediana es el número en la mitad de un conjunto de datos cuando los números se ponen en orden numérico. Busca la mediana del conjunto de datos. ________________
2. La media es el promedio de un conjunto de datos. Busca la media del conjunto de datos. ________________________

Los antibióticos en los jabones y limpiadores matan muchas bacterias. Sin embargo, cuando no todas las bacterias mueren, las que sobreviven se multiplican. Poco a poco, las bacterias se están haciendo resistentes al jabón y a los limpiadores antibacterianos.

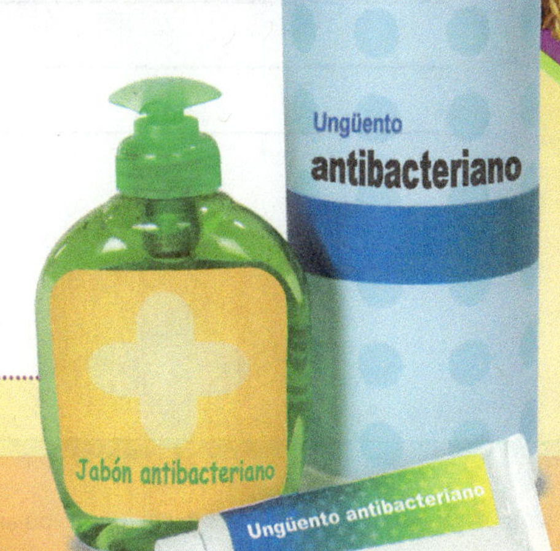

Cuando termines, lee la Clave de respuestas y corrige lo que sea necesario.

Abajo hay un resumen de la lección. Completa el resumen.

En pocas palabras

I. Instintos: Un comportamiento que un ser vivo hace sin que se le enseñe.

A. Ejemplo: ______________________________

____

B. Ejemplo: ______________________________

____

II. Adaptaciones: Una característica que ayuda a un ser vivo a sobrevivir se llama una adaptación. Unos tipos de adaptación son:

A. Adaptaciones físicas

1. Ejemplo: ______________________________

____

2. Ejemplo: ______________________________

____

B. Adaptaciones del comportamiento

1. Ejemplo: ______________________________

____

2. Ejemplo: ______________________________

____

C. Adaptaciones del ciclo de vida

1. Ejemplo: ______________________________

____

2. Ejemplo: ______________________________

____

Clave de respuestas: Tus respuestas pueden variar. Ejemplos de respuestas: I.A. Las arañas tejen telarañas. I.B. Los bebés lloran. II.A.1. camuflaje IIA.2. espinas que alejan a los animales comedores de plantas II.B.1. migración II.B.2. hibernación II.C.1. controlar cuándo nacen las crías II.C.2. tener descendientes que no comen los mismos alimentos que los adultos

Lección 6

Nombre ____________________

Juego de palabras

1 Usa palabras de la lección para completar el crucigrama.

Horizontales

1. ¿Qué tipo de adaptación ayuda a que un ser vivo se oculte en su medioambiente?
6. Un animal que es activo de noche es un ser ____________.
7. Las etapas que cumplen los seres vivos durante su desarrollo se llaman ____________ de vida.

Verticales

2. Un ejemplo de ____________ son las aves cuando vuelan al sur en el invierno.
3. ¿Cómo se llaman las características que le ayudan a un animal a sobrevivir?
4. ¿Qué comportamiento pone a un animal inactivo durante largo tiempo?
5. Un comportamiento que un animal no necesita aprender es un(a) ____________.

Aplica los conceptos

2 Haz un dibujo de un cacto. Al lado del cacto, dibuja una planta que se encuentra en un medioambiente que no sea un desierto. Rotula tres adaptaciones que ayudan al cacto a sobrevivir en el desierto.

3 Encierra en un círculo el animal camuflado.

4 En el invierno, las marmotas se retiran a sus madrigueras y no salen hasta la primavera. Encierra en un círculo el término que describe mejor este comportamiento.

Comunicación   Hibernación
Migración   Caza nocturna

5 Cuando los huevos de la rana de boca angosta se abren, producen directamente ranas diminutas. El medioambiente donde viven estas ranas es muy seco. ¿De qué sirve esta adaptación?

____

____

____

____

Para la casa

Sal a caminar por tu barrio o por un parque de la localidad con tu familia. Mira las diferentes plantas y animales y señala las adaptaciones que tienen.

Repaso de la Unidad 4

Nombre ______________________________

Repaso de vocabulario

Completa las oraciones con las palabras de la casilla.

adaptación
clasificación
clave dicotómica
germina
ciclo de vida
espora

1. Una semilla que empieza a crecer y convertirse en una planta comienza a brotar o a ______________________.

2. Una célula reproductiva capaz de convertirse en una nueva planta es un(a) ______________________.

3. Cuando los científicos organizan los seres vivos según sus características semejantes, están usando la ______________________.

4. Las diferentes etapas que cumple un animal como un insecto al crecer y reproducirse se llama su ______________________.

5. Toda característica que le ayuda a un organismo a sobrevivir se considera un(a) ______________________.

6. Una tabla con muchas opciones que te guían al nombre del organismo u objeto que deseas identificar se llama un(a) ______________________.

Conceptos de ciencias

Rellena la burbuja con la letra de la mejor respuesta.

7. Ramón desea clasificar un organismo. El organismo es visible sin microscopio. Sus células tienen paredes pero no tienen cloroplastos. El organismo obtiene alimento descomponiendo organismos muertos. ¿A qué reino pertenece probablemente este organismo?

   Ⓐ animales
   Ⓑ hongos
   Ⓒ plantas
   Ⓓ protistas

8. Durante el ciclo de vida de una planta, el polen entra en contacto con el estigma y se forma un embrión. ¿Cómo se llama este proceso?

   Ⓕ fecundación
   Ⓖ germinación
   Ⓗ hibernación
   Ⓘ migración

Conceptos de ciencias

Rellena la burbuja con la letra de la mejor respuesta.

9. Unas plantas tienen una estructura como la que se muestra aquí.

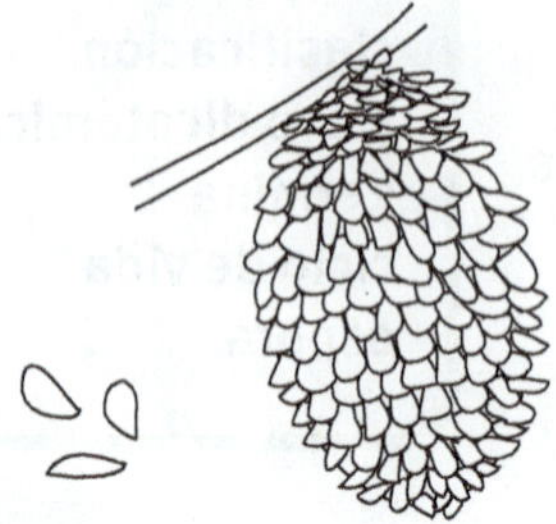

¿Qué función cumple esta estructura?

Ⓐ anclar

Ⓑ reproducción

Ⓒ hacer alimentos

Ⓓ transportar agua

10. El color de la culebra verde áspera le permite confundirse con el trasfondo. ¿Qué tipo de adaptación es el color de la culebra verde áspera?

Ⓐ adaptación conductual

Ⓑ adaptación del ciclo de vida

Ⓒ adaptación física

Ⓓ adaptación reproductiva

11. Los animales se clasifican como vertebrados o invertebrados. ¿Qué estructura debe estar presente para que un animal se clasifique como vertebrado?

Ⓐ una cola

Ⓑ un cerebro

Ⓒ un ala

Ⓓ una columna vertebral

12. Para la feria de ciencias, Manuel hizo un proyecto sobre la germinación de las semillas. Este es el procedimiento que siguió:

Paso 1: Poner cantidades iguales de tierra húmeda en frascos de vidrio de 1 galón y sembrar 10 semillas de rábano en cada frasco.

Paso 2: Cubrir ambos frascos.

Paso 3: Poner un frasco en el refrigerador y el otro en un armario oscuro.

Paso 4: Observar los dos frascos a la misma hora todos los días. Anotar todas las diferencias observadas en la germinación de las semillas.

¿Qué propósito tenía el proyecto de Manuel?

Ⓐ determinar si la humedad afecta la germinación

Ⓑ determinar si las semillas necesitan oxígeno para germinar

Ⓒ determinar si la temperatura afecta la germinación

Ⓓ determinar cuánto tardan en germinar diferentes tipos de semillas.

13. Vanessa está observando la metamorfosis de un organismo. ¿Qué etapa debe observar para llegar a la conclusión de que el organismo cumple una metamorfosis completa?

Ⓐ adulta

Ⓑ larva

Ⓒ ninfa

Ⓓ crisálida

14. El siguiente diagrama muestra cómo una hormiga león captura su alimento.

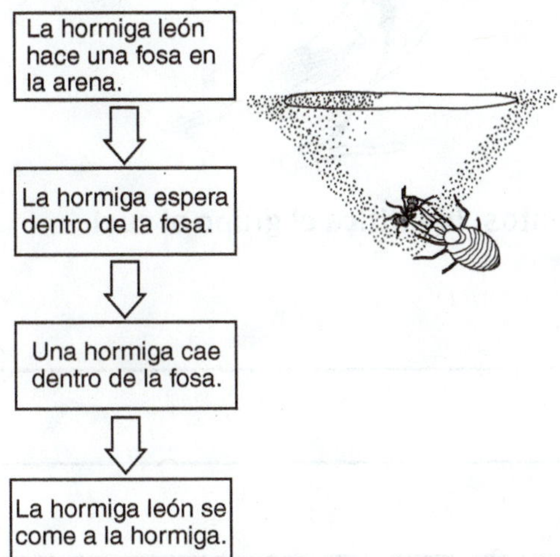

¿Qué sugiere el diagrama respecto de la hormiga león?

Ⓐ La hormiga león no está adaptada a su hábitat.

Ⓑ La hormiga león tiene tanto plantas como animales en su dieta.

Ⓒ La hormiga león sobrevive cazando y persiguiendo alimentos.

Ⓓ La hormiga león tiene adaptaciones conductuales para su medioambiente.

15. Alam está clasificando organismos en diferentes reinos. Cuando observa un grupo de organismos bajo el microscopio, ve que cada uno se compone de una célula sin pared celular. ¿A qué reino probablemente pertenecen estos organismos?

Ⓐ reino de las plantas

Ⓑ reino de los hongos

Ⓒ reino de los animales

Ⓓ reino de las bacterias

16. Los científicos se valen de la clasificación para agrupar a los seres vivos. ¿Qué se puede decir de los seres vivos que se sitúan en el mismo grupo?

Ⓐ Todos tienen la misma edad.

Ⓑ Todos tienen el mismo color.

Ⓒ Todos son del mismo tamaño.

Ⓓ Todos tienen características parecidas.

17. La siguiente imagen muestra una estructura que se encuentra en cierto tipo de planta.

¿Qué tipo de planta produce esta estructura?

Ⓐ helechos

Ⓑ musgos

Ⓒ angiospermas

Ⓓ gimnospermas

Aplica la investigación y repasa La gran idea

Escribe la respuesta a estas preguntas.

18. Estos organismos son muy diferentes, pero todos se clasifican en el mismo grupo.

Identifica dos características que permiten clasificarlos juntos; identifica el grupo al cual pertenecen todos.

____

____

____

19. Lily desea aprender cómo la tasa de germinación de una semilla de calabaza se afectaría al variar la cantidad de agua que le pone. Escribe los pasos que puede dar en un experimento científico para determinar si el agua afecta la germinación de las semillas.

____

____

____

____

20. Una población de conejos blancos vive en un medioambiente montañoso con nieve. Arriba vuelan halcones buscando a los conejos. Describe cómo la población de conejos blancos podría cambiar si cambia el clima de la montaña y la nieve se derrite por largo tiempo.

____

____

____

____

UNIDAD 5

Los ecosistemas

La gran idea

Los ecosistemas cambian con el tiempo, naturalmente y como resultado de la actividad humana.

Me pregunto por qué

Las tortugas marinas salen del cascarón en la arena y luego se dirigen hacia el océano. ¿Por qué se deben proteger los nidos de tortuga? *Da vuelta a la página para descubrirlo.*

Por esta razón Las actividades humanas, como caminar accidentalmente sobre los nidos, pueden hacerle daño a los huevos de tortuga. Se protegen los nidos de tortuga para que las tortugas jóvenes puedan salir del cascarón y llegar al océano sin peligro.

En esta unidad vas a aprender más sobre La gran idea, y a desarrollar las preguntas esenciales y las actividades del Rotafolio de investigación.

Niveles de investigación ■ Dirigida ■ Guiada ■ Independiente

La gran idea Los ecosistemas cambian con el tiempo, naturalmente y como resultado de la actividad humana.

Preguntas esenciales

Cuaderno de ciencias

No te olvides de escribir lo que piensas sobre la Pregunta esencial antes de estudiar cada lección.

Lección 1

Pregunta esencial

¿Qué es un ecosistema?

Ponte a pensar

Halla las respuestas a las siguientes preguntas en esta lección y escríbelas aquí.

Los tres organismos que se ven aquí comparten la misma zona habitable. ¿En qué se parecen sus necesidades? ¿En qué se diferencian?

____

____

____

____

Lectura con propósito

Vocabulario de la lección

Haz una lista de los términos. A medida que aprendes cada uno, toma notas en el Glosario interactivo.

______________ ______________

______________ ______________

______________ ______________

Ideas principales

La idea principal de un párrafo es la idea más importante. La idea principal puede estar planteada en la primera oración o puede estar planteada en otra parte. Los buenos lectores buscan ideas principales haciéndose la pregunta: ¿Qué es de lo más trata esta sección?

¿Qué es un ecosistema?

Una rana que vive en un estanque no podría sobrevivir en un desierto o en una montaña. ¿Podrías tú vivir en un pantano?

Lectura con propósito Mientras lees estas dos páginas, encierra en un círculo las partes bióticas de los medioambientes. Traza un cuadrado alrededor de cada parte abiótica.

El **medioambiente** de un organismo son todas las cosas vivas y no vivas que rodean y afectan al organismo. Tú estás rodeado por muchas cosas que hacen que tu medioambiente sea apropiado para vivir. ¿Sería eso cierto si vivieras en un pantano? Los medioambientes incluyen partes bióticas y partes abióticas. Las partes *bióticas* son las cosas vivas de un medioambiente: las plantas, los animales y otros organismos. Las partes *abióticas* son las cosas no vivas. Las partes abióticas de un medioambiente incluyen el clima, el agua, la tierra, la luz, el aire y los nutrientes.

Este pantano se compone de cosas vivas y cosas que no son vivas. El clima, la abundancia de agua, el aire húmedo, los suelos embarrados y las zonas sombreadas son partes abióticas que diferencian a los pantanos de otros medioambientes.

Los ibis blancos, los osos negros, los sauces llorones, los arbustos de moras, las plantas insectívoras y los zancudos son todas partes bióticas del medioambiente de un pantano de cipreses.

Las partes abióticas de un medioambiente cumplen un papel importante. La temperatura y la cantidad de agua determinan qué plantas y animales viven en un lugar. Un ibis se ha adaptado a vivir en un pantano cálido y húmedo y no puede sobrevivir en un desierto caliente y seco.

Un **ecosistema** son todos los organismos que viven en un lugar más su medioambiente. Un ecosistema puede ser enorme, como un bosque o un desierto, o puede ser pequeño como un charco de barro o un simple arbusto. Cada ecosistema tiene su propio grupo de cosas vivas y cosas que no están vivas.

Clasifica el pantano

Mira la fotografía de un ecosistema de pantano. Completa la tabla con ejemplos de las partes bióticas y abióticas del pantano.

Partes bióticas	Partes abióticas

Las poblaciones y las Comunidades

Tú formas parte de un grupo de estudiantes en tu salón de clases. En tu escuela también hay otros salones de clases y otros grupos de personas, como los maestros. Juntos, ustedes forman la comunidad de tu escuela. Otros organismos también viven en comunidades.

Lectura con propósito Mientras lees estas dos páginas, traza un círculo alrededor de las dos palabras cotidianas comunes que tienen un significado especial en las ciencias.

Cada ecosistema tiene diferentes grupos de cosas vivas. La fotografía grande muestra varias especies de animales que comparten agua en un ecosistema de sabana. Un grupo de organismos de la misma especie en un ecosistema es una **población**. Por ejemplo, en un ecosistema de sabana puede haber una población de cebras y una población de gacelas y de leones. También puede haber poblaciones de pastos y árboles.

Las diferentes poblaciones que comparten un ecosistema forman una comunidad. Una **comunidad** consiste en todas las poblaciones que viven e interactúan en una zona.

Estas morenas son parte de una población de anguilas que comparten la misma zona habitable. En la grieta de la roca cabe solo cierto número de anguilas. Llegará el punto en que estas anguilas deberán competir por la misma zona habitable.

Estas plantas y animales son parte de la comunidad que vive en un ecosistema. Cada población compite con otras poblaciones por los recursos del ecosistema.

En el invierno, una población de bisontes debe esforzarse para hallar alimento. A medida que los recursos escasean, los bisontes de una población compiten entre sí.

Práctica matemática

Calcula el área

Los bisontes comen pasto. Cada temporada se necesitan 5 acres de pasto para alimentar 2 bisontes. ¿Cuánto terreno se necesita para alimentar 100 bisontes?

Las poblaciones en todo ecosistema necesitan alimento, agua, refugio y una zona habitable. La interacción entre las poblaciones para satisfacer sus necesidades se llama *competencia*. Las poblaciones que compiten y obtienen suficientes recursos sobreviven. Las que no compiten, no sobreviven en el ecosistema. Debido a que solo existen suficiente agua, refugio y una zona habitable para sustentar un cierto número de organismos, estos recursos se llaman *factores limitantes*.

La competencia también se da dentro de las poblaciones. Los individuos más fuertes de una población son los que obtienen más alimento y toman el mejor refugio para sí. Los individuos más débiles pueden no sobrevivir.

Busca tu nicho ecológico

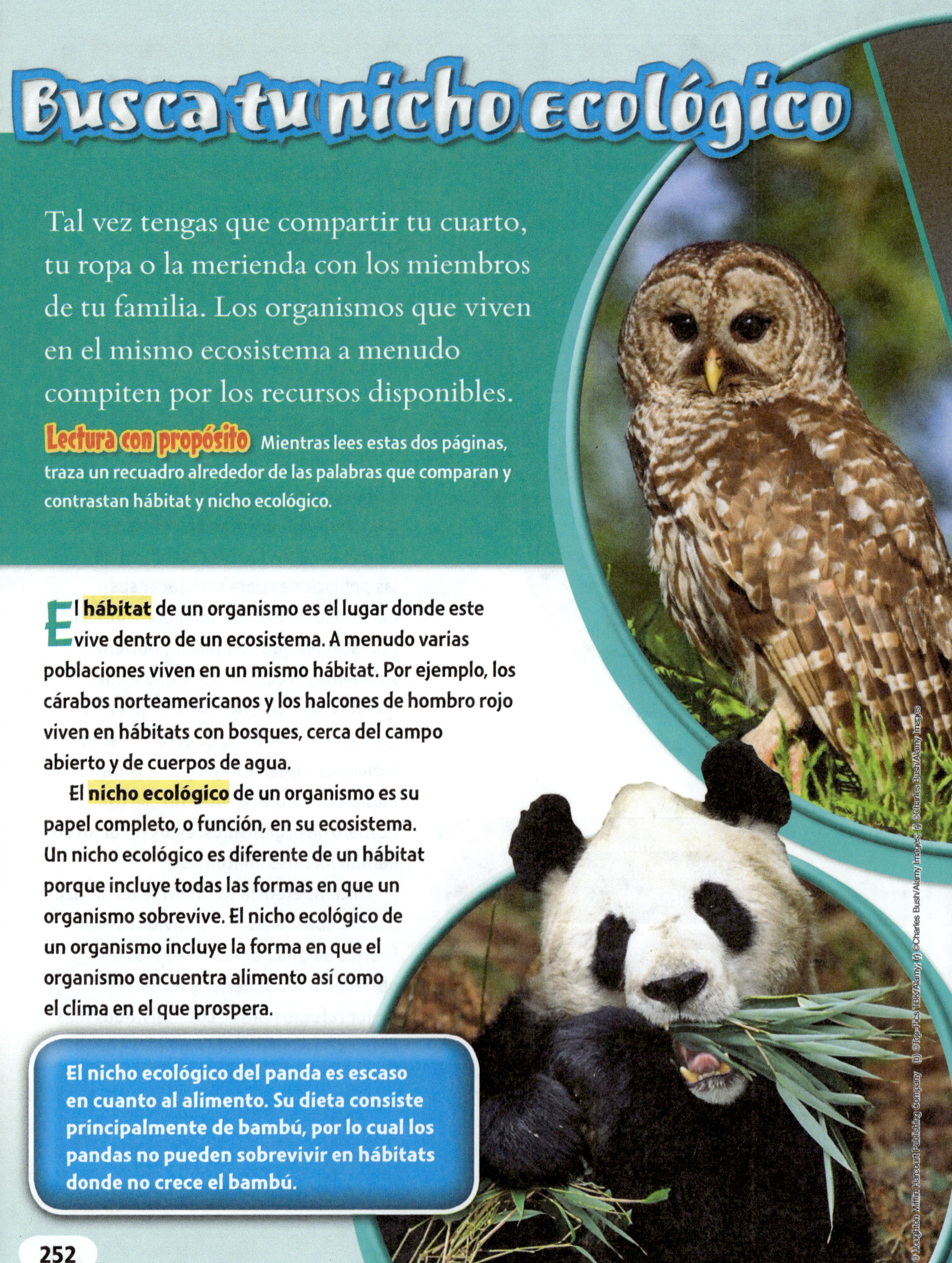

Tal vez tengas que compartir tu cuarto, tu ropa o la merienda con los miembros de tu familia. Los organismos que viven en el mismo ecosistema a menudo compiten por los recursos disponibles.

Lectura con propósito Mientras lees estas dos páginas, traza un recuadro alrededor de las palabras que comparan y contrastan hábitat y nicho ecológico.

El **hábitat** de un organismo es el lugar donde este vive dentro de un ecosistema. A menudo varias poblaciones viven en un mismo hábitat. Por ejemplo, los cárabos norteamericanos y los halcones de hombro rojo viven en hábitats con bosques, cerca del campo abierto y de cuerpos de agua.

El **nicho ecológico** de un organismo es su papel completo, o función, en su ecosistema. Un nicho ecológico es diferente de un hábitat porque incluye todas las formas en que un organismo sobrevive. El nicho ecológico de un organismo incluye la forma en que el organismo encuentra alimento así como el clima en el que prospera.

El nicho ecológico del panda es escaso en cuanto al alimento. Su dieta consiste principalmente de bambú, por lo cual los pandas no pueden sobrevivir en hábitats donde no crece el bambú.

Los halcones de hombro rojo y los cárabos norteamericanos comparten un hábitat pero sus nichos ecológicos son diferentes. ¿Cómo es eso?

____

____

Todo organismo tiene un nicho ecológico. Tener diferentes nichos les permite a los organismos sobrevivir en el mismo hábitat. Cuando un organismo tiene una manera de vivir muy específica, su nicho ecológico es limitado. Por ejemplo, un ave que se alimenta solo de un tipo de insecto o que vive únicamente en un tipo de árbol tiene un nicho ecológico limitado; mientras que un animal que puede comer muchos tipos de alimento tiene un nicho ecológico extenso. Los organismos con nichos ecológicos limitados tienden a vivir en lugares específicos, mientras que aquellos con un nicho ecológico extenso a menudo se desplazan por zonas amplias.

Las poblaciones comparten un hábitat pero no el mismo nicho ecológico. Los halcones de hombro rojo y los cárabos norteamericanos, por ejemplo, comparten un hábitat, pero tienen nichos ecológicos diferentes. Los halcones cazan durante el día y los cárabos por la noche; sus presas son diferentes. Cuando dos poblaciones de organismos comparten un nicho ecológico, deben competir por los recursos.

Buen nicho ecológico

Imagínate que un pájaro es el único animal en un hábitat que come cierto tipo de bayas. Las bayas son el único alimento del pájaro. Describe cómo este nicho ecológico limitado puede ser tanto bueno como malo para el pájaro.

____

____

____

____

Los tiburones tienen un nicho ecológico extenso en cuanto al alimento. Pueden comer muchos tipos de alimentos distintos.

La diversidad

Imagínate que en todos los estantes del supermercado hubiera solo un tipo de alimento. No estarías saludable por mucho tiempo. Los ecosistemas también necesitan diversidad.

Lectura con propósito Mientras lees estas dos páginas, dibuja una estrella al lado de la oración más importante.

Este arrecife de coral es un ecosistema diverso. Muchas poblaciones viven juntas aquí.

La palabra *diverso* significa "de distinta naturaleza". La *diversidad* es la variedad de las diferentes especies que viven en un ecosistema. Un ecosistema diverso contiene muchas especies. Los ecosistemas con poca diversidad están habitados por tan solo unas pocas especies.

¿Por qué es importante la diversidad? Todos los organismos dependen de otros organismos. Sus relaciones están conectadas en una red grande y compleja. Mientras más tipos de organismos haya en un ecosistema, más grande será la red y más recursos disponibles habrá.

Un bosque tropical es un ecosistema diverso. Las temperaturas cálidas y la alta pluviosidad sustentan muchas poblaciones diferentes.

¿Por qué algunos ecosistemas son muy diversos mientras que otros solo tienen un pequeño número de especies? El clima y la ubicación afectan la cantidad y el tipo de recursos disponibles para los organismos. Los lugares de alta diversidad forman un patrón en el mapa. En general, los ecosistemas muy diversos, como los arrecifes de coral y los bosques tropicales, se encuentran cerca del ecuador. Mientras más alejados del ecuador, menos diversos tienden a ser los ecosistemas.

Otras cosas también suelen afectar la diversidad. Los seres humanos a veces perjudican los ecosistemas reduciendo el número de especies que viven en ellos. Las actividades como la cacería excesiva pueden disminuir el número de especies importantes. En algunas zonas, los seres humanos han destruido los bosques u otros medioambientes parar construir ciudades y otras estructuras. Las especies en esos medioambientes han perdido sus hábitats y la diversidad ha disminuido.

El helado ártico es un ecosistema menos diverso. El oso polar es uno de los pocos organismos grandes que puede sobrevivir allí.

Cambio de hábitat

Describe cómo piensas que la construcción de un gran centro comercial y un estacionamiento pueden afectar la diversidad de un bosque.

____

____

____

____

____

Los ecosistemas cercanos al ecuador tienden a tener una gran diversidad. Los ecosistemas más alejados del ecuador tienden a ser menos diversos.

Cuando termines, lee la Clave de respuestas y corrige lo que sea necesario.

1

Las palabras en los óvalos describen partes de un ecosistema de desierto. Traza líneas para indicar si cada parte es una parte *biótica* o *abiótica*.

cacto

suelo arenoso

biótica

lagartija

serpiente de cascabel

poca agua

luz del sol

abiótica

En pocas palabras

2 **Completa los espacios en blanco con las palabras de la casilla. Usa cada palabra una vez.**

comunidad	ecosistema	medioambiente
hábitat	nicho ecológico	población

El 1. ______________ de un organismo incluye todas las cosas vivas y no vivas que lo rodean y lo afectan. Cada 2. ______________ diferente es una zona compuesta de factores bióticos y abióticos donde los organismos interactúan. Dentro de estas zonas, grupos de las mismas especies de organismos, o 3. ______________, interactúan con otros organismos y forman una 4. ______________ grande. El lugar donde normalmente vive un organismo se llama su 5. ______________. La forma en que el organismo vive allí es su 6. ______________ específico.

Clave de respuestas: 1. Biótica: Cacto, Serpiente de cascabel, Lagartija; Abiótica: Luz del sol, Suelo arenoso, Poca agua;
1. medioambiente 2. ecosistema 3. poblaciones 4. comunidad 5. hábitat 6. nicho ecológico

Ejercita tu mente

Lección 1

Nombre ______________________________

Juego de palabras

1 Completa el crucigrama con las palabras de la casilla.

Horizontales

3. Estado del tiempo promedio en una zona con el paso del tiempo
5. Variedad de especies en un ecosistema

Verticales

1. Vivo
2. Lucha por los recursos en un ecosistema
4. Tipo de factor que determina el tamaño de una población
6. No vivo

abiótico
biótico
clima
competencia
diversidad
limitante

Usa las dos palabras horizontales para escribir una oración.

____

____

____

____

Aplica los conceptos

2 Dibuja un organismo y su hábitat.

3 Enumera tres factores bióticos que se encuentran en tu entorno en este momento.

____

____

____

4 Explica por qué dos especies de organismos pueden compartir un hábitat pero no un nicho ecológico.

____

____

____

5 Traza una línea del organismo al ecosistema en el que más probablemente viviría.

1. Un pantano cálido y mojado

2. Una pradera cubierta de hierba

3. Una zona ártica nevada

Tu vecindario es un medioambiente que sustenta plantas y animales. Junto con tu familia, haz una lista de todos los organismos que se te ocurran, que viven en tu vecindario. Compara tu lista con la de tus compañeros.

EN BUSCA DEL águila culebrera

Jane Juniper es una exploradora de la vida silvestre. Se ha internado en la selva de Madagascar, una isla junto a las costas de África, para observar las aves.

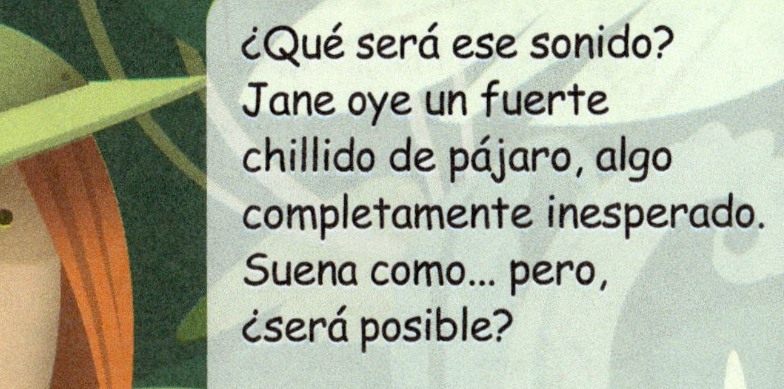

¿Qué será ese sonido? Jane oye un fuerte chillido de pájaro, algo completamente inesperado. Suena como... pero, ¿será posible?

Jane avanza con sigilo por la selva, observando de dónde proviene el ruido. ¡Allí está!

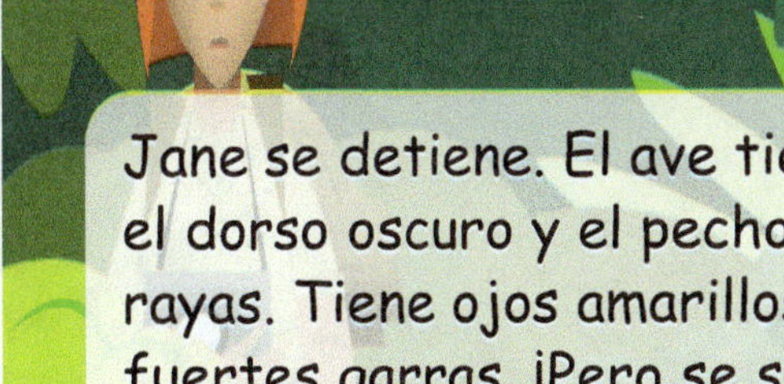

Jane se detiene. El ave tiene el dorso oscuro y el pecho a rayas. Tiene ojos amarillos y fuertes garras. ¡Pero se supone que esta ave ya no existe!

Jane ha estudiado a fondo las aves africanas, así que le toma un segundo confirmarlo. ¡No puede salir de su asombro! Con su cámara captura la evidencia de su hallazgo.

Jane Juniper, exploradora de la vida silvestre, ha hallado un ave que se creía extinta: ¡el águila culebrera de Madagascar!

¡Ahora tú eres el explorador!

Imagina que eres un explorador de la vida silvestre. Explora este bosque. Anota los tipos de animales que encuentres y el número de cada uno.

Rotafolio de investigación, página 27

Nombre ______________________________

Pregunta esencial

¿De qué se compone un ecosistema terrestre?

Establece un propósito

¿Qué piensas que aprenderás en esta actividad?

____
____
____
____

Piensa en el procedimiento

¿Por qué piensas que tu sitio de muestreo debería tener una variedad de plantas y cubiertas del suelo?

____
____
____
____
____

¿Por qué mediste y marcaste tu zona de muestreo?

____
____
____
____

Anota tus datos

En el espacio de abajo, haz una tabla para anotar las diferentes cosas vivas que encuentres en tu sitio de muestreo y la función que estas cumplen en el ecosistema.

Saca tus conclusiones

¿Cómo determinaste la función que cumplía cada cosa viva?

Compara tus resultados con los de otros grupos. Explica cualquier diferencia o similitud.

Analiza y amplía

1. ¿Qué tipo de cosas vivas encontraste en tu zona de muestreo?

2. ¿Qué función del ecosistema tenía la mayor cantidad de cosas vivas?

3. ¿Qué función del ecosistema tenía la mayor variedad de cosas vivas?

4. En el siguiente espacio, haz un dibujo de tu zona de muestreo. Debes incluir un ejemplo de un productor y de un consumidor que encontraste en el sitio.

5. Piensa en otras preguntas que quisieras hacer sobre cómo interactúan las cosas vivas en el ecosistema.

Pregunta esencial

¿Cómo influyen los cambios en el medioambiente a los organismos?

Ponte a pensar

Halla la respuesta a la siguiente pregunta en esta lección y escríbela aquí.

¡Un incendio forestal puede cambiar un paisaje en tan solo unos pocos minutos! Los árboles se queman y los animales corren en busca de refugio. ¿Cómo podría ser beneficioso un incendio forestal?

____

____

____

Lectura con propósito

Vocabulario de la lección

Haz una lista de los términos. A medida que aprendes cada uno, toma notas en el Glosario interactivo.

____

____

Comparar y contrastar

Muchas ideas en esta lección están relacionadas porque explican comparaciones y contrastes: en qué se asemejan y se diferencian las cosas. Los buenos lectores se concentran en las comparaciones y los contrastes cuando se preguntan a sí mismos: ¿En qué se parecen estas cosas? ¿En qué se diferencian?

El cambio ocurre por naturaleza

Todos los medioambientes cambian con el paso del tiempo. Algunos cambios ocurren lentamente mientras que otros ocurren rápidamente.

Lectura con propósito Mientras lees estas dos páginas, encierra en un cuadrado los sucesos que cambian el medioambiente rápidamente. Encierra en un círculo los sucesos que cambian el medioambiente lentamente.

Con el paso de cientos de miles de años, las montañas sufren meteorización y erosión. Los ríos cavan cañones entre las rocas y su curso cambia por los valles y planicies. Los cambios graduales afectan a los organismos que viven en esos medioambientes.

Los patrones del estado del tiempo también cambian con el tiempo. Al igual que los cambios en el suelo, los *cambios climáticos* también afectan a los organismos. En la historia de la Tierra, la temperatura promedio ha subido y bajado varias veces.

Una edad de hielo ocurre cuando las temperaturas de la Tierra son más frías de lo normal por mucho tiempo. Grandes áreas de tierra se cubren de hielo durante miles de años. Durante los ciclos de climas más cálidos, el hielo se derrite y deja la tierra al descubierto.

Durante la última edad de hielo, la mayor parte del territorio de América del Norte se cubrió de una capa de hielo de casi 4 km de grosor. Como en el hielo había tanta agua, bajó el nivel de los mares y cambiaron las costas.

Las erupciones volcánicas cambian el medioambiente rápidamente. Siglos de crecimiento forestal y de la fauna y la flora que viven allí son destruidos en pocas horas.

Práctica matemática

Interpreta una gráfica

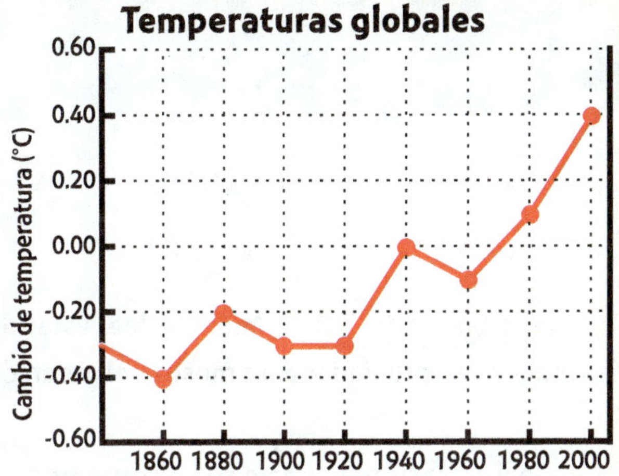

La gráfica muestra las temperaturas promedio en la Tierra con el tiempo. Usa la gráfica para describir las tendencias de la temperatura entre 1900 y 2000.

La Tierra se encuentra ahora en un ciclo de calentamiento. Muchos científicos piensan que esta tendencia de calentamiento continuará y que está relacionada en parte con las actividades humanas. No es claro cómo el calentamiento afectará al planeta en su totalidad. Mientras unas zonas se calientan, los organismos que viven allí se desplazan, se adaptan al cambio o desaparecen.

Muchas cosas pueden ocurrir que causan un cambio rápido del medioambiente. Fuertes tormentas pueden causar inundaciones que se llevan la tierra. Avalanchas de lodo pueden destruir años de crecimiento vegetal en unos pocos minutos. Las erupciones volcánicas a veces son destructoras, pero también forman terrenos totalmente nuevos que serán habitados por plantas y animales y se convertirán en un ecosistema.

Una *sequía* ocurre cuando llueve muy poco. Sin agua, las plantas y los animales desaparecen.

¡El siguiente, por favor!

Los ecosistemas cambian todo el tiempo, pero a veces los cambios son tan lentos que es difícil notarlos.

Lectura con propósito Mientras lees estas dos páginas, escribe números al lado de las oraciones apropiadas para mostrar el orden de los sucesos.

En la ilustración de abajo se ve cómo unas rocas descubiertas se convierten en un ecosistema lleno de cosas vivas. El cambio gradual de los organismos en un ecosistema se llama **sucesión**. La *sucesión primaria* empieza en las rocas descubiertas, por ejemplo, después de la erupción de un volcán. El polvo se deposita en las grietas de las rocas. Los primeros organismos en colonizar se llaman especies pioneras. Los líquenes son pioneros comunes. Descomponen la roca a medida que crecen y así producen tierra. Cuando mueren, sus desperdicios se pudren y añaden nutrientes a la tierra.

A medida que la tierra se desarrolla, las plantas pueden empezar a crecer. Los musgos prosperan y ayudan a producir más tierra. La tierra se pone más gruesa, y se establecen plantas más grandes. Por último, crecen los árboles. Se establece así una comunidad madura y estable.

Una comunidad estable puede tardar cientos de años en establecerse. En lugares donde hay agua en abundancia, la sucesión ocurre más rápido. Aún las comunidades maduras y estables siguen cambiando.

La *sucesión secundaria* ocurre cuando se perturba un ecosistema pero aún hay tierra presente. Las áreas quemadas por un incendio forestal experimentan una sucesión secundaria. La sucesión secundaria ocurre más rápido que la sucesión primaria. La tierra existente generalmente contiene semillas y raíces que brotan y crecen una vez terminado el incendio. Las primeras plantas en crecer tienden a ser arbustos y pastos robustos. Gradualmente, las plantas más grandes colonizan la zona quemada. Los animales también vuelven. Por último, se reestablece una comunidad ecológica.

Ya era tiempo

Una zona sin plantas ni animales se convierte en una llanura cubierta de hierba en el curso de un año. ¿Qué tipo de sucesión ocurrió? Explica tu respuesta.

____

____

____

En las buenas y en las malas

Las cosas vivas pueden cambiar los lugares donde viven. ¿Esto es bueno o malo? ¡Depende de tu punto de vista!

Lectura con propósito Mientras lees estas dos páginas, encierra en una caja las palabras clave que indican ejemplos.

Los organismos que viven en un medioambiente pueden causar cambios enormes. Los cambios pueden ser tanto dañinos como útiles. Por ejemplo, cuando los castores construyen un dique, talan muchos árboles—árboles que proveen alimento y refugio para otras cosas vivas. Además, el dique disminuye el flujo del agua, lo cual afecta a los animales que dependen de las corrientes de agua rápidas para vivir. Por otro lado, los diques producen humedales que proveen un hogar para muchos organismos.

Algunos cambios son perjudiciales para un ecosistema. ¡Hasta pueden causarles daño a los humanos! Cuando grandes cantidades de algas de un cuerpo de agua se reproducen rápidamente, liberan enormes cantidades de sustancias químicas dañinas y reducen los niveles de oxígeno. La condición que resulta en el agua se conoce como marea roja, y puede matar peces y otra fauna e incluso envenenar a la gente. Cuando hay marea roja en una playa, las autoridades fijan señales advirtiéndole a la gente que no se meta al agua.

Las algas que componen una marea roja liberan sustancias químicas dañinas y acaban con el oxígeno que los peces necesitan para respirar.

Los castores cambian su medioambiente al construir diques que atraviesan los riachuelos. Los diques retienen el agua y se forman lagunas. Estos cambios crean medioambientes donde se pueden establecer nuevas plantas y animales.

Contrastar

Describe una forma en la que las actividades de los castores le son útiles a un ecosistema. Luego describe una forma en la que sus actividades son dañinas.

Útiles	Dañinas

Las cabras, ovejas y otros animales de pastoreo quitan el pasto y otras plantas de un medioambiente. Cuando demasiados animales pastan en una zona, se comen el pasto más rápido de lo que este puede crecer.

Especies invasoras

Tal vez hayas visto una película en la que unos extraterrestres invaden la Tierra. ¡En la Tierra ocurren invasiones todos los días! Esto es lo que ocurre cuando una nueva especie se desplaza a un medioambiente.

Poblaciones invasoras de hormigas rojas se han desplazado a los hábitats de las hormigas cosechadoras, destruyendo las poblaciones nativas de hormigas cosechadoras y compitiendo exitosamente con estas por los recursos.

Lectura con propósito Mientras lees estas dos páginas, encierra en un recuadro las palabras o frases clave que indican una idea principal.

A veces la población de una especie crece rápidamente después de ser introducida en un medioambiente nuevo. Este tipo de organismo se llama una *especie invasora*. Las especies invasoras les quitan los alimentos y el espacio a las *especies nativas*, que son los organismos que ya viven en un ecosistema. Los factores que limitan el crecimiento de las especies nativas, como los depredadores, las pestes y las enfermedades no afectan a las especies invasoras. Las dos especies compiten por los recursos. Si ninguna otra especie en el ecosistema se puede alimentar de la especie invasora, esta no tiene límite para su expansión. Las especies invasoras a menudo amenazan a los organismos menos competitivos que han vivido en un ecosistema por mucho tiempo.

Los mejillones cebra son una especie invasora en América del Norte. Llegaron accidentalmente a los Grandes Lagos en los cascos de barcos transatlánticos. Ahora los mejillones cebra tienen poblaciones tan grandes que cubren superficies completamente, bloquean salidas de agua y tapan las tuberías en los lagos que han invadido.

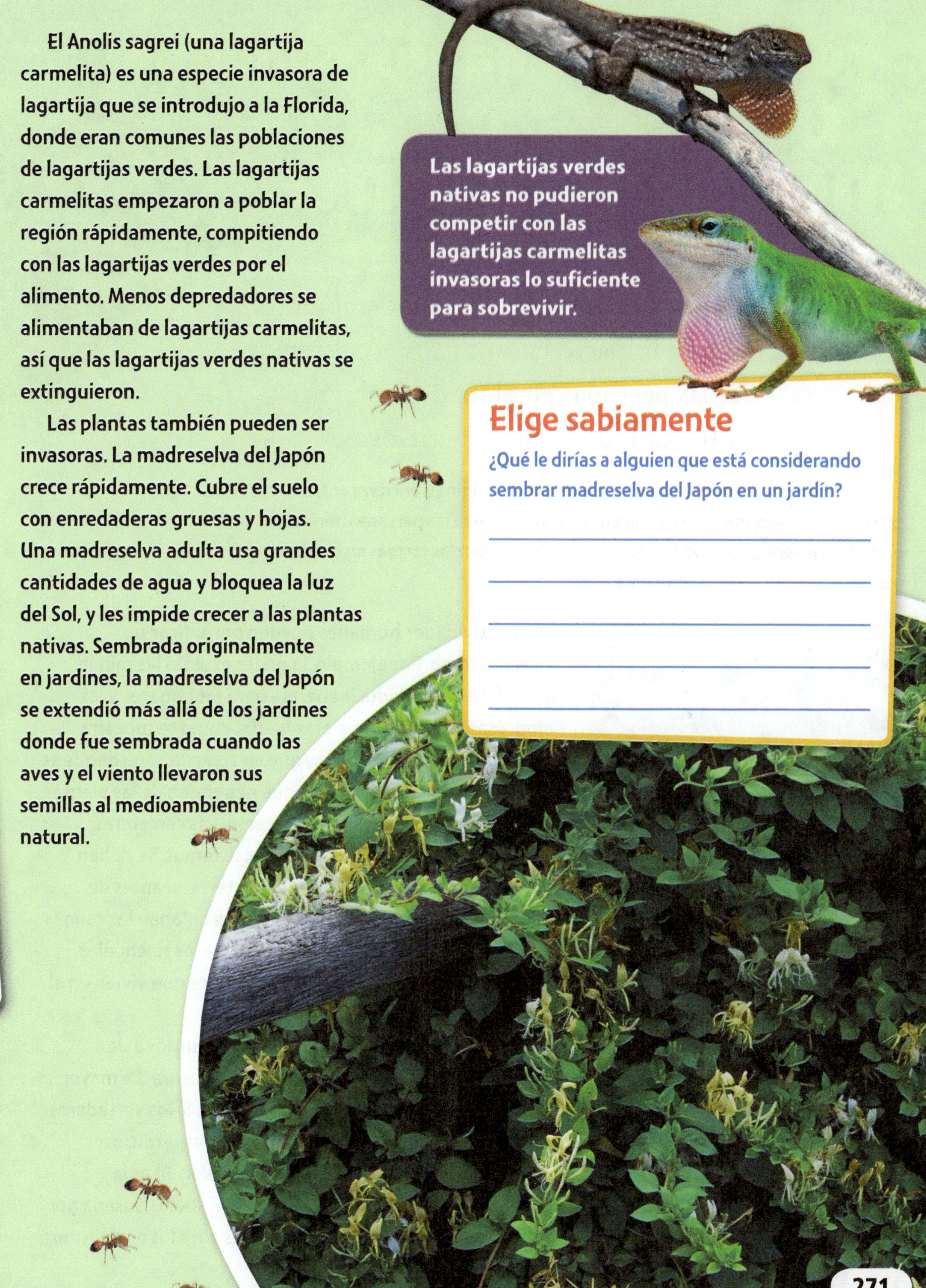

El Anolis sagrei (una lagartija carmelita) es una especie invasora de lagartija que se introdujo a la Florida, donde eran comunes las poblaciones de lagartijas verdes. Las lagartijas carmelitas empezaron a poblar la región rápidamente, compitiendo con las lagartijas verdes por el alimento. Menos depredadores se alimentaban de lagartijas carmelitas, así que las lagartijas verdes nativas se extinguieron.

Las plantas también pueden ser invasoras. La madreselva del Japón crece rápidamente. Cubre el suelo con enredaderas gruesas y hojas. Una madreselva adulta usa grandes cantidades de agua y bloquea la luz del Sol, y les impide crecer a las plantas nativas. Sembrada originalmente en jardines, la madreselva del Japón se extendió más allá de los jardines donde fue sembrada cuando las aves y el viento llevaron sus semillas al medioambiente natural.

Las lagartijas verdes nativas no pudieron competir con las lagartijas carmelitas invasoras lo suficiente para sobrevivir.

Elige sabiamente

¿Qué le dirías a alguien que está considerando sembrar madreselva del Japón en un jardín?

____

____

____

____

____

Los seres humanos cambian el medioambiente

Los humanos no estamos fuera del medioambiente y tenemos un gran impacto en nuestros ecosistemas. Los efectos del las personas en el medioambiente pueden ser tanto dañinos como beneficiosos.

Lectura con propósito **Mientras lees estas dos páginas, encierra entre corchetes las oraciones que describen las formas en que las personas perjudican el medioambiente. Subraya las oraciones que describen las formas en que las personas ayudan al medioambiente.**

Las actividades humanas pueden perjudicar un ecosistema. Por ejemplo, la gente explota las minas de carbón para producir energía para los hogares y las empresas. La minería a cielo abierto, como se muestra aquí, mata todas las plantas que viven en la zona donde se excava la mina. Los animales que dependen de las plantas para alimentarse deben desplazarse. Las carreteras también pueden perturbar los ecosistemas. Se deben quitar las plantas y animales de un terreno antes de construir una carretera. A menudo se aplanan las colinas y se rellenan los valles, lo cual bloquea los riachuelos. Las comunidades de plantas y animales que vivían en el ecosistema ya no pueden sobrevivir.

Los humanos producen una gran cantidad de desperdicios que se desechan como basura. La mayor parte de la basura va a los vertederos. Si los vertederos no se construyen debidamente, los desperdicios contaminan el suelo y el agua. La *polución* es la contaminación del aire, el agua o el suelo causada por sustancias químicas perjudiciales para los organismos.

No todos los cambios que causan los humanos son perjudiciales. La gente trabaja para proteger su medioambiente y para proteger a los organismos del daño que resulta del cambio en el ecosistema. La protección de los ecosistemas y de los organismos que viven en ellos se llama *conservación*.

Para tratar de restaurar los hábitats y de reparar los ecosistemas dañados, la gente siembra árboles y limpia la polución. La gente también quita las plantas y animales invasores para que los organismos nativos puedan sobrevivir.

Además, la gente trata de ayudar a los organismos afectados por desastres naturales. La gente cuida de los animales que estos desastres dejan heridos o huérfanos.

¿Cómo puedes ayudar?

En el siguiente espacio, enumera las cosas que puedes hacer parar ayudar al medioambiente. Incluye cosas que ya haces y lo que te gustaría hacer en el futuro.

___

___

¡Desaparecido!

Algunas cosas vivas cambian cuando su medioambiente cambia. Otras cosas vivas se desplazan a lugares nuevos. Y otras no sobreviven.

Hace millones de años, la Tierra estaba cubierta de reptiles gigantes. Ahora la mayoría de esos reptiles están extintos. La **extinción** ocurre cuando se mueren todos los miembros de una especie. Los reptiles gigantes como el *Tyrannosaurus rex* que se muestra aquí, vivieron en una época en que la Tierra era cálida. Con el tiempo, el medioambiente se enfrió y muchos de los reptiles no pudieron sobrevivir.

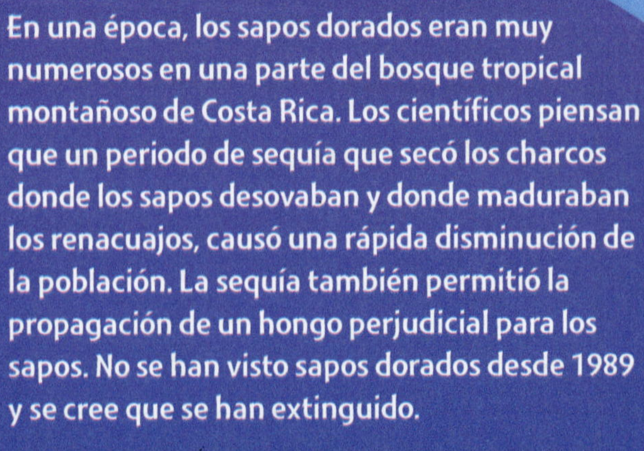

En una época, los sapos dorados eran muy numerosos en una parte del bosque tropical montañoso de Costa Rica. Los científicos piensan que un periodo de sequía que secó los charcos donde los sapos desovaban y donde maduraban los renacuajos, causó una rápida disminución de la población. La sequía también permitió la propagación de un hongo perjudicial para los sapos. No se han visto sapos dorados desde 1989 y se cree que se han extinguido.

El lobo de Tasmania vivía en Australia y en Nueva Guinea. Los rancheros creían que los lobos mataban las ovejas y el ganado, pero esto nunca se probó. La cacería del lobo de Tasmania llevó a su extinción en la década de 1930.

El dodo era un pájaro que vivía en una isla del Océano Índico. Alrededor de 1600, llegaron personas a la isla y los cazaron como alimento. También talaron los bosques para crear espacio para construir casas. Las especies invasoras, como los gatos y los cerdos traídos por la gente, destruyeron los nidos de los dodos. En 80 años, los dodos se extinguieron.

Viajero en el tiempo

Si pudieras regresar a la isla de los dodos en 1600, ¿qué consejo podrías dar para contribuir a la conservación de estos pájaros?

____

____

____

____

Hoy día, la gente se esfuerza por conservar los hábitats y proteger a los organismos contra la extinción. Aún así, muchos organismos están en peligro de extinguirse. A medida que los medioambientes de estos organismos siguen cambiando, algunos se adaptarán, otros se desplazarán y algunos no sobrevivirán.

Cuando termines, lee la Clave de respuestas y corrige lo que sea necesario.

Lee los siguientes resúmenes. Todos son incorrectos. Vuelve a escribir la parte del resumen que aparece en azul para que sea correcta.

1

1. La polución es todas las cosas vivas y no vivas que afectan la vida de un organismo.

____

2. Un suceso natural que causa un cambio lento del medioambiente es un terremoto.

____

3. Podemos ayudar a conservar los hábitats con la minería, construyendo vertederos y talando bosques.

____

____

4. La protección de los ecosistemas es un ejemplo de extinción. _______________

2 **La siguiente red de ideas resume la lección. Completa la red. Comienza con el número 5.**

La acumulación gradual de organismos en un medioambiente que consiste en rocas descubiertas se llama sucesión 7. _______________.

La acumulación gradual de organismos en un medioambiente que tiene tierra se llama sucesión 8. _______________.

Un medioambiente puede cambiar 5. _______________ o 6. _______________.

Un(a) 9. _______________ es una planta o animal no nativo que se apodera de un medioambiente.

Un suceso como 10. _______________ _______________. puede cambiar un medioambiente repentinamente.

Clave de respuestas: 1. cualquier sustancia dañina que entra al medioambiente 2. una edad del hielo 3. volviendo a sembrar bosques, limpiando la basura y sacando plantas y animales invasores 4. conservación 5. rápidamente 6. lentamente 7. primaria 8. secundaria 9. especie invasora 10. una inundación, un terremoto o una erupción volcánica

Nombre ______________________________

Juego de palabras

1 Usa las pistas para descifrar las palabras.

1. ivonasr _ _ _ _ _ _ _ : Animal no nativo que se desplaza a un lugar nuevo
2. evsnococinar _ _ _ _ _ _ _ _ _ _ _ _ : Protección de los ecosistemas y los organismos que viven en ellos
3. nulocopi _ _ _ _ _ _ _ _ : Basura en el suelo o sustancias químicas nocivas en el agua
4. qasiue _ _ _ _ _ _ : Ocurre cuando no llueve por mucho tiempo
5. oseinscu _ _ _ _ _ _ _ _ : El cambio gradual y la acumulación de organismos en un medioambiente
6. laga _ _ _ _ : Organismo que causa la marea roja cuando está presente en grandes cantidades
7. rasotc _ _ _ _ _ _ : Puede ser beneficioso o dañino, dependiendo del punto de vista
8. lasion _ _ _ _ _ _ : Lagartija carmelita que ha invadido algunas zonas de la Florida
9. tbeinomedeami _ _ _ _ _ _ _ _ _ _ _ _ _ : Todo lo que hay alrededor de un organismo, como otros organismos, el aire, el agua y la tierra
10. nietnoxci _ _ _ _ _ _ _ _ _ : Le ocurrió a los dodos y a los lobos de Tasmania
11. conval _ _ _ _ _ _ : Puede causar cambios medioambientales a largo plazo al soplar polvo y gases hacia el cielo

Extra: ¿Cuál es el animal prehistórico más sabio?

____

Aplica los conceptos

2 Rotula cada dibujo según sea un cambio causado por personas, animales o un suceso natural.

3 Nombra cuatro especies invasoras y describe su efecto en los ecosistemas.

4 Encierra en un círculo los animales que se extinguieron a causa de sucesos naturales. Encierra en dos círculos los animales que se extinguieron a causa de actividades del hombre.

Nombre ______________________________

5 En la primera casilla de abajo, dibuja un paisaje con un río. En la segunda casilla, dibuja cómo se vería el mismo paisaje después de una inundación. Incluye leyendas para explicar cómo cambió el medioambiente.

____

____

____

____

6 Completa el siguiente organizador gráfico para describir cómo los castores cambian el medioambiente.

Los castores construyen un dique en un arroyo.

↓

____

____

↓

____

____

Describe una forma en la que la gente puede resolver cada uno de los problemas medioambientales que aparecen a continuación.

7 La minería del carbón puede perjudicar los hábitats y causar polución.

____

____

____

8 La construcción de una nueva carretera destruye hábitats y puede llevar a la erosión del suelo.

____

____

____

9 Los desperdicios de la basura en los vertederos pueden penetrar en el suelo y contaminar la tierra y el agua.

____

____

10 Imagínate que una rana arborícola anaranjada solo come cierto tipo de mosquitas azules. Una mosca roja gigante empieza a entrar en el ecosistema de la rana arborícola. La mosca roja se come todo el alimento de la mosca azul. En el espacio de abajo, dibuja un diagrama de flujo para mostrar qué le ocurriría a la rana.

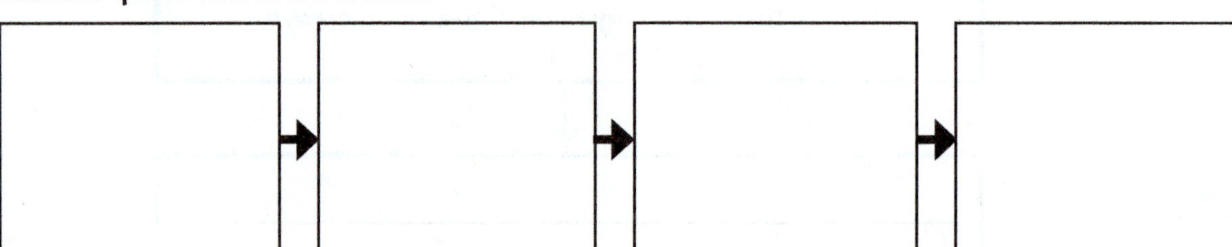

Extra: ¿Cómo cambiarían las ranas anaranjadas a causa de la moscas roja? ________

____

Para la casa

Comparte con tu familia lo que aprendiste sobre la conservación. Averigua por lo menos cuatro maneras de conservar los recursos de la casa. Lleva a cabo el plan de tu familia y haz un informe de los resultados para la clase.

S.T.E.M.

Ingeniería y tecnología

Cómo funciona:

La vida en una caja

¿En qué se parecen un acuario, un terrario y la Estación espacial internacional? Todos son medioambientes artificiales. En cada espacio contenido, es necesario controlar diferentes partes del medioambiente para que los organismos puedan vivir allí. Algunas de estas partes son la luz, el calor, el agua y el oxígeno.

Soluciones

Un acuario generalmente está dotado de un filtro, una bomba, un calentador, un aireador (para añadir oxígeno al agua) y una luz. Elige uno de estos dispositivos. Describe lo que podría ocurrir a los seres vivos en el acuario si se dañara y explica por qué.

____

____

continuación

Los medioambientes artificiales deben tener todas las cosas necesarias para los organismos que habitan en ellos.

Dibuja un organismo en un medioambiente artificial. Explica cómo el medioambiente está diseñado para proveer lo que el organismo necesita.

____

____

Investiga la biósfera 2. ¿Qué es?

____

____

¿Cuál es un problema que tendrían las personas que vivieran en un sistema cerrado como este?

____

____

¿Cómo podrían resolverlo?

____

Biósfera 2

Parte de la base

Acepta el desafío de hacer un diseño de ingeniería. Completa el Rotafolio de investigación **Diséñalo: Laboratorio de ecosistemas móvil.**

Rotafolio de investigación, pág. 30

Nombre ______________________________

Pregunta esencial

¿Cómo influye la sequía en las plantas?

Establece un propósito

¿Qué más habrás aprendido sobre las plantas después de hacer este experimento?

____

____

____

____

Formula tu hipótesis

Escribe tu hipótesis o postulado comprobable.

____

____

____

____

Piensa en el procedimiento

¿Qué partes de tu experimento permanecen igual para cada grupo de prueba?

____

____

____

¿Qué parte del experimento cambiaste?

____

____

____

____

Anota tus datos

Anota tus observaciones en la siguiente tabla.

Observaciones a las plantas	
Vaso A	
Vaso B	
Vaso C	
Vaso D	
Vaso E	

Saca tus conclusiones

¿Pudiste confirmar tu hipótesis? ¿Por qué?

¿Qué conclusiones puedes sacar de esta investigación?

Analiza y amplía

1. ¿Qué condiciones naturales representan los vasos A y E?

2. ¿Se comportaron mejor las plantas de los vasos que recibieron más agua? ¿Qué puedes inferir de tus resultados?

3. Supón que estás estudiando plantas de arvejas. Hallas que la mitad de las plantas sobreviven en condiciones leves de sequía. ¿Por qué podrían ser importantes estos datos?

4. Qué experimento harías para probar esta hipótesis: la cantidad de fertilizante no afecta la rapidez del crecimiento. Haz y rotula un dibujo para mostrarlo.

5. Piensa en otras preguntas que te gustaría hacer sobre cómo afectan las condiciones ambientales a las plantas.

Repaso de la Unidad 5

Nombre ___________________________

Repaso del vocabulario

Completa las oraciones con las palabras de la casilla.

comunidad
ecosistema
medioambiente
extinción
hábitat
nicho ecológico
población
sucesión

1. Una comunidad de organismos y el medioambiente en que viven se llama un(a) ______________________.

2. Un científico observaría un grupo de conejos que viven en una pradera y los llamaría un(a) ______________________.

3. Todas las cosas vivas y no vivas que te rodean componen tu ______________________.

4. Un científico que describe el lugar donde vive un organismo está describiendo su ______________________.

5. El papel que cumple una planta o un animal en su hábitat es su ______________________.

6. La desaparición de una especie completa de organismos se conoce como ______________________.

7. El cambio gradual de los organismos en un ecosistema después de un evento como una erupción volcánica se llama ______________________.

8. Un grupo de plantas y animales que viven en la misma zona y que interactúan entre sí se llama un(a) ______________________.

Conceptos de ciencias

Rellena la burbuja de la opción que mejor responde a la pregunta.

9. **Los organismos que viven alrededor de una laguna interactúan con factores bióticos y abióticos. ¿Cuál de los siguientes es un factor abiótico del medioambiente de la laguna?**

Ⓐ plantas de enea
Ⓑ tierra lodosa
Ⓒ agua que fluye lentamente
Ⓓ temperatura caliente

10. **Un arrecife de coral tiene muchas especies diferentes. Una zona cerca del Ártico tiene pocas especies. ¿Qué término describe la variedad de especies que viven en un ecosistema?**

Ⓐ comunidad
Ⓑ diversidad
Ⓒ nicho
Ⓓ población

11. **En un experimento de ciencias, se colocó tierra en cuatro vasos graduados. El siguiente diagrama muestra las condiciones de la tierra en cada vaso.**

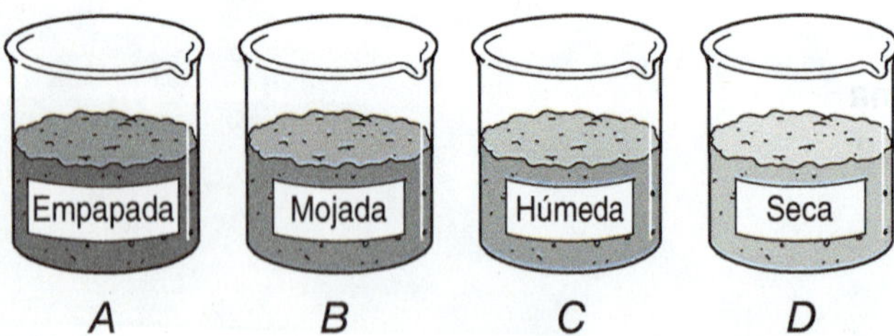

¿Cuál de los vasos graduados es un modelo de las condiciones de sequía?

Ⓐ Vaso A
Ⓑ Vaso B
Ⓒ Vaso C
Ⓓ Vaso D

12. **Alejandra desea identificar un ecosistema para estudiarlo. Empieza por mirar el siguiente globo.**

¿En qué parte del globo debe buscar para identificar más áreas con alta biodiversidad?

Ⓐ cerca del agua
Ⓑ cerca de las montañas
Ⓒ cerca del ecuador
Ⓓ cerca de los polos norte o sur

13. **Un volcán hace una erupción y cubre el suelo de lava que se endurece formando roca. Al comenzar la sucesión primaria, ¿qué organismo probablemente será el primero en poblar la zona?**

Ⓐ aves
Ⓑ serpientes
Ⓒ líquenes
Ⓓ osos

14. **A veces una especie que se introduce en una zona crece rápidamente y no deja espacio para los organismos que ya vivían allí. ¿Cómo se llama esta especie introducida?**

Ⓐ una especie nativa
Ⓑ una especie protegida
Ⓒ una especie invasiva
Ⓓ una especie beneficial

Nombre ______________________

15. En un lote desocupado se construyó un nuevo centro comercial. La tabla muestra el número de plantas antes y después de la construcción.

Plantas	Antes	Después
flores	500	1,000
pasto	1,000	0
arbustos	260	50
árboles	26	3

¿Cuál de estas afirmaciones es **cierta** según estos datos?

Ⓐ Los humanos no cambiaron el medioambiente.

Ⓑ Había menos plantas en total antes de construirse el centro comercial.

Ⓒ Había más clases de plantas antes de construirse el centro comercial.

Ⓓ Había más clases de plantas después de construirse el centro comercial.

16. El dibujo muestra los organismos que viven en un ecosistema terrestre.

¿Cuál es el organismo productor?

Ⓐ organismo 1

Ⓑ organismo 2

Ⓒ organismo 3

Ⓓ organismo 4

17. Un agricultor planta maíz todos los años. Un año, la granja sufre una sequía y recibe menos lluvia de lo normal durante la temporada de cultivo. ¿Cuál de los siguientes es el resultado **más** probable?

Ⓐ Las plantas de maíz no crecerán para nada.

Ⓑ Las plantas de maíz serán más altas que de costumbre.

Ⓒ Las plantas de maíz serán más bajas que de costumbre.

Ⓓ Las plantas de maíz crecerán igual que de costumbre.

18. Los bosques húmedos tropicales son ecosistemas que tienen mucha diversidad. En ellos viven muchos organismos diferentes gracias a la abundancia de recursos. ¿Qué factores afectan la cantidad de recursos y la diversidad de un ecosistema?

Ⓐ edad y altura

Ⓑ movimiento y humanos

Ⓒ clima y ubicación

Ⓓ minerales y luz solar

19. ¿Cuál de las cosas siguientes indica que un ecosistema se ha convertido en una comunidad estable después de años de sucesión?

Ⓐ musgo

Ⓑ rocas

Ⓒ tierra

Ⓓ árboles

Aplica la investigación y repasa La gran idea

Escribe la respuesta a estas preguntas.

20. Leo está explorando un riachuelo cerca de su casa. Identifica dos factores bióticos y dos factores abióticos con los cuales probablemente interactúan las ranas que viven en el riachuelo.

____

____

____

21. La clase de Eloy hace una excursión a una pradera. Eloy ve varios ratones de campo correteando entre el pasto. Anota las formas en que los ratones usan recursos y son recursos en la pradera. ¿Qué anotó Eloy probablemente?

a. Cómo los ratones usan recursos: ______________________

____

b. Cómo los ratones son recursos: ______________________

____

22. La gráfica siguiente muestra los cambios que ocurrieron después de que un incendio forestal eliminara todos los árboles de una pradera en la montaña, dejando la tierra expuesta.

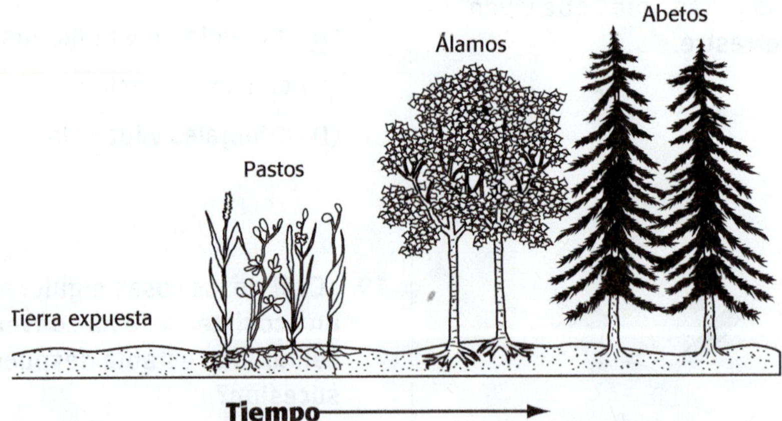

Describe qué ocurrió en las diferentes etapas. Explica cómo estos cambios afectaron a los otros organismos que viven en el ecosistema.

____

____

____

UNIDAD 6

Energía y ecosistemas

La gran idea

Los seres vivos interactúan entre sí dentro de ecosistemas. La energía fluye del Sol a las plantas y los animales.

El oso polar y la ballena gris viven en el Ártico. Los osos polares comen focas y peces. ¿Por qué se están comiendo una ballena? *Da vuelta a la página para descubrirlo.*

Por esta razón Aunque el oso polar blanco es ante todo un carnívoro que caza focas y peces para alimentarse, también se come la carne de las ballenas muertas que encuentre.

En esta unidad vas a aprender más sobre La gran idea, y a desarrollar las preguntas esenciales y las actividades del Rotafolio de investigación.

Niveles de investigación ■ Dirigida ■ Guiada ■ Independiente

La gran idea Los seres vivos interactúan entre sí dentro de ecosistemas. La energía fluye del Sol a las plantas y los animales.

Preguntas esenciales

¡Ya entiendo La gran idea!

Cuaderno de ciencias

No te olvides de escribir lo que piensas sobre la Pregunta esencial antes de estudiar cada lección.

Pregunta esencial

¿Qué funciones desempeñan los organismos de un ecosistema?

Ponte a pensar

Halla la respuesta a la siguiente pregunta en esta lección y escríbela aquí.

Las jirafas comen hojas de los árboles para obtener la energía que necesitan para vivir y crecer. ¿De dónde sacan su energía los árboles?

____

____

____

____

Lectura con propósito

Vocabulario de la lección

Haz una lista de los términos. A medida que aprendes cada uno, toma notas en el Glosario interactivo.

_______________ _______________

_______________ _______________

_______________ _______________

Palabras clave: Detalles

Las palabras clave muestran la conexión entre ideas. *Por ejemplo* indica ejemplos de una idea. *También* e *incluso* indican datos agregados. Los buenos lectores recuerdan lo que leen porque están atentos a las palabras clave que identifican ejemplos y datos sobre un tema.

Máquinas verdes

Sabes que los animales dependen de las plantas para su alimentación. ¿Sabías que los animales también dependen del oxígeno producido por las plantas?

Lectura con propósito Mientras lees estas dos páginas, subraya tres cosas que las plantas necesitan para hacer su propio alimento.

El movimiento de los gases que van y vienen entre plantas y animales se llama el ciclo de dióxido de carbono-oxígeno.

El ciclo de dióxido de carbono-oxígeno

Las plantas usan dióxido de carbono para hacer el alimento que necesitan la mayoría de los seres vivos para vivir.

1. Las plantas absorben dióxido de carbono. Las plantas necesitan el dióxido de carbono y la energía del sol para hacer los azúcares que usan como alimento. Como subproducto, las plantas liberan oxígeno.
2. Cuando los animales inhalan, absorben el oxígeno. Cuando exhalan, despiden dióxido de carbono.
3. La mayoría de las plantas absorben algo de oxígeno. Las plantas usan el oxígeno para procesar los azúcares que producen. Al hacerlo, despiden dióxido de carbono.

Fotosíntesis

1. El dióxido de carbono entra en la planta por unos agujeros diminutos en las hojas.
2. El agua del suelo entra en la planta por las raíces.
3. Los cloroplastos dentro de las células que se encuentran en las hojas y otras partes verdes de la planta captan energía de la luz solar.
4. La clorofila ayuda a convertir el dióxido de carbono, el agua y la energía solar en azúcar y oxígeno.

El proceso por el cual las plantas y organismos parecidos a las plantas hacen alimento se llama **fotosíntesis**. La fotosíntesis ocurre con ayuda de una molécula verde llamada **clorofila**. La clorofila se encuentra en unas estructuras dentro de la célula de la planta llamadas cloroplastos. Durante la fotosíntesis, las plantas usan la energía del sol para convertir el agua y el dióxido de carbono en azúcares y oxígeno. El oxígeno se libera por unos agujeros diminutos llamados estomas en las hojas de la planta. Todo el oxígeno que nosotros respiramos viene de plantas y organismos parecidos a las plantas.

El ciclo de dióxido de carbono-oxígeno

Escribe los términos que faltan para completar el ciclo.

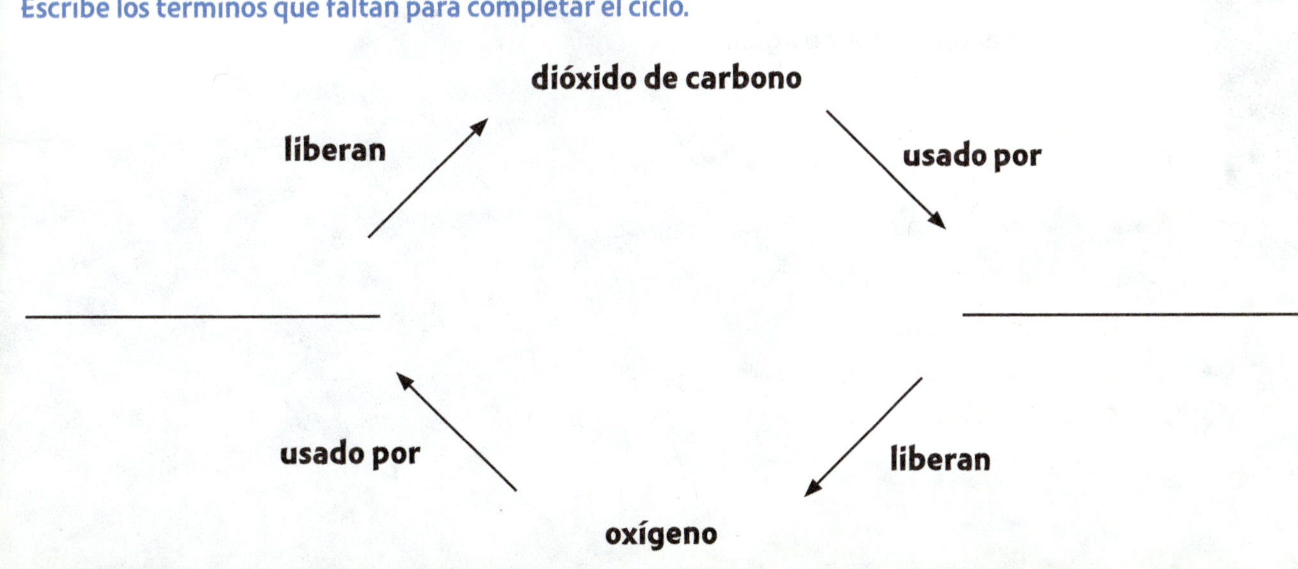

¡Cómete las verduras!

¿Has oído esas palabras? Quizá pienses que puedes vivir sin las plantas, pero aunque no te comas la espinaca, sigues necesitando las plantas para tu alimentación.

Lectura con propósito Mientras lees estas dos páginas, encierra en un círculo las palabras o frases clave que indiquen un detalle como un ejemplo o un dato añadido.

Todos los organismos necesitan energía para vivir y crecer. Esa energía viene de los alimentos. Los **productores** son organismos que fabrican su propio alimento. Las plantas son productoras. También son productores unos organismos diminutos parecidos a plantas que se llaman fitoplancton, los cuales viven en los océanos y otras extensiones de agua.

Este hipopótamo es un consumidor que come plantas.

Las ardillas son consumidoras que comen principalmente productores.

Los organismos que no pueden fabricar su propio alimento se llaman **consumidores**. Los consumidores se comen a otros seres vivos para obtener la energía que necesitan para vivir y crecer. Unos consumidores comen solamente plantas. Otros comen solamente animales. Otros comen tanto plantas como animales.

Todo organismo, de cualquier tipo de consumidor que sea, necesita productores para sobrevivir. Por ejemplo, los ratones y los conejos comen solamente plantas. Los halcones se comen a los ratones y a los conejos. Si no hubiera plantas, los ratones y los conejos morirían. Los halcones que se comen a los ratones y conejos también morirían. Los seres vivientes dependen del alimento fabricado por las plantas.

¿Consumidor o productor?

Escribe cuáles son productores y cuáles son consumidores.

Eres lo que comes

Hay personas que comen solamente alimentos hechos de plantas. Otras comen una mezcla de alimentos de animales y plantas. Al igual que las personas, los diferentes tipos de consumidores comen diferentes tipos de alimento.

Lectura con propósito Mientras lees esta página y la siguiente, subraya las definiciones de herbívoro, carnívoro y omnívoro.

Los consumidores se clasifican en tres grupos principales según lo que comen. Los *herbívoros* comen solamente productores. Algunos herbívoros bien conocidos son el ratón, el conejo y el ciervo. El panda, el koala, el elefante y la mayoría de los insectos, entre ellos la mariposa, también son herbívoros.

Los consumidores que comen carne se llaman *carnívoros*. Cuando piensas en un carnívoro, quizá pienses en un león como el que ves aquí. Pero no todos los carnívoros son mamíferos. El pingüino es un ave que se alimenta únicamente de peces. La mariquita es un escarabajo que se alimenta de otros insectos.

Esta serpiente es carnívora. Se alimenta de otros animales.

El león es un carnívoro que come otros animales como cebras y antílopes.

Los consumidores que comen tanto plantas como animales se llaman *omnívoros*. La tortuga silvestre de caja, por ejemplo, come fresas, moras y setas, pero también come insectos y arañas.

Los carnívoros y omnívoros que cazan otros animales y se los comen se llaman también *depredadores*. Los animales a los cuales cazan se llaman la *presa*. El número de depredadores y el número de presas están relacionados. Al aumentar la población de un depredador, este consume más y más presas. Con el tiempo, los depredadores consumen tantas presas que estas se vuelven escasas. Los depredadores tienen dificultad para hallar alimento. Unos depredadores se van. Otros mueren. Con menos depredadores para comérselos, los animales presa tienen la oportunidad de volver a aumentar su número.

El tucán es omnívoro. Come frutas, insectos, serpientes y casi cualquier cosa que encuentre.

Práctica matemática

Interpreta una gráfica lineal

La gráfica muestra el número de linces y de liebres americanas en una zona a lo largo del tiempo.

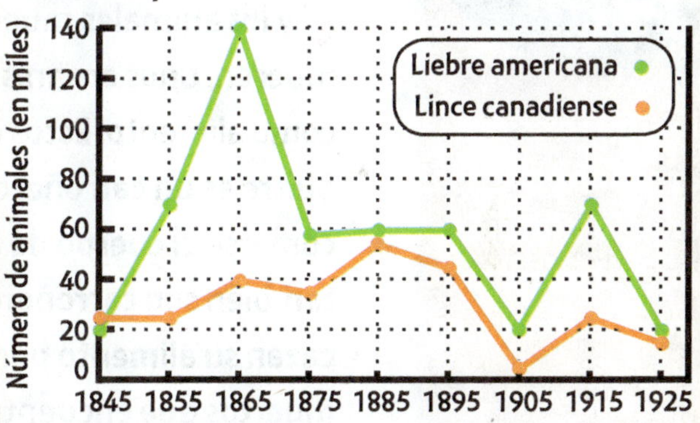

¿Cuántas liebres y linces había?

	en 1865	en 1905
liebre	______	______
lince	______	______

¿Qué observas respecto a la relación de los depredadores con las presas?

____

____

____

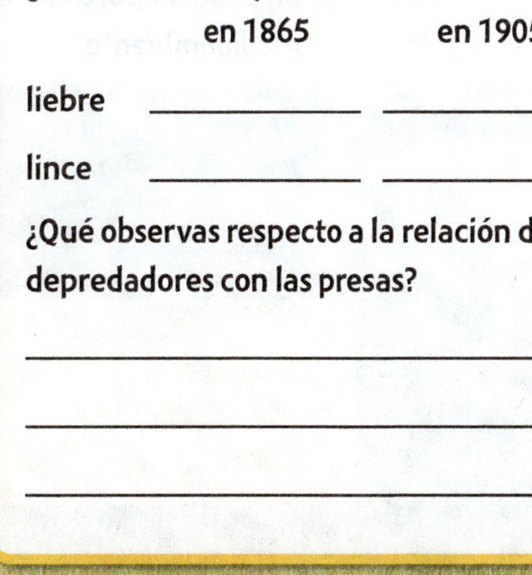

Descomponer... y limpiar

Así como los recogedores de basura eliminan los desechos que tiramos, la naturaleza también tiene su personal de limpieza.

Lectura con propósito Mientras lees estas dos páginas, subraya las funciones principales de los carroñeros y los organismos descomponedores.

¿Te has preguntado qué se hacen los cuerpos de las plantas y los animales muertos? Cuando las plantas y animales mueren, unos organismos en el medioambiente se los comen como alimento. Estos organismos se llaman *carroñeros*. El buitre es un carroñero bien conocido. Esta ave es famosa por comerse el cuerpo de animales muertos. Hay carnívoros que también son carroñeros. El oso polar, el tiburón y el leopardo cazan su alimento pero también se comen los animales muertos que encuentran. Los carroñeros cumplen un papel importante en la limpieza del medioambiente.

El milpiés es un carroñero que come la materia vegetal muerta que encuentra en la tierra.

El cangrejo es carroñero. Come algas, hongos y materia en descomposición del fondo del océano.

Varios tipos de buitres no tienen plumas en la cabeza. Esto ayuda a mantener limpias a estas aves cuando meten la cabezas en el interior de los animales muertos que consumen.

▶ Explica cómo crees que se vería un ecosistema sin carroñeros ni organismos descomponedores.

Los carroñeros no son los únicos seres vivos que eliminan organismos muertos. Los **organismos descomponedores** son organismos que descomponen, o desbaratan, los desechos y los restos de organismos muertos. Este proceso devuelve nutrientes al suelo, el aire y el agua. Las bacterias son organismos descomponedores microscópicos que se valen de químicos llamados enzimas para descomponer los últimos restos de las plantas y los animales así como los desechos animales. Al hacerlo, obtienen la energía que necesitan para cumplir sus procesos vitales.

Los hongos son organismos descomponedores que liberan enzimas. Estas enzimas descomponen la materia muerta, liberando nutrientes que enriquecen el suelo.

Por qué es importante

Cada uno desempeña su función

Todos los organismos desempeñan una función importante en su ecosistema.

Los científicos estudian a los seres vivos en su medioambiente para entender mejor cómo estos organismos se relacionan entre sí. Unas especies no pueden sobrevivir si su hábitat sufre pequeños cambios. La salamandra tigre, por ejemplo, vive en los humedales. Los científicos saben que si el número de salamandras en un humedal decae, es señal de que el humedal ha sufrido contaminación o daño.

Hay especies, como el tigre de bengala, del sureste asiático, que están en peligro de extinción. Los gobiernos se esfuerzan por proteger a estas especies así como sus hábitats. Cuando se protege el hábitat de una especie, todos los organismos que viven allí también reciben protección.

Los bosques de kelp son ricos en hábitats marinos donde muchos peces tienen sus crías. Estos bosques se encuentran en todo el mundo en aguas costeras frías. Al proteger estos bosques se ayuda a proteger a los organismos que dependen de ellos. De igual modo, al proteger a los animales que viven en el bosque de kelp se ayuda a proteger el bosque mismo.

▶ Piensa en una especie que sea común en tu área. ¿Qué ocurriría si esta especie desapareciera de repente?

____

____

____

____

____

____

Salamandra tigre

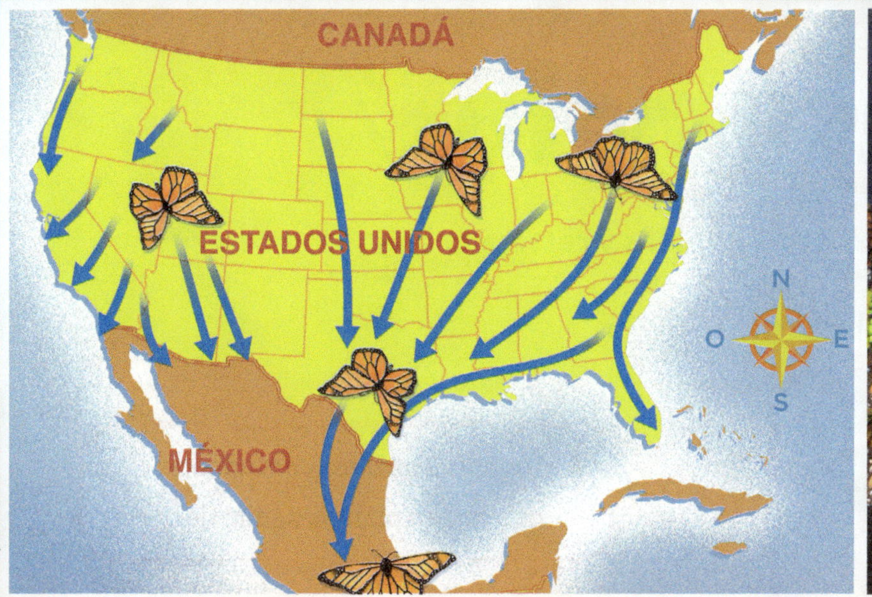

La mariposa monarca migra hacia el sur para pasar el invierno en climas cálidos. La monarca vive en muchos ecosistemas diferentes en su vida. Los especialistas en conservación se han esforzado por proteger las zonas donde viven estos insectos. Al hacerlo, también protegen otros organismos que comparten la zona con las monarcas.

Las tortugas marinas comen pequeños animales que hallan flotando en las algas. Los especialistas en conservación se han concentrado en la protección de estas tortugas. Esto a su vez sirve para proteger tanto sus hábitats como los organismos que viven en ellos.

Los erizos de mar se alimentan de kelp. Si hay demasiados erizos, pueden destruir el bosque completamente. La nutria marina come erizos de mar y ayuda a mantener sanos los lechos de kelp.

Cuando termines, lee la Clave de respuestas y corrige lo que sea necesario.

Empareja cada imagen con su descripción.

1

A
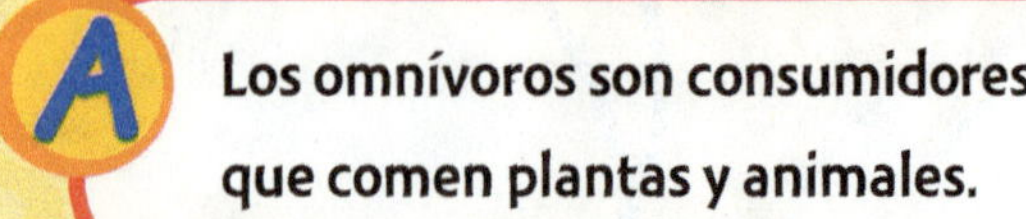
Los omnívoros son consumidores que comen plantas y animales.

2

B
Los carnívoros y los omnívoros que cazan otros animales y se los comen se llaman organismos depredadores.

3

C
Las plantas fabrican su alimento mediante el proceso de fotosíntesis.

En pocas palabras

La siguiente red de ideas resume la lección. Completa la red.

Funciones de los organismos

Un 4. ________________ fabrica alimento para sí y para otros animales.

Los carnívoros son consumidores que 7. ________________.

Las bacterias son organismos 5. ____________ que deshacen la materia muerta y los desechos.

El número de organismos depredadores tiende a aumentar cuando aumenta el número de 6. ____________.

Clave de respuestas: 1. C 2. B 3. A 4. productor 5. descomponedores 6. presas 7. comen otros animales

Ejercita tu mente

Lección 1

Nombre ___________________________

Juego de palabras

1 Ordena cada grupo de letras para escribir un término importante de la lección. Usa las pistas como ayuda.

1. breohivor — Animal que come únicamente productores

   _ _ _ _ _ _ _ _ _

2. doradredep — Ser vivo que caza otros animales y se los come

   _ _ _ _ _ _ _ _ _ _

3. respa — Animal que es cazado por otros animales

   _ _ _ _ _

4. meocrendprdos — Organismo que descompone los desechos y los restos de plantas y animales y devuelve sus nutrientes al suelo

   _ _ _ _ _ _ _ _ _ _ _ _ _

5. ovormoni — Animal que come plantas y otros animales

   _ _ _ _ _ _ _ _

6. carroñero — Organismo que come plantas o animales muertos

   _ _ _ _ _ _ _ _ _

7. clorofila — Molécula verde que facilita a las plantas convertir agua, dióxido de carbono y luz solar en azúcares

   _ _ _ _ _ _ _ _ _

8. dumsoconi — Organismo que no puede hacer su propio alimento

   _ _ _ _ _ _ _ _ _ _

Extra: Enumera cinco omnívoros.

____

____

____

____

____

Aplica los conceptos

2 Completa las oraciones para identificar dos funciones de los organismos descomponedores en un ecosistema.

a. Los organismos descomponedores deshacen los restos de los ________ y los desechos de los ________________.

b. Los organismos descomponedores devuelven los ________________ al suelo.

3 Todos los carroñeros son consumidores, pero no todos los consumidores son carroñeros. ¿Cierto o falso?

____

Explica tu respuesta.

____

____

____

4 Encierra en un círculo la actividad que ocurre cuando las plantas hacen azúcares simples para alimento.

Las plantas absorben oxígeno y liberan dióxido de carbono.

Los animales absorben oxígeno y liberan dióxido de carbono.

Las plantas absorben dióxido de carbono y liberan oxígeno.

5 Rotula los consumidores y los productores.

____________ ____________ ____________ ____________

Para la casa

Haz una lista de todas las plantas y animales que tu familia comió hoy en una tabla de dos columnas. ¡No olvides contar los materiales vegetales que componen el pan y la pasta! Los miembros de tu familia, ¿son herbívoros, carnívoros u omnívoros?

Conoce a los detectives del medioambiente

Erika Zavaleta

Erika Zavaleta es una ecóloga de California dedicada al estudio de las conexiones entre la gente y el medioambiente. Las ciudades crecen y el clima cambia. Estos cambios dificultan la supervivencia de algunas plantas y animales. Parte del trabajo de Erika consiste en averiguar cómo podrían convivir en armonía las personas, las plantas y los animales.

Últimamente, Erika ha estado estudiando los robles. Todo un bosque de robles puede desaparecer a causa de los incendios u otros desastres. Erika estudia las mejores maneras de hacer crecer nuevos árboles después de un desastre.

Peter y Rosemary Grant

Peter y Rosemary Grant estudian las adaptaciones animales. En las Islas Galápagos, en la costa del Pacífico en América del Sur, estudian los cambios de las aves llamadas pinzones a través del tiempo. Lo que más les interesa son los cambios en el pico. Los Grant han observado que la forma y tamaño del pico cambia cuando el ambiente cambia.

En épocas de sequía severa, muchas aves mueren de hambre. Cuando las únicas semillas que se pueden encontrar son grandes y duras, solo las aves con los picos más grandes pueden partirlas y sobrevivir, mientras que las de picos pequeños mueren. Al año siguiente, las aves de pico grande producen crías de pico grande como ellas.

Ahora busca tú las claves

Responde estas preguntas acerca de los científicos sobre los que acabas de leer.

¿Qué tipo de problemas ambientales estudia Erika Zavaleta?

¿Qué medidas crees que tomaron Peter y Rosemary Grant como parte de sus estudios?

¿Qué han aprendido estos científicos sobre la adaptación animal y vegetal?

Lección 2

Pregunta esencial

¿Cómo se mueve la energía a través de los ecosistemas?

Ponte a pensar

Halla la respuesta a la siguiente pregunta en esta lección y escríbela aquí.

En este abrevadero hay muchos tipos de animales. ¿Por qué no huyen unos de otros?

____

____

____

____

Lectura con propósito

Vocabulario de la lección

Haz una lista de los términos. A medida que aprendes cada uno, toma notas en el Glosario interactivo.

____

____

____

Uso de diagramas

Los diagramas añaden información al texto que acompañan. Los buenos lectores hacen pausas en la lectura para estudiar los diagramas y entender cómo la información que contienen añade a lo que aparece en el texto.

Las cadenas alimentarias

De productores a consumidores y a organismos descomponedores, la cadena alimentaria nunca se detiene.

Lectura con propósito Mientras lees estas dos páginas, subraya todos los miembros importantes de una cadena alimentaria.

La cadena alimentaria de la tundra

La tundra es el ecosistema más frío y seco de la Tierra. Por ser corto el verano, en ese lugar crece poca vida vegetal. Muchos animales migran o hibernan durante los inviernos largos y fríos.

El liquen de los renos se vale de energía solar para hacer azúcares y almacenarlas. Los productores, como esta planta, forman la base de las cadenas alimentarias de la tundra.

El caribú es un consumidor de primer nivel. Estos herbívoros comen liquen de los renos y otros productores para obtener la energía que necesitan para sus funciones vitales.

Los lobos son consumidores de segundo nivel. Son depredadores. Su presa son animales como el caribú.

La transferencia de energía de un organismo al siguiente en una comunidad ecológica se llama **cadena alimentaria**. Casi todas las cadenas alimentarias empiezan cuando los productores captan energía del Sol. Mediante la fotosíntesis, los productores convierten esta energía luminosa en la energía química de los azúcares, que usan para su alimento. El alimento que no se usa para los procesos vitales se almacena en los tejidos de los productores y luego pasa a los herbívoros que se comen a los productores. Los herbívoros son consumidores de primer nivel.

El siguiente paso en la cadena alimentaria son los carnívoros y los omnívoros, los consumidores de segundo nivel. Los consumidores de segundo nivel comen herbívoros y reciben energía del alimento almacenado en el cuerpo de estos. Los consumidores de tercer nivel se comen a los consumidores de segundo nivel. Los carroñeros son consumidores de segundo o de tercer nivel, ya que comen organismos que se han muerto.

Los organismos descomponedores son el último eslabón en toda cadena alimentaria. Reciben energía de la descomposición de los restos de plantas y animales muertos y devuelven nutrientes al suelo.

Los carroñeros, como esta gaviota ártica, se alimentan del cuerpo muerto del caribú, los lobos y demás animales. Los hongos y las bacterias se encargan de la limpieza final al descomponer los restos finales de los organismos de la tundra.

► Numera las imágenes para indicar su posición en una cadena alimentaria.

Las redes alimentarias

Como una telaraña que se mantiene unida por muchos hilos conectores, los caminos en una red alimentaria muestran las relaciones de alimentación entre las especies en una comunidad.

Lectura con propósito Mientras lees estas dos páginas, subraya la información que te ayuda a entender el diagrama de la red alimentaria.

Tú no te limitas a comer un solo tipo de alimento, y los organismos en una red alimentaria tampoco. Cada consumidor tiene variedad de opciones al comer. Una **red alimentaria** muestra cómo se sobreponen las cadenas alimentarias. Muestra qué se come en cada nivel. Mira la red alimentaria de la próxima página. El ratón y el insecto comen partes del pino o sus semillas. Una serpiente puede comerse un ratón o una salamandra. Al final, todos estos seres vivos se convierten en alimento para los organismos descomponedores. Los organismos descomponedores devuelven nutrientes al suelo. Estos nutrientes, a su vez, son utilizados por los productores para hacer alimento.

Las flechas en la red señalan la dirección en que se mueve la energía. Busca las bellotas y el ratón. ¿En qué dirección señala la flecha? Señala de las bellotas hacia al ratón. La energía pasa del productor al consumidor cuando el ratón se come las bellotas.

Los depredadores limitan el número de animales debajo de ellos en una red alimentaria. Si quitáramos a las serpientes de esta red alimentaria, el número de ratones aumentaría. Más ratones, comerán más plantas. Con el tiempo, se puede acabar el alimento de los ratones y estos empezarían a morir. Esto afectaría a los halcones y demás seres vivientes que comen ratones. Todos los organismos en una red alimentaria son interdependientes.

▶ En la red alimentaria forestal, traza dos cadenas alimentarias que se sobreponen y que incluyen la serpiente. Haz el camino de cada cadena alimentaria de un color diferente.

halcón de cola roja
reyezuelo
bellotas de roble
escarabajo del pino
serpiente del maíz
ratón
salamandra
pino
hongos

En la cima

Se necesita mucho pasto para sostener a un halcón en la cima de una cadena alimentaria. Aunque los halcones no comen pasto, la energía que usan viene del pasto en la base.

Lectura con propósito Mientras lees, encierra en un círculo el vocabulario de la lección cada vez que se usa.

Una **pirámide de energía** muestra cuánta energía pasa de un organismo a otro en una cadena alimentaria. Los organismos en una capa de la pirámide alimentan a los que están en una capa inferior. Como se requieren más productores para sostener un pequeño número de consumidores, los productores en la capa inferior componen el grupo más numeroso.

Los consumidores de tercer nivel como la foca leopardo, un predador en la cima de esta pirámide de energía, tienen acceso a la menor cantidad de energía. Es por eso que su población es pequeña.

Los consumidores de segundo nivel como el pulpo y el salmón, se alimentan de los consumidores de primer nivel que están debajo de ellos en la pirámide. Como tienen acceso a menos energía, son menos abundantes.

El kril, las almejas y los arenques son consumidores de primer nivel. Estos consumen fitoplancton. Hay consumidores de primer nivel que se comen millones de diminutos fitoplancton todos los días.

Los productores llamados fitoplancton están en la base de esta pirámide de energía oceánica.

Práctica matemática

Calcula las unidades

En cada nivel de una pirámide de energía, el 90% de la energía recibida del nivel inferior se consume en procesos vitales. Solamente el 10% queda libre para transmitirla hacia arriba.

Si los pastos tienen 100 unidades de energía, ¿cuánta se puede transmitir a los saltamontes?

____

¿Por qué las serpientes reciben solamente 1 unidad de energía?

____

____

EXTRA ¿Cuánta energía hay libre para las lechuzas que se comen a las serpientes? Muestra tu trabajo.

____

Los cambios ambientales pueden afectar el flujo de energía en una pirámide de energía. Supón que el número de salmones se reduce porque hubo pesca excesiva. Las focas que se comen el salmón pueden pasar hambre e incluso morir por falta de comida. Sin salmones que se lo coman, el kril puede aumentar rápidamente. Una población tan grande de kril puede comerse su propio alimento y también el de otras especies. Un cambio en el flujo de energía por un ecosistema afecta a todas las especies en el ecosistema. Todo lo que ocurra en un nivel afecta la energía disponible en el resto de la pirámide.

Cuando termines, lee la Clave de respuestas y corrige lo que sea necesario.

Completa las palabras que faltan para resumir las ideas principales de la lección.

La energía se mueve por los ecosistemas

Cadenas alimentarias

Los primeros organismos en una cadena alimentaria son los 1. _______________. Los herbívoros son los consumidores de 2._______________ nivel, y los 3. _______________ y 4. los _______________ son los consumidores de segundo y de tercer nivel.

5. Los organismos ____________________ son los organismos finales en todas las cadenas alimentarias. Ellos reciclan los restos de animales y plantas, devolviendo así los nutrientes al medioambiente.

Redes alimentarias

Una red alimentaria muestra cómo las cadenas alimentarias se 6. _______________. Las flechas indican la dirección de la transferencia de 7. _______________ por la red.

Pirámides de energía

La mayor parte de la energía en un ecosistema está presente en los 8. _______________. El 9. _______________ por ciento de la energía disponible se usa para los procesos vitales. Solamente el 10. _______________ por ciento de la energía sube de un nivel al siguiente.

Clave de respuestas: 1. productores 2. primer 3. carnívoros 4. omnívoros 5. descomponedores 6. sobreponen 7. Energía 8. productores 9. 90 10. 10

Nombre ______________________

Juego de palabras

1 Ordena los términos. La primera letra de cada término es el centro del blanco. Usa las definiciones como ayuda.

1. ______________________ Diagrama que muestra cadenas alimentarias sobrepuestas (2 palabras)

2. 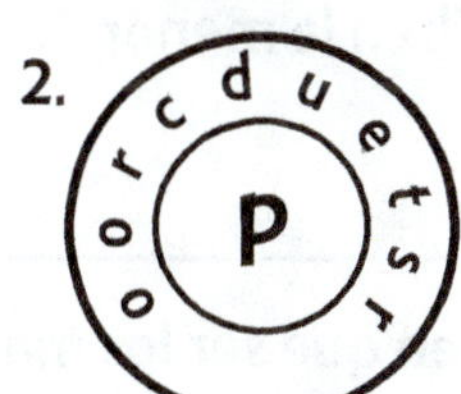

______________________ Plantas y algunos microorganismos parecidos a las plantas

3. 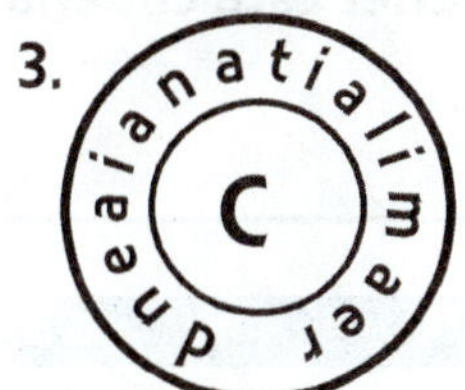

______________________ Trayecto que muestra cómo la energía de los alimentos pasa de un organismo al siguiente en un ecosistema (2 palabras)

4. 

______________________ Animales que comen plantas y animales

5. 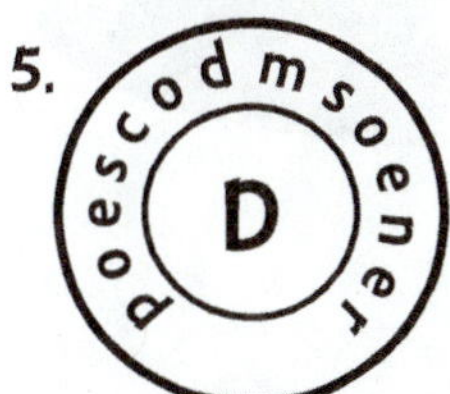

______________________ Organismos que deshacen los restos nutritivos de las cosas muertas

6. 

______________________ Diagrama que muestra cómo la energía se usa, se almacena y pasa adelante en cada nivel de una cadena alimentaria (3 palabras)

Aplica los conceptos

2 Esta cadena alimentaria está en desorden. Vuelve a escribir los eslabones en el orden correcto.

halcón → bacterias → maíz → ratón

_____ → _____ → _____ → _____

3 Completa los datos acerca de la siguiente pirámide de energía.

a. Los arbustos usan el _____ por ciento de su energía y transmiten el _____ por ciento a los ciervos que se los comen.

b. ¿Qué organismos reciben la menor cantidad de energía?

_____

c. ¿Qué organismos tienen que ser los más abundantes para sostener esta cadena alimentaria?

_____

4 Muchas cadenas alimentarias usaron la energía del Sol para producir el alimento en este sándwich. El queso vino de la leche de una vaca que comió pasto que tomó energía del Sol, por ejemplo. Completa las demás cadenas.

sol _____ → tú

sol _____ → tú

sol _____ → tú

Nombre ____________________

5 Rotula la función de cada organismo. Unos tienen más de una función. Usa estos términos: *productor, herbívoro, carnívoro, consumidor de primer nivel, consumidor de segundo nivel, organismo descomponedor.*

6 Una sequía ha afectado a un ecosistema. Muchas plantas han muerto por la falta de agua. ¿Qué crees que les ocurrirá a los demás organismos en la zona?

7

Dibuja flechas para mostrar lo que comería el halcón.

Identifica una cadena alimentaria completa en esta red alimentaria siguiendo el orden correcto.

____

____

Explica qué podría pasar si desapareciera el pasto en esta red alimentaria.

____

____

____

____

Para la casa

La próxima vez que te sientes a comer con tu familia, haz un juego con ellos para identificar las cadenas alimentarias que llegaron hasta los diferentes alimentos que están comiendo. ¿Cuál es la cadena más larga? ¿Y la más corta?

S.T.E.M.

Ingeniería y tecnología

Diseño de un nuevo perro

El hombre modifica a los animales por varias razones. La cría selectiva es el proceso de criar animales de modo que su progenie herede ciertos caracteres deseados. El hombre ha criado perros selectivamente desde hace muchos siglos. Ahora hay más de 200 razas de perros, cada una con sus propias características.

El antepasado primario del perro es el lobo.

No sabemos con seguridad si los pueblos antiguos empezaron a tener perros para que les sirvieran de compañía o para que realizaran trabajos. Lo que sí sabemos es que los lazos entre el perro y el hombre tienen miles de años.

Los perros de trabajo se criaban históricamente para cumplir ciertos trabajos, como cazar, jalar cosas o reunir el ganado.

Hoy los perros se crían principalmente como compañeros y para deporte.

Razonamiento crítico

La cría selectiva de perros, ¿cómo ha cambiado con el tiempo?

____

____

____

S.T.E.M.

continuación

En la naturaleza, el medioambiente de un animal determina si sobrevivirá para reproducirse. Los criadores controlan el medioambiente de los perros que crían, así que pueden optar por conservar caracteres que quizá no se habrían transmitido en la naturaleza.

Dibuja un perro que podría conducir a una persona con dificultades de la vista.

Las características físicas y de comportamiento de este perro, ¿cómo lo ayudan a cumplir su trabajo?

____

____

Dibuja un perro que podría ayudar a localizar gente después de un terremoto.

Las características físicas y de conducta de este perro, ¿cómo le ayudan a cumplir su trabajo?

____

____

El hombre ha criado perros por muchas razones. ¿Qué tipo de raza nueva te gustaría desarrollar? ¿Qué caracteres necesitaría tu perro? ¿Qué destrezas le enseñarías?

____

____

Parte de la base

Acepta el desafío de hacer un diseño de ingeniería. Completa el Rotafolio de investigación **Improvísalo: Medición de la actividad de un organismo descomponedor.**

Rotafolio de investigación, pág. 34

Nombre ________________________________

Pregunta esencial

¿Qué función desempeñan los descomponedores?

Establece un propósito

¿Cómo piensas que los organismos descomponedores modifican los materiales?

____

____

____

____

Escribe un enunciado que resuma cómo piensas que el moho modifica los alimentos en los cuales crece.

____

____

____

____

Piensa en el procedimiento

¿Cuáles son algunas observaciones que puedes hacer en cuanto al aspecto del pan?

____

____

____

¿Por qué rociamos una de las tajadas de pan con agua pero no rociamos la otra?

____

____

____

Anota tus datos

En el espacio de abajo, haz una tabla para anotar tus datos.

Saca tus conclusiones

En el siguiente espacio, haz un dibujo del aspecto de los panes *A* y *B* en el último día de tu investigación.

¿Indicaron tus observaciones que el moho es un descomponedor? Explica.

Analiza y amplía

1. ¿Qué cambio le produjo el moho al pan?

2. ¿De dónde crees que obtiene el moho sus nutrientes?

3. Al rociar el pan con agua, ¿se produjo algún efecto sobre la tasa de crecimiento del moho? Explica.

4. ¿Qué crees que le ocurriría al pan si dejaras que el moho siguiera creciendo en él?

5. Usa tus observaciones para describir el papel de los organismos descomponedores en el medioambiente.

6. Piensa en otras preguntas que quisieras hacer sobre los organismos descomponedores.

Repaso de la Unidad 6

Nombre ______________________

Repaso de vocabulario

Completa las oraciones con las palabras de la casilla.

clorofila
consumidores
descomponedores
pirámide de energía
red alimentaria
fotosíntesis
productores

1. Un diagrama que muestra que se pierde energía en cada nivel de una cadena alimentaria se llama un(a) ______________________.

2. Los organismos que descomponen los desechos y los restos de organismos muertos se llaman organismos ______________________.

3. Los organismos que no fabrican su propio alimento se llaman ______________________.

4. Una red de cadenas alimentarias sobrepuestas se llama ______________________.

5. Los organismos que fabrican su propio alimento se llaman ______________________.

6. La mayoría de las plantas contienen una molécula verde productora de alimento que se llama ______________________.

7. El paso de energía alimentaria de un organismo al siguiente se llama ______________________.

8. Las plantas fabrican su propio alimento por un proceso llamado ______________________.

Conceptos de ciencias

Rellena la burbuja con la letra de la mejor respuesta.

9. Renata estaba estudiando pumas como este.

Hizo una lista de las maneras como podía clasificar este animal. ¿Cuál es la lista correcta de Renata?

Ⓐ omnívoro, presa, consumidor
Ⓑ carnívoro, depredador, consumidor
Ⓒ herbívoro, depredador, productor
Ⓓ carnívoro, presa, consumidor

10. Marc recibe un conejito de cumpleaños. Busca en línea y descubre que los conejos son herbívoros. ¿Cuál de los alimentos siguientes podría darle a su nueva mascota?

Ⓐ lechuga
Ⓑ bacterias
Ⓒ carne sobrante
Ⓓ insectos muertos

11. ¿Cuál de estos es el eslabón final en toda cadena alimentaria?

Ⓐ productores
Ⓑ organismos descomponedores
Ⓒ consumidores de primer nivel
Ⓓ consumidores de segundo nivel

12. Este diagrama muestra el movimiento de la energía alimentaria por un ecosistema.

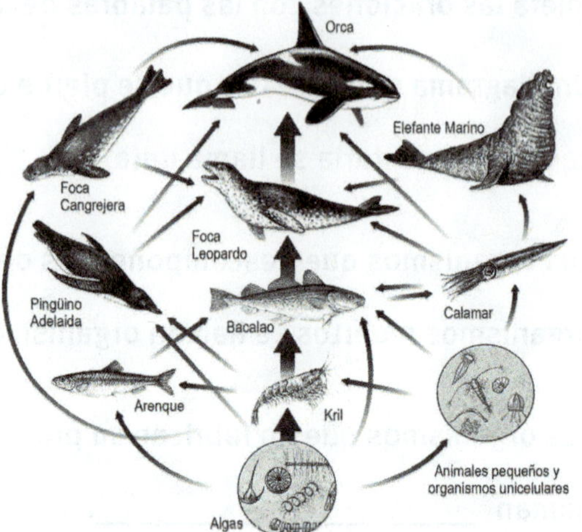

¿Qué enunciado es la **mejor** descripción de este diagrama?

Ⓐ Es una pirámide de energía.
Ⓑ Es una cadena alimentaria forestal.
Ⓒ Es una red alimentaria oceánica.
Ⓓ Es una tabla de consumidores de tercer nivel.

13. ¿Cuál es la fuente inicial de energía en la mayoría de los ecosistemas?

Ⓐ luz solar
Ⓑ organismos descomponedores
Ⓒ nutrientes en el suelo
Ⓓ oxígeno en el aire

14. Pablo come una hamburguesa y una ensalada al mediodía. ¿Qué nos dice esto acerca de él?

Ⓐ Es un productor.
Ⓑ Es un carroñero.
Ⓒ Es un herbívoro.
Ⓓ Es un omnívoro.

Nombre ______________________

15. **Las plantas y los animales son interdependientes. Las plantas dependen de los animales para producir dióxido de carbono. ¿Qué producen las plantas para los animales?**

Ⓐ alimento y oxígeno

Ⓑ luz solar y lluvia

Ⓒ dióxido de carbono y alimento

Ⓓ herbívoros y carnívoros

16. **Un ecosistema incluye esta cadena alimentaria.**

semilla de pino → ratón → serpiente → halcón ¿Qué ocurriría si todos los ratones murieran por alguna enfermedad?

Ⓐ Las serpientes comerían semillas de pino en vez de ratones.

Ⓑ Los productores dejarían de fabricar alimento.

Ⓒ La población de serpientes aumentaría.

Ⓓ La población de serpientes disminuiría.

17. **Un tiburón se dispone a comerse un pez que está nadando frente a él. ¿Cuál es la mejor manera de describir a estos dos animales?**

Ⓐ depredador y presa

Ⓑ productor y consumidor

Ⓒ herbívoro y omnívoro

Ⓓ carroñero y productor

18. **Unos animales son conocidos por sus comportamientos específicos en la obtención de alimentos. ¿El buitre es un ejemplo de cuál de los siguientes?**

Ⓐ depredador

Ⓑ productor

Ⓒ carroñero

Ⓓ organismo descomponedor

19. **Halie está haciendo un informe sobre la fotosíntesis. Hace un diagrama para representar los materiales que las plantas usan para hacer alimento y los productos secundarios que resultan de este proceso. ¿Cuál es el diagrama correcto?**

Ⓐ luz solar + dióxido de carbono + agua → azúcar + oxígeno

Ⓑ luz solar + oxígeno + agua → azúcar + dióxido de carbono

Ⓒ luz solar + dióxido de carbono + azúcar → dióxido de carbono + agua

Ⓓ luz solar + oxígeno + azúcar → dióxido de carbono + agua

20. **Terrell observa que están creciendo hongos en un lado de un árbol del patio de su casa. ¿Cuál es el papel de los hongos y qué están haciendo estos organismos?**

Ⓐ Los hongos son productores. Están fabricando su propio alimento.

Ⓑ Los hongos son carroñeros. Están comiendo las partes muertas del árbol.

Ⓒ Los hongos son productores. Están suministrando alimento al árbol.

Ⓓ Los hongos son descomponedores. Están descomponiendo una parte del árbol.

Aplica la investigación y repasa la Gran idea

Escribe las respuestas a estas preguntas.

21. Este diagrama muestra varios organismos que viven en el mismo ecosistema.

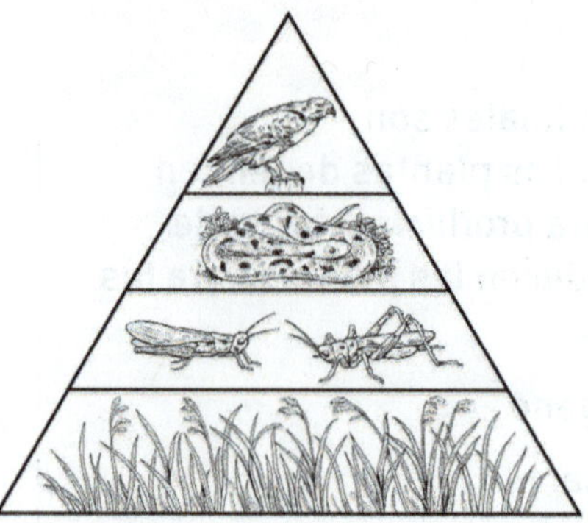

a. ¿Cómo se llama este diagrama y cuál es su propósito? ______

______

b. Describe una relación de cadena alimentaria entre los cuatro organismos que se muestran. ______

______

c. Supón que mueren todos los organismos en el tercer nivel. ¿Cuál sería el efecto sobre los organismos en los niveles por encima y por debajo? ______

______

______

22. Este diagrama muestra el ciclo de dióxido de carbono-oxígeno.

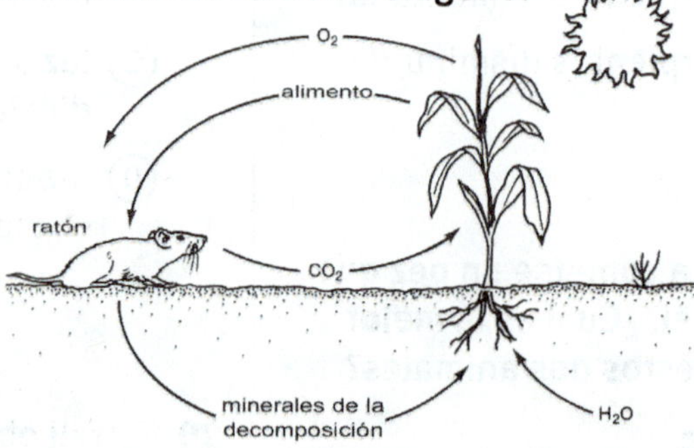

Explica el ciclo, los gases presentes, cómo se usan y cómo se mueven dentro del ciclo.

a. Plantas a la luz del sol. ______

______

b. Animales en cualquier momento: ______

______

c. Plantas en cualquier momento: ______

______

UNIDAD 7

Los recursos naturales

La gran idea

Los recursos naturales son fundamentales para la vida y los debemos cuidar.

Me pregunto por qué

El arroz se puede cultivar en todas partes, incluso en laderas muy empinadas. ¿Por qué algunas personas construyen terrazas para sembrar arroz? *Da vuelta a la página para descubrirlo.*

Por esta razón Los campos de arroz se mantienen muy mojados después de la siembra. El agua se encarga de que sobrevivan las plantas más fuertes. Las terrazas permiten que los agricultores inunden los campos y usen pocos fertilizantes químicos para controlar la maleza.

En esta unidad vas a aprender más sobre La gran idea, y a desarrollar las preguntas esenciales y las actividades del Rotafolio de investigación.

Niveles de investigación ■ Dirigida ■ Guiada ■ Independiente

La gran idea Los recursos naturales son fundamentales para la vida y los debemos cuidar.

Preguntas esenciales

Cuaderno de ciencias

No te olvides de escribir lo que piensas sobre la Pregunta esencial antes de estudiar cada lección.

Lección 1

Pregunta esencial

¿Cómo usamos los recursos naturales?

Ponte a pensar

Halla la respuesta a la siguiente pregunta en esta lección y escríbela aquí.

¿Qué tipo de recursos ves aquí?

¿Cuál es más fácil de reemplazar?

____

____

____

____

____

Lectura con propósito

Vocabulario de la lección

Haz una lista de los términos. A medida que aprendes cada uno, toma notas en el Glosario interactivo.

____

____

____

____

Comparar y contrastar

En esta lección vas a leer acerca de recursos renovables y no renovables. A medida que lees, pregúntate en qué se parecen y en qué se diferencian los recursos naturales. Los buenos lectores se concentran en comparar y contrastar cuando se preguntan: ¿En qué se parecen estas cosas? ¿En qué se diferencian?

Recursos naturales

Agua, viento, sol, tierra, carbón: estas cosas no parecen tener mucho en común. Sin embargo, todas son recursos naturales. Todos los seres vivos usan recursos naturales a diario.

El viento, o aire en movimiento, es un recurso renovable de energía. El viento hace girar esta turbina para producir electricidad.

Lectura con propósito Mientras lees estas dos páginas, encierra en una caja los nombres de los dos tipos de recursos que vas a comparar.

¿Te cepillaste los dientes con agua esta mañana? ¿Comiste frutas en el desayuno? ¡Si lo hiciste usaste recursos naturales! Un **recurso natural** es cualquier cosa útil o necesaria para los seres vivos y que se encuentra en la Tierra. Los humanos dependen de los recursos naturales a diario. Tú usas muchos sin darte cuenta.

Los científicos clasifican los recursos en dos grupos. **Recursos renovables** son aquellos que la naturaleza puede reemplazar cuando se han usado. Nuevos árboles crecen y reemplazan a los que se talaron. El ciclo hidrológico reemplaza permanentemente el agua. El aire, las plantas, los animales, el viento y la luz solar también son recursos renovables.

Los granjeros usan recursos naturales, como tierra, agua, aire y luz solar para producir alimentos.

Conoce tus recursos

Identifica cada recurso como renovable o no renovable. Explica tu respuesta.

Los **recursos no renovables** son recursos que no se pueden reemplazar una vez usados. Algún día van a desaparecer completamente. Los minerales y la tierra son recursos no renovables. La tierra puede usarse por mucho tiempo si se hace con cuidado, pero no se puede reemplazar si se destruye.

Los combustibles fósiles son recursos no renovables. Un combustible fósil es una fuente de energía que se forma en las profundidades de la Tierra a partir de los restos de organismos que vivieron hace muchísimo tiempo. El carbón, el gas natural y el petróleo son combustibles fósiles. Estos combustibles no solamente mueven carros y camiones; también se queman en las centrales eléctricas para producir electricidad.

Los recursos naturales se usan para fabricar todo tipo de productos. Todos los productos que ves empezaron siendo un recurso natural.

El petróleo también se bombea desde muy profundo, bajo el suelo del mar.

Recursos en movimiento

Los Estados Unidos y otros países producen petróleo. Los barcos petroleros y los oleoductos transportan el petróleo hasta los lugares donde es usado.

¿De dónde provienen los recursos naturales? Algunos se encuentran cerca de donde tú vives. Otros provienen de diferentes lugares del mundo y son transportados por distancias muy largas para llegar hasta los lugares donde son usados.

Lectura con propósito Mientras lees estas páginas, busca y subraya las definiciones de *importación* y *exportación*.

Wyoming es uno de los principales productores de carbón. El carbón se usa especialmente para generar electricidad.

Iowa cosecha casi el 18 por ciento de todo el maíz de los Estados Unidos. Hoy se usa el maíz para producir un combustible alternativo a los combustibles fósiles.

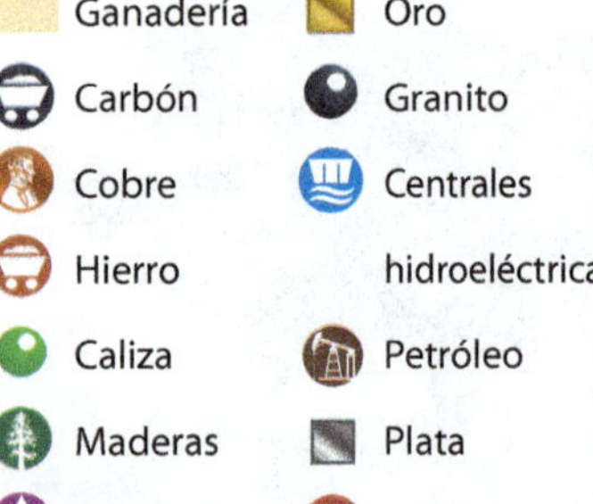

¿Dónde está la carne? ¡Puedes encontrar mucha en Texas! Allá crían el 17% del ganado de carne de los Estados Unidos.

La próxima vez que estés disfrutando un cereal de arroz, piensa en Arkansas. Casi la mitad de todo el arroz de los Estados Unidos viene de Arkansas.

¿Alguna vez has visitado un mercado de granjeros? Los granjeros locales llevan sus productos al mercado tan pronto terminan de cosecharlos o producirlos. La gente va al mercado a comprar productos frescos cosechados en las cercanías. Estos productos viajan distancias muy cortas desde el sitio de produción hasta el lugar de venta.

La mayoría de los recursos naturales viajan largas distancias desde su origen hasta el lugar donde los necesitan. Por ejemplo, los Estados Unidos consume más petróleo del que produce. Por esto tiene que importar petróleo. Una *importación* es traer algo a un país para venderlo o intercambiarlo. Otros países producen más petróleo del que necesitan. Estos países pueden vender el petróleo que les sobra y exportan una parte a los Estados Unidos. Una *exportación* es algo que se manda fuera del país para venderlo o intercambiarlo

Casi todo el petróleo importado llega a los Estados Unidos en grandes barcos petroleros. Estos barcos pueden transportar grandes cantidades del recurso natural. Cuando el petróleo llega al país, se convierte en combustible y otros productos. Estos productos se distribuyen a todas partes a través de oleoductos, trenes y camiones cisterna.

Práctica matemática

Interpreta una gráfica circular

Esta gráfica muestra la cantidad de petróleo que se produce en diferentes partes del mundo. Cada sección muestra la producción en una región. Rotula cada sección con su región y su porcentaje correctos.

- Medio Oriente: 30%
- América del Norte: 20%
- Eurasia (antigua Unión Soviética): 15%
- América Central y del Sur: 10%
- Asia y Oceanía: 10%
- África: 10%
- Europa: 5%

Los barcos petroleros transportan grandes cantidades de petróleo por distancias muy largas.

Por qué es importante

El uso de los **recursos en casa**

¡Usas recursos naturales todos los días y a lo largo del día sin darte cuenta!

¿Qué haces cuando te levantas por la mañana? Desayunas, te cepillas los dientes y escuchas la radio.

Cada una de estas actividades usa recursos naturales. Los alimentos que comes y el agua que usas son recursos renovables. Tu radio funciona con electricidad que puede ser generada por el uso de un recurso no renovable como el carbón. El metal, el plástico y otros materiales que componen tu radio, también vienen de recursos naturales no renovables.

Los recursos naturales por lo general no se usan en su forma original. Aunque puedes comer frutas y vegetales recién cosechados, casi todas las comidas son cocinadas. Todos los productos que usas fueron hechos con uno o más recursos naturales. Por ejemplo, el papel que usas para imprimir tu tarea tal vez venga de los árboles. ¿Y el tenedor de plástico que usaste para almorzar? El plástico se puede fabricar con petróleo. ¿Cuántos recursos naturales puedes identificar en esta casa?

Algunos productos que ahorran agua, como el sistema de riego por goteo, ayudan a tu familia a consumir menos agua.

Las computadoras funcionan con electricidad. La energía eléctrica es producida por plantas eléctricas que queman carbón. La computadora está hecha de metales y plástico.

En el baño usas agua para lavarte. También usas electricidad para que funcionen tus electrodomésticos.

Nombra ese recurso

Elige una habitación de tu casa. Describe cómo se usan los recursos naturales en esa habitación.

____

____

____

____

____

¿Qué olor es ese?

El humo producido por las fábricas que queman recursos naturales contribuye a la polución del aire.

El esmog, la basura y el agua sucia son el resultado de usar los recursos naturales de una manera que puede hacerle daño al medioambiente.

Lectura con propósito Mientras lees estas páginas, encierra en un círculo la definición de *polución*.

Las ciudades y hogares muchas veces obtienen su agua bajo tierra. Los desperdicios de las actividades humanas pueden contaminar las fuentes de agua subterránea.

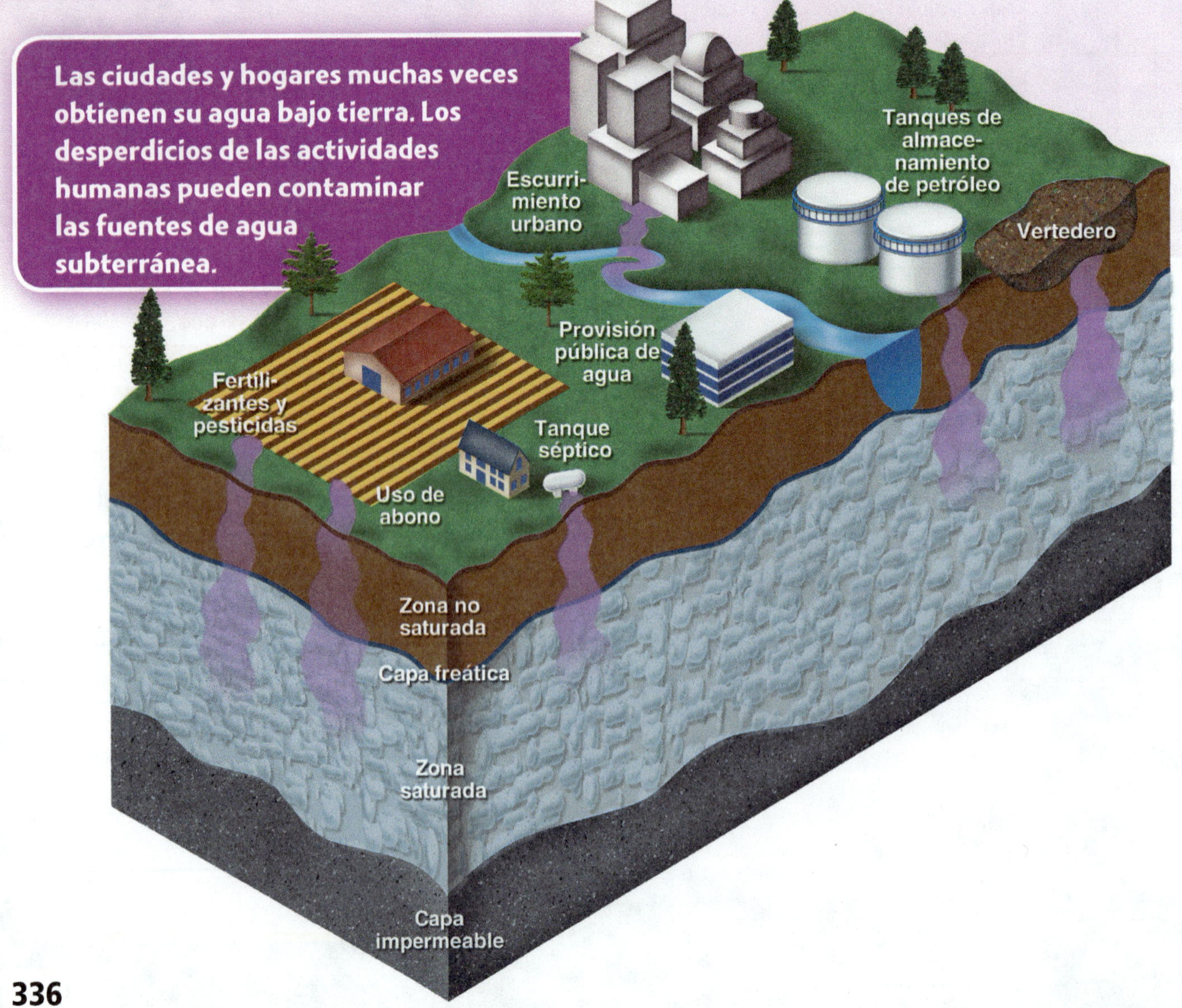

Los recursos naturales permiten que la gente haga muchas cosas, pero su uso también puede causar polución. **Polución** es la contaminación del aire, el agua o la tierra con materiales que son dañinos para los seres vivos. El aire, el agua y la tierra son tres de los recursos naturales más importantes.

Casi toda la polución del aire viene de quemar combustibles fósiles. Los carros y camiones son la principal fuente de polución de aire, pero las fábricas y las centrales eléctricas también contaminan. El aire contaminado es malo para la salud de las personas, los animales y las plantas.

El agua se puede contaminar cuando la basura, la tierra de erosión y los químicos de las fábricas, granjas y vertederos llegan a los ríos, lagos y océanos. Estos contaminantes también pueden llegar hasta las aguas subterráneas. El agua contaminada afecta los organismos, e incluso a la gente, que necesita agua para vivir.

La tierra también se puede contaminar. Los químicos que se escurren de lugares de almacenamiento y las escorrentías de carreteras y estacionamientos llegan a la tierra haciéndola inutilizable para la agricultura.

La polución afecta la Tierra

Escribe dos tipos de polución en la casilla *Efectos*. Explica la causa de los efectos en la casilla *Causas*.

Causas	→	Efectos

Cuando termines, lee la Clave de respuestas y corrige lo que sea necesario.

Lee los resúmenes. Luego dibuja líneas para conectar cada afirmación con el dibujo que le corresponde.

1. Los recursos naturales son recursos que la naturaleza puede reemplazar después de que han sido usados.

2. Algunos recursos naturales se pueden usar para producir energía eléctrica.

3. Los recursos naturales se pueden importar y exportar por todo el mundo.

4. La polución ocurre cuando los desechos y los químicos dañan el aire, el agua y la tierra.

En pocas palabras

Completa el diagrama de Venn escribiendo el número correcto de cada término en la categoría apropiada.

5. Recursos naturales
6. Aire
7. Agua
8. Tierra
9. Combustibles fósiles
10. Minerales
11. Plantas

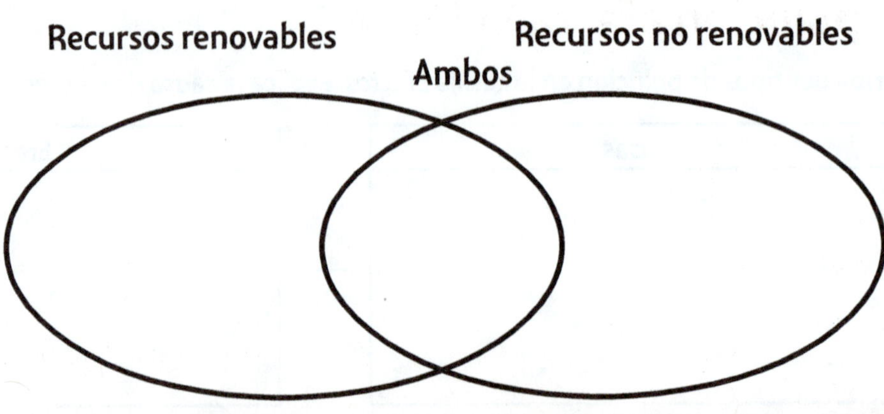

Clave de respuestas: 1. (granja) 2. (turbinas de viento) 3. (buque carguero) 4. fábrica
Diagrama de Venn: Recursos renovables—6, 7, 11; Ambos—5; Recursos no renovables—8, 9, 10

Nombre ______________________

Juego de palabras

1 Usa las palabras de la casilla para completar cada oración. Luego desenreda las letras que están en los círculos para resolver la adivinanza de abajo.

químicos	comida	vertederos	no renovables
reemplazar	tierra*	recurso	turbinas

*Vocabulario clave de la lección

1. Algunos recursos naturales son el aire, el agua, la luz solar y la _ _ ◯ _ _ _.
2. Los _ _ _ _ ◯ _ _ _ que se usan en las granjas pueden contaminar lagos y ríos.
3. Los minerales son recursos _ _ _ _ ◯ _ _ _ _ _ _ ◯ _ porque no se pueden reemplazar después de usados.
4. Un ◯ _ _ _ _ _ _ _ natural es algo bueno que hay en la naturaleza para los seres vivos.
5. El viento hace funcionar unas _ _ _ _ _ _ _ ◯ _ que generan electricidad.
6. La naturaleza puede _ _ _ _ _ ◯ _ _ _ _ los recursos naturales renovables.
7. La escorrentía de las carreteras puede contaminar la _ _ ◯ _ _ _.
8. Buena parte de la basura que produce la gente termina en _ _ _ _ _ _ _ _ _ _ ◯.

¿Qué recursos naturales no renovables se sacan de la tierra?

¡ _ _ _   _ _ _ _ _ _ _ _ _ _ _ !

Aplica los conceptos

2 Encierra en un círculo el recurso renovable.

3 Dibuja un ejemplo de un recurso que usas todos los días. Luego di qué tipo de recurso es y cómo lo usas.

____

____

____

____

____

____

4 Explica por qué la gente está explorando maneras de usar combustibles hechos con plantas para los carros.

____

____

____

____

____

____

____

5 Haz un dibujo que muestre polución de tierra, agua o aire. Rotula la fuente de la polución.

Aunque los recursos renovables no se van a agotar, sí pueden escasear. Haz una lista de las formas en que usas agua durante el día. Piensa en tres maneras de gastar menos agua. Comparte tus ideas con tu familia.

S.T.E.M.

Ingeniería y tecnología

Cómo funciona:

Llegar hasta el petróleo

El petróleo se forma en las profundidades de la Tierra. Para llegar hasta él hay que perforar un pozo. Luego se necesita una bomba para sacar el petróleo hasta la superficie. Los pozos de petróleo se perforan en tierra y bajo el mar, en el fondo del suelo marino. Las perforaciones submarinas deben hacerse con mucho cuidado. Los tubos que transportan el petróleo deben instalarse antes de perforar, de lo contrario el petróleo se esparcirá en el agua.

Generador

Balancín

Cilindro de bombeo

Zona de petróleo

Las perforadoras de petróleo en el mar funcionan desde plataformas.

Razonamiento crítico

¿Es más difícil bombear petróleo de un pozo en tierra firme o de un pozo submarino? ¿Por qué?

____

____

____

continuación

Perforar un pozo de petróleo y bombear el petróleo del pozo son dos tareas diferentes. Las dos se tienen que hacer con cuidado para que el petróleo no se derrame en el medioambiente. Averigua más acerca del proceso de perforación de petróleo. Haz un diagrama que muestre lo que ocurre bajo la superficie, bien sea en tierra o en el mar. Rotula las partes.

¿Qué tecnología les permite a estos trabajadores tener una perforadora lo suficientemente larga para llegar hasta el petróleo? Investiga más para averiguarlo.

____

____

____

Parte de la base

Acepta el desafío de hacer un diseño de ingeniería. Completa el Rotafolio de investigación **Resuélvelo: Separación de los materiales de desecho.**

Pregunta esencial

¿Cómo conservamos los recursos naturales?

Ponte a pensar

Halla la respuesta a la siguiente pregunta en esta lección y escríbela aquí.

¿Cuáles de las tres "erres" usó el artista al crear esta escultura?

____

____

____

____

Lectura con propósito

Vocabulario de la lección

Haz una lista de los términos. A medida que aprendes cada uno, toma notas en el Glosario interactivo.

____

____

____

____

Idea principal y detalles

La idea principal de un párrafo es la idea más importante. La idea principal puede estar en la primera oración del párrafo o en otro lugar. Los buenos lectores buscan las ideas principales cuando se preguntan: ¿De qué trata este párrafo?

Conservar es buena onda

La gente en los Estados Unidos bota millones de toneladas de basura al año. Los vertederos están repletos. ¿Qué puedes hacer *tú* para mantener limpia nuestra Tierra?

Estas sillas se hicieron usando esquís de nieve usados.

Lectura con propósito Mientras lees estas páginas, encierra en casillas los problemas que se crean cuando hay demasiada basura. Subraya las soluciones.

Si usas tu bolsa una y otra vez, estás ahorrando recursos y disminuyendo la basura.

A lo mejor nunca te has puesto a pensar adónde llega la basura después de que el camión la recoge de la calle. Lo cierto es que la basura es un problema grande en nuestro país. Hay demasiada basura y pocos lugares para ponerla. La basura que no descartamos adecuadamente termina contaminando los recursos naturales, especialmente la tierra y el agua. Conservar ahora es más importante que nunca. **Conservación** es la acción de usar los recursos con cuidado sin desperdiciarlos. Las tres "erres"—reducir, reutilizar y reciclar— ayudan a conservar nuestros recursos naturales.

Todos estos artículos se pueden reciclar. La próxima vez que vayas a tirar algo a la basura, fíjate más bien si lo puedes reciclar.

Reducir significa usar menos. Cuando reduces la cantidad de desperdicios que produces, hay menos basura para los vertederos o para quemar en incineradores. Trata de usar la misma bolsa de tela cada vez que vas al supermercado. Usa trapos lavables de tela para limpiar en lugar de toallas de papel.

Puedes *reutilizar* un objeto convirtiéndolo en otra cosa. ¿Las llantas viejas? ¡Puedes hacer un buen columpio de árbol! ¿Las camisetas de tu hermano? Córtalas en tiras y úsalas para lavar el carro. Sé creativo para reutilizar.

Un producto *reciclado* es aquel que está hecho de objetos desechados y reprocesados. Tal vez tu mochila esté hecha de botellas de plástico reciclado. Parachoques de carros, bancos de parque y alfombras son algunos productos que se pueden fabricar con materiales reciclados.

¡No lo tires!

¿Puedes reciclar o reutilizar los objetos que se ven aquí? Explica tus ideas.

___

___

___

___

___

Los objetos que se van a reprocesar se llevan a los centros de reciclaje.

La tierra es uno de los recursos naturales más valiosos del mundo. ¿Qué podemos hacer para protegerla?

Lectura con propósito Mientras lees estas páginas, subraya con una línea cada idea principal y con una línea doble los detalles que las apoyan.

Tierra. La llevas en los pies. Jugaste en ella cuando eras pequeño. ¿Por qué es importante conservar la tierra? La tierra contiene nutrientes que las plantas necesitan para crecer. Casi toda nuestra comida viene de plantas que crecen en la tierra. Los animales también dependen de la tierra para obtener los alimentos que necesitan. Muchos organismos, como las lombrices, viven en la tierra.

Algunos eventos naturales pueden hacer que la tierra se seque, que pierda sus nutrientes o que sea arrastrada. La polución, la deforestación, la construcción de carreteras y las construcciones dañan la tierra.

Cultivo hidropónico

Cultivo mixto

El arado de contorno sigue las curvas naturales del terreno evitando que la tierra se escurra con las lluvias fuertes.

La gente ha encontrado maneras de ayudar a conservar la tierra. Algunos agricultores rotan los cultivos, es decir, siembran un cultivo diferente cada año. Por ejemplo, un año un agricultor podría sembrar maíz. El maíz quita el nitrógeno de la tierra. El año siguiente podría sembrar soya. Esta planta devuelve nitrógeno a la tierra.

Un cultivo mixto es la siembra de más de un tipo de planta en el mismo terreno simultáneamente. Las plantas se protegen mutuamente de los insectos y las enfermedades. También ayudan a reducir la erosión del suelo.

¿Sabías que puedes cultivar plantas *sin* tierra? Con los cultivos hidropónicos, la gente puede cultivar ciertas plantas en agua o en otros materiales, por ejemplo gravilla. Los cultivos hidropónicos conservan agua y tierra y ocupan menos espacio que los cultivos tradicionales.

Rotación de cultivos con maíz y soya.

Cuida la tierra

Elige un tipo de conservación de tierra. Completa la tabla.

Tipo de conservación de tierra	Dibújalo o descríbelo	Explica cómo ayuda

Maravillosa agua

Piensa en todas las formas en que usas agua. Los científicos estiman que cada persona en los Estados Unidos usa alrededor de 380 L (100 gal) de agua todos los días. ¡Eso son unos 1,600 vasos de agua!

Lectura con propósito Mientras lees estas páginas, subraya la definición de *paisajismo sostenible.*

Es muy fácil pensar que el agua no faltará. ¡Casi siempre está allí cuando la necesitas! El agua es un recurso renovable, pero solo podemos usar una parte. Es importante cuidar el consumo de agua para garantizar que siempre tengamos suficiente.

La conservación de agua comienza en casa. Si arreglas un grifo que gotea una gota por segundo, puedes ahorrar más de 31 L (8 gal) de agua al día. ¿Tienes un jardín que necesita regarse regularmente? Tu familia puede reunir agua de lluvia en un barril o usar un sistema de riego por goteo. Este tipo de riego lleva lentamente el agua hasta las raíces de las plantas. Así no se desperdicia agua en evaporación o escorrentía.

Cierra la llave del agua cuando te cepillas los dientes. Así ahorras 11 L (3 gal) de agua diariamente.

Barril para agua de lluvia

Un método de jardinería que ayuda a conservar agua en áreas donde llueve poco es el paisajismo sostenible. El paisajismo sostenible promueve el uso de plantas nativas que viven en las condiciones naturales de un área. El resultado, por supuesto, es que se necesita menos agua para que las plantas sigan vivas. Los habitantes de las regiones desérticas que siembran plantas del desierto en sus jardines no desperdician agua en céspedes sedientos.

El paisajismo sostenible puede reducir el uso de agua entre 50 y 70 por ciento.

Práctica matemática

Resuelve problemas de la vida real

Objetos tales como regaderas de chorro reducido, escusados de bajo descargue y lavarropas de puerta frontal, ayudan a reducir el consumo de agua. Usa los datos para completar la tabla y averigua cuánta agua se puede ahorrar.

	Tradicional (consumo de agua en gal)	Ahorro de agua (consumo de agua en gal)	Ahorro de agua en 1 día	Ahorro de agua en 1 semana
Regadera (2 baños diarios)	70 gal por ducha (duchas de 10 min)	25 gal por ducha (duchas de 10 min)		
Escusado (10 descargas diarias)	5 gal por descarga	2 gal por descarga		
Lavadora de ropa (1 carga diaria)	40 gal por carga completa	20 gal por carga completa		

¿Quién apagó las luces?

Cada vez que te montas en un carro o en un autobús, enciendes una luz, trabajas en la computadora o enciendes la calefacción en un día frío, los recursos naturales te están sirviendo.

Lectura con propósito Mientras lees estas páginas, encierra en una casilla el nombre del recurso natural que suministra energía. Luego subraya el tipo de energía que suministra.

La electricidad y el calor son formas de energía que usas en tu casa. Pero la energía no aparece de la nada. Los combustibles fósiles —carbón, gas natural y petróleo— contribuyen a suministrar esa energía. Estos recursos son limitados y al quemarlos producen polución. Por eso, si los usamos menos los conservamos y también ayudamos a mantener limpio el medioambiente.

Seguramente has visto esos nuevos focos llenos de bolitas. Se llaman DEL, o diodo emisor de luz. Los DEL consumen alrededor de una décima parte de la electricidad que consumen los focos corrientes y duran 40 veces más tiempo. Si cambias los focos en tu hogar estarás conservando energía. ¡Tu familia también ahorrará dinero!

¿Cómo podemos ayudar?

Cada una de las fotos en estas páginas muestran una manera de conservar energía. Explica junto a cada una cómo conserva energía esa idea.

Estas turbinas convierten la energía del aire en movimiento en energía eléctrica.

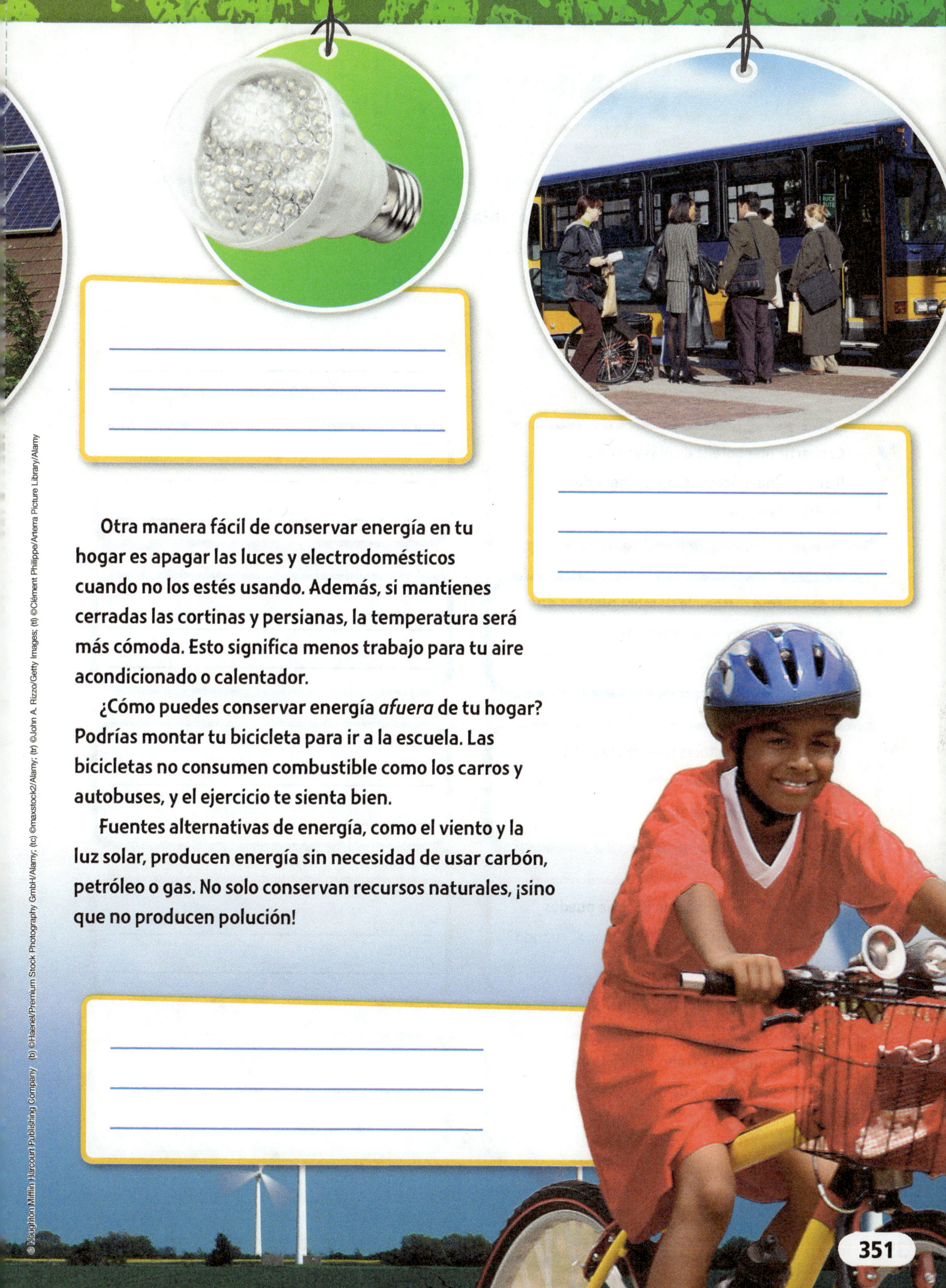

Otra manera fácil de conservar energía en tu hogar es apagar las luces y electrodomésticos cuando no los estés usando. Además, si mantienes cerradas las cortinas y persianas, la temperatura será más cómoda. Esto significa menos trabajo para tu aire acondicionado o calentador.

¿Cómo puedes conservar energía *afuera* de tu hogar? Podrías montar tu bicicleta para ir a la escuela. Las bicicletas no consumen combustible como los carros y autobuses, y el ejercicio te sienta bien.

Fuentes alternativas de energía, como el viento y la luz solar, producen energía sin necesidad de usar carbón, petróleo o gas. No solo conservan recursos naturales, ¡sino que no producen polución!

Cuando termines, usa la Clave de respuestas y corrige lo que sea necesario.

Lee los resúmenes. Todos son incorrectos. Cambia la parte del resumen que aparece en azul para que quede correcto.

1. Cuando conservamos recursos **los usamos más** los usamos menos

   ____

2. Convertir una botella de plástico de 2 litros en una maceta es una manera de **reciclar la basura.**

   ____

   ____

3. El paisajismo sostenible siembra **plantas que no son nativas y que necesitan más agua** que otras plantas.

   ____

   ____

4. Cuando los agricultores usan la agricultura de contorno, siembran **una planta diferente en el mismo lugar cada año.**

   ____

   ____

5. Para conservar recursos de energía puedes **dejar tu computadora en "descanso"** cuando no la estás usando.

   ____

   ____

6. El agua es un recurso renovable **y la gente puede usar toda la que quiera.**

   ____

   ____

Clave de respuestas: 1. los usamos menos 2. reutilizar la basura 3. plantas nativas que necesitan menos agua 4. plantas en hileras que siguen el contorno del terreno 5. apagar tu computadora 6. pero tenemos que conservarla

Ejercita tu mente

Nombre ____________________

Juego de palabras

1 Pon en orden las palabras para completar cada oración. La letra del centro es la primera letra de cada palabra

____________ Cuando algo se _____, se procesa para hacer otra cosa.

____________ _____ es usar los recursos naturales con cuidado sin desperdiciarlos.

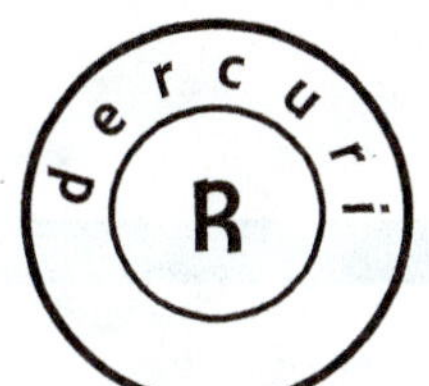

____________ Al _____ la basura ayudas a limpiar el medioambiente.

____________ Las siembras en _____ siguen las curvas y pendientes naturales del terreno.

____________ _____ un ojeto significa usarlo de nuevo en lugar de botarlo a la basura.

Aplica los conceptos

2 Escribe dos maneras de cómo la gente puede conservar agua. Piensa en un ejemplo que *no* esté en el texto para cada una de tus respuestas.

____

____

____

____

____

____

____

____

____

____

3 Dibuja un cuarto de tu casa. Escribe tres formas en que podrías conservar agua o energía en ese cuarto.

4 ¿Qué se está conservando en este dibujo?

_______________________ _______________________ _______________________

Para la casa

Comparte con tu familia lo que has aprendido acerca de la conservación. Piensa en maneras de conservar recursos en casa. Después de que lleves a cabo tu plan de familia, informa tus resultados a la clase.

10 cosas que deberías saber sobre Ingenieros de energía alternativa

1. Los ingenieros de energía alternativa reducen nuestro consumo de combustibles fósiles.
2. Usan recursos renovables como fuentes de energía.
3. Convierten la energía solar en calor y energía eléctrica.
4. Buscan la mejor manera de convertir la energía del viento en calor y energía eléctrica.
5. Buscan la manera de usar plantas para hacer combustible, por ejemplo el maíz.
6. Analizan los puntos a favor y en contra de cada tipo de energía.
7. Reemplazan los viejos métodos con tecnologías nuevas que son mejores para el medioambiente.
8. Comparten el resultado de sus investigaciones con otros científicos.
9. Piensan en nuevas ideas que no hayan sido exploradas todavía.
10. Tratan de salvar los recursos de la Tierra usándolos con inteligencia.

Debate sobre energía alternativa

Los carros eléctricos ahorran dinero en combustible, pero son más costosos de comprar. Dos estudiantes se envían mensajes de texto sobre los puntos a favor y en contra de comprar un carro eléctrico. Completa las razones a favor y en contra de la energía alternativa.

Son fantásticos, pero uno de sus problemas es que

____

____

____

¡Un gran carro! Los carros eléctricos son una buena idea porque

____

____

____

Otra cosa que es un problema es que

____

____

____

pero la tecnología mejora día a día.

Eso es cierto, pero la buena noticia es que

____

____

____

Rotafolio de investigación, pág. 38

Nombre ______________________________

Pregunta esencial

¿Cómo podemos conservar los recursos naturales?

Establece un propósito

¿Qué vas a aprender de esta investigación?

____

____

____

____

Piensa en el procedimiento

¿Por qué crees que se le agrega almidón a la mezcla de pulpa?

____

____

____

____

¿Por qué es importante escurrir el exceso de agua?

____

____

____

____

Anota tus datos

Describe las características físicas de tu papel en el espacio de abajo.

Saca tus conclusiones

Parte del papel que usas hoy es reciclado de papel viejo. Saca tus conclusiones sobre por qué la gente elije hacer papel de desperdicios y no directamente de árboles.

Analiza y amplía

1. Igual que los científicos, hiciste un modelo para ver cómo funcionaría una cosa a una escala más grande. Usando lo que aprendiste, sugiere algunas maneras de fabricar papel reciclado en una fábrica grande.

2. ¿Cómo es el papel que fabricaste comparado con el papel que usas en la escuela?

3. ¿Por qué reciclar papel es bueno para el medioambiente y los seres vivos?

4. ¿Cómo podrías reciclar trozos de papel usados?

5. ¿Cómo cambiarías tu fabricación de papel si tuvieras que hacerlo de nuevo?

Repaso de la Unidad 7

Nombre ______________________________

Repaso de vocabulario

Completa las oraciones con las palabras de la casilla.

conservación
recurso no renovable
polución
reciclar
recurso renovable
reutilizar

1. El proceso de preservar y proteger un ecosistema o un recurso se llama ________________________.

2. Un recurso que la naturaleza puede reemplazar si se usa se llama ________________________.

3. Si quieres ________________________ una botella vieja de vidrio, la puedes pintar para convertirla en un florero.

4. Todos los desperdicios y la contaminación que ensucia o le hace daño a un ecosistema y sus organismos se llama ________________________.

5. Un recurso que la naturaleza no puede reemplazar una vez usado es un ________________________.

6. Reutilizar el material de un producto para hacer otra cosa después de que el producto ha cumplido su función original se llama ________________________.

Conceptos de ciencias

Rellena la burbuja de la opción que mejor responde a la pregunta.

7. Donde vive Amar el clima es soleado casi todo el año. ¿Qué puede hacer la familia de Amar para generar electricidad sin quemar combustibles fósiles?
   - Ⓐ riego por goteo
   - Ⓑ turbinas de viento
   - Ⓒ paneles solares
   - Ⓓ focos de DEL

8. El aire, el agua, las plantas y la leña son algunos recursos naturales que usa la gente. ¿Cuál de las siguientes afirmaciones describe mejor los recursos naturales?
   - Ⓐ ocurren naturalmente
   - Ⓑ nunca se agotan
   - Ⓒ son fabricados por la gente
   - Ⓓ solo se pueden usar en su forma original

Conceptos de ciencias

Rellena la burbuja de la opción que mejor responde a la pregunta.

9. Este símbolo se encuentra debajo de un recipiente de plástico. ¿Qué te dice acerca del recipiente?

Ⓐ no se puede reutilizar ni reciclar

Ⓑ contiene materiales reciclados

Ⓒ no se puede reutilizar

Ⓓ se puede reciclar

10. Un granjero quiere proteger sus cultivos de los insectos y las enfermedades. También quiere reducir la erosión del suelo. ¿Qué método de conservación de la tierra debe usar?

Ⓐ rotación de cultivos

Ⓑ cultivos hidropónicos

Ⓒ cultivos mixtos

Ⓓ cultivo en contorno

11. Jonah vio varios de estos objetos en un terreno durante un día de campo con su familia.

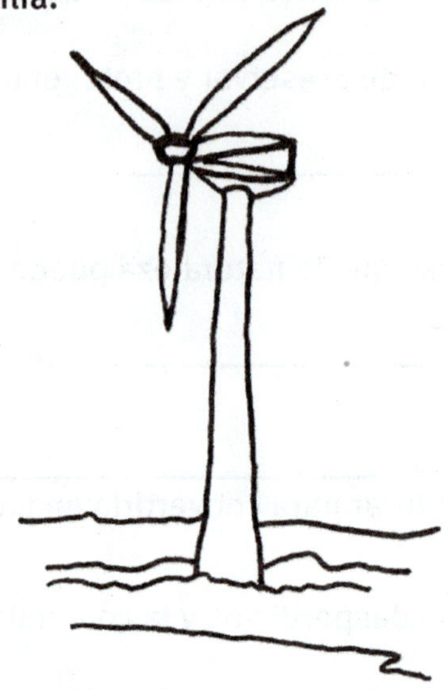

¿Qué recurso natural usa este objeto para generar electricidad?

Ⓐ mueve el aire

Ⓑ quema petróleo

Ⓒ quema carbón

Ⓓ luz solar

12. Luisa quiere ayudar a su familia a conservar agua. Tiene una lista de ideas. ¿Cuál de sus ideas es la mejor para que su familia conserve agua?

Ⓐ bañarse en lugar de ducharse

Ⓑ apagar la llave mientras se cepillan los dientes

Ⓒ encender el lavarropas a medio llenar

Ⓓ encender el lavaplatos a medio llenar

Nombre ____________________

13. Un granjero hizo un arado en contorno para preparar su terreno antes de la siembra.

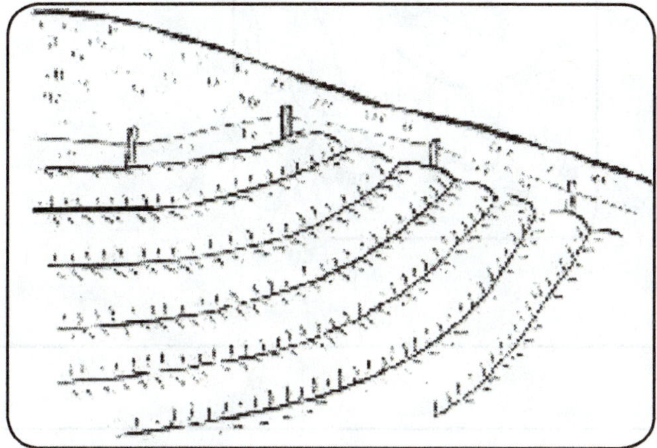

¿Por qué este tipo de arado protege la tierra?

Ⓐ protege contra los insectos
Ⓑ requiere muy poca agua
Ⓒ evita las enfermedades
Ⓓ evita la erosión

14. Un país produce más carbón del que necesita. ¿Qué puede hacer ese país?

Ⓐ guardar el carbón
Ⓑ exportar el carbón
Ⓒ importar más carbón
Ⓓ dejar de producir carbón

15. Todas las mañanas, Andrea hace las actividades que se muestran aquí.

¿Cuáles son los tres recursos naturales que emplean estas actividades?

Ⓐ petróleo, plantas, carbón
Ⓑ aire, luz solar, viento
Ⓒ leña, animales, petróleo
Ⓓ agua, comida, combustibles fósiles

16. Jake hizo este cartel.

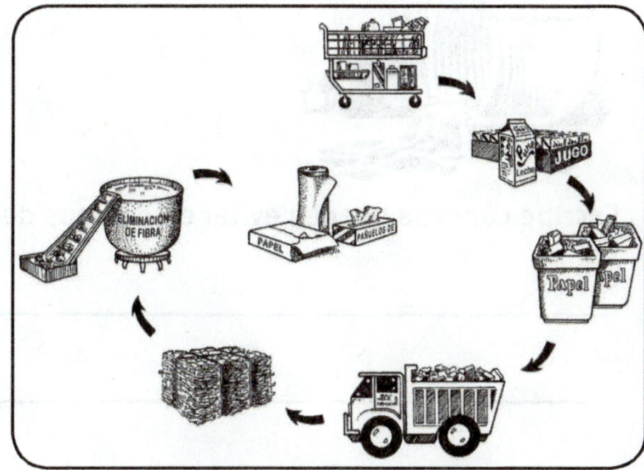

¿Cuál puede ser el **mejor** título para su cartel?

Ⓐ Reutilizar el papel reduce los desperdicios.
Ⓑ Los camiones de la basura usan combustibles fósiles.
Ⓒ Reciclar papel ayuda a conservar recursos.
Ⓓ Hacer las compras en el supermercado toma tiempo.

Aplica la investigación y repasa La gran idea

Escribe las respuestas a estas preguntas.

17. El vecino de Manuel tiró una llanta vieja a la basura. Manuel encontró la llanta y armó este objeto con ella. ¿Cuántas de las tres "erres" aplicó Manuel? Explica tu respuesta.

18. Los siguientes dibujos muestran dos tipos de polución.

Escribe cómo se pueden evitar estos tipos de polución.

19. Una granjera tiene problemas para conservar los nutrientes en la tierra. Como resultado, sus cosechas no crecen bien. Aún así, ella quiere usar el mínimo de fertilizantes químicos. ¿Qué consejo le darías para planear su cosecha del próximo año? Explica tu respuesta.

Glosario interactivo

A medida que vayas aprendiendo cosas nuevas sobre cada término, toma notas, haz dibujos o escribe oraciones en el espacio en blanco. Así podrás recordar lo que significan estos términos. Mira estos ejemplos.

Hongos Un reino de organismos que tienen un núcleo y que obtienen sus nutrientes mediante la descomposición de otros organismos.

Las setas pertenecen al reino Fungi.

cambio físico Cambio de tamaño, forma o estado de la materia sin que se forme una nueva sustancia.

Cuando corto papel, ese papel sufre un cambio físico.

A

adaptación Rasgo o característica que le sirve a un organismo para sobrevivir. (pág. 226)

angiosperma Planta vascular que da flores cuyas semillas están rodeadas por una fruta. (pág. 197)

amplitud Medida de la cantidad de energía que tiene una onda. (pág. 653)

arrecife de coral Estructuras ramificadas formadas por los esqueletos de colonias de pólipos de coral (pág. 523)

asteroide Trozo de roca o hierro que mide menos de 1,000 km (621 mi) de diámetro y gira en órbita alrededor del Sol. (pág. 548)

astronomía El estudio de los objetos en el espacio y sus propiedades. (pág. 562)

átomo La unidad más pequeña en que se puede dividir un elemento sin perder las propiedades de ese elemento. (pág. 630)

báscula Instrumento empleado para medir la cantidad de materia en un objeto, que es la masa del objeto. (pág. 46)

báscula de resorte Instrumento que se usa para medir la fuerza. (pág. 47)

bioingeniería La aplicación del proceso de diseño de ingeniería a los seres vivos. (pág. 88)

biotecnología Producto de la tecnología empleado para beneficiar a los organismos y el medioambiente. (pág.89)

cadena alimentaria Transferencia de energía alimentaria entre los organismos en un ecosistema. (pág. 309)

cambios físicos Cambios en los cuales una sustancia cambia de forma o aspecto pero conserva su composición química. (pág. 598)

carácter recesivo Un rasgo o carácter que aparece solamente si un organismo tiene dos factores para ese rasgo. (pág. 115)

cambios químicos Cambios ocasionados por la reacción de una o más sustancias, los cuales producen sustancias nuevas y diferentes. (pág. 599)

célula unidad básica de la estructura y función de todos los seres vivos. (pág. 104)

carácter dominante Un carácter o rasgo que aparece si el organismo tiene un factor para ese carácter. (pág. 115)

cerebro Órgano del cuerpo humano que procesa información. (pág. 128)

carácter heredado Una característica que se transmite de los padres a su progenie. (pág. 112)

ciclo de vida Las etapas por las cuales pasa un ser vivo a medida que crece y cambia. (pág. 216)

Glosario interactivo

ciencia El estudio del mundo natural mediante la observación y la investigación. (pág. 5)

clasificación Separación de cosas en grupos de objetos o de cosas similares. (pág. 176)

clave dicotómica Recurso empleado para identificar organismos según pares de características contrastantes. (pág. 177)

clorofila Pigmento verde de las plantas que permite a las células usar la luz solar para producir alimento. (pág. 293)

combustible fósil Combustible que se forma a partir de los restos de seres que alguna vez estuvieron vivos. El carbón, el petróleo y el gas natural son combustibles fósiles. (pág. 456)

cometa Objeto formado por gases congelados, rocas, hielo y polvo que gira alrededor del Sol. (pág. 549)

compuesto Sustancia formada por dos o más tipos de átomos que están combinados químicamente. (pág. 634)

comunidad Grupo de organismos que viven en la misma zona e interactúan unos con otros. (pág. 250)

conservación de la masa Ley que establece que la materia no se crea ni se destruye; sin embargo, la materia puede cambiar de forma. (pág. 604)

control Situación experimental a usarse para comparar las otras situaciones. (pág. 29)

conservación El proceso de preservar y proteger un ecosistema o un recurso. (pág. 344)

corazón Órgano muscular que bombea la sangre hacia todo el resto del sistema circulatorio. (pág. 148)

consumidor Ser vivo que no es capaz de producir su alimento y debe alimentarse de otros seres vivos. (pág. 295)

corriente Flujo continuo de agua en el océano que sigue un patrón regular. (pág. 508)

contramolde fósil Modelo de un organismo que se forma cuando cuando se acumula sedimento en un molde hasta llenarlo y luego se endurece. (pág. 455)

corteza Capa externa y delgada de la Tierra, que incluye tierra firme y el fondo oceánico. (pág. 389)

costa Área donde el océano y la tierra se encuentran e interactúan. (pág. 513)

criterios Conjunto de factores con los que se mide el grado de desempeño. (pág. 70)

D

dominio El nivel más amplio en la clasificación de los organismos. (pág. 179)

E

ecosistema Comunidad de organismos y el medioambiente en el que viven. (pág. 249)

elemento Materia compuesta de un solo tipo de átomo. (pág. 632)

epicentro El punto en la superficie de la Tierra que está justo encima del foco de un terremoto. (pág. 394)

erosión Proceso mediante el cual los sedimentos son acarreados de un lugar a otro. (pág. 368)

especie En la clasificación de los organismos, el grupo más pequeño de individuos que están estrechamente relacionados. (pág. 179)

estómago Un órgano en forma de bolsa donde la comida se mezcla con jugos digestivos y es triturada por unos músculos. (pág. 154)

espectro electromagnético Todas las ondas de energía que viajan a la velocidad de la luz en el vacío; incluye ondas de radio, infrarrojas, visibles, ultravioleta, de rayos X y de rayos gama. (pág. 671)

estrellas Bolas enormes de gases resplandecientes y muy calientes, que producen su propia luz y calor. (pág. 562)

espigón Estructura a modo de muralla que sobresale hacia el mar para impedir que este se lleve la arena. (pág. 513)

evidencia Información reunida durante una investigación científica. (pág. 6)

espora Estructura reproductora de algunas plantas, entre ellas los musgos y los helechos, que puede convertirse en una nueva planta. (pág. 194)

experimento Una investigación en la cual se controlan todas las condiciones para probar una hipótesis. (pág. 23)

extinción Desaparición de todos los individuos de una especie animal o vegetal. (pág. 274)

fósil-guía Fósil de un tipo de organismo que vivió en muchos lugares durante un periodo relativamente corto. (pág. 469)

extinción masiva Período durante el cual un gran número de especies desaparece. (pág. 475)

fotosíntesis Proceso por el cual las plantas fabrican azúcar. (pág. 293)

falla Rompimiento de la corteza terrestre en el que la roca de un lado se desplaza en relación con la roca del lado opuesto. (pág. 394)

frecuencia Medida del número de ondas que pasan por un punto en un segundo. (pág. 650)

fósil Restos o vestigios de una planta o animal que vivió hace mucho tiempo. (pág. 454)

fricción Fuerza que actúa sobre dos objetos que se están tocando, la cual se opone al movimiento. (pág. 703)

fuerza Un empujón o un tirón que puede alterar el movimiento de un objeto. (pág. 700)

fuerzas equilibradas Fuerzas que se cancelan mutuamente porque son de igual tamaño y van en dirección opuesta. (pág. 704)

fuerzas no equilibradas Fuerzas que causan un cambio de movimiento en un objeto porque no se cancelan mutuamente. (pág. 704)

galaxia Grupo que contiene miles de millones de estrellas, los objetos que giran en órbita a su alrededor, gas y polvo. (pág. 565)

gas Estado de la materia en el que una sustancia no tiene forma ni volumen definidos. (pág. 584)

género En la clasificación de los organismos, una subdivisión de la familia. (pág. 179)

germinar Comenzar a crecer (una semilla, una espora o un retoño). (pág. 200)

gimnosperma Planta vascular que produce semillas , las cuales no están rodeadas por una fruta. (pág. 196)

gravedad Fuerza de atracción entre objetos, como la atracción entre la Tierra y los objetos que contiene. (pág. 702)

H

hábitat Lugar donde un organismo vive y puede encontrar todo lo que necesita para subsistir. (pág. 252)

hígado Órgano de gran tamaño que produce un líquido digestivo llamado bilis. (pág. 155)

huesos Órganos duros con una capa interior esponjosa, que sirven para sostener el cuerpo o proteger otros órganos. (pág. 140)

I

inercia Tendencia de un objeto a resistir un cambio en el movimiento. (pág. 725)

ingeniería Aplicación de las ciencias y las matemáticas con fines prácticos, tales como el diseño de estructuras, máquinas y sistemas. (pág. 65)

instinto Comportamiento que un organismo hereda y sabe aplicar sin que se le enseñe. (pág. 232)

invertebrado Animal que no tiene columna vertebral. (pág. 212)

investigación Un procedimiento que se realiza cuidadosamente para observar, estudiar o probar algo con el fin de aprender más sobre ello. (pág. 4)

luz Forma de energía que viaja por el espacio y se encuentra parcialmente dentro del espectro visible. (pág. 668)

L

líquido Estado de la materia en el que una sustancia tiene volumen definido pero forma indefinida. (pág. 584)

llanura abisal Fondo extenso de las profundidades del océano. (pág. 496)

longitud de onda Distancia entre un punto de una onda y el punto idéntico de la onda siguiente. (pág. 652)

M

manto Capa gruesa de la Tierra que está debajo de la corteza. (pág. 389)

marea Ascenso y descenso regular de la superficie del océano, causado ante todo por la atracción de la gravedad de la Luna sobre los océanos de la Tierra. (pág. 511)

materia Todo aquello que tiene masa y ocupa espacio. (pág. 580)

medioambiente Todos los seres vivos y no vivos que rodean y afectan a un organismo. (pág. 248)

meiosis Proceso por el cual se generan células reproductoras. (pág. 111)

membrana celular La cubierta delgada que rodea a toda célula. (pág. 106)

metamorfosis completa Cambio complejo que sufren la mayoría de los insectos y que incluye las etapas de larva y crisálida. (pág. 217)

metamorfosis incompleta Cambio en el desarrollo de algunos insectos, durante el cual una ninfa sale del huevo y se desarrolla gradualmente hasta convertirse en adulto. (pág. 218)

meteorización Rompimiento de las rocas en la superficie de la Tierra que produce pedazos de roca más pequeños. (pág. 367)

métodos científicos Diferentes maneras en las que los científicos hacen investigaciones y reúnen datos confiables. (pág. 22)

mezcla Combinación de dos o más sustancias diferentes en la cual las sustancias conservan su identidad. (pág. 615)

microscópico Demasiado pequeño para verse sin microscopio. (pág. 43)

molécula Una sola partícula de materia, que se compone de dos o más átomos unidos químicamente. (pág. 634)

mineral Sólido no vivo que tiene forma cristalina. (pág. 414)

músculos Órganos compuestos de haces de fibras largas que se pueden contraer para producir movimiento en los seres vivos. (pág. 142)

mitosis Proceso por el cual se dividen la mayoría de las células. (pág. 110)

nicho ecológico La función que cumple una planta o un animal en su hábitat. (pág. 252)

molde Impresión de un organismo, que se forma cuando se endurece el sedimento que lo rodea. (pág. 455)

núcleo Centro de control de una célula que dirige las actividades celulares. (pág. 106)

Glosario interactivo

núcleo Capa de la Tierra que se extiende desde su centro hasta el fondo del manto. Está compuesto principalmente de hierro metálico y níquel. (pág. 389)

opinión Creencia o juicio basado en lo que la persona piensa o siente y no necesariamente en evidencia. (pág. 9)

O

ola Movimiento hacia arriba y hacia abajo de la superficie del agua. (pág. 506)

organismo descomponedor Ser vivo que obtiene energía al descomponer organismos muertos y desechos de animales en sustancias más simples. (pág. 299)

onda Alteración que transporta energía, como el sonido o la luz, a través de la materia o el espacio. (pág. 648)

organismo Ser vivo. (pág. 104)

opaco Que no permite el paso de la luz. (pág. 678)

órgano Grupo de tejidos que trabajan juntamente para cumplir una función determinada. (pág. 126)

P

páncreas Órgano del cuerpo que produce jugo digestivo y también insulina. (pág. 155)

piel El órgano más grande del cuerpo humano, el cual recubre el exterior del cuerpo. (pág. 134)

pirámide de energía Diagrama que muestra que en todos los niveles de una cadena alimentaria se pierde energía. (pág. 312)

plancton Pequeños organismos que flotan a la deriva en grandes números en masas de agua salada o agua dulce. (pág. 526)

planeta enano Cuerpo celeste casi redondo, ligeramente más pequeño que un planeta, cuya órbita se cruza con la órbita de otro cuerpo celeste. (pág. 548)

planeta Cuerpo celeste grande y redondo que gira alrededor de una estrella. (pág. 540)

planta no vascular Planta que carece de tejidos para transportar agua, alimento y nutrientes. (pág. 192)

planta vascular Planta que tiene tejidos para transportar agua, alimento y nutrientes a sus células. (pág. 193)

Glosario interactivo

plataforma continental Parte del fondo oceánico que presenta un declive gradual y está formada por corteza continental. (pág. 496)

presión de agua Empuje del agua hacia abajo. (pág. 495)

población Todos los organismos del mismo tipo que viven juntos en un ecosistema. (pág. 250)

prisma Objeto transparente que separa la luz blanca en los colores del arcoíris. (pág. 683)

polución Todo desecho o contaminación que causa daño o ensucia un ecosistema y afecta a los organismos. (pág. 337)

productor Ser vivo, como una planta, que puede producir su propio alimento. (pág. 294)

preciso En una medición, muy cerca del tamaño o valor real. (pág. 49)

prototipo Modelo original o de prueba en el que se basa un producto. (pág. 68)

pulmones Órganos de gran tamaño del sistema respiratorio que llevan oxígeno del aire al resto del cuerpo y eliminan dióxido de carbono. (pág. 144)

recurso renovable Recurso que se puede reemplazar dentro de un período adecuado de tiempo. (pág. 330)

R

reacción Proceso por el cual se forma una nueva sustancia durante un cambio químico. (pág. 599)

red alimentaria Grupo de cadenas alimentarias que se sobreponen. (pág. 310)

recurso natural Todo lo que está en la naturaleza y que las personas pueden utilizar. (pág. 330)

reflexión El rebote de las ondas de luz cuando chocan contra un obstáculo. (pág. 680)

recurso no renovable Recurso que, una vez utilizado, no se puede reemplazar dentro de un período considerable de tiempo. (pág. 331)

refracción El curvamiento de las ondas de luz al pasar de un material a otro. (pág. 682)

Glosario interactivo

riñones Órganos del sistema excretor que eliminan los desechos de la sangre. (pág. 159)

roca Sólido formado naturalmente compuesto por uno o más minerales. (pág. 428)

roca ígnea Tipo de roca que se forma cuando la roca fundida se enfría y se endurece. (pág. 429)

roca metamórfica Tipo de roca que se forma por la acción del calor o un cambio de la presión sobre una roca existente. (pág. 432)

roca sedimentaria Tipo de roca que se forma cuando varias capas de sedimento se unen bajo presión. (pág. 430)

S

salinidad Cantidad de sal que tiene el agua. (pág. 495)

sedimentación Depósito o asentamiento de materiales erosionados. (pág. 368)

sedimento Arena, pedazos de roca, fósiles y otro tipo de materia transportados y depositados por el agua, el viento o el hielo. (pág. 369)

sistema de órganos Grupo de órganos que trabajan conjuntamente para cumplir una función que beneficie el cuerpo. (pág. 126)

sistema solar Una estrella y todos los demás cuerpos celestes que giran a su alrededor. (pág. 540)

sólido Estado de la materia en el que una sustancia tiene forma y volumen definidos. (pág. 585)

solución Mezcla que tiene una composición uniforme porque todas sus partes están mezcladas uniformemente. (pág. 616)

sucesión Cambio gradual en los diferentes tipos de organismos de un ecosistema. (pág. 266)

T

talud continental Parte del fondo oceánico que presenta un declive brusco. (pág. 496)

tecnología Uso del conocimiento científico para resolver problemas prácticos. (pág. 66)

tectónica de placas Teoría según la cual la corteza terrestre está dividida en placas que siempre están en movimiento. (pág. 390)

Glosario interactivo

tejido Grupo de células similares que trabajan conjuntamente, como el tejido muscular o el tejido estomacal. (pág. 126)

tono Qué tan agudo o grave es un sonido. (pág. 650)

temperatura Medida de la energía del movimiento de las partículas de la materia, la cual percibimos como lo frío o caliente que está algo. (pág. 582)

translúcido Que permite el paso de solamente una parte de la luz. (pág. 679)

teoría atómica Explicación científica de la estructura de los átomos y sus interacciones con otros átomos. (pág. 630)

transparente Que permite el paso de la luz. (pág. 679)

terremoto Temblor de la superficie terrestre que puede causar ascenso o descenso del terreno. (pág. 394)

U

universo Todo lo que existe, incluyendo las galaxias y lo que hay en ellas. (pág. 564)

V

variable Cualquier condición que se puede cambiar en un experimento. (pág. 29)

vejiga Órgano del sistema excretor que almacena y hace salir la orina. (pág. 159)

vertebrado Animal que tiene columna vertebral. (pág. 210)

volcán Lugar de donde salen gases calientes, humo y roca derretida desde el interior de la Tierra hacia la superficie. (pág. 398)

volumen Cantidad de espacio que ocupa algo. (pág. 580)

volumen Fuerza de un sonido. (pág. 651)

Z

zona intermareal Área entre la tierra y el océano que se cubre de agua durante la marea alta y queda descubierta durante la marea baja. (pág. 521)

Índice

B

E

F

Q

R

S

FUSIÓN

fusión combinación de dos o más cosas que libera energía

Este libro del estudiante para escribir pertenece a

Maestro/Salón

HOUGHTON MIFFLIN HARCOURT

 HOUGHTON MIFFLIN HARCOURT

Front Cover: *crab* ©Mark Webb/Alamy; *Great Basin National Park* ©Frans Lanting/Corbis; *tree frog* ©DLILLC/Corbis; *beaker* ©Gregor Schuster/Getty Images; *rowers* ©Stockbyte/Getty Images.

Back Cover: *Giant's Causeway* ©Rod McLean/Alamy; *digital screen* ©Michael Melford/Stone/Getty Images; *mountain biker* ©Jerome Prevost/TempSport/Corbis; *gecko* ©Pete Orelup/Getty Images.

Printed in the U.S.A.

ISBN 978-0-547-83970-7

13 2331 20
4500815748 BCDEFG

Consultores del programa

Michael A. DiSpezio
Global Educator
North Falmouth, Massachusetts

Marjorie Frank
Science Writer and Content-Area Reading Specialist
Brooklyn, New York

Michael Heithaus
Director, School of Environment and Society
Associate Professor, Department of Biological Sciences
Florida International University
North Miami, Florida

Donna Ogle
Professor of Reading and Language
National-Louis University
Chicago, Illinois

Revisores del programa

Paul D. Asimow
Professor of Geology and Geochemistry
California Institute of Technology
Pasadena, California

Bobby Jeanpierre
Associate Professor of Science Education
University of Central Florida
Orlando, Florida

Gerald H. Krockover
Professor of Earth and Atmospheric Science Education
Purdue University
West Lafayette, Indiana

Rose Pringle
Associate Professor
School of Teaching and Learning
College of Education
University of Florida
Gainesville, Florida

Carolyn Staudt
Curriculum Designer for Technology
KidSolve, Inc.
The Concord Consortium
Concord, Massachusetts

Larry Stookey
Science Department
Antigo High School
Antigo, Wisconsin

Carol J. Valenta
Associate Director of the Museum and Senior Vice President
Saint Louis Science Center
St. Louis, Missouri

Barry A. Van Deman
President and CEO
Museum of Life and Science
Durham, North Carolina

¡Energízate con Fusión!

Este programa fusiona...

Aprendizaje electrónico y actividades de laboratorio virtuales

Actividades de laboratorio y exploraciones

Libro del estudiante para escribir

...y genera nueva energía en el científico de hoy: ¡tú!

Libro del estudiante para escribir
S.T.E.M.
Ingeniería y tecnología
¡Actividades de STEM a lo largo del programa!
¡Haz de este libro tu amigo, como todo buen lector!
En estas páginas podrás escribir ideas, contestar preguntas, tomar notas y anotar los resultados de las actividades.
Aprende destrezas y conceptos científicos interactuando con el contenido de las páginas.

Actividades diversas y de laboratorio

¿Cómo influye la sequía en las plantas?

Hay sequía cuando cae menos lluvia de lo normal en un lugar. ¿Qué les pasa a las plantas cuando el medio en el que viven cambia y no reciben la cantidad normal de agua?

Materiales
5 vasos de plástico
marcador negro
125 semillas
tierra para macetas
agua
taza de medir

1 Rotula los vasos de *A* a *E*.

2 Llena los vasos con tierra para macetas húmeda. Planta 25 semillas en cada uno.

3 Riega los vasos de acuerdo con el siguiente horario:
- Vaso A: 50 mL de agua al día
- Vaso B: 25 mL de agua al día
- Vaso C: 50 mL de agua cada dos días
- Vaso D: 50 mL de agua una vez por semana
- Vaso E: nada de agua

4 Formula una hipótesis acerca del modo en que crecerán las semillas en distintos vasos.

5 Coloca los vasos en la repi de una ventana soleada. Obsérvalos durante dos semanas.

Interesantes investigaciones en todas las lecciones.

Las ciencias se basan en actividades prácticas.

Haz preguntas y pon a prueba tus ideas.

Saca conclusiones y comunica lo que aprendas.

Aprendizaje electrónico y actividades de laboratorio virtuales

Las lecciones digitales y los laboratorios virtuales ofrecen opciones de aprendizaje electrónico para todas las lecciones de *Fusión*.

Unidad 2 Lección 1 ¿Qué objetos forman parte del sistema solar?

¿Qué son los órganos y los sistemas del cuerpo?

Los "planetas raros"

Explora, por tu cuenta o en grupo, los conceptos científicos del mundo digital.

360° de investigaciones

Contenido

Niveles de investigación ■ Dirigida ■ Guiada ■ Independiente

VOLUMEN UNO

LA NATURALEZA DE LAS CIENCIAS Y S.T.E.M.

CIENCIAS DE LA VIDA

Unidad 4—Cómo crecen y se reproducen los seres vivos 173

VOLUMEN DOS

CIENCIAS DE LA TIERRA

Unidad 11—Los océanos de la Tierra 489

Unidad 12—El sistema solar y el universo 537

CIENCIAS FÍSICAS

Unidad 13—La materia

UNIDAD 8

Cambios en la superficie de la Tierra

La gran idea

La superficie de la Tierra está cambiando constantemente.

Me pregunto por qué

El cañón de Chelly es un cañón profundo de tierra arenisca en el alto desierto del norte de Arizona. ¿Cómo se formó de esta manera? *Da vuelta a la página para descubrirlo.*

Por esta razón La acción del viento y el agua con el tiempo, unida a la lenta elevación de la superficie terrestre, talló el cañón de Chelly en la roca arenisca del norte de Arizona.

En esta unidad vas a aprender más sobre La gran idea, y a desarrollar las preguntas esenciales y las actividades del Rotafolio de investigación.

Niveles de investigación ■ Dirigida ■ Guiada ■ Independiente

La gran idea La superficie de la Tierra está cambiando constantemente.

Preguntas esenciales

¡Ya entiendo La gran idea!

Cuaderno de ciencias

No te olvides de escribir lo que piensas sobre la Pregunta esencial antes de estudiar cada lección.

Pregunta esencial

¿Cómo la meteorización y la erosión le dan forma a la superficie de la Tierra?

Ponte a pensar

Halla la respuesta a la siguiente pregunta en esta lección y escríbela aquí.

¿Cómo crees que se formó este arco?

____

____

____

Lectura con propósito

Vocabulario de la lección

Haz una lista de los términos. A medida que aprendes cada uno, toma notas en el Glosario interactivo.

____

____

____

____

Causa y efecto

Algunas ideas en esta lección están conectadas por una relación de causa y efecto. Por qué algo ocurre es una causa. Lo que ocurre como resultado de otra cosa es un efecto. Los buenos lectores buscan efectos preguntándose: ¿Qué ocurrió? Buscan causas preguntándose por qué ocurrió.

¿Qué puede romper un peñasco ?

Cuando piensas en las rocas, quizá vengan a tu mente palabras como *sólidas* y *duras*. Tal vez pienses que una roca jamás se rompería. Sin embargo, el simple viento y la lluvia son capaces de agrietarlas.

Lectura con propósito Mientras lees estas dos páginas, subraya todas las cosas capaces de descomponer una roca.

Las raíces de este árbol rompieron la roca.

Cuando llueve, el agua entra en las grietas de las rocas.

Cuando el agua se congela, se expande. Esto agranda las grietas.

Cuando el agua se vuelve a congelar, empuja las grietas ampliándolas aún más. Después de varias veces de ocurrir esto, la roca se rompe en pedazos.

El proceso por el cual se rompe la roca se llama **meteorización.** Muchos factores pueden causar meteorización. La gravedad hace caer las rocas por un despeñadero y estas rompen las rocas que hay abajo. Las corrientes de agua arrastran rocas y las hacen rozar a otras rocas en el lecho del río. La arena que arrastra el viento raspa contra las rocas.

Las cosas vivas también producen meteorización. En la pequeña grieta de una roca pueden crecer las raíces de un árbol. Al crecer, empujan la roca de adentro hacia afuera hasta que la rompen. Los animales excavan rocas y las dejan expuestas al viento y a lluvia.

Las sustancias químicas en el agua y la lluvia que fluyen entre las rocas también causan meteorización. Estos químicos se combinan con la roca y la cambian de tal modo que se desmorona y se meteoriza. Mira las estatuas de esta página. La meteorización química ya ha alterado una de ellas.

¿Qué cambios producirá la meteorización en el aspecto de esta estatua?

Describe cómo se vería esta estatua en el futuro.

Las rocas en acción

¿No es cierto que las rocas están siempre en el mismo lugar? ¡No! Las rocas se mueven. Descubre cómo.

La meteorización es el comienzo de una serie de cambios que ocurren con frecuencia en la superficie de la Tierra. El mismo viento y el agua que causan meteorización también arrastran los trocitos de roca que se rompen. El proceso en que la roca meteorizada se traslada de un lugar a otro se llama **erosión**.

1

La erosión de la piedra se debe a muchos procesos naturales. El agua en movimiento es una de las causas de erosión más frecuentes. La corriente de agua veloz en este río puede desplazar o mover rocas grandes cerca de la cima de la montaña. Junto con la gravedad, el agua hace que las rocas bajen por la cuesta.

2

El agua arrastra los trozos más grandes de roca meteorizada por el fondo del río. Cuando la corriente pierde velocidad, tiene menos energía y no puede arrastrar las rocas y piedras grandes. Estas se quedan a medida que el agua sigue corriendo. Cuando el viento o el agua en movimiento depositan rocas meteorizadas, el proceso se conoce como **sedimentación**.

¿Y luego qué pasa?

Estas imágenes muestran el río Yangtzé antes y después de que se construyera una represa a través del río. ¿Qué efecto crees que tiene la represa sobre el movimiento del sedimento?

____

____

____

____

ANTES

DESPUÉS

3

A medida que el agua del río pierde velocidad, va depositando más trocitos de roca meteorizada. Esto ocurre porque una corriente de agua lenta tiene menos energía que una corriente rápida. Es así que la corriente lenta únicamente puede llevar trocitos de roca muy pequeños, como arena y limo. Estos trocitos de roca se llaman **sedimento**.

4

Cuando los ríos llegan al océano, se frenan aún más. Al ir desacelerando, buena parte del sedimento que lleva el agua se deposita en el fondo. Con el tiempo, ese sedimento se acumula cerca de la desembocadura del río y forma un accidente geográfico llamado *delta*.

3

4

Se lo llevó el viento

El viento no es más que aire en movimiento. ¿Qué es capaz de hacer? Mucho. El viento levanta y mueve arena y otros sedimentos.

Lectura con propósito Mientras lees estas páginas, encierra en un círculo tres efectos que tiene el viento sobre la superficie de la Tierra.

Un *accidente geográfico* es una característica o forma natural de la Tierra. La meteorización y la erosión causadas por el viento cambian las formas terrestres. El viento puede llevar partículas de sedimento de un lugar a otro. Cuando el viento deposita mucha arena en un lugar, se forman *dunas de arena*. Las dunas frecuentemente se hallan cerca de playas arenosas pero también se forman lejos de los océanos. En algunos desiertos, las dunas se extienden por miles de kilómetros.

La forma de una duna de arena cambia constantemente. El viento sube por un costado de la duna y levanta arena de su superficie. Luego, la gravedad hace bajar la arena por el otro costado. De este modo avanza toda una colina de arena.

El sedimento llevado por el viento también puede causar cambios en otros accidentes geográficos. Las partículas que levanta el viento chocan con rocas expuestas y producen meteorización. La roca expuesta se erosiona lentamente, dejando formas interesantes. Las rocas en forma de hongo y los arcos son formados por el agua pero el viento los moldea. Con el tiempo, se adelgazan y se hacen más frágiles. Al final, la gravedad hace caer estas formaciones al suelo.

▶ Dibuja una flecha en las dunas que indique la dirección en que sopla el viento. Explica como esto se relaciona con la dirección del movimiento de las dunas.

____

____

Namibia, África

Las dunas del desierto de Namib se mueven hasta 10 m (33 pies) por año.

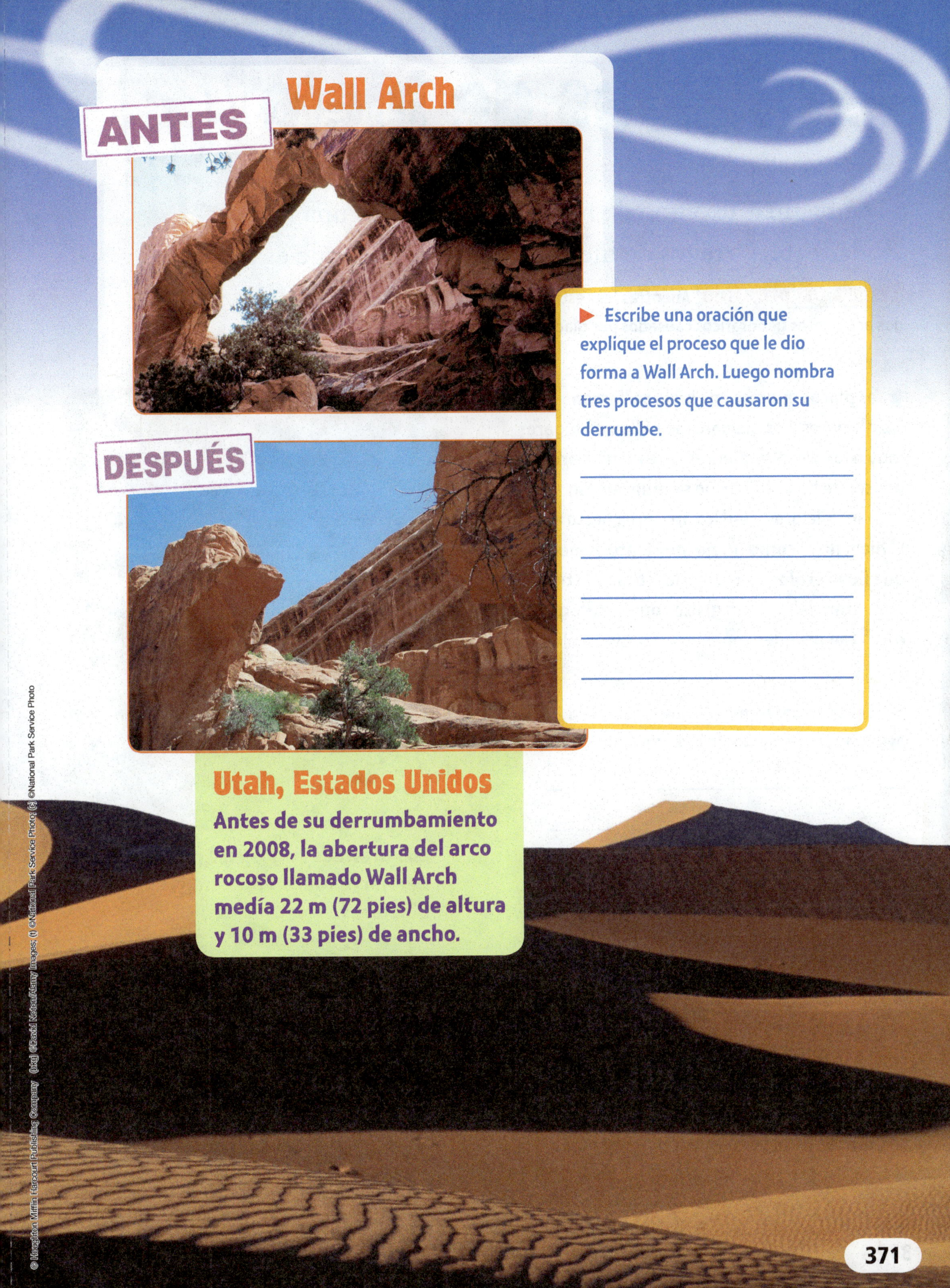

Wall Arch

ANTES

DESPUÉS

▶ Escribe una oración que explique el proceso que le dio forma a Wall Arch. Luego nombra tres procesos que causaron su derrumbe.

____

____

____

____

____

____

Utah, Estados Unidos

Antes de su derrumbamiento en 2008, la abertura del arco rocoso llamado Wall Arch medía 22 m (72 pies) de altura y 10 m (33 pies) de ancho.

Esculturas de hielo

¿Te imaginas un cubo de hielo del tamaño de una ciudad? ¡Hay trozos de hielo aún más grandes que eso!

Lectura con propósito Mientras lees estas páginas, subraya dos accidentes geográficos causados por glaciares.

Las placas enormes de hielo se llaman glaciares. Los glaciares se hallan en lugares muy fríos. Muchos piensan que los glaciares, por ser de hielo sólido, no se mueven. Sin embargo, la gravedad los arrastra cuesta abajo. El hielo fluye como un río muy lento. A medida que fluye el glaciar, recoge las rocas y la tierra que están debajo. ¡Un glaciar puede recoger rocas tan grandes como un autobús escolar!

▶ Piensa en dos formas en que la gravedad ayuda a moldear los accidentes geográficos.

____

____

____

____

Los Grandes Lagos en América del Norte fueron formados por glaciares.

Bahía Glaciar, Alaska

Un glaciar produce ranuras en la roca. Un poquito de hielo también puede meteorizar la roca. En las ranuras pequeñas entra agua, que se expande al congelarse. Esto amplía las grietas hasta que la roca se rompe.

A medida que un glaciar avanza, empuja los peñascos contra el suelo que está debajo. Los peñascos tallan ranuras profundas en la roca. Cuando el glaciar empieza a derretirse, las rocas y el sedimento que arrastró cuesta abajo se depositan. El sedimento forma distintos accidentes geográficos, entre ellos unos montes llamados *morenas*.

Muchos glaciares, como el de Bahía Glaciar en Alaska, hoy día siguen congelados. Hace mucho tiempo, la parte de la Tierra cubierta de hielo era mucho mayor. En una época, la mayor parte de Canadá y el norte de los Estados Unidos estaban cubiertos de un gigantesco glaciar. El hielo talló ranuras profundas que se llenaron de agua dulce al derretirse el glaciar. Esto formó los Grandes Lagos. El más grande de ellos, el lago Superior, ¡tiene más de 400 m de profundidad en algunas partes!

Práctica matemática

Analiza los datos

Cuando el borde delantero de un glaciar va bajando por una cuesta, se dice que avanza. Cuando un glaciar se derrite más rápidamente de lo que avanza su borde delantero, se dice que está retrocediendo. Mira los datos en los diagramas. Identifica si cada glaciar está avanzando o retrocediendo.

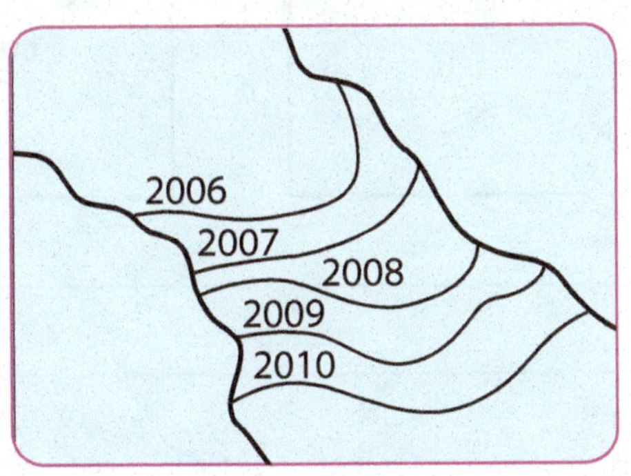

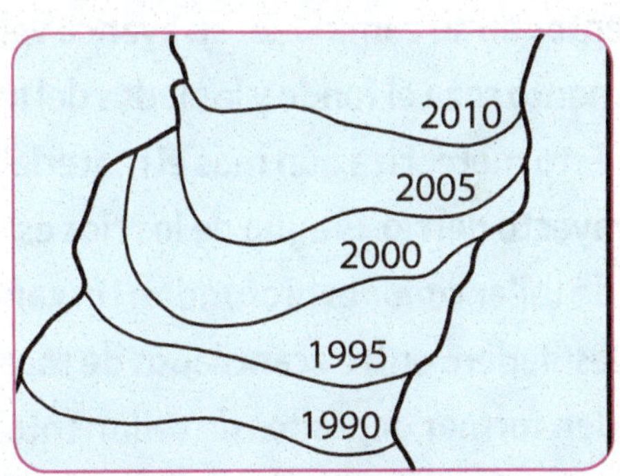

¿Pueden las olas tallar cuevas?

El agua lleva tierra por el sumidero cuando te lavas las manos. También lleva rocas y sedimento por un río o una ribera.

Lectura con propósito Mientras lees estas páginas, encierra en un círculo un efecto de la erosión por el agua.

El agua en movimiento causa meteorización y erosión. La corriente de un río levanta sedimentos en su camino. En su avance veloz, el sedimento roza el fondo y los lados del lecho del río. Esto meteoriza aún más el material en el trayecto del río. El agua de los ríos es capaz de tallar *cañones* profundos. Un cañón es un desfiladero entre acantilados de roca. Se pueden formar depósitos de sedimento que crecen y fuerzan al agua del río a cambiar su dirección. Con el tiempo, las curvas en el trayecto del río cambian y producen una variedad de accidentes geográficos.

▶ Escribe cómo causó el agua estos accidentes geográficos. Explica cómo difieren las dos causas.

	→	arco marino
	→	cañón

____

____

____

____

Arizona, Estados Unidos

El río Colorado talló lentamente el Gran Cañón. Este proceso ocurrió a lo largo de millones de años.

Al ir envejeciendo un río, puede cambiar su curso. Las orillas se hacen menos pendientes y la distancia a través del río se amplía.

Los arcos marinos se forman cuando las olas erosionan una cueva hasta salir al otro lado de un acantilado angosto.

Las olas del mar chocan con violencia contra las rocas de la orilla. Las olas meteorizan los acantilados, erosionan trozos de roca quebrada y depositan sedimento en lugares nuevos. Las olas a veces tallan cuevas en los acantilados de la orilla. El sedimento de la orilla que se va erosionando se reduce a finas partículas de arena. En donde se deposita la arena a la orilla del agua, se van formando playas.

▶ ¿Qué crees que le ocurrirá por fin a este arco? Explica.

____

____

____

¡CREADO POR EL AGUA!

Por qué es importante

¿Las plantas protegen la tierra?

A veces, las Grandes Llanuras de los Estados Unidos se convierten en áreas muy secas y ventosas. Los pastos silvestres que allí crecen mantienen la humedad de la tierra y sus raíces la sostienen.

Las Grandes Llanuras

A comienzos del siglo XX, muchas familias de las planicies centrales se dedicaban a la agricultura. Araban intensivamente cientos de miles de kilómetros cuadrados de tierra donde antes crecían pastos naturales. Entre las temporadas de cultivo, los campos de tierra floja quedaban expuestos al viento.

En la década de 1930, las planicies sufrieron una sequía grave. La tierra que quedó al descubierto se convirtió en un polvo fino y seco. Los vientos fuertes se llevaron la tierra en tormentas de polvo enormes. Las nubes de polvo llegaron hasta Nueva Inglaterra ¡e incluso cayeron en el océano Atlántico! El polvo caía como nieve.

¡Una tormenta de polvo alcanza una velocidad de hasta 120 km/h (75 mph)!

Ahora los agricultores siembran una variedad de cultivos en distintos momentos del año para mantener el suelo cubierto en todo momento. En los prados y los campos pequeños hay cercas e hileras de árboles que detienen el viento. La siembra de plantas en las laderas de las colinas protege la tierra contra la erosión causada por el agua y el viento.

Estas tormentas de polvo ocurrieron periódicamente durante años. La erosión causada por el viento se llevó buena parte de la tierra que había hecho de esta región un lugar apto para la agricultura. Las familias tuvieron que irse y buscar otras maneras de sobrevivir. Muchas se murieron de hambre y la pasaron terriblemente mal. Esa región del país llegó a conocerse como el Tazón de Polvo. Enseñó una lección importante sobre los problemas de erosión que se presentan cuando se eliminan todas las plantas de una zona.

► Añade al dibujo lo que podrías hacer para prevenir la erosión. Explica lo que dibujaste.

Cuando termines, lee la Clave de respuestas y corrige lo que sea necesario.

Completa los organizadores gráficos de causa y efecto con la información en el resumen.

En pocas palabras

Con el paso del tiempo, el viento, el agua, el hielo, la gravedad, las plantas y los animales van quebrando las rocas en trozos más pequeños. Los trocitos de roca, o sedimento, se erosionan por la acción de agentes como el viento y las corrientes de agua. Al final, el sedimento se deposita. El sedimento depositado crea accidentes geográficos, como deltas y dunas de arena.

1

El agua entra por las grietas en una roca y se congela, convirtiéndose en hielo. → ______________________________ ______________________________ ______________________________

2

______________________________ ______________________________ ______________________________ → El sedimento se deposita en la desembocadura del río y forma un delta.

Clave de respuestas: 1. El hielo causa grietas en la roca, que se rompe. 2. Un río erosiona el sedimento y se lo lleva río abajo.

Ejercita tu mente

Nombre ______________________

Juego de palabras

1 Completa el crucigrama con las palabras de la casilla.

Horizontales

1. ¿En qué proceso se quiebran las rocas en trozos más pequeños?
4. ¿Qué proceso deja caer sedimentos erosionados en otro lugar?
6. ¿Cómo se le dice a una gran placa de hielo que fluye?
8. ¿Cómo se llama a un desfiladero entre acantilados de roca?

Verticales

2. ¿Qué proceso se lleva la roca meteorizada?
3. ¿Qué forma terrestre se mueve en la dirección del viento?
5. ¿Qué forma terrestre se debe al sedimento depositado en la desembocadura de un río?
7. ¿Cómo se les dice a los trozos de roca que se quiebran?

delta	sedimentación*	erosión*	glaciar
cañón	duna de arena	sedimento*	meteorización*

*Vocabulario clave de la lección

Aplica los conceptos

2 Haz una lista de cosas que pueden meteorizar la roca.

3 Explica cómo una planta puede causar la meteorización de una roca.

4 Encierra en un círculo la masa de agua capaz de erosionar los sedimentos más grandes.

Nombre ____________________

5 Para cada uno de los siguientes accidentes geográficos, escribe la palabra que dice qué causó su formación. Elige de la siguiente lista de palabras.

viento hielo agua

____

____

____

____

____

____

6 Al lado de cada accidente geográfico, escribe si se produjo por erosión o por sedimentación.

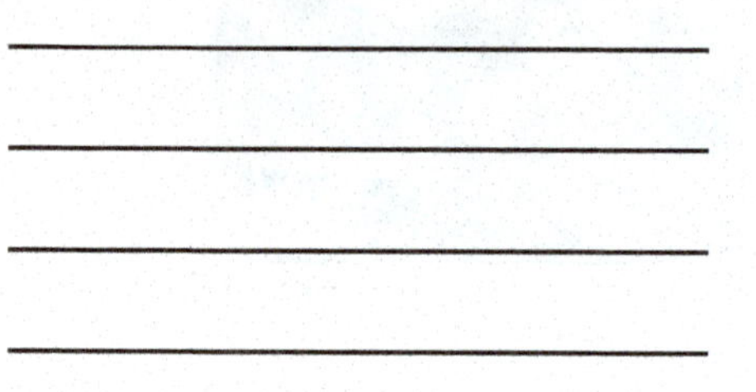

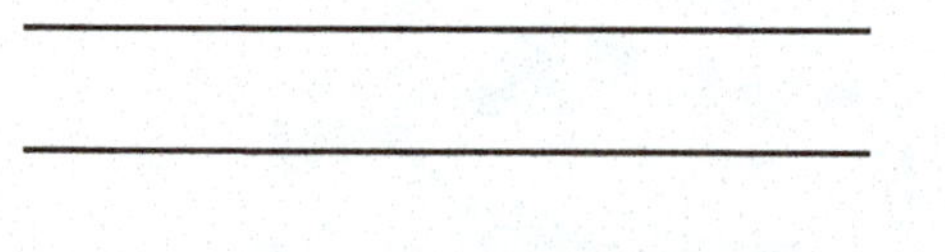

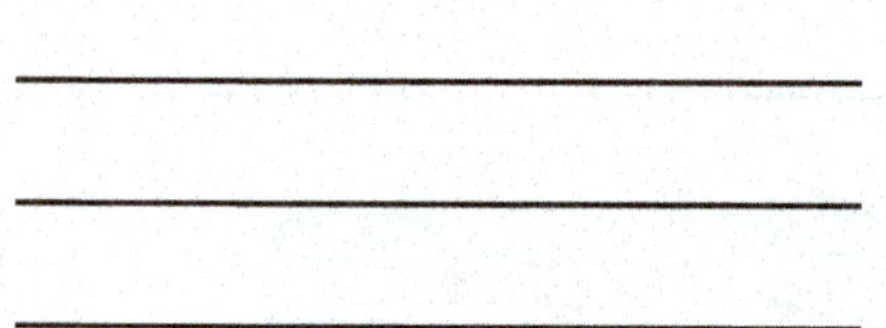

Con tu familia, sal a caminar por tu barrio o por un parque. Busca objetos que se han quedado a la intemperie mucho tiempo. Describe cómo te parece que la meteorización ha alterado estos objetos.

S.T.E.M.

Ingeniería y tecnología

Ropa para climas extremos

Para sobrevivir en el frío extremo, se necesita ropa especial. Varias capas, cada una con su propósito especial, brindan protección. Sin embargo, las capas no pueden ser demasiado abultadas porque el usuario no podría andar con facilidad.

Las botas deben ser calientes, livianas y a prueba de agua. Los pies quedan lejos del corazón, y por eso es más difícil mantenerlos calientes con la sangre que circula. Por tanto, la ropa para manos y pies debe ser muy adecuada.

La capa exterior de esta tela no deja pasar ni el agua ni el viento. Las capas interiores dan aislamiento y ayudan a mantener seco el cuerpo.

Piénsalo

Es importante mantenerse caliente, ¡y también es importante mantenerse seco! La ropa que hace sudar puede ser peligrosa. La piel mojada nos enfría rápidamente. ¿Cómo se puede diseñar ropa para climas extremos que impida esto?

____

____

continuación

El uso de ropa apropiada en condiciones de clima extremo no se aplica solamente al frío. El cuerpo también necesita protección en el calor extremo.

¿Qué ropa llevarías para protegerte en el medioambiente que ves abajo? Dibuja la ropa y explica qué protección ofrece.

____

____

____

____

Vas a ir de excursión. El pronóstico del tiempo habla de lluvia. ¿Qué te pondrás? ¿De qué materiales debe ser tu ropa?

____

____

Parte de la base

Acepta el desafío de hacer un diseño de ingeniería. Completa el Rotafolio de investigación **Diséñalo: Construye un sismógrafo.**

Rotafolio de investigación, pág. 41

Nombre ______________________________

Pregunta esencial

¿Cómo cambia el agua la superficie de la Tierra?

Establece un propósito

¿Qué vas a aprender con esta actividad?

____

____

____

Piensa en el procedimiento

1. ¿Qué representan los materiales en la actividad?

____

____

____

2. ¿Por qué colocas la bandeja de modo que esté inclinada?

____

____

____

Anota tus datos

Anota tus observaciones en la tabla siguiente. Dibuja o describe el aspecto de tu modelo antes y después de verter el agua.

	Vista de arriba	Vista de frente	Vista de lado
Antes del agua			
Después del agua			

Saca tus conclusiones

¿Qué le ocurrió al azúcar debajo de la arcilla?

Describe cómo tu modelo demuestra un proceso que moldea los accidentes geográficos.

Analiza y amplía

1. ¿Qué crees que ocurriría en lugares de inclinaciones más fuertes donde el agua baja por la cuesta más rápidamente?

2. ¿Qué crees que pasaría en lugares donde llueve diariamente en comparación con lugares donde cae muy poca lluvia?

3. ¿Cuál es la función de la arcilla en este modelo? ¿Qué representa?

4. ¿Qué factores adicionales afectarían la velocidad con que se forma una cueva?

5. Explica cómo podrías probar el efecto de uno de los factores que citaste en la pregunta 4.

6. ¿Qué otras preguntas tienes sobre la forma en que el agua meteoriza la roca?

Lección 3

Pregunta esencial

¿Cómo cambian la superficie de la Tierra los movimientos de la corteza?

Ponte a pensar

Halla la respuesta a la siguiente pregunta en esta lección y escríbela aquí.

El interior de la Tierra, ¿cómo moldea la superficie?

____

____

____

____

Lectura con propósito

Vocabulario de la lección

Haz una lista de los términos. A medida que aprendes cada uno, toma notas en el Glosario interactivo.

______________ ______________

______________ ______________

______________ ______________

______________ ______________

Palabras clave: Secuencia

Muchas ideas en esta lección están conectadas por una secuencia, o un orden, que describe los pasos en un proceso. Los buenos lectores buscan una secuencia cuando leen sobre un paso en un proceso y pasan a otro paso.

El interior de la Tierra

¿Alguna vez has cavado un hoyo en la tierra? Si cavaras un hoyo hasta el centro de la Tierra, ¿qué crees que hallarías?

Lectura con propósito Mientras lees estas dos páginas, pon entre corchetes [] las palabras que indican estratos del interior de la Tierra.

En realidad no es posible cavar un hoyo hasta el centro de la Tierra. Sin embargo, los científicos han hecho investigaciones con ayuda de la tecnología para descubrir qué hay debajo de la superficie terrestre. La Tierra es una esfera compuesta de estratos muy diversos.

▶ Identifica cada estrato de la Tierra por su descripción. Luego traza una línea de tu respuesta a ese estrato en el diagrama.

Porción más grande del interior de la Tierra

____

Hecho de metal fundido

____

Hecho de hierro y níquel sólidos

____

Capa rocosa delgada y rígida

____

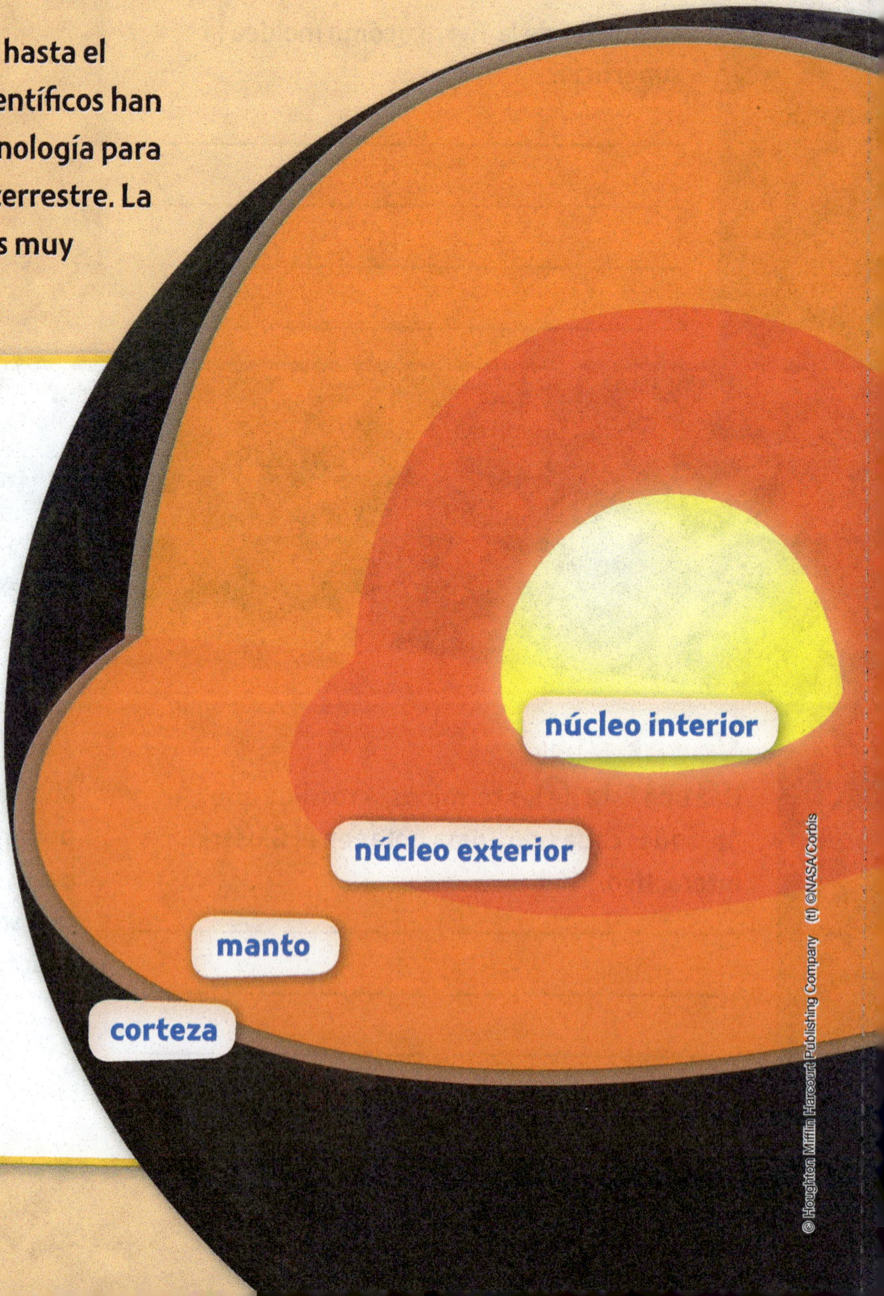

núcleo interior

núcleo exterior

manto

corteza

Si observas una tajada de pan atentamente, verás que la corteza es muy delgada comparada con el interior del pan. Lo mismo se puede decir de la Tierra. La **corteza** de la Tierra es su capa rocosa externa. La corteza es dura y se compone de muchos minerales. Su parte más delgada está debajo de los océanos y la más gruesa está debajo de las montañas. La corteza constituye solo un uno por ciento de la masa terrestre.

El estrato debajo de la Tierra es el **manto**. El manto es el estrato más grueso, y compone unos dos tercios de la masa terrestre. El manto contiene algo de roca líquida, pero en su mayor parte es sólido. Por el alto grado de calor y presión que tiene, el manto fluye lentamente, como si fuera plástico tibio.

En el centro de la Tierra hay un **núcleo** compuesto de metal. El *núcleo interior* es de hierro y níquel sólidos. El *núcleo exterior* es metal fundido en estado líquido. El núcleo metálico constituye aproximadamente un tercio de la masa de la Tierra y es extremadamente caliente.

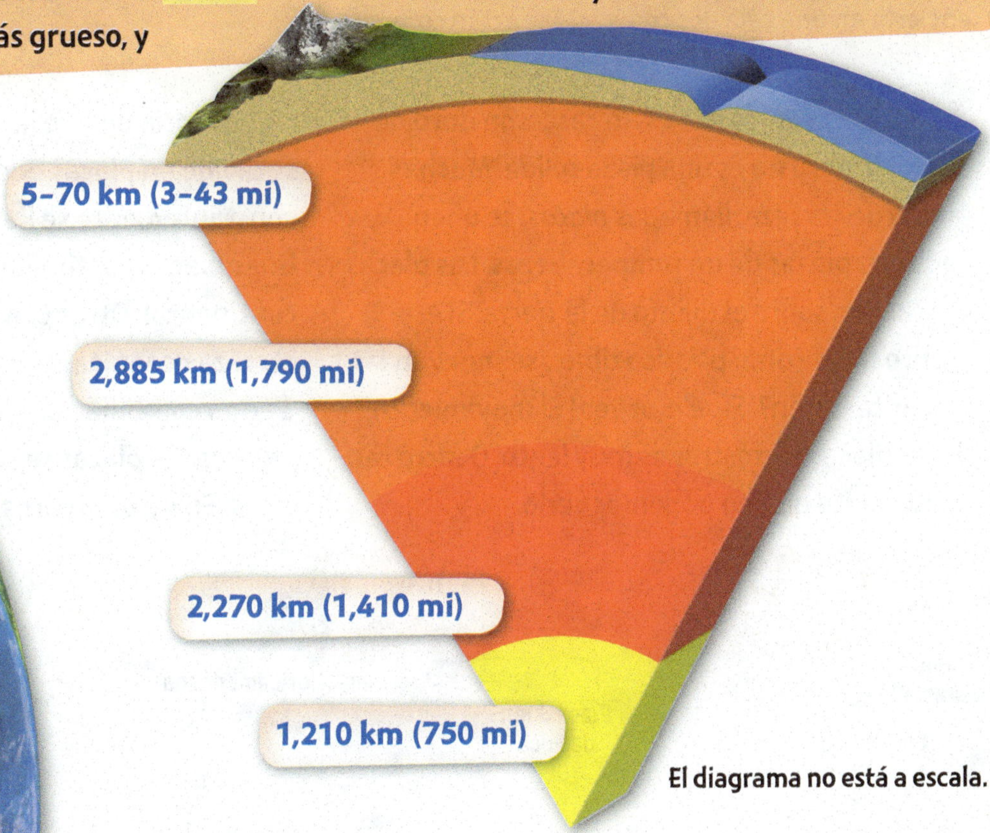

5–70 km (3–43 mi)

2,885 km (1,790 mi)

2,270 km (1,410 mi)

1,210 km (750 mi)

El diagrama no está a escala.

▶ Estos dos diagramas de los estratos de la Tierra te enseñan cosas diferentes. Explica la diferencia.

____

____

____

La tectónica de placas

A todo tu alrededor ves objetos en movimiento. ¿Sabías que la superficie de la Tierra bajo tus pies también está en movimiento?

Lectura con propósito Mientras lees estas dos páginas, encierra en una caja dos cosas que se están comparando.

La corteza terrestre es un cascarón duro de roca, pero no es una pieza sólida. Muchas piezas de corteza, llamadas *placas*, se unen como las piezas de un rompecabezas. Las placas descansan sobre el manto de la Tierra. Si el manto fluye como plástico tibio, ¿se mueven las placas también? ¡Sí se mueven! El movimiento de las placas terrestres es muy lento. Ocurre tan lentamente que no podemos verlo.

La teoría de que la corteza terrestre se divide en placas que se desplazan constantemente se llama **tectónica de placas**. Unas placas contienen principalmente corteza continental. Otras contienen principalmente corteza oceánica. Muchas placas se componen de una combinación de las dos. En ciertos lugares, las placas se están acercando unas a otras. En otros lugares se están alejando.

La corteza de la Tierra se compone de grandes placas tectónicas.

La cadena de las islas Aleutianas, cerca de Alaska, se formó donde el borde de la placa del Pacífico empuja contra la placa Norteamericana.

El Gran Valle del Rift se formó donde la placa Arábiga está dividiendo la placa Africana en dos placas nuevas y separadas.

Práctica matemática

Resuelve problemas verbales

En el texto, busca a qué velocidad se están alejando Norteamérica y Europa. En 15 años, ¿aproximadamente cuánto más alejadas estarán de lo que están ahora?

___

___

▶ ¿Qué aprendes al comparar las formas de los continentes con las formas de las placas de la Tierra?

___

___

___

___

___

Mira en el mapa las placas que contienen a Norteamérica y Europa. ¡Cada año, Norteamérica y Europa se alejan como 19 mm!

En donde chocan placas, se forman ciertos accidentes geográficos. Otros accidentes geográficos se forman donde las placas se separan. Algunos indicios de la presencia probable de una frontera entre placas son cadenas de montañas, cadenas de islas y valles enormes.

Las fronteras entre placas

El movimiento de las placas es tan lento que no se ve, ¿pero qué crees que ocurre cuando dos placas se encuentran luego de cientos de miles de años? Los accidentes geográficos que vemos hoy nos dan las pistas.

Lectura con propósito Mientras lees estas páginas, encierra en un círculo dos palabras clave que señalen una secuencia, orden o proceso.

Las placas tectónicas se desplazan acercándose y alejándose unas de otras. Las placas también se deslizan una al costado de otra. Los diferentes tipos de desplazamiento de las placas moldean diferentes accidentes geográficos. Cuando dos placas continentales se acercan, levantan montañas. Cuando una placa oceánica se acerca a otra placa oceánica, una de las dos empuja a la otra hacia abajo. Este choque puede producir una fosa oceánica profunda y un arco de islas volcánicas. Cuando una placa oceánica choca con una placa continental, la placa oceánica más densa se hunde debajo de la continental, produciendo montañas y volcanes a lo largo de la frontera entre las placas. Cuando dos placas se separan, la nueva corteza forma una cresta a ambos lados de la frontera.

Los montes Himalaya

Dos placas pueden deslizarse a lo largo de sus costados. Con frecuencia ocurren terremotos en estas fronteras. En la falla de San Andrés en California, la placa Norteamericana se está desplazando hacia el sur y la placa del Pacífico se está deslizando hacia el norte.

Dos placas pueden separarse una de otra. En tierra, esto forma un surco o separación. Islandia se encuentra encima de la frontera donde se están separando la placa Norteamericana y la Euroasiática. Con el tiempo, llegará a ser dos masas terrestres separadas.

A medida que dos placas continentales se acercan, sus bordes se pliegan y se doblan, levantando cadenas de montañas. La cadena de los Himalayas en Asia tiene los picos montañosos más altos del mundo. Estos montes todavía están creciendo, a medida que la placa Indoaustraliana empuja contra la placa Euroasiática.

► Traza flechas en el diagrama para indicar un tipo de frontera entre placas. Luego dibuja el accidente geográfico que podría ocurrir en este tipo de frontera.

TERREMOTOS

El movimiento de placas tectónicas enteras es muy lento, pero de vez en cuando ¡una pequeña parte de la Tierra puede sacudirse hasta el punto de derrumbar edificios!

Los sismógrafos se usan para registrar y predecir terremotos.

Lectura con propósito Mientras lees estas dos páginas, pon entre corchetes [] una oración que describe un problema y escribe *P* al lado del corchete. Subraya una oración que describe una solución y escribe una *S* al lado.

Una **falla** es una rotura en la corteza terrestre donde la roca a un lado puede desplazarse en relación con la roca al otro lado. Al desplazarse las placas, se va acumulando presión a lo largo de la falla. Cuando la presión se hace demasiado fuerte, la roca a un lado de la falla se suelta de repente y se desliza por la roca del otro lado. Esta liberación de energía y sacudimiento del suelo se llama un **terremoto**.

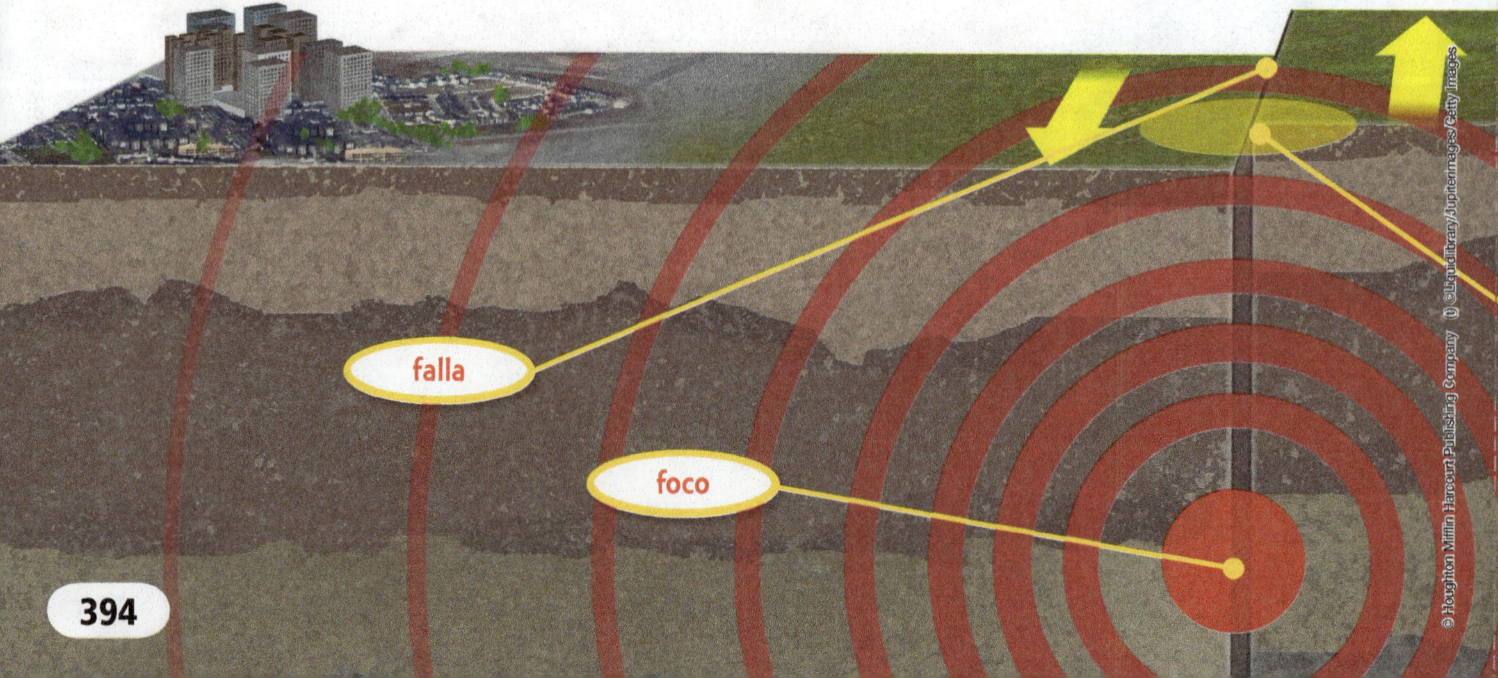

El punto dentro de la Tierra donde comienza un terremoto se llama el *foco*. La energía de un terremoto viaja en ondas alejándose del foco. Cuando las ondas de energía llegan a la superficie, la tierra se sacude. El punto en la superficie de la Tierra que está directamente encima del foco se llama el **epicentro**. El movimiento del terremoto es más severo en el epicentro.

Antes de un terremoto, se producen ondas de energía más pequeñas cerca del foco. Los temblores no siempre se sienten en la superficie pero los puede detectar un dispositivo llamado un sismógrafo. Los científicos usan el sismógrafo para predecir si es probable que ocurra un terremoto. Sin embargo, no hay manera de evitar los terremotos. Para evitar daños durante un terremoto, debemos evitar los edificios, puentes y demás estructuras que podrían derrumbarse. Los terremotos alcanzan a ser drásticos y causar grandes daños a las construcciones.

Cuando el suelo en una falla se mueve, también hace mover las estructuras que están construidas sobre él.

▶ Compara lo que probablemente fue el movimiento del suelo durante estos dos terremotos, tal como se muestra en el sismógrafo.

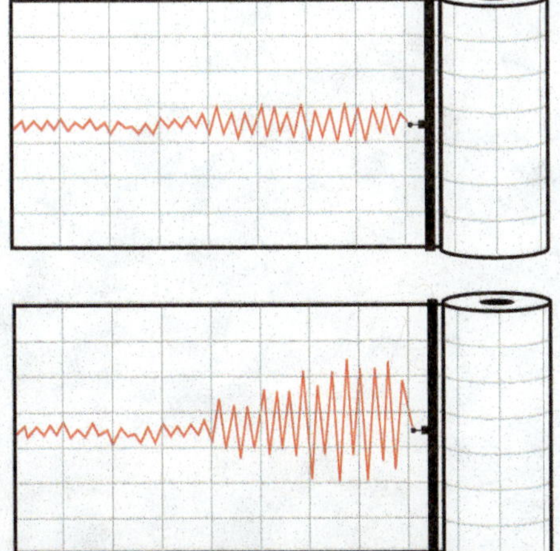

____

____

____

____

____

____

epicentro

ondas de energía

Cómo se miden los TERREMOTOS

¿Cómo describen los científicos la fuerza de un terremoto? ¿Miden el tamaño de sus ondas de energía? ¿Calculan la cantidad total de energía que produce? La respuesta es que hacen las dos cosas.

Lectura con propósito Mientras lees estas dos páginas, encierra en una caja los nombres de dos cosas que se están comparando.

La *magnitud* de un terremoto es la cantidad de energía que libera. La *escala de Richter* mide la magnitud de los terremotos en una escala de 1 a 10. La escala se vale del tamaño de las ondas en un sismógrafo para determinar la fuerza del terremoto. Un terremoto que mide 2.0 en la escala de Richter es demasiado leve para sentirlo. ¡Todos los días ocurren unos 8,000 terremotos que registran menos de 2.0 en la escala de Richter!

Un terremoto en Italia en el 2009 causó grandes daños.

Magnitud de momento	Ubicación y año del terremoto
9.5	Chile, 1960
8.3	Islas Kuril, Rusia, 2006
7.9	Provincia de Sichuan, China, 2008
7.0	Haití, 2010
8.8	Chile, 2010

Cada aumento de un punto en la escala de Richter significa un aumento de fuerza de aproximadamente 31 veces. Un terremoto que registra 6.0 o más en la escala de Richter puede causar daños grandes en zonas pobladas. Unas 120 veces al año ocurren terremotos que registran 6.0 o más.

La escala de Richter se ideó en 1935. Desde entonces los científicos han desarrollado una manera más precisa de medir la magnitud de los terremotos más grandes. La escala de magnitud de momento aplica una fórmula matemática para calcular la energía total que libera un terremoto. La escala de magnitud de momento también asigna cifras entre 1 y 10. En enero de 2010, un terremoto que midió 7.0 en la escala de magnitud de momento causó daños catastróficos en una zona densamente poblada de Haití.

▶ Explica cuál de estos lugares sufriría más daño por un terremoto.

___

___

___

VOLCANES

El calor y la presión en el interior de la Tierra son tan intensos que pueden derretir la roca. ¿Esa roca líquida alguna vez sale a la superficie? ¡Sí sale!

Lectura con propósito Mientras lees estas dos páginas, encierra en una caja los nombres de dos procesos que se están comparando.

La roca líquida que está debajo de la corteza terrestre se llama *magma*. En las fronteras donde dos placas se están acercando o alejando, o en los puntos calientes en medio de una placa, pueden presentarse aberturas en la corteza. Un **volcán** es una abertura por donde el magma puede salir a la superficie de le Tierra. La *lava* es la roca fundida que sale del volcán junto con ceniza y gases calientes.

La forma de un volcán depende de cómo hace erupción. Unos volcanes estallan de manera explosiva, echando lava, ceniza y gases muy alto. Otros estallan con un flujo de lava más lento y sostenido.

El borde de la placa del Pacífico tiene más de 450 volcanes activos. Este tramo se llama Cinturón de Fuego.

De los volcanes en escudo fluye lava no explosiva. Se van acumulando constantemente capas amplias de lava que le dan al volcán una forma ancha y baja como el escudo de un guerrero. La isla de Hawai está formada por cinco volcanes en escudo.

Las erupciones explosivas forman volcanes de tipo cono de ceniza. La lava sale al aire como una explosión y se endurece rápidamente. Los fragmentos caen y se acumulan para formar los costados muy inclinados del volcán. El Paracutín es un cono de ceniza en México.

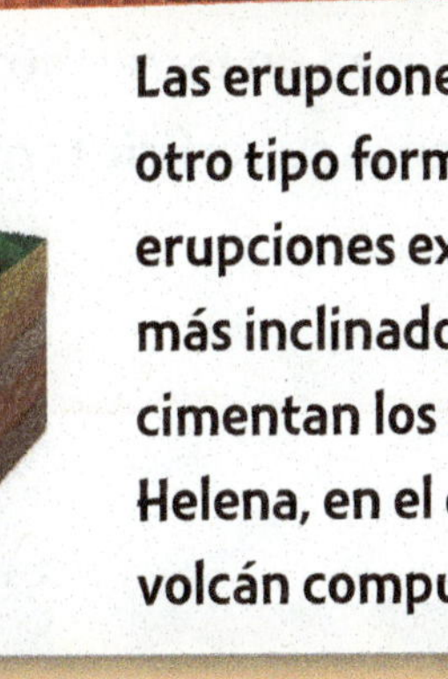

Las erupciones que alternan entre uno y otro tipo forman volcanes compuestos. Las erupciones explosivas producen los costados más inclinados, y los flujos de lava líquida cimentan los fragmentos. El Monte Santa Helena, en el estado de Washington, es un volcán compuesto.

► ¿Qué tipo de volcán se ve en la foto? Describe el proceso de formación.

____

____

____

____

Cuando termines, lee la Clave de respuestas y corrige lo que sea necesario.

I. Escribe el término de vocabulario que corresponde a cada definición.

A. ______________________ La capa metálica interior de la Tierra

B. ______________________ El estrato rocoso rígido de la Tierra

C. ______________________ El estrato más grueso de la Tierra

D. ______________________ El estrato metálico sólido de la Tierra

E. ______________________ Una abertura en la corteza terrestre por donde el magma puede salir a la superficie

II. En pocas palabras

Los trozos de la corteza terrestre se desplazan en un proceso llamado ______________________. El movimiento de las ______________________ hace acumular presiones. Con el tiempo, la presión hace que la roca a un lado de una ______________________ se suelte de repente y se deslice al costado de la roca del otro lado. Esto sacude el suelo, produciendo un ______________________. El punto dentro de la Tierra donde comienza un terremoto se llama el ______________________. El ______________________ es el punto en la superficie terrestre que está directamente sobre el foco.

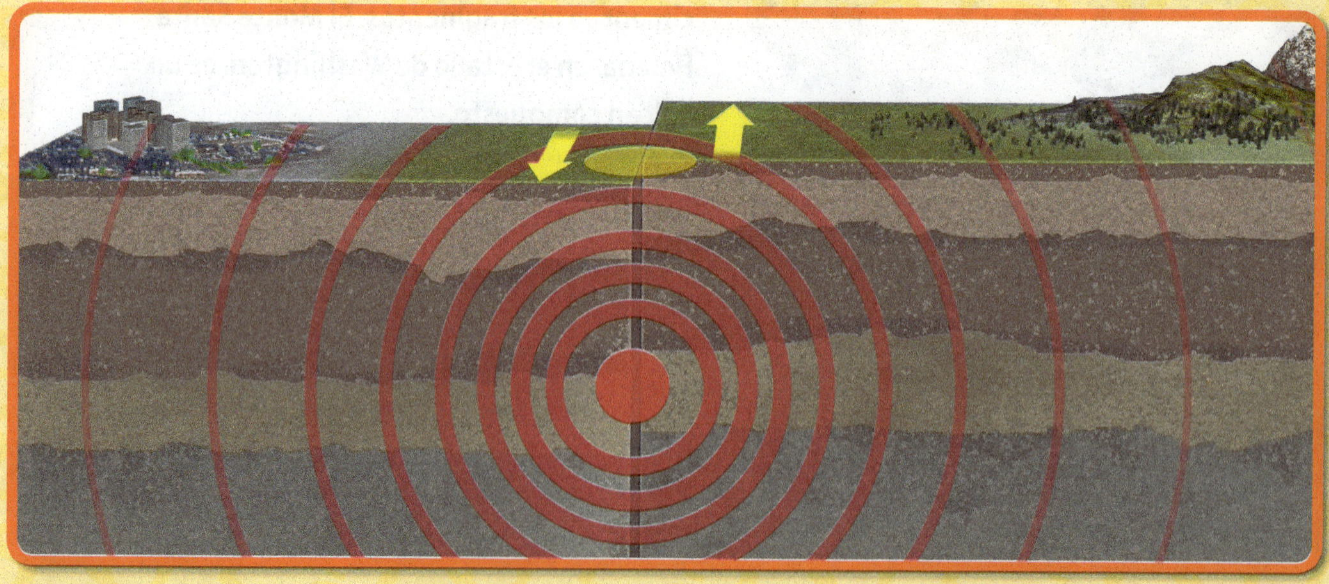

Clave de respuestas: I. A. cono exterior B. corteza C. manto D. cono interior E. volcán II. Tectónica de placas, placas, falla, terremoto, foco, epicentro

Ejercita tu mente

Nombre ______________________________

Juego de palabras

1 Ordena las palabras en la casilla de palabras. Luego escribe la palabra correcta en cada línea.

coof	lafla	terzoca	únolec
monat	moerretot	reeptinoc	

______________________ El punto en la superficie donde un terremoto es más fuerte

______________________ Contiene la mayor parte de la masa de la Tierra

______________________ Una rotura en la corteza donde la roca puede deslizarse por el costado de otra roca

______________________ Sacudida del suelo en el lugar de una falla que se mueve

______________________ Capa más exterior de la Tierra

______________________ El punto donde comienza un terremoto

______________________ La sección más interior de la Tierra, compuesta de dos estratos

Cierto o falso

La temperatura de la Tierra es más fría a medida que nos acercamos al núcleo.

____

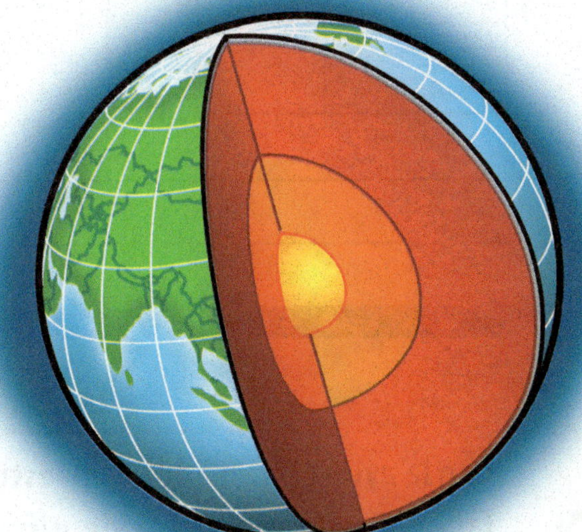

Aplica los conceptos

2 Identifica cada tipo de volcán.

______________________ ______________________ ______________________

3 Describe el proceso que está causando el crecimiento continuo de los montes Himalaya.

____

____

4 Compara y contrasta la escala de Richter y la escala de magnitud de momento.

____

____

5 Explica la diferencia entre los dos trazados sismográficos.

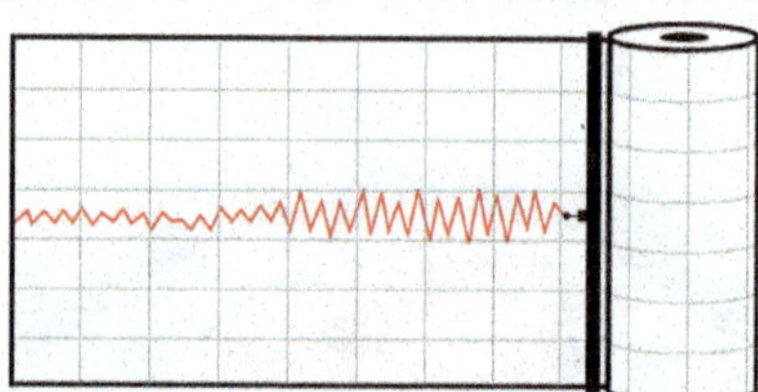

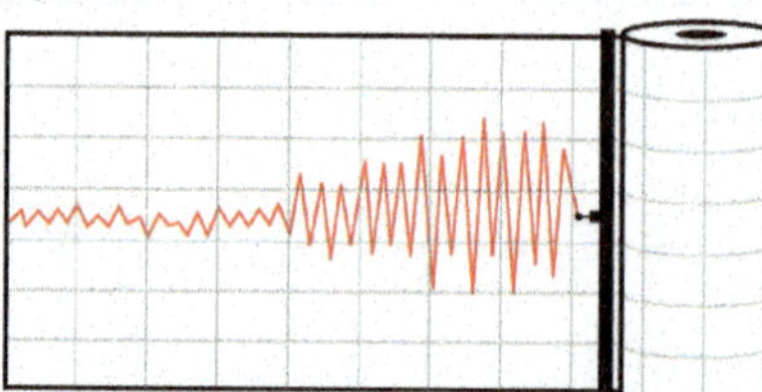

____

____

Con la ayuda de un adulto, investiga en Internet las ubicaciones de las fallas. Haz un mapa para identificar dónde hay fallas en los Estados Unidos.

Pregúntale a un sismólogo

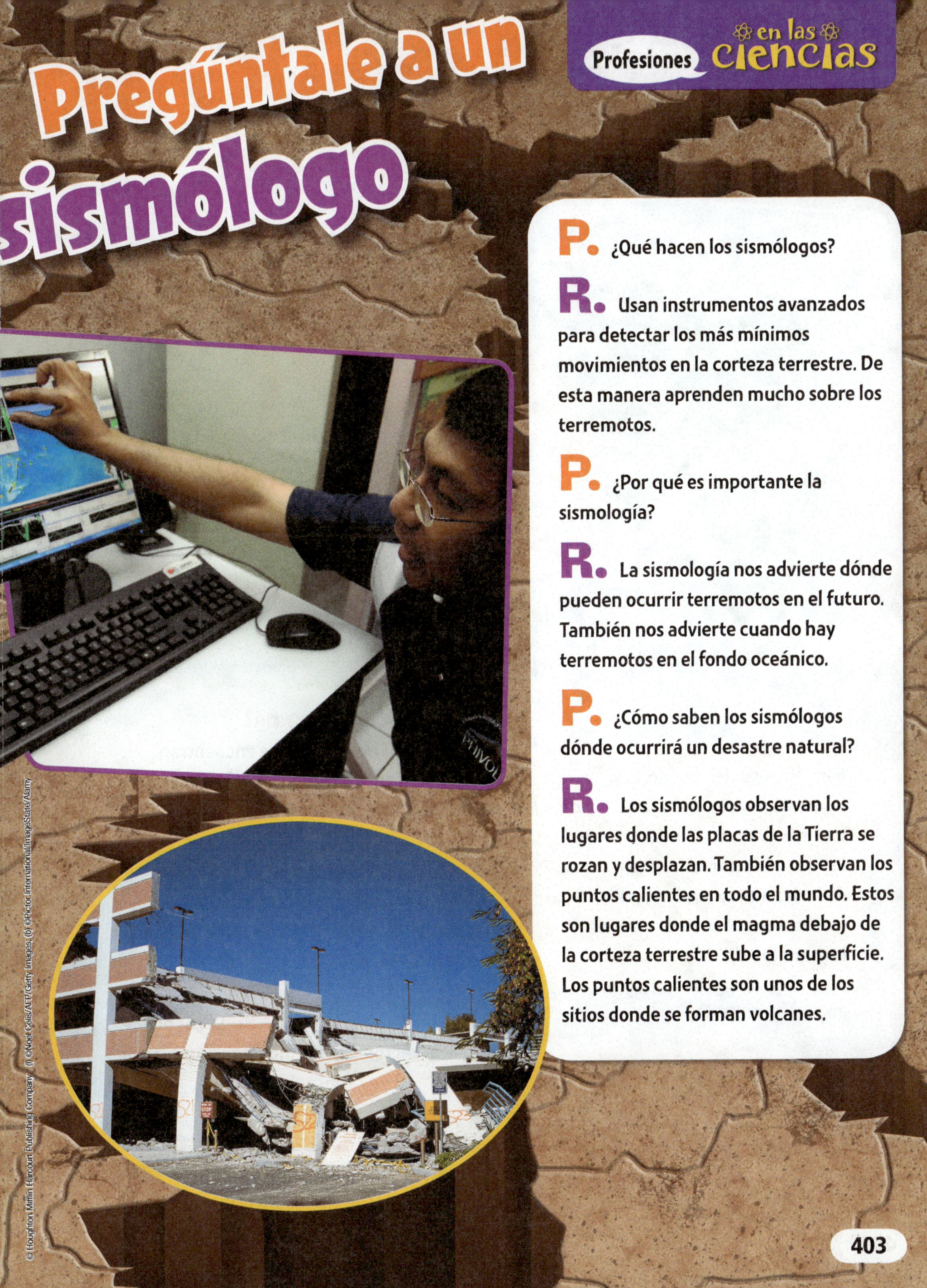

P. ¿Qué hacen los sismólogos?

R. Usan instrumentos avanzados para detectar los más mínimos movimientos en la corteza terrestre. De esta manera aprenden mucho sobre los terremotos.

P. ¿Por qué es importante la sismología?

R. La sismología nos advierte dónde pueden ocurrir terremotos en el futuro. También nos advierte cuando hay terremotos en el fondo oceánico.

P. ¿Cómo saben los sismólogos dónde ocurrirá un desastre natural?

R. Los sismólogos observan los lugares donde las placas de la Tierra se rozan y desplazan. También observan los puntos calientes en todo el mundo. Estos son lugares donde el magma debajo de la corteza terrestre sube a la superficie. Los puntos calientes son unos de los sitios donde se forman volcanes.

¿Te gustaría ser sismólogo?

Mira el mapa del mundo. Los números indican los lugares donde son más probables los terremotos. Escribe cada número debajo de la descripción que explique correctamente por qué ocurren terremotos allí.

Cinturón de Fuego del Pacífico: Lugar donde se encuentran muchos volcanes a causa de las fosas oceánicas y el desplazamiento de placas

____

punto caliente: Lugar alejado de las fronteras de las placas tectónicas donde una placa se desplaza lentamente sobre un hueco que despide magma

____

fronteras entre placas: Lugar donde las placas tectónicas se empujan y cambian de posición

____

zona de formación de montañas: Lugar donde una placa se desplaza por encima o debajo de otra, elevando así el terreno vecino

____

Rotafolio de investigación, pág. 43

Nombre ______________________________

Pregunta esencial

¿Cómo se mueven las placas?

Establece un propósito

¿Qué vas a demostrar en esta actividad?

____

____

____

Piensa en el procedimiento

¿Qué representan los materiales en esta actividad?

____

____

____

____

Anota tus datos

Describe qué ocurre a medida que haces subir las tiras de papel por la ranura en la caja.

____

____

Dibuja tu modelo desde dos ángulos y rotula las partes en cada uno.

Saca tus conclusiones

¿Qué está representado por el papel que se eleva en el modelo?

Infiere lo que le ocurre a la corteza continental al irse separando las placas.

Analiza y amplía

1. Dos placas se pueden acercar o se pueden deslizar a lo largo de sus costados. Con tu modelo, demuestra estos movimientos de las placas. Dibuja y describe lo que les ocurre a los continentes.

2. Los científicos observan modelos y los utilizan para inferir cómo se desplazan los continentes. Según tu modelo, ¿qué infieres sobre las posiciones de estos cuatro continentes hace millones de años?

   ¿Qué predices que les ocurrirá a estos cuatro continentes en los próximos cinco millones de años?

3. Si la plastilina representa la corteza y las tiras de papel representan el manto, ¿cómo explicarían la forma en que se desplazan los continentes?

4. ¿Qué otras preguntas te gustaría hacer sobre el movimiento de las placas?

Repaso de la Unidad 8

Nombre ______________________

Repaso de vocabulario

Completa las oraciones con las palabras de la caja.

núcleo
corteza
sedimentación
epicentro
manto
sedimento
volcán
meteorización

1. El movimiento del suelo es más fuerte en el ______________________ de un terremoto.

2. Las placas tectónicas se mueven sobre la capa parcialmente derretida de la Tierra llamada el

   ______________________.

3. Los deltas, los cañones y las cuevas son partes de la

   ______________________ terrestre.

4. Una abertura por donde sale lava es un

   ______________________.

5. La meteorización causada por el viento, el agua y el hielo produce

   ______________________.

6. La Tierra está compuesta de muchos estratos. El estrato más denso de la Tierra es el

   ______________________.

7. El proceso de desgaste de la roca se conoce como

   ______________________.

8. Una avalancha erosiona rápidamente el sedimento en una ladera pendiente. Cuando la avalancha llega al fondo de la montaña, pierde velocidad y finalmente se detiene, dejando caer los sedimentos. Este proceso se llama

   ______________________.

Conceptos de ciencias

Rellena la burbuja de la opción que mejor responde a la pregunta.

9. **El viento, el agua y el hielo pueden cambiar las rocas. Los seres vivos también pueden cambiarlas.**

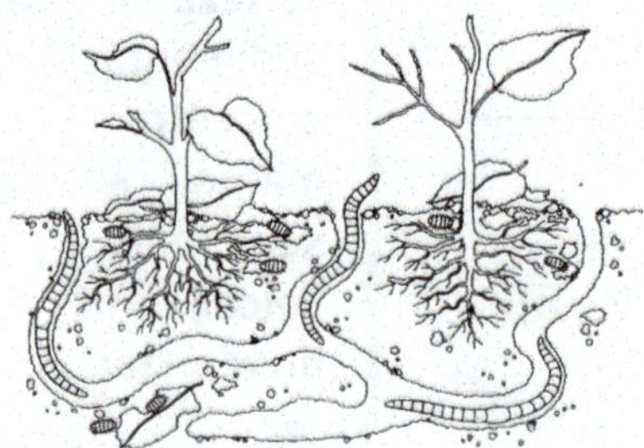

Mira el dibujo. ¿Cuál de estas afirmaciones es cierta?

Ⓐ Las lombrices están erosionando el sedimento.

Ⓑ Las raíces de las plantas están depositando sedimento.

Ⓒ Los insectos están causando meteorización química.

Ⓓ Todos los seres vivos están depositando sedimento para formar deltas.

10. **Alexa observó este accidente geográfico en un viaje a Alaska.**

¿Qué es esta forma terrestre y cómo se produjo?

Ⓐ Es un valle que fue tallado por un glaciar.

Ⓑ Es una duna formada cuando el viento erosionó la arena.

Ⓒ Es un arco que fue tallado por un río de corriente lenta.

Ⓓ Es un delta que se formó cuando un río depositó sedimento.

11. **Mira el dibujo. Es un diagrama de la Tierra con un corte que deja ver su estructura.**

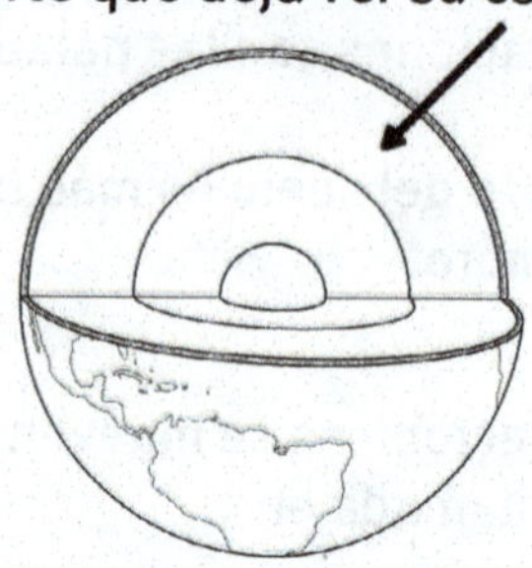

¿Hacia qué estrato de la Tierra señala la flecha?

Ⓐ corteza

Ⓑ manto

Ⓒ núcleo exterior

Ⓓ núcleo interior

12. **Los volcanes y los terremotos son dos efectos de la tectónica de placas. ¿Qué afirma la teoría de la tectónica de placas?**

Ⓐ El manto de la Tierra es sólido.

Ⓑ La corteza de la Tierra se divide en partes que se desplazan.

Ⓒ La corteza interior de la Tierra causa cambios en la corteza.

Ⓓ El núcleo exterior de la Tierra es líquido y el interior es sólido.

13. **¿Por qué ocurren terremotos a lo largo de las fallas?**

Ⓐ Las rocas a lo largo de una falla son estables.

Ⓑ Las rocas a lo largo de una falla se erosionan fácilmente.

Ⓒ Las rocas a lo largo de una falla están bajo presión.

Ⓓ Las rocas a lo largo de una falla se meteorizan fácilmente.

Nombre ______________________

14. Los lugares donde dos placas tectónicas se encuentran se llaman fronteras. A lo largo de diferentes fronteras se forman diferentes accidentes geográficos.

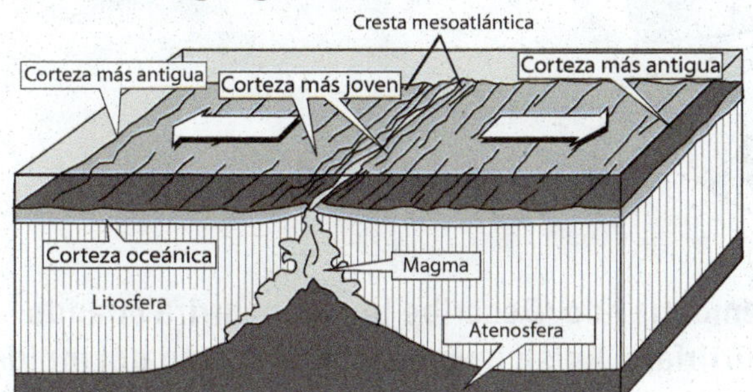

Si esta frontera está en el fondo oceánico, ¿qué tipo de forma terrestre se producirá al desplazarse las placas?

Ⓐ una fosa oceánica

Ⓑ un volcán en escudo

Ⓒ una cadena montañosa

Ⓓ un arco de volcanes

15. La superficie de la Tierra cambia por causa de procesos naturales. Algunos de estos procesos afectan a los humanos y las estructuras hechas por humanos.

¿Qué proceso de la Tierra es el que **más probablemente** causó el daño en esta imagen?

Ⓐ un terremoto

Ⓑ una erupción volcánica

Ⓒ erosión por vientos fuertes

Ⓓ congelamiento de agua en una grieta de la carretera

16. La forma de un volcán depende de cómo hace erupción. Examina el dibujo.

Con base en la información dada y el dibujo, ¿cuál es una conclusión válida?

Ⓐ La erupción es explosiva.

Ⓑ La erupción no es explosiva.

Ⓒ El volcán es un volcán en escudo.

Ⓓ El volcán está en el Cinturón de fuego.

17. Un científico está estudiando un volcán que se compone de capas alternadas de lava líquida y materiales explosivos como ceniza. ¿Qué tipo de volcán es?

Ⓐ cono de ceniza

Ⓑ volcán en escudo

Ⓒ cono de flujo de lava

Ⓓ cono compuesto

Aplica la investigación y repasa La gran idea

Escribe las respuestas a estas preguntas.

18. Anish está haciendo una actividad de ciencias. Este es el montaje.

Identifica dos procesos de la Tierra que se están demostrando. Describe lo que ocurrirá cuando Anish vierta agua sobre la arena. Predice lo que ocurriría si Anish levantara un extremo del molde antes de verter el agua sobre la arena.

____

____

____

19. En la actividad *¿Cómo se mueven las placas?* usaste una caja de zapatos, tiras de papel y plastilina para demostrar lo que ocurre cuando las placas se separan. Explica cómo podrías agregarle algo al modelo para mostrar qué ocurre en los lugares donde las placas se juntan.

____

____

____

20. Juana está demostrando el desplazamiento de las placas. Usa un vaso graduado con agua, una plancha calefactora y unos trozos de poliestireno. Explica lo que cada parte del modelo representa y cómo funcionaría.

____

____

____

____

UNIDAD 9

El ciclo de las rocas

La gran idea

Las rocas y los minerales se forman y cambian mediante diferentes procesos terrestres.

Me pregunto por qué

La Mina de Bingham Canyon mide unas 0.75 millas de profundidad y 2.5 millas de ancho. ¿Qué motivo tendría alguien para cavar un hoyo tan grande? *Da vuelta a la página para descubrirlo.*

Por esta razón La Mina de Bingham Canyon en Utah ha producido muchas toneladas de mineral de cobre, del cual se extrae el metal de cobre. El cobre se usa en muchos productos, desde cables eléctricos hasta teteras.

En esta unidad vas a aprender más sobre La gran idea, y a desarrollar las preguntas esenciales y las actividades del Rotafolio de investigación.

Niveles de investigación ■ Dirigida ■ Guiada ■ Independiente

La gran idea Las rocas y los minerales se forman y cambian mediante diferentes procesos terrestres.

Preguntas esenciales

¡Ya entiendo La gran idea!

Cuaderno de ciencias

No te olvides de escribir lo que piensas sobre la Pregunta esencial antes de estudiar cada lección.

Pregunta esencial

¿Qué son los minerales?

Ponte a pensar

Halla la respuesta a la siguiente pregunta en esta lección y escríbela aquí.

Encuentras un mineral transparente que ningún otro mineral puede rayar. Tiene un brillo vidrioso. ¿Cuál es el mineral que probablemente encontraste?

____

____

____

____

Lectura con propósito

Vocabulario de la lección

Haz una lista de los términos. A medida que aprendes cada uno, toma notas en el Glosario interactivo.

____

____

____

____

Ayudas visuales

Las tablas, los diagramas y las fotografías agregan información al texto que aparece en la página con ellos. Los buenos lectores hacen pausas en la lectura para estudiar cada ayuda visual y decidir qué añade la información en la ayuda visual a la que aparece en el texto.

¿Qué son los minerales?

¿Qué tienen en común el cobre, la sal de mesa y los diamantes? ¡Todos son minerales!

Un mineral es cualquier sólido no vivo que tiene forma cristalina. Todos los minerales se forman en la naturaleza, ya sea bajo tierra, en cuevas o incluso en el aire. El plástico y los ladrillos no son minerales sino que están hechos por el ser humano. Hay más de 4,700 minerales en la Tierra.

Cuando piensas en cristales, quizá pienses en los que hay en las cuevas. Pero no todos los cristales tienen ese aspecto. Los cristales de los minerales vienen en diferentes formas, pero hay algo que sí tienen igual. Las partículas de un cristal se combinan dando una forma que se repite una y otra vez. Esta estructura repetida es lo que define un cristal.

Los minerales son iguales en otro aspecto. Cada mineral se compone del mismo conjunto de cosas no vivas llamadas elementos. Por ejemplo, el mineral calcio siempre se compone de los elementos calcio, carbono y oxígeno. Los rubíes siempre se componen de aluminio y oxígeno. Los diamantes siempre se componen de carbono.

Práctica matemática

Identifica las formas

Una característica que nos ayuda a identificar los minerales es la forma del cristal. Traza una línea del nombre de cada forma al cristal que va mejor con esa forma.

Pirámide cuadrada | **Prisma cuadrado** | **Prisma hexagonal**

¿Qué mineral es?

Con más de 4,700 minerales en el mundo, ¿cómo logramos distinguir uno de otro?

Lectura con propósito En esta página, subraya dos propiedades de los minerales.

La dureza es una propiedad que se usa para identificar los minerales. La *dureza* es la capacidad que tiene un mineral de rayar a otro. En 1812, un científico llamado Friedrich Mohs inventó una escala para comparar las durezas de diferentes minerales.

En la escala de Mohs, un mineral de número mayor es capaz de rayar otro mineral de número igual o menor. Los minerales más blandos se califican con 1. Todos los demás minerales son capaces de rayar un mineral de dureza 1. El mineral más duro, el diamante, se califica con 10 en la escala de Mohs. Un diamante no se raya con ningún otro mineral excepto con otro diamante.

Otra propiedad que se usa para distinguir un mineral de otro es el lustre. El *lustre* describe cómo los minerales reflejan la luz. Los minerales cobre, oro y plata tienen lustre metálico. El talco y el yeso tienen lustre terroso.

La escala de Mohs

▶ Imagina que hallas este mineral de color morado brillante. ¿Cómo describirías su lustre?

____

____

El mineral se puede rayar con un diamante pero no con feldespato. ¿Cuál será la dureza del mineral?

____

lustre metálico

lustre terroso

El lustre se puede describir con palabras como *metálico, terroso* y *vidrioso*.

lustre vidrioso

Los minerales con dureza de 2 o menos se pueden rayar con la uña. Los minerales con dureza de 6 o menos se rayan con un clavo de acero.

feldespato

cuarzo

topacio

corindón

diamante

6 7 8 9 10

La magnetita atrae objetos que contienen hierro.

Las propiedades particulares de los minerales

Hay todo tipo de propiedades que sirven para identificar los minerales. Unas son más útiles, otras menos. Pero si las usas todas, probablemente lograrás identificar el mineral.

Lectura con propósito Subraya el nombre del mineral que tiene una veta negra verduzca.

Has aprendido que los cristales de los minerales tienen distintas formas. Los cristales de los minerales también se rompen de cierta manera. La forma en que se rompe un mineral sirve para identificarlo. Cuando unos minerales se rompen, los lados rotos son lisos y rectos. Los minerales que se rompen así tienen *clivaje*. Los minerales que no se rompen por líneas lisas tienen *fractura*.

Para identificar un mineral, puedes frotarlo contra una losa blanca llamada una placa de raya. El color que deja se llama la *raya* del mineral. A veces la raya es del mismo color del mineral mismo, pero en muchos casos no lo es. La pirita tiene un color dorado pero su raya es de color negro verduzco.

El color de un mineral puede variar, pero su raya siempre es igual.

Un mineral puede tener diferentes colores. Los cristales de corindón pueden ser rojos, azules, verdes, amarillos, morados o marrones. Cualquiera que sea su color, el corindón siempre produce una raya blanca. Por esta razón, el color de la raya es muy útil a la hora de identificar un mineral.

Hay minerales que tienen otras propiedades también. La calcita y la fluorita brillan cuando se iluminan con una luz negra. La calcita también hace burbujas cuando se le pone una gota de vinagre. El cuarzo es conductor de electricidad.

Este trozo de mica tiene clivaje. Se rompe en hojas planas y delgadas.

¿Te confunde el color?

Mira los minerales. Todos son cuarzo. ¿Cómo puedes demostrar que todos son cuarzo? ¿Qué pruebas puedes aplicar?

Cuando termines, lee la Clave de respuestas y corrige lo que sea necesario.

Lee los enunciados de resumen. Luego empareja cada enunciado con la imagen correcta.

1 Los minerales son sólidos no vivos con forma de cristales. Los cristales del granate tienen una forma casi igual a la de una pelota de fútbol. _______

2 La dureza de un mineral es una ayuda para identificarlo. La fluorita tiene una dureza de 4. Se puede rayar con un clavo de acero. _______

3 Los diferentes minerales reflejan la luz de diferentes maneras. Esta propiedad se llama lustre. El oro tiene un lustre metálico. _______

4 Los minerales que se rompen en líneas rectas tienen clivaje. El mineral mica se rompe en hojas planas y delgadas. _______

5 El color de la raya de un mineral se ve con ayuda de una placa de raya. Cada mineral tiene un color de raya característico. El grafito tiene una raya entre negra y gris. _______

A

B

C

D

E

Clave de respuestas: 1. C 2. A 3. D 4. B 5. E

Ejercita tu mente

Lección 1

Nombre ___________________________

Juego de palabras

1 Completa las oraciones con las palabras de la casilla. Luego ordena las letras de los círculos para contestar la pregunta de abajo.

clivaje	cristal	dureza	lustre	minerales*	raya

* Vocabulario clave de la lección

1. Podemos saber la ___ ___ ___ ___ ___ ___ de un mineral viendo qué otros minerales raya.

2. Un sólido no vivo que tiene forma ___ ___ ___ ___ ___ ___ ___ ___ ___ ___ se llama mineral.

3. El oro, la plata, el cobre y la pirita tienen ___ ___ ___ ___ ___ ___ metálico.

4. La fluorita, el talco, el diamante y el cuarzo son ejemplos de ___ ___ ___ ___ ___ ___ ___ ___ ___.

5. El color que queda cuando se frota un mineral sobre una losa blanca es su ___ ___ ___ ___.

6. Un mineral que se rompe en líneas rectas y lisas tiene ___ ___ ___ ___ ___ ___ ___.

Pregunta:

¿Qué mineral que no se puede rayar con ningún otro mineral?

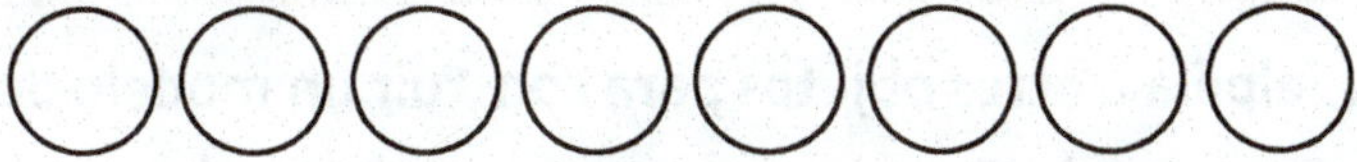

Aplica los conceptos

2 Haz una lista de las propiedades que sirven para identificar un mineral.

_______________ _______________

_______________ _______________

_______________ _______________

3 La magnetita tiene un lustre metálico o terroso, una raya de color negro grisáceo y una dureza de 5 a 7. Encierra en un círculo el mineral que más probablemente es magnetita.

Escala de dureza de Mohs	
1	Talco
2	Yeso
3	Calcita
4	Fluorita
5	Apatita
6	Feldespato
7	Cuarzo
8	Topacio
9	Corindón
10	Diamante

Este mineral puede rayar el talco pero no la calcita.

Este mineral puede rayar la apatita pero no el cuarzo.

Este mineral puede rayar la apatita pero no el cuarzo.

4 ¿Qué parte de la descripción te ayudó a identificar el mineral?

____

____

¿Qué mineral descartaste primero? ¿Cómo?

____

____

Usa bloques, palillos de felpilla u otros objetos para constuir un modelo de cristal. Tu cristal puede tener cualquier forma, pero recuerda que los cristales tienen una forma que se repite.

Conoce a los genios de la geología

Bernard Hubbard

De niño, Bernard Hubbard coleccionaba rocas en los parques Prospect y Central de la ciudad de Nueva York. Estando en la escuela secundaria, participó con su colección en un concurso de rocas y fósiles. Ganó el tercer premio. Más tarde se convirtió en geólogo. Hoy el Dr. Hubbard ayuda a encontrar lugares en el mundo que pueden tener actividad volcánica. En su trabajo con el U.S. Geological Survey, ayuda a indicar dónde se debe evitar la construcción de cualquier estructura.

Florence Bascom

En 1896, el U.S. Geological Survey contrató por primera vez a una mujer como empleada. Esa mujer fue Florence Bascom. Cuando era niña, se interesó por la geología mientras andaba de paseo en carro con su padre y un amigo de él que era profesor de geología. Florence Bascom hizo buena parte de sus carrera estudiando una zona llamada el Piedmont, que es una meseta en el este de los Estados Unidos. También enseñó geología en una universidad de mujeres de Pennsylvania. Coleccionó cristales, minerales y rocas para la universidad. Varias de sus alumnas siguieron su ejemplo y también se convirtieron en geólogas.

Identifica los minerales misteriosos

Los geólogos han identificado miles de minerales por sus propiedades. Lee la descripción de cada mineral. Empareja el mineral con la imagen correcta según su descripción. Luego escribe el nombre del mineral al lado de su imagen.

Apatita. Generalmente es verde o grisácea. Tiene una dureza de 5 y se puede rayar con un cuchillo. Tiene un lustre vidrioso o grasoso.

Diamante. Generalmente no tiene color. Su dureza es de 10 y solamente se puede rayar con otro diamante. Un diamante tiene un lustre brillante o ceroso.

Talco. Su color generalmente va de blanco a casi plateado. Tiene una dureza calificada en 1 y deja una marca cuando se frota en un papel. Tiene un lustre apagado.

Yeso. Generalmente es blanco o gris. Tiene una dureza de 2 y se puede rayar con la uña. Su lustre es vidrioso o perlado.

Lustre apagado, 1 en la escala de Mohs

____

Lustre vidrioso, 2 en la escala de Mohs

____

Lustre vidrioso, 5 en la escala de Mohs

____

Rotafolio
de investigación,
pág. 45

Nombre ___________________________

Pregunta esencial

¿Cuáles son las propiedades de los minerales?

Establece un propósito

¿Por qué es importante saber cómo clasificar las cosas?

____

____

____

Piensa en el procedimiento

Escribe tres propiedades de los minerales que usarás en esta actividad.

____

____

____

Anota tus datos

Anota tus observaciones en la tabla de abajo. Describe al pie de la tabla cómo clasificarías los minerales en grupos de acuerdo a una de las propiedades de la tabla.

Muestra mineral	Lustre	Raya	Dureza

____

____

Saca tus conclusiones

¿Cuál de los minerales que probaste es el más duro? ¿Cuál es el más blando? Explica cómo lo sabes.

¿Cómo clasificaste las muestras de minerales?

¿Clasificaste tus minerales de la misma forma que otros estudiantes? ¿Por qué?

Analiza y amplía

1. ¿De qué formas se pueden clasificar los minerales?

2. Basándote en tus observaciones, ¿qué propiedad o propiedades crees que son más útiles para identificar un mineral? Explica tu respuesta.

3. ¿Qué otras preguntas te gustaría hacer sobre las propiedades de los minerales?

Lección 3

Pregunta esencial

¿Cómo se clasifican las rocas?

Ponte a pensar

Halla la respuesta a la siguiente pregunta en esta lección y escríbela aquí.

El monumento nacional de Mount Rushmore en Dakota del Sur se talló del granito formado a partir de magma que se enfrió. ¿Qué tipo de roca va con esta descripción?

____

____

____

____

Lectura con propósito

Vocabulario de la lección

Haz una lista de los términos. A medida que aprendes cada uno, toma notas en el Glosario interactivo.

____

____

____

____

Secuencia

Muchas ideas en esta lección están conectadas por una secuencia, u orden, que describe los pasos en un proceso. Los buenos lectores se mantienen centrados en la secuencia cuando marcan la transición de un paso a otro en un proceso. Concéntrate en la secuencia de la formación al leer sobre las diferentes clasificaciones de las rocas.

El gabro se forma bajo la superficie terrestre a medida que se enfría lentamente el magma. Contiene cristales grandes del mineral cuarzo.

El granito, como el gabro, se forma debajo de la superficie terrestre y tiene minerales cristalinos grandes.

La roca ígnea

Estalla un volcán. Sale al aire lava caliente que fluye sobre el suelo. Al enfriarse, la lava se endurece. Es una fábrica de rocas en plena producción. ¿Qué tipo de roca se forma de esta manera?

Lectura con propósito Mientras lees estas dos páginas, subraya las oraciones que describen cómo se forman las rocas ígneas.

¿Qué es una roca? Una **roca** es un sólido natural compuesto de uno o más minerales. Las rocas se clasifican por su formación. Los tres tipos de rocas son ígneas, sedimentarias y metamórficas.

Una manera de formase la roca es cuando la roca fundida, llamada magma o lava, se enfría y se endurece. La roca que se forma al endurecerse el magma o lava se llama **roca ígnea.** La roca ígnea se puede formar en la profundidad de la Tierra cuando el magma se enfría lentamente. También se puede formar en la superficie de la Tierra cuando un volcán estalla y la lava se enfría.

El basalto tiene cristales de mineral muy pequeños. Se forma en la superficie del suelo y es la roca ígnea más abundante en la Tierra.

Columnas de basalto en Irlanda

La riolita se forma cuando se enfría lava rápidamente en la superficie de la Tierra. Tiene cristales de mineral pequeños.

El aspecto de una roca ígnea da pistas sobre el lugar donde se formó. Cuando se enfría magma lentamente debajo de la superficie terrestre, se forman cristales de mineral grandes. La roca que se forma de estos minerales tiene cristales que se ven sin ayuda visual. El gabro y el granito son ejemplos de rocas que se forman así. Cuando la lava en la superficie terrestre se enfría rápidamente, no hay tiempo de que crezcan los granos de mineral. Como resultado, las rocas ígneas que se forman en la superficie de la Tierra, como la riolita y el basalto, contienen cristales de mineral pequeños. Para estudiar los cristales pequeños del basalto necesitas una lupa o a veces un microscopio.

Pistas en los cristales

Mira las dos rocas ígneas que se muestran aquí. ¿Cuál se enfrió más rápidamente? ¿Cómo lo sabes? Infiere cómo se formó cada roca.

pórfido   obsidiana

____

____

____

____

____

____

La lava se enfría muy rápidamente en la superficie terrestre. Hay poco tiempo para que se formen cristales de mineral y estos se quedan pequeños.

La temperatura del magma va de 700 °C (1,292 °F) a 1,200 °C (2,192 °F). Debajo de la superficie terrestre, el magma se enfría más lentamente que en la superficie o cerca de ella. Como se enfría más lentamente, hay tiempo para que se formen y se agranden los cristales de mineral.

La roca sedimentaria

El sedimento de roca meteorizada y erosionada se junta en capas sueltas.

Encima se depositan más capas de sedimento. El peso adicional hace presión sobre las capas que quedan debajo.

Con el tiempo, el sedimento del fondo se cementa, o se pega.

El hielo, el viento y el agua rompen las rocas. Los trozos van de un lado a otro y caen como una lluvia suave junto al agua y el viento que los transportan. ¿Cómo se forma otro tipo de roca con estos trozos?

Lectura con propósito Mientras lees la próxima página, escribe *1*, *2* y *3* en el margen al lado de las oraciones que indican la secuencia de formación de la roca sedimentaria.

¿Qué ocurriría si colocaras una flor debajo de una pila de libros? Con el tiempo, el peso de los libros aplanaría la flor. Lo mismo ocurre con el sedimento depositado. El *sedimento* consiste en partículas de roca meteorizada. La **roca sedimentaria** se forma con sedimento que se cementa, o se pega, bajo presión.

La sal de roca se forma de la sal que queda cuando se evapora agua salada. El mineral principal en la sal de roca es halita. Este es uno de los tipos de sal que usas para salar la comida.

Las paredes de piedra arenisca del cañón Antelope en Arizona fueron talladas y pulidas por corrientes de agua. En la roca se ven estratos de sedimento.

La roca conglomerada se forma de partículas del tamaño de grava con bordes lisos y redondeados.

Al irse depositando estratos de sedimento, el estrato de abajo se une por la presión del peso de los estratos de encima. El aire y el agua de los espacios entre estratos de sedimento salen empujados por la presión. Con el tiempo, el sedimento se pega, o cementa, y forma roca sedimentaria.

La arenisca, la lutita y los conglomerados se distinguen por el tamaño del sedimento que contienen. La lutita está hecha de sedimento muy fino. Las areniscas tienen sedimentos más grandes que la lutita. Los conglomerados contienen sedimento aun más grande.

A veces la roca sedimentaria contiene fósiles. *Fósil* es un resto, o marca que deja un ser vivo, como un hueso, una concha, la impresión de una hoja o una huella de pisada fosilizada.

Unas rocas sedimentarias se forman mediante procesos químicos. La sal de roca y la piedra caliza son tipos de roca sedimentaria que se forman cuando los minerales disueltos en el agua salen de la solución.

La caliza a menudo se forma de las conchas de animales que viven en el mar. Estas conchas están formadas de calcita mineral. Cuando los animales mueren, dejan las conchas. Estas se aplastan y convierten en partículas del tamaño de la arena y se cementan. A veces hay fósiles de conchas enteras dentro de la piedra caliza.

¿Dónde se encuentran fósiles?

¿Por qué no se encuentran fósiles en la roca ígnea?

____

____

____

____

La roca metamórfica

Aprieta y aprieta y aprieta y aprieta. Luego añade un poco de calor —o mucho— y tendrás una roca de tipo diferente. ¿Qué cambios producen en la roca la presión y la temperatura?

Lectura con propósito Mientras lees estas dos páginas, escribe una *P* al lado del párrafo que explica cómo se forman las rocas metamórficas.

La roca que se forma cuando los procesos terrestres cambian su textura y contenido mineral se llama **roca metamórfica**. La roca metamórfica se puede formar como resultado de alta presión, alta temperatura, una combinación de alta presión y temperatura, o cuando un líquido calentísimo, por ejemplo agua, hace contacto con la roca. La palabra *metamórfica* viene de la palabra griega que significa "cambiar de forma". La temperatura a la cual se forma una roca metamórfica no es nunca tan alta que llega a fundirse la roca.

El mármol y la cuarcita son ejemplos de rocas metamórficas. El mármol se forma cuando una temperatura y presión elevadas actúan sobre la roca sedimentaria caliza. El mármol se usa en edificios y esculturas talladas. La cuarcita se forma cuando se expone piedra arenisca a calor y presión. La cuarcita se usa en la construcción de pisos y tejas para techos.

La mayoría de los cambios que convierten una roca en metamórfica ocurren en la profundidad de la Tierra. Por eso, la mayoría de las rocas que encuentras no son metamórficas sino ígneas y sedimentarias.

La lutita es un tipo de roca sedimentaria que se forma de sedimento muy fino.

Con presión alta y una temperatura algo elevada, las capas de lutita se aplanan y las estructuras y minerales dentro de la roca cambian. Entonces la lutita se convierte en la roca metamórfica pizarra.

Con presiones y temperaturas aun mayores, los minerales en la pizarra se pueden transformar en otros minerales. La forma en que están acomodados en la roca puede cambiar. La roca se rompe fácilmente por lo planos donde se han alineado los minerales. De este modo, la pizarra se puede convertir en esquisto, que es otro tipo de roca metamórfica.

Cuando dos pedazos grandes de la corteza terrestre se empujan, forman montañas. La fuerza que levanta las montañas también puede causar cambios en las rocas que están dentro de la montaña que crece. Hay un aumento en la presión. Los estratos de roca se doblan, se retuercen y se rompen bajo la presión. Con el tiempo, muchas de las rocas se convierten en rocas metamórficas. En algunas cadenas de montañas y en zonas como el Piedmont en el este de los Estados Unidos se ven rocas metamórficas expuestas de esta manera.

Bajo presión intensa, los minerales en el esquisto se separan en bandas. También se pueden formar nuevos minerales. Esta nueva roca metamórfica se llama gneis.

Usa fracciones y porcentajes

Esta gráfica circular muestra las cantidades relativas de diferentes tipos de roca en la superficie de la Tierra.

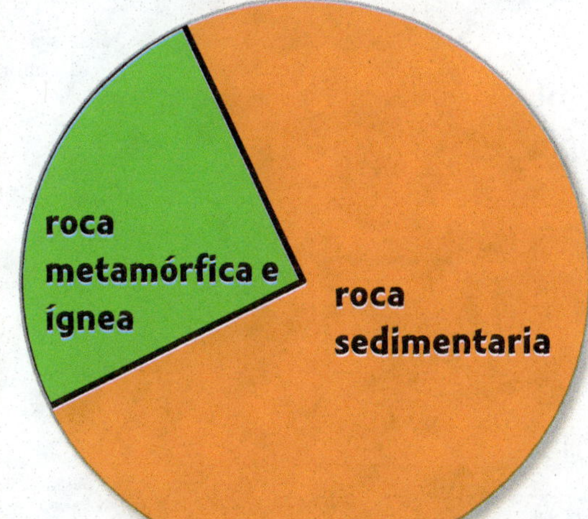

1. ¿Qué fracción de la superficie terrestre es roca sedimentaria?

____

____

2. El 95 por ciento de las rocas ígneas y metamórficas están debajo de la superficie de la Tierra. ¿Por qué es así?

____

____

____

____

La roca retorcida de este accidente geográfico fue formada por calor y presión.

El ciclo de las rocas

Si es roca, ¿siempre será roca? No exactamente. Después que se forma una roca, no queda igual para siempre. La roca se puede descomponer por acción del agua y el viento. La presión dentro de la Tierra puede calentarla, apretarla o fundirla.

Lectura con propósito En el diagrama, dibuja una estrella cerca de la flecha que indica la secuencia de cómo una roca ígnea se convierte en una roca sedimentaria.

Cualquier tipo de roca se puede convertir en cualquier otro tipo de roca. Tomemos la roca sedimentaria como ejemplo. Cuando la roca fundida se ha enfriado para formar roca ígnea, la meteorización y la erosión pueden descomponerla hasta formar sedimento. El sedimento se deposita y se van acumulando estratos, los cuales se cementan con el tiempo, formando roca.

La roca metamórfica se puede descomponer de la misma manera hasta convertirse en sedimento, que a su vez se convierte en roca. ¡Ni siquiera la roca sedimentaria está a salvo! Esta también se puede descomponer, transportar y sedimentar para convertirse en nueva roca sedimentaria.

Del mismo modo, la temperatura y la presión pueden actuar sobre cualquier tipo de roca, transformándola en roca metamórfica. Cualquier tipo de roca se puede fundir y luego enfriar para convertirse en roca ígnea. El proceso constante de las rocas que se transforman de un tipo a otro se conoce como el *ciclo de las rocas*.

El diagrama del ciclo de las rocas resume los procesos que obran para transformar las rocas de la Tierra.

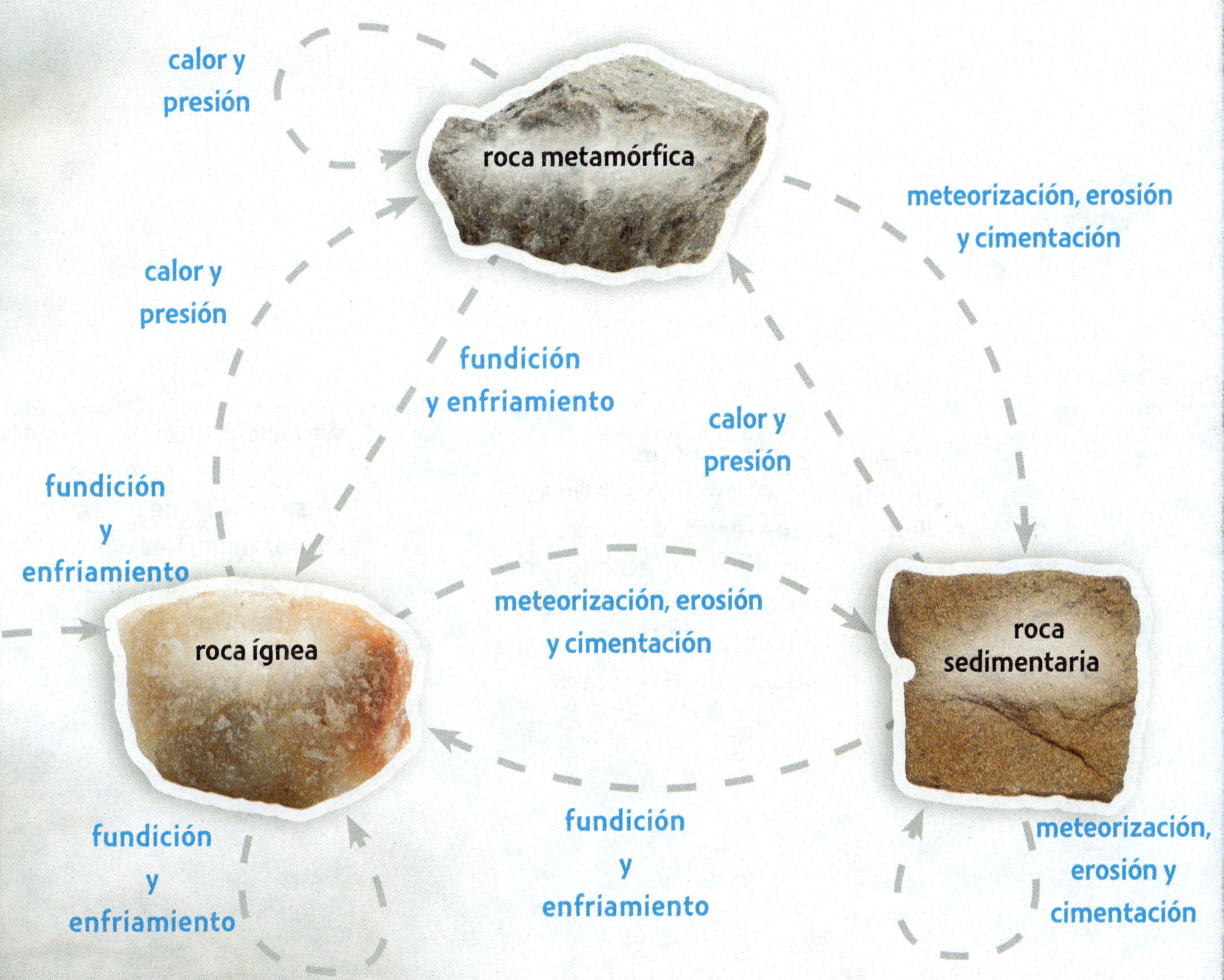

Las rocas cambiantes

En el diagrama del ciclo de las rocas, marca en rojo todas las flechas que indican fundición. Marca en verde las flechas que indican calor y presión. Marca en marrón las flechas que indican meteorización, erosión y cementación.

Por qué es importante

Las piedras pulidas se emplean en joyería y adornos.

Los usos de las rocas

¿Hoy te cepillaste los dientes, caminaste en la acera o pasaste frente a una construcción de piedra? La pasta dental, el cemento y los edificios son algunos de los productos que vienen de las rocas.

Muchos monumentos son de mármol. El mármol es una roca metamórfica que se usa para construir porque es relativamente blanda. El Taj Mahal en la India, que se ve aquí, y el Monumento a Lincoln en Washington D.C., son de mármol.

La pasta dental contiene varios minerales que se extraen de rocas. Estos minerales tienen propiedades naturales para prevenir las caries.

En el pasado, se hacían herramientas, como puntas de flecha, de pedernal. Se le puede dar forma al pedernal golpeándolo con una roca más dura.

Ciertos materiales de construcción, como el cemento, vienen de las rocas. El cemento se usa para hacer macetas, estatuas de jardín, fuentes y aceras.

Usos de las rocas

Escribe cuatro cosas hechas de materiales rocosos que has utilizado hoy.

___

___

___

___

La piedra caliza se usa en muchas casas y edificios de oficinas. Hay antiguos edificios y monumentos de piedra caliza en muchos países.

Las pirámides de Egipto se hicieron de piedra caliza. En muchas pirámides, la punta de la estructura, llamada la cúspide, era de granito.

Cuando termines, lee la Clave de respuestas y corrige lo que sea necesario.

Lee el resumen. Luego coloca los enunciados numerados que están debajo del resumen en la casilla correcta al final de la página.

En pocas palabras

Las rocas se clasifican por su formación. Los tres tipos de roca son roca ígnea, roca sedimentaria y roca metamórfica. El ciclo rocoso muestra que cada uno de estos tipos de rocas se pueden transformar en cualquier otro tipo.

1. Se forma cuando se unen, o cementan, los sedimentos.
2. Se forma cuando la roca está bajo mucho calor y presión.
3. Se forma cuando el magma o la lava se enfrían.
4. Cuanto más tarda en formarse, más grandes serán sus cristales minerales.
5. A veces contiene fósiles.
6. Se pueden encontrar en cadenas montañosas.
7. Algunos ejemplos son mármol, cuarcita y gneis.
8. Algunos ejemplos son granito, obsidiana y riolita.
9. Algunos ejemplos son piedra arenisca, piedra caliza y lutita.

Ígnea	Sedimentaria	Metamórfica

Clave de respuestas: Ígnea: enunciados 3, 4 y 8 Sedimentaria: enunciados 1, 5 y 9 Metamórfica: enunciados 2, 6 y 7.

Ejercita tu mente

Lección 3

Nombre ____________________

Juego de palabras

1 Traza una línea de cada término a su definición.

1. Roca
2. Roca ígnea
3. Roca sedimentaria
4. Roca metamórfica
5. Sedimento
6. Ciclo de rocas
7. Magma
8. Fósil

A. Una roca que se forma de trozos de roca meteorizada.
B. Una roca que se forma mediante gran calor y presión en la profundidad de la Tierra.
C. Una roca que se forma de magma o lava.
D. Los procesos naturales por los cuales un tipo de roca se convierte en otro tipo.
E. Restos o huellas de seres que vivieron, que a veces se encuentran en la roca sedimentaria.
F. Trocitos de roca meteorizada
G. Roca derretida en la profundidad de la Tierra
H. Compuesta de uno o más minerales.

Acertijo

¿Qué roca metamórfica rima con un mes?

____

____

Aplica los conceptos

2 ¿Cuál es la relación entre minerales y rocas?

____

____

____

3 Haz un dibujo de un lugar en la Tierra donde crees que se formaría roca ígnea.

4 Encierra en un círculo la roca que más probablemente será una roca sedimentaria. ¿Cómo lo sabes?

____

Nombre ______________________

5 En las tres casillas, dibuja y rotula diagramas que muestren cómo se forma la roca sedimentaria.

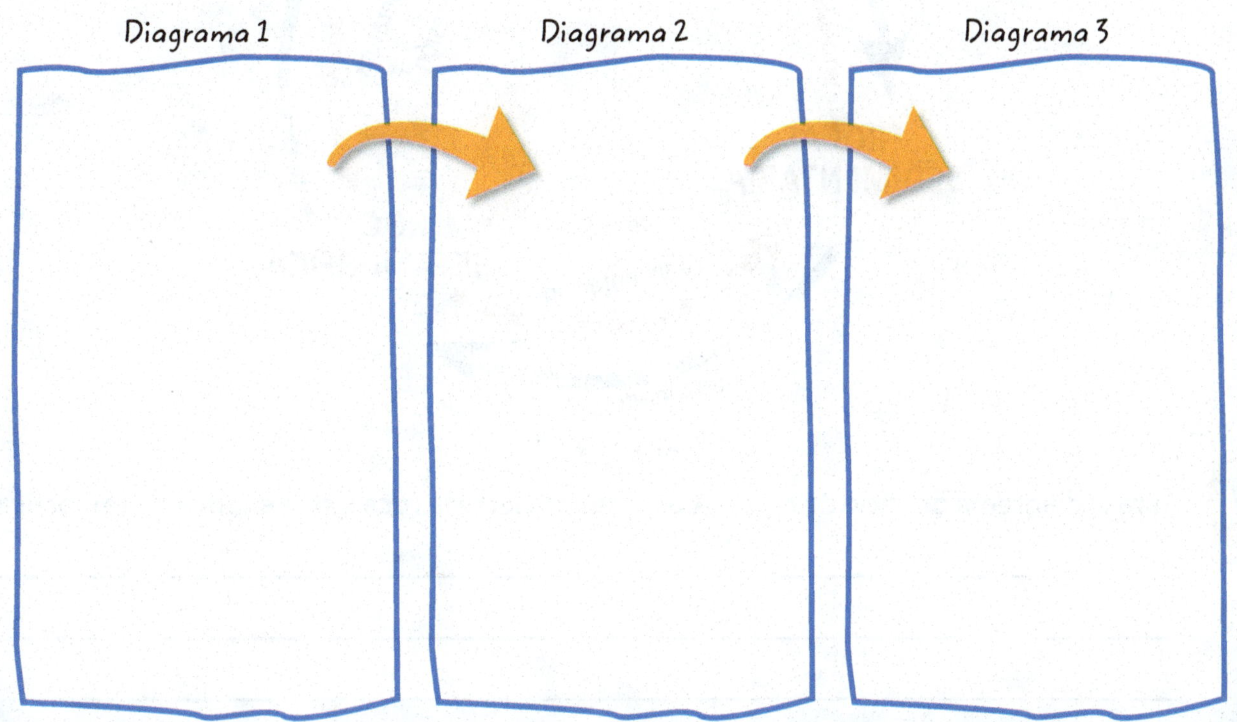

6 Encierra en un círculo la roca que más probablemente es una roca metamórfica. ¿Cómo lo sabes?

____

7 Mira el diagrama del ciclo de rocas. ¿Cómo se convierte la roca ígnea en roca metamórfica?

8 ¿Cómo se convierte la roca sedimentaria en roca ígnea?

Haz una excursión o da un "paseo" por Internet con tu familia. Observen las rocas que encuentren. Trata de identificar las rocas como ígneas, sedimentarias o metamórficas.

S.T.E.M.

Ingeniería y tecnología

Herramientas geniales para rocas geniales

Dispositivo GPS manual

Los geólogos estudian los materiales terrestres y frecuentemente trabajan al aire libre. Usan algunas herramientas que probablemente conoces, pero las usan de maneras inesperadas.

Los geólogos usan herramientas físicas como este martillo para roca. También usan tecnología electrónica, como un GPS para hacer mapas, y computadoras para registrar y procesar datos.

Razonamiento crítico

Nombra tres herramientas o dispositivos que usan los geólogos y que no aparecen aquí. Describe para qué se usa cada uno.

___

___

___

S.T.E.M.

continuación

Después de recoger rocas, los geólogos usan una variedad de herramientas para identificar los especímenes.

¿Qué uso le puede dar el geólogo a cada una de estas herramientas para identificar un espécimen de roca? Haz una investigación para descubrirlo y escribe tus explicaciones abajo.

Vinagre

Lupa

Placa de raya

Una tecnología nueva que usan los geólogos es el GPS. Investiga cómo usan el GPS y por qué es útil para los geólogos.

Parte de la base

Acepta el desafío de hacer un diseño de ingeniería. Completa el Rotafolio de investigación **Improvísalo: Separa por tamaños.**

Rotafolio de investigación, pág. 48

Nombre ______________________

Pregunta esencial

¿Cómo puedes representar cambios en las rocas?

Establece un propósito

¿Qué vas a aprender en esta actividad?

____

____

____

____

Piensa en el procedimiento

¿Qué utilidad tiene un modelo para un estudiante?

____

____

____

¿Por qué es importante pensar qué cosa de la vida real se está representando en cada paso de este procedimiento?

____

____

____

____

Anota tus datos

Has un dibujo de lo que hiciste en los pasos 1 a 4, visto de lado. Identifica el tipo de roca que demostraste y describe tus observaciones.

____

____

____

____

Haz un dibujo del tipo de roca que demostraste en el Paso 5. Identifica el tipo de roca que demostraste y describe tus observaciones.

Saca tus conclusiones

¿Qué fuerza estás demostrando al usar los libros?

Para que tu modelo muestre cómo la roca metamórfica se funde convirtiéndose en roca ígnea, ¿qué podrías hacer?

Analiza y amplía

1. Los modelos, ¿cómo le ayudan al científico a entender la formación de las rocas?

2. Explica cómo podrías representar la meteorización y la erosión como parte de tu modelo.

3. ¿Cómo está representado el ciclo rocoso en tu modelo?

4. ¿Qué otras preguntas tienes sobre la formación de las rocas?

Repaso de la Unidad 9

Nombre ______________________________

Repaso de vocabulario

Completa las oraciones con las palabras de la casilla.

fósil
roca ígnea
lustre
roca metamórfica
mineral
roca
roca sedimentaria
raya

1. Cualquier sólido no vivo y con forma cristalina se llama un(a) ______________________.

2. Una roca que se forma de lava o magma se clasifica como un(a) ______________________.

3. Un mineral que refleja la luz, como una hoja de papel de aluminio, tiene ______________________ metálico.

4. Una roca que resulta de cuando el calor o la presión cambian una roca que ya existe se clasifica como un(a) ______________________.

5. El color que deja un mineral en una losa blanca se llama su ______________________.

6. Una roca que se forma del sedimento que va cementándose bajo presión se clasifica como un(a) ______________________.

7. Un sólido formado por la naturaleza de uno o más minerales se llama un(a) ______________________.

8. La impresión de una hoja en una roca sedimentaria es un ejemplo de un(a) ______________________.

Conceptos de ciencias

Rellena la burbuja con la letra de la mejor respuesta.

9. A continuación se muestra la escala de dureza de Mohs.

Mineral	Dureza
Talco	1
Yeso	2
Calcita	3
Fluorita	4
Apatita	5
Feldespato	6
Cuarzo	7
Topacio	8
Corindón	9
Diamante	10

La dureza de un clavo de acero es aproximadamente 5.5. Cierto mineral raya un clavo de acero pero no raya el cuarzo. ¿Cuál podría ser la dureza del mineral?

Ⓐ 4

Ⓑ 5

Ⓒ 6

Ⓓ 7

10. Los científicos pueden fabricar diamantes a partir de carbono usando calor y presión. Sin embargo, estos diamantes no se clasifican como minerales. ¿Qué enunciado explica por qué?

Ⓐ Son de vidrio.

Ⓑ No se hacen en la naturaleza.

Ⓒ No tienen una estructura cristalina ordenada.

Ⓓ No tienen el mismo color de otros diamantes.

11. Jamal está probando unos minerales para tratar de identificarlos. Mira el dibujo.

¿Qué propiedad está probando Jamal?

Ⓐ clivaje

Ⓑ dureza

Ⓒ lustre

Ⓓ raya

12. Erika está examinando un trozo de granito con una lupa. Observa trozos grandes blancos y negros que brillan cuando mueve el espécimen bajo una luz. ¿Qué está viendo Erika?

Ⓐ fósiles

Ⓑ minerales

Ⓒ sedimento

Ⓓ fragmentos de vidrio

13. ¿Cuál es la diferencia principal entre las rocas ígneas y las rocas metamórficas?

Ⓐ Las rocas metamórficas siempre tienen pliegues.

Ⓑ El metamorfismo no incluye fundición.

Ⓒ Las rocas ígneas no pueden sufrir metamorfosis.

Ⓓ Las rocas ígneas son más pequeñas que las rocas metamórficas.

Nombre ______________________________

14. Tamika hizo una exhibición visual para su proyecto de ciencias sobre las rocas metamórficas. Este es su dibujo.

Superficie terrestre
Estratos de roca
Roca metamórfica
Roca fundida

Según el dibujo, por qué se produjo la roca metamórfica?

Ⓐ presión del magma

Ⓑ presión desde arriba y calor del magma de abajo

Ⓒ agua en los estratos de roca que están sobre la roca metamórfica

Ⓓ meteorización de las rocas encima de la roca metamórfica

15. El ciclo de rocas incluye todos los procesos que alteran las rocas. Este diagrama muestra una versión del ciclo.

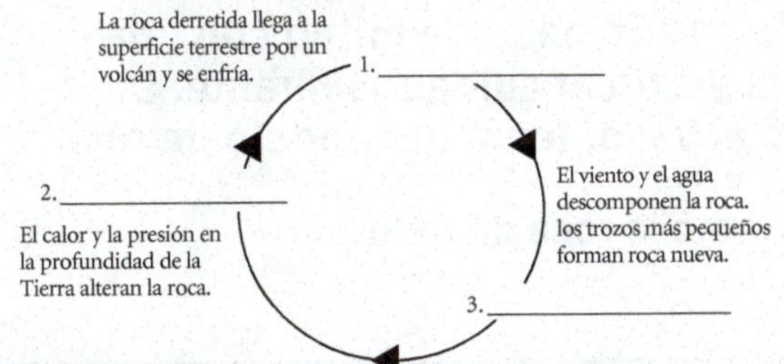

Imagina que este diagrama estuviera en tu examen de ciencias. ¿Cuál de estos términos escribirías en la línea rotulada 1 para que el diagrama fuera correcto?

Ⓐ sedimento

Ⓑ roca ígnea

Ⓒ roca sedimentaria

Ⓓ roca metamórfica

16. ¿Cuál de estos procesos convertiría la piedra caliza en mármol?

Ⓐ calor y presión

Ⓑ fundición y enfriamiento

Ⓒ volcanismo y erosión

Ⓓ meteorización y cementación

17. Jada estaba clasificando minerales por sus propiedades. ¿Qué propiedad sería la **menos** útil para clasificar minerales?

Ⓐ lustre

Ⓑ dureza

Ⓒ color

Ⓓ raya

18. Tyrone recibió especímenes de cuatro minerales. Para probar la dureza de cada uno, intentó rayarlos con la uña, con una moneda de cobre y con un clavo de acero. Los resultados de sus pruebas se ven en la siguiente tabla.

Mineral	Uña	Moneda de cobre	Clavo de acero
Calcita	no	sí	sí
Cuarzo	no	no	no
Yeso	sí	sí	sí
Fluorita	no	no	sí

¿Qué mineral resultó ser el más duro?

Ⓐ calcita

Ⓑ fluorita

Ⓒ yeso

Ⓓ cuarzo

Aplica la investigación y repasa La gran idea

Escribe las respuestas a estas preguntas.

19. Val tiene tres minerales distintos. Todos son blancos. Su hermano Josh, que es geólogo, le dice que los minerales son cuarzo, calcita y fluorita. También le dice que ella puede hacer solamente dos pruebas de cada mineral para decir cuál es cuál. ¿Qué debe hacer Val?

____

____

____

____

20. Alé hizo un modelo de una roca en su clase de ciencias. Aquí se ve un dibujo de la roca.

a. Según su dibujo, ¿qué tipo de roca podría ser?

____

____

b. La roca de Alé es de láminas de cera muy delgadas. Describe una actividad que podría hacer para convertir su roca en otro tipo de roca. Incluye los nombres de procesos en el ciclo rocoso.

____

____

21. Aldo hizo un modelo de roca. Llenó un vaso de cartón hasta la mitad con una solución de agua y azúcar. Luego agregó grava y azúcar cuidadosamente. Dejó el vaso sin tocarlo por varios días. Cuando retiró el vaso, tenía un modelo de roca.

a. Explica con términos del ciclo de rocas cómo se formó la roca de Aldo.

____

____

b. Explica cómo Aldo podría mejorar su modelo de roca para que se parezca más a una roca sedimentaria verdadera.

____

UNIDAD 10

Los fósiles

La gran idea

Los fósiles nos ayudan a entender la historia de la Tierra.

Me pregunto por qué

Estos son fósiles de invertebrados marinos. Este tipo de animales vivía en el mar. ¿Por qué fueron entonces encontrados en las cumbres de una montaña? *Da vuelta a la página para descubrirlo.*

Por esta razón Los fósiles informan a los científicos sobre los medioambientes del pasado. Los fósiles oceánicos, o marinos, hallados en las cumbres de montañas en Texas indican que alguna vez la zona estuvo cubierta por un océano. Con el tiempo, la tierra cambió y los estratos que contenían los fósiles se elevaron sobre el nivel del mar.

En esta unidad vas a aprender más sobre La gran idea, y a desarrollar las preguntas esenciales y las actividades del Rotafolio de investigación.

Niveles de investigación ■ Dirigida ■ Guiada ■ Independiente

La gran idea Los fósiles nos ayudan a entender la historia de la Tierra.

Preguntas esenciales

¡Ya entiendo La gran idea!

Cuaderno de ciencias

No te olvides de escribir lo que piensas sobre la Pregunta esencial antes de estudiar cada lección.

Lección 1

Pregunta esencial

¿Qué son los fósiles?

Ponte a pensar

Halla la respuesta a la siguiente pregunta en esta lección y escríbela aquí.

Estos animales dejaron de existir en la Tierra. ¿Qué pueden aprender los científicos sobre la historia de la Tierra estudiando estos animales?

____
____
____
____

Lectura con propósito

Vocabulario de la lección

Haz una lista de los términos. A medida que aprendes cada uno, toma notas en el Glosario interactivo.

____
____
____
____

Ideas principales

La idea principal de un párrafo es la idea más importante. La idea principal puede aparecer en la primera oración. O bien, puede aparecer en otra parte. Los buenos lectores buscan las ideas principales preguntándose: ¿De qué trata ante todo esta lección?

En la savia endurecida de los árboles, o ámbar, a menudo quedan atrapados partes de insectos o insectos enteros. Se preservan en ámbar.

A veces un animal completo queda preservado como fósil. Este mamut bebé quedó congelado en el hielo. Sus tejidos blandos se preservaron junto con los huesos y los dientes.

Rastros del pasado

En muchas playas de los océanos se encuentran conchas marinas. Estas conchas son de animales que viven hoy. Imagina que te encontraras una roca con algo adentro parecido a una concha marina. Este es un rastro de un animal que vivió hace mucho tiempo. ¿Qué otros rastros de vida del pasado podrías encontrar?

Lectura con propósito Mientras lees, subraya cada tipo de fósil que se menciona.

Todos los seres vivos contienen el elemento carbono. Unos tejidos de plantas se preservan como *películas de carbono* en la roca.

Las huellas de pisadas son ejemplos de rastros de fósiles. Estos rastros muestran que allí hubo un animal, aunque no quedara preservada ninguna de sus partes.

Los rastros o restos preservados de un ser vivo son un **fósil**. Los fósiles constan de las partes más duras de un organismo o de las blandas. Las duras incluyen huesos, dientes y conchas. Las blandas son tejidos como la piel y otros órganos. Las bacterias descomponen los tejidos blandos rápidamente, por eso las partes blandas son escasas como fósiles. Estos pueden ser el tejido original si quedó congelado o seco como en una momia. También se pueden preservar como impresiones en la roca.

La mayor parte de los fósiles se encuentran en roca sedimentaria. A menudo se forman del modo en que se muestra a la derecha. Otra manera ocurre cuando la concha o el material vegetal que componía el organismo se va reemplazando con minerales como el cuarzo. Así se forma la *madera petrificada*. A veces el material queda reemplazado tan perfectamente que se ven incluso la corteza y la veta de la madera.

Estos fósiles de molde y contramolde se formaron cuando una hoja se enterró en lodo blando, dejando un **molde**, o espacio hueco. Se podría formar un **contramolde** si con el tiempo el molde se llena de lodo y este se endurece.

¿Qué dejarías tú?

Dibuja una serie de pisadas u otros rastros que tú podrías dejar. Explica qué parte de tu cuerpo formaría el rastro y qué le diría tu rastro de fósil a futuros científicos.

____

____

La formación de fósiles

1. Un animal muere y se asienta en el fondo de una masa de agua.

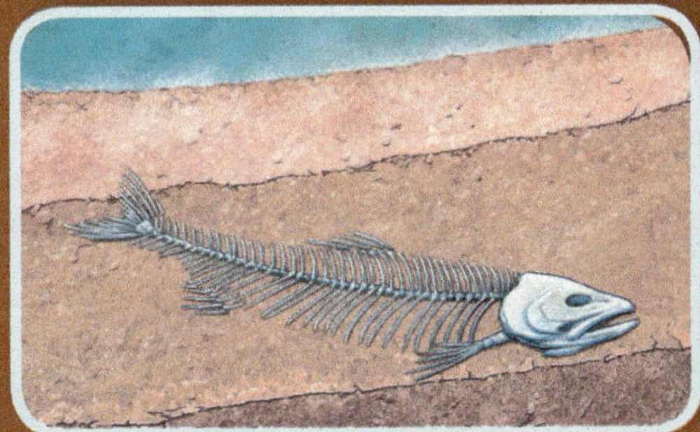

2. El animal queda cubierto por sedimento. Con el tiempo, las partes blandas del animal se descomponen.

3. Las partes duras se preservan en forma de fósil en el sedimento.

Las plantas y animales que aparecen en estas páginas son fósiles. Los científicos estudian muchos tipos de fósiles para aprender sobre la vida antigua en la Tierra.

Cómo se forma el carbón

1. Las plantas mueren, se asientan en el fondo de una masa de agua y las sepulta el sedimento.

2. La temperatura y la presión aumentan. Buena parte del agua en los restos sale forzada por la presión. Lo que queda se convierte en turba. La turba no da mucho calor y al quemarse produce mucho humo.

3. La turba se sigue comprimiendo y calentando. Con el tiempo, toda el agua desaparece y se forma carbón, que es duro y se compone de carbono puro. El carbón produce mucho calor y poco humo.

fósiles que se queman

No todos los organismos quedan fosilizados en roca. ¿Qué otra cosa ocurre cuando mueren los organismos? Los restos fosilizados en esta foto te darán una pista.

Lectura con propósito Mientras lees estas páginas, traza dos líneas debajo de la idea principal de cada párrafo.

El carbón se forma de plantas muertas. Cuando las plantas se mueren, a veces terminan en el fondo de un lago o laguna. La planta queda sepultada por sedimento. Al cabo de muchos años, las capas pesadas de sedimento hacen subir la temperatura y la presión debajo del suelo. Esto convierte el material vegetal en carbón. Cuanto más alta la temperatura y la presión, mejor será el tipo de carbón que se forma. Como el carbón que usamos hoy viene de plantas antiguas, es un combustible fósil. Un **combustible fósil** es un recurso rico en energía formado por los restos sepultados de organismos que alguna vez tuvieron vida. La formación del carbón continúa hoy en turberas que se encuentran en todo el mundo.

Cómo se forman el petróleo y el gas natural

1. Muchísimos organismos marinos diminutos mueren y se asientan en el fondo del océano, donde el sedimento los sepulta.

2. Con el tiempo, el peso del sedimento y del agua encima del sedimento hacen subir la temperatura y la presión.

3. Finalmente, todo lo que queda de los organismos es hidrógeno y carbono. El petróleo y el gas natural se forman de estos elementos.

Las diminutas diatomeas son organismos que ayudan a formar petróleo y gas natural. ¡Imagina cuántos millones se necesitaron para producir los combustibles fósiles que usamos hoy!

El petróleo y el gas natural tardan millones de años en formarse. Por lo tanto, los organismos que formaron los combustibles que usamos hoy son antiquísimos. Al igual que el carbón, el petróleo y el gas natural son combustibles fósiles. Hay grandes cantidades de petróleo y gas natural atrapados hoy debajo de capas de roca a gran profundidad bajo la superficie terrestre. El petróleo y el gas natural se sacan del suelo con bombas.

Práctica matemática

Usa una tabla de datos

Productos que se hacen con un barril de petróleo crudo (litros)	
Combustible diésel	35 L
Combustible para *jet*	15 L
Otros productos	40 L
Gasolina	70 L

El petróleo que se bombea del suelo se llama crudo. El petróleo crudo se refina para convertirlo en diferentes productos, como gasolina para los carros y combustible para *jets*.

¿Aproximadamente cuántos litros en total se refinan de un barril de petróleo crudo?

____

¿Cuánto petróleo crudo queda una vez que se ha refinado la gasolina de petróleo?

____

¿Qué nos dicen los fósiles?

Los fósiles nos dicen mucho sobre cómo era la vida en la Tierra en el pasado.

Los científicos que estudian los fósiles se llaman *paleontólogos*. Sus estudios les permiten saber cómo fue la vida en la Tierra hace mucho tiempo. Los fósiles indican que ciertos tipos de plantas y animales han cambiado mucho. Otros casi no han cambiado nada.

El mamut lanudo está relacionado con los elefantes modernos y vivió en la Edad de Hielo cuando el clima era muy frío. Los elefantes de hoy viven ante todo en climas cálidos.

Los peces han cambiado mucho con el tiempo. Los primeros peces no tenían mandíbula. Con el tiempo, los peces desarrollaron una mandíbula y se agrandaron. Unos peces desarrollaron placas pesadas como de blindaje que cubrían todo el cuerpo. Hoy los peces tienen mandíbula pero no placas.

El árbol de ginkgo existe desde hace por lo menos 420 millones de años. Las hojas de los ginkgos actuales son muy parecidas a las que hubo hace mucho tiempo. A veces, los organismos que no parecen haber cambiado mucho con el tiempo reciben el nombre de fósiles vivientes.

Cambios que ocurren con el tiempo

¿Cómo podría cambiar un animal o una planta con el tiempo? Dibuja una planta o un animal que vive en la Tierra hoy. Luego dibuja el aspecto que tendrían sus descendientes dentro de 1 millón de años. Explica cómo ha cambiado el organismo que dibujaste.

Cuando termines, lee la Clave de respuestas y corrige lo que sea necesario.

Completa el siguiente esquema para resumir la lección.

En pocas palabras

I. Rastros del pasado

A. Los fósiles son las partes o rasgos preservados de la vida del pasado.

B. Cómo se formaron los fósiles

1. Los organismos mueren y se asientan en el fondo de un lago u océano.
2. ____.
3. ____.

C. Tipos de fósiles

1. preservados en ámbar o hielo
2. ____
3. película de carbono o rastros de fósiles

II. Fósiles que se queman

A. Los fósiles son combustibles que provienen de la descomposición y transformación de organismos antiguos.

B. Cómo se forma el carbón

1. Mueren plantas, se asientan en el fondo de un lago o laguna, y se sepultan.
2. __________________________________ fuerzan el agua a salir y convierten lo demás en turba.
3. Más compresión y calor producen ______________________________________.

C. Cómo se forman el petróleo y el gas natural

1. Mueren organismos marinos diminutos, se asientan en el fondo del océano y quedan sepultados.
2. El peso del sedimento y el agua que hay encima hacen ______________________.
3. Del hidrógeno y el carbono que quedan, se forman ______________________________

III. ¿Qué nos dicen los fósiles?

A. Los científicos que estudian los fósiles se llaman paleontólogos.

B. Cómo ha cambiado la vida en la Tierra

Clave de respuestas:I.B.2. El animal queda sepultado por sedimento. I.B.3. Las partes blandas se descomponen; las partes duras se preservan. I.C.2. fósiles de molde y de contramolde II.B.2. La temperatura y la presión II.B.3. carbón muy duro hecho de carbono puro.
II.C.2. subir la presión. II.C.3 petróleo y gas natural

Ejercita tu mente

Nombre ____________________

Juego de palabras

1 Lee los siguientes enunciados de resumen. Todos son incorrectos. Cambia la parte del enunciado que está en azul para que sea correcto. Si necesitas ayuda, usa la casilla de palabras.

película de carbono	fósil*	combustibles fósiles*	molde*
lodo	paleontólogo	madera petrificada	rastro de fósil

* Vocabulario clave de la lección

1. Una película de carbono puede ser las huellas de pisadas preservadas en la roca. ____________
2. Un contramolde se forma cuando una concha deja su forma en el lodo. ____________
3. Un(a) momia es un científico que estudia los fósiles. ____________
4. El carbón y el gas son rastros de fósiles. ____________
5. Los rastros o los restos preservados de un organismo que alguna vez tuvo vida son un molde. ____________
6. Un fósil de hoja que está compuesto únicamente de carbono preservado entre dos capas de roca se llama un(a) combustible fósil. ____________
7. Cuando un molde se llena de minerales que luego se endurecen, se forma un contramolde. ____________
8. Cuando el material vegetal en un trozo de madera se reemplaza con minerales, se forma un paleontólogo. ____________

Aplica los conceptos

2 Enumera los diagramas en el orden correcto para mostrar cómo se pueden formar fósiles.

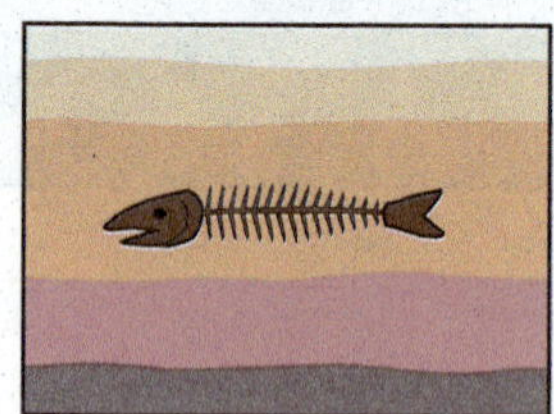

_____ _____ _____

3 ¿Cuál tendría mejor posibilidad de convertirse en fósil: un pez que muere y se asienta en el fondo del mar o un ratón que muere en el suelo en un bosque? Explica tu respuesta.

_____

_____

4 ¿Qué es un fósil viviente?

_____

_____

5 Elige un tipo de fósil. Dibuja una tira cómica de tres cuadros para mostrar cómo se forma. Escribe una descripción y rótulos para cada cuadro para indicar cómo se forma el fósil.

Haz un tipo de fósil usando una uva. Prepara un lugar donde puedas dejar la uva sin tocarla durante varios días. Examínala todos los días y anota todo cambio. ¿Cuándo considerarías que la uva se ha convertido en fósil?

Cómo funciona:

Camina así

La medida de la distancia entre las huellas de pisadas fosilizadas da pistas a los científicos sobre cómo andaban los dinosaurios. El estudio de los huesos fosilizados les dice cómo se movían las articulaciones. Los científicos usan estos datos con ayuda de computadoras para saber qué aspecto tendría un dinosaurio al caminar.

Un modelo de computadora empieza con un esqueleto. Luego se añaden músculos virtuales. Por último, el científico puede animar al *Triceratops* en movimiento.

Soluciones de problemas

Estudia las imágenes que muestran cómo caminaba un *Triceratops*. Describe cómo se mueve.

___

___

___

S.T.E.M.
continuación

Antes de la tecnología de las computadoras y las cámaras filmadoras, se estudiaba el movimiento de los animales buscando maneras de tomar una serie rápida de fotografías. Mirando la serie de fotografías, se podía entender el movimiento del animal.

Esta famosa serie de imágenes muestra cómo galopa un caballo. En un punto de su galope, el caballo tiene las cuatro patas en el aire. Escribe otro detalle que observas acerca de cómo se mueve el caballo.

____

____

Investiga cómo vuela un colibrí. Dibuja imágenes separadas del vuelo de un colibrí. ¿Cómo se filma un video de alta velocidad de los colibrís?

____

____

____

Parte de la base

Acepta el reto de hacer un diseño de ingeniería: Completa el Rotafolio de investigación

Sigue un proceso: Diseña una sala de exhibición.

Pregunta esencial

¿Cómo era la Tierra antiguamente?

Ponte a pensar

Halla la respuesta a la siguiente pregunta en esta lección y escríbela aquí.

Esta escena muestra un medioambiente en la Tierra hace millones de años. ¿Cómo pueden los científicos hacer hipótesis sobre el aspecto que tenía la tierra en la antigüedad?

Lectura con propósito

Vocabulario de la lección

Haz una lista de los términos. A medida que aprendes cada uno, toma notas en el Glosario interactivo.

Idea principal y detalles

En esta lección vas a leer sobre los medioambientes antiguos de la Tierra. Las oraciones de apoyo en toda la lección te darán información sobre este tema; información que será en forma de ejemplos, características o datos. Los buenos lectores se mantienen centrados en el tema cuando preguntan: ¿Qué dato o información se añade al tema en esta oración?

Las rocas y los fósiles cuentan una historia

La roca sedimentaria se forma en capas, o estratos. Muchas rocas sedimentarias contienen fósiles. ¿Cómo puedes saber la edad de estos estratos y de los fósiles que contienen?

Lectura con propósito Subraya las oraciones en esta página que dan detalles sobre la edad relativa.

Puedes aprender la historia de un lugar estudiando sus rocas y sus fósiles. Por ejemplo, puedes saber la edad de la roca comparada con otras rocas. También puedes saber cómo los seres vivos y los medioambientes cambiaron en esa región con el tiempo. Si estudias las rocas de diferentes lugares, puedes conocer grandes cambios que ocurrieron en la superficie terrestre y en la vida en la Tierra.

Imagina que haces una pila de periódicos en el orden en que se imprimieron. Cuando miras la pila, encontrarás el periódico más viejo en el fondo y el más nuevo arriba. Los estratos de roca funcionan del mismo modo. Los estratos rocosos más viejos están en el fondo y los más recientes están arriba. La *edad relativa* de un estrato rocoso es la edad de ese estrato cuando se compara con otros estratos: más viejo, más joven o igual.

Cada estrato rocoso del Gran Cañón se formó en un momento diferente de la historia de la Tierra y en un medioambiente también diferente.

Los estratos rocosos del Gran Cañón

Los fósiles se forman cuando el sedimento sepulta a los organismos muertos. Como resultado, con frecuencia se hallan fósiles en rocas sedimentarias. Los científicos usan los fósiles que hallan en las rocas como ayuda para descubrir la edad relativa de los estratos rocosos.

El *registro de los fósiles* se compone de todos los fósiles en los estratos rocosos de la Tierra. Los fósiles muestran cómo ha cambiado la vida en la Tierra con el tiempo. Por lo tanto, el *registro de los fósiles* contiene información sobre la historia de la Tierra y de la vida en la Tierra.

Con el tiempo, el movimiento de la corteza terrestre puede hacer inclinar los estratos de roca. estos movimientos también pueden levantar rocas que se formaron en el océano llevándolas a posiciones nuevas muy por encima del nivel del mar. Los estratos rocosos del Gran Cañón se inclinaron y se levantaron hace millones de años.

Los fósiles en este estrato rocoso muestran que se formaron en un océano.

Estos son fósiles de animales que vivieron en el océano. Este estrato rocoso es más antiguo que los estratos que están encima.

Fósiles como estos se encuentran en otro estrato rocoso que también se formó en el fondo del océano.

Este estrato rocoso es uno de los más bajos del cañón y es más antiguo que todas las rocas que están arriba. Contiene fósiles de trilobitas, pequeños animalitos como cangrejos de herradura que habitaron los mares antiguos.

Edad relativa

Imagina que hallas un fósil parecido al segundo que ves en esta página. ¿Qué puedes decir sobre su edad relativa?

____

____

____

Las divisiones en el tiempo

Cuando hablas de tu pasado, ¿dices qué edad tenías cuando ocurrieron los hechos? Los científicos usan referencias parecidas para describir la historia de la Tierra. Los científicos que estudian la historia de la Tierra dividen el tiempo en grupos grandes.

Lectura con propósito Mientras lees las leyendas en esta página, encierra en un círculo la primera Edad de hielo, la Edad de los dinosaurios y la Edad de los trilobitas.

Las plantas que dan flor, como los pastos, aparecieron antes de la primera Edad de hielo. Los felinos dientes de sable vivieron durante las edades de hielo.

Los árboles que producen semillas en piñas aparecieron al comienzo de la Era Mesozoica. La parte media y la final de la Era Mesozoica se conocen como la Edad de los dinosaurios. En esta época vivieron animales grandes como el estegosaurio.

Los grandes helechos de árbol eran comunes durante la Era Paleozoica tardía. Los grandes yacimientos de carbón en el este de los Estados Unidos se formaron de plantas como estas. Los trilobitas eran tan comunes que el comienzo de la Era Paleozoica se llamó la Edad de los trilobitas.

Todas las rocas en la Tierra son un registro de la larga historia de la Tierra. Los científicos desarrollaron la *escala de tiempo geológico* para dividir la historia de la Tierra en unidades manejables. Los fósiles que corresponden a cada unidad la definen.

Unos fósiles son más útiles que otros. Los **fósiles-guía** ayudan a identificar un período de tiempo muy corto en la historia de la Tierra. Los fósiles-guía deben reunir cuatro requisitos.

1. Los organismos de los cuales se formaron vivieron durante un tiempo corto en la historia de la Tierra.
2. Tuvo que haber poblaciones grandes de los organismos para que se formaran muchos individuos.
3. Los fósiles deben estar muy difundidos.
4. Los fósiles deben ser fáciles de reconocer.

Los pterosaurios vivieron durante el Mesozoico. Estos animales no eran dinosaurios sino reptiles voladores. ¡El pterosaurio más grande tenía alas con una envergadura de por lo menos 12 m (39 pies)!

Práctica matemática

Lee la escala de tiempo geológico

La escala de tiempo geológico

hace millones de años (maa)				
Era cenozoica 65 maa–presente				Edad de los mamíferos
65	Era Mesozoica	Cretáceo		Edad de los dinosaurios
145		Jurásico		
200		Triásico		
251	Era Paleozoica	Pérmico		Edad de los peces
299		Carbonífero		
416		Devoniano		
444		Siluriano		
488		Ordovícico		
542		Cámbrico		
Era Precámbrica 542–4,600 maa				1ª vida en la Tierra (estromatolitos)

Responde a las preguntas con ayuda de la escala de tiempo geológico.

¿Qué era fue la más larga?

____

¿Cuál fue la más corta?

____

¿Cuántos años duró cada una de las tres eras?

____

____

____

¿Cuánto duró el tiempo precámbrico?

____

GRANDES *cambios en la Tierra*

Los fósiles cuentan cómo ha cambiado la vida en la Tierra con el paso del tiempo. También dan pistas sobre cómo han cambiado los continentes y el relieve de la Tierra.

Lectura con propósito Mientras lees estas dos páginas, subraya detalles que sean evidencia de la deriva continental.

Los fósiles nos enseñan acerca de las edades relativas de las rocas y de cambios en la vida a lo largo de las divisiones del tiempo geológico. Los fósiles también dan evidencia sobre otros cambios más grandes en la superficie de la Tierra. Usando fósiles, puedes identificar áreas de la Tierra que ahora ocupan lugares diferentes de los que ocupaban antes.

Los científicos han encontrado el mismo tipo de fósil en ambos lados del océano Atlántico. Son fósiles de un pequeño reptil parecido a una lagartija llamado *mesosaurio*, que vivió en agua dulce. Al principio, los científicos creyeron que el *mesosaurio* nadó de un lado del océano al otro, ¡pero el animalito era demasiado pequeño para poder atravesar a nado el salado océano Atlántico!

Los fósiles de *mesosaurio* se encuentran en Sudamérica, África, Antártida, Australia y la India.

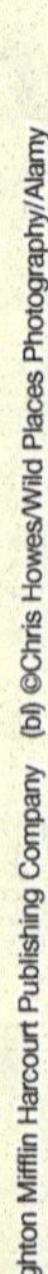

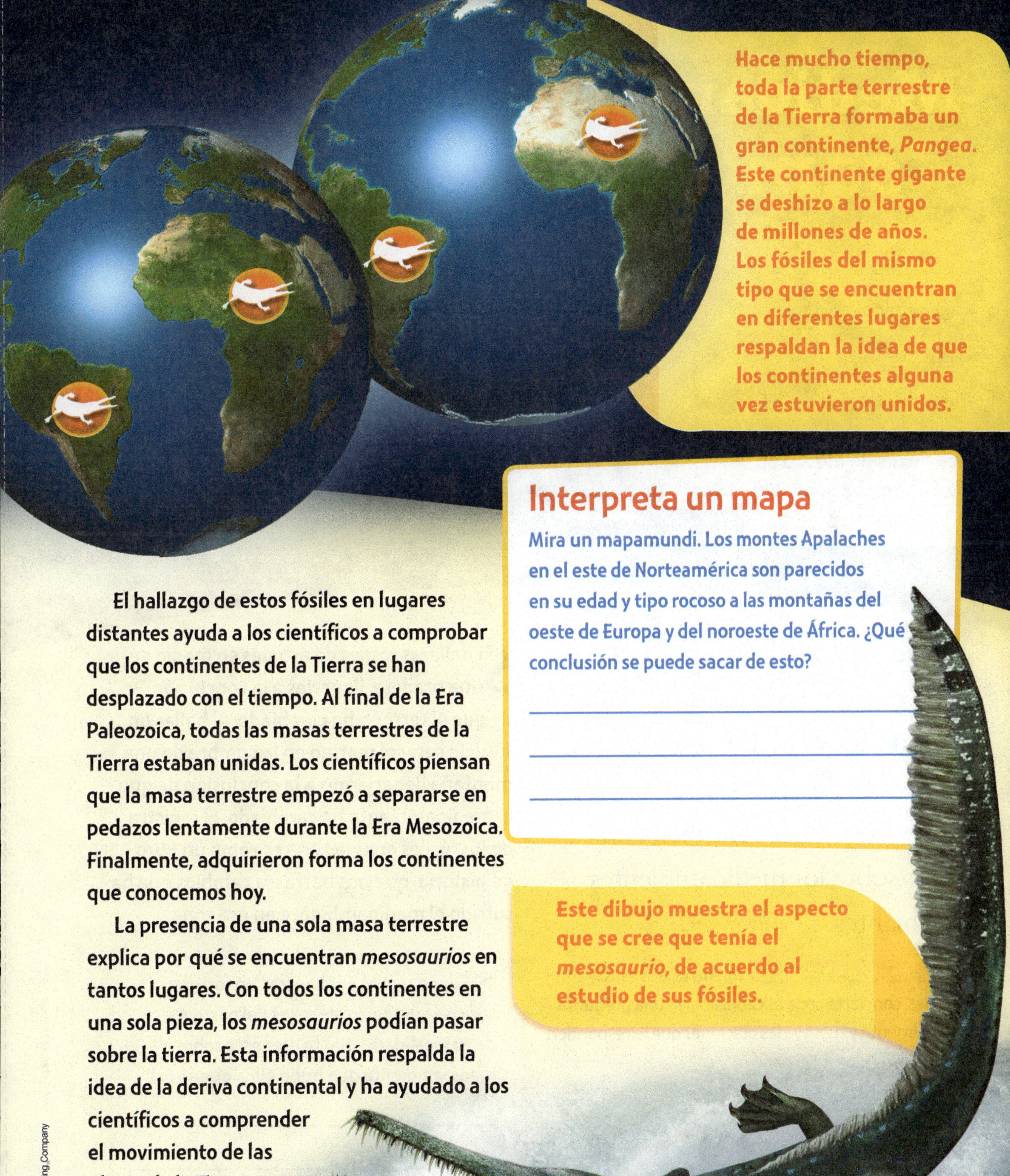

Hace mucho tiempo, toda la parte terrestre de la Tierra formaba un gran continente, *Pangea*. Este continente gigante se deshizo a lo largo de millones de años. Los fósiles del mismo tipo que se encuentran en diferentes lugares respaldan la idea de que los continentes alguna vez estuvieron unidos.

Interpreta un mapa

Mira un mapamundi. Los montes Apalaches en el este de Norteamérica son parecidos en su edad y tipo rocoso a las montañas del oeste de Europa y del noroeste de África. ¿Qué conclusión se puede sacar de esto?

___

___

___

El hallazgo de estos fósiles en lugares distantes ayuda a los científicos a comprobar que los continentes de la Tierra se han desplazado con el tiempo. Al final de la Era Paleozoica, todas las masas terrestres de la Tierra estaban unidas. Los científicos piensan que la masa terrestre empezó a separarse en pedazos lentamente durante la Era Mesozoica. Finalmente, adquirieron forma los continentes que conocemos hoy.

La presencia de una sola masa terrestre explica por qué se encuentran *mesosaurios* en tantos lugares. Con todos los continentes en una sola pieza, los *mesosaurios* podían pasar sobre la tierra. Esta información respalda la idea de la deriva continental y ha ayudado a los científicos a comprender el movimiento de las placas de la Tierra.

Este dibujo muestra el aspecto que se cree que tenía el *mesosaurio*, de acuerdo al estudio de sus fósiles.

Medioambientes *cambiantes*

Ubica California e Indiana con ayuda de este mapa.

Los pozos de alquitrán de La Brea hace 40,000 años

Puedes usar fósiles para saber la edad de un estrato rocoso y cómo se pudo mover una masa terrestre. ¿Qué más puedes aprender de los fósiles? Los fósiles también dan pistas sobre los medioambientes cambiantes.

Lectura con propósito Mientras lees esas páginas, convierte cada encabezado en una pregunta mentalmente y subraya las oraciones que la responden.

Rancho La Brea hoy

Si hallaras fósiles de árboles en medio de una pradera, llegarías a la conclusión de que el terreno ha cambiado. Al hallar un fósil de caracol marino en la cumbre de una montaña llegaríamos a la conclusión de que el medioambiente ha cambiado. El registro de los fósiles en una zona es como un libro de historia, que nos narra los cambios que ha sufrido el medioambiente en esa zona.

▶ Supón que te encuentras un fósil de concha marina en las rocas del parque de tu localidad. ¿Qué te dice esto sobre el medioambiente que hubo allí alguna vez?

____

____

____

Los pozos de alquitrán de La Brea

Los pozos de alquitrán de La Brea se encuentran en Los Ángeles, California, donde la brea sigue saliendo lentamente del suelo. Hace unos 40,000 años, la zona se vería como la imagen que aparece en la página opuesta. Los científicos han reunido fósiles de miles de plantas y animales de los pozos. Saben que esas plantas vivieron en un clima solamente un poquito más húmedo y fresco de lo que es hoy. En otras palabras, el clima no ha cambiado mucho en esta zona en los últimos 40,000 años.

Falls of the Ohio

Hoy, Falls of the Ohio es un parque estatal en Indiana, acomodado en un recodo del río Ohio donde el terreno es plano y a menudo seco. Los veranos son calurosos y los inviernos son fríos y con nieve. Pero las rocas en el Parque Estatal Falls of the Ohio narran una historia diferente. Las rocas están llenas de fósiles de coral, almejas y otros organismos que vivieron en mares tropicales tibios y de poca profundidad. En el mapa puedes ver que hoy Indiana está lejos del océano. Estos fósiles muestran que el clima en esta zona ha cambiado mucho en los últimos 380 millones de años.

Las grandes *mortandades*

Cuando los científicos miran el registro de los fósiles, comparan los fósiles con organismos que viven hoy. De esta manera han descubierto que muchos organismos se han extinguido. Hay momentos en la historia de la Tierra en los que se extinguieron al mismo tiempo un gran número de organismos. ¿Cómo ocurrió esa mortandad?

Lectura con propósito Mientras lees estas páginas, encierra en un círculo las posibles causas de las extinciones masivas.

A veces se extingue una sola especie a la vez. La paloma viajera se extinguió en 1914. Las causas probables son la cacería y la pérdida de su hábitat. En varios momentos durante la historia de la Tierra, se extinguieron muchas especies al mismo tiempo. Estos grandes sucesos, debidos a cambios climáticos, se llaman **extinciones masivas.**

Las erupciones volcánicas a escala mundial pueden causar extinciones masivas. Estas erupciones lanzan grandes cantidades de ceniza y polvo al aire, y se bloquea la luz del sol, de modo que las plantas no pueden crecer. Otras plantas mueren cuando la ceniza

El clima cambiante afecta la cantidad de lluvia. La lluvia en exceso puede causar inundaciones, las cuales pueden destruir los hábitats. La lluvia muy escasa significa que no crecen las plantas y no hay agua para beber. El resultado es la muerte de muchos seres vivos.

Se cree que el último meteoro grande que chocó con la Tierra medía por lo menos 16 km (10 millas) de diámetro. Los cráteres como este en Arizona muestran el resultado de impactos de meteoro.

cae sobre ellas y las sofoca. Si mueren las plantas, también mueren los animales que se alimentan de ellas.

Un objeto del espacio puede causar extinciones masivas. Al final de la Era Mesozoica, un asteroide se estrelló en lo que ahora es México. El impacto lanzó al aire cantidades enormes de polvo. El polvo bloqueó la luz del Sol. Ocurrieron cambios climáticos parecidos a los que ocurren con las grandes erupciones volcánicas. Estos cambios pudieron causar la extinción de muchos animales, entre ellos los últimos dinosaurios.

Resumen de la extinciones masivas

Completa la tabla para explicar algunas causas de las extinciones masivas.

Causa	Efecto	Resultado
erupción volcánica		
	inundaciones	
ninguna lluvia		
	polvo y ceniza en el aire	

La ceniza volcánica puede alterar el clima.

Cuando termines, lee la Clave de respuestas y corrige lo que sea necesario.

Los siguientes enunciados son incorrectos. Reemplaza las palabras en azul para corregir cada enunciado.

1. Las unidades de la escala de tiempo geológico se definen por el espesor de los estratos rocosos. ______________________
2. La edad relativa de un fósil dice si tiene 1,000 años o 1 millón de años.
____
____
3. Las rocas que contienen fósiles de braquiópodos, crinoides y peces sin mandíbula se formaron en un medioambiente desértico. ______________________
4. La Edad de los dinosaurios se conoce por el gran número de animales, como el felino de dientes de sable, que podían vivir en un medioambiente frío. ______________________
5. Los fósiles-guía deben encontrarse en una zona extensa, ser fáciles de reconocer, haber vivido en el Paleozoico y tener poblaciones grandes. ______________________
6. Alguna evidencia que apoya la idea de la deriva continental son los fósiles diferentes hallados en los mismos continentes.
____
7. Los fósiles del reptil *mesosaurio* sirven para explicar el desplazamiento de los continentes porque este reptil vivía en el desierto. ______________________
8. Cuando las erupciones volcánicas lanzan polvo y cenizas al aire, puede haber aumento de las poblaciones de animales y plantas.
____

Clave de respuestas: 1. fósiles que hay en las rocas 2. es más nuevo o más antiguo que otro fósil 3. oceánico 4. Edad de Hielo 5. haber vivido durante un período de tiempo geológicamente corto 6. iguales, diferentes 7. vivía en agua dulce y no podía nadar por un océano salado 8. extinciones masivas

Nombre ____________________

Juego de palabras

1 Completa el crucigrama usando las pistas.

HORIZONTALES

1. Ocurre cuando muchas especies mueren al mismo tiempo
2. Se usa para describir si un fósil es más antiguo o más reciente que otro
3. Sirve para identificar la edad relativa de un estrato rocoso
5. Todos los fósiles en los estratos rocosos de la Tierra: _____ de los fósiles
6. Tabla geológica que divide la historia de la Tierra en unidades
7. Continente gigantesco que existió en el pasado de la Tierra

VERTICALES

1. Unidad de tiempo que contiene la Edad de los dinosaurios
4. Animal fosilizado común en el Paleozoico

registro de los fósiles	Era Mesozoica
escala de tiempo	Pangea
fósil guía*	edad relativa
extinción masiva*	trilobita

Vocabulario clave de la lección *

Aplica los conceptos

2 ¿Qué nos dice este fósil sobre el medioambiente del pasado en Antártica?

3 El condado está construyendo una nueva calle cerca de tu casa. Los buldócer han excavado fósiles de árboles, hojas y caballos. Haz un dibujo de cómo habría sido el medioambiente cuando vivían estas plantas y animales.

4 Coloca las siguientes unidades de tiempo geológico en su orden correcto de la más antigua a la más reciente.

Era Cenozoica *Tiempo Precámbrico* *Era Mesozoica* *Era Paleozoica*

Nombre ______________________

5 ¿Qué información en la imagen apoya la idea de que los continentes de la Tierra se han desplazado con el tiempo?

____

____

6 Lee cada descripción. Encierra en un círculo el fósil que es un fósil-guía.

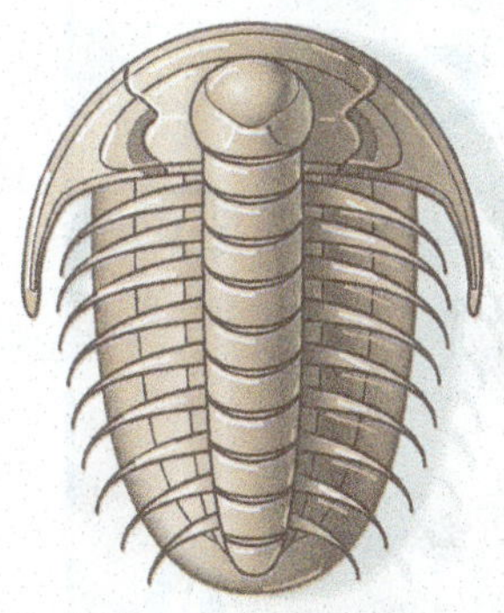

Este animal vivió corto tiempo durante el Paleozoico tardío. Muchos de sus fósiles se encuentran por todos los Estados Unidos.

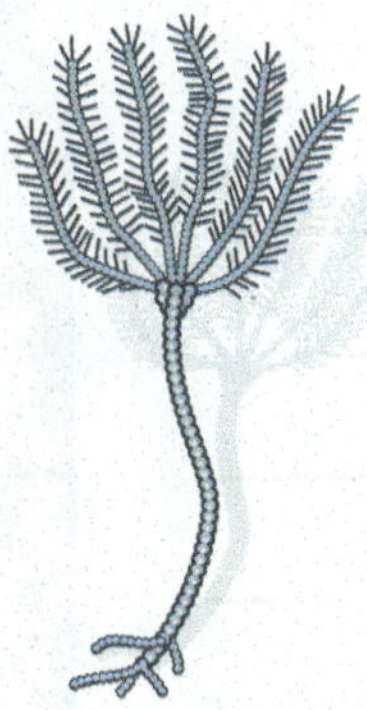

Este animal vivió en el Paleozoico temprano y medio. Se han encontrado sus fósiles solamente en algunas partes de Indiana.

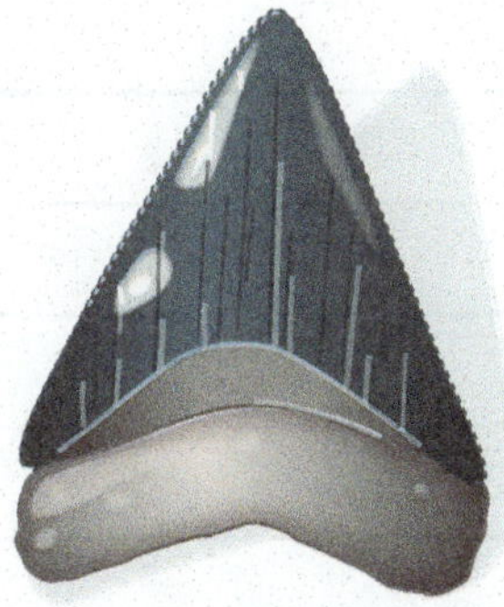

Este diente es de un tiburón que vive hoy. En las costas de Virginia se han encontrado muchos dientes parecidos.

7 Dibuja una tira cómica de tres cuadros que muestre cómo podría ocurrir una extinción masiva.

Causa	Efecto	Resultado final

8 ¿Cuál es el estrato rocoso más antiguo? ¿Cuál es el más reciente? Explica cómo lo sabes.

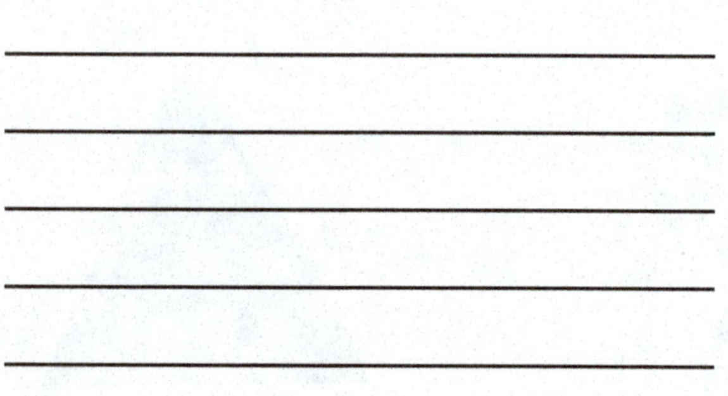

Da un paseo por tu barrio con un adulto. Piensa en cómo podría cambiar la zona en los próximos 5, 10, 100 o 1,000 años. ¿Qué pistas revelarían algo a los futuros paleontólogos sobre cómo se ve tu zona ahora?

Conoce a algunos pioneros de la paleontología

Luis y Walter Alvarez

En 1980, un par de geólogos, padre e hijo, tuvieron una idea. Sabían que los dinosaurios pudieron extinguirse hace unos 65 millones de años cuando un asteroide gigante chocó con la Tierra. Para buscar pruebas de esto, miraron el estrato de rocas de ese período, que tenían muchos de los mismos elementos químicos que tiene un asteroide. Los Alvarez plantearon la hipótesis de que un impacto de asteroide lanzó a la atmósfera suficiente humo y polvo para bloquear la luz del Sol. Ahora muchos científicos están de acuerdo con esta idea.

Karen Chin

Karen Chin sabe que uno aprende acerca de los animales si estudia lo que comen. Por eso estudia los fósiles ¡de excremento de dinosaurio! De este modo aprende mucho sobre los dinosaurios. Aprende cómo interactuaban con las plantas y animales de sus ecosistemas. ¡La Dra. Chin fue a primera persona que identificó el excremento de *Tyranosaurio rex*! Gracias a su investigación, pudo demostrar que se alimentaba de *Triceratops*. Y no se comía solamente la carne de su presa. Se la comía con todo y huesos.

Describe los dinosaurios

Mira cada uno de los siguientes esqueletos. Responde a las preguntas para comparar y contrastar dinosaurios.

¿Para qué crees que servían las placas en la espalda del Estegosaurio?

¿Por qué crees que el *Estegosaurio* tenía una cola tan larga?

¿Qué crees que comía el *Tyranosaurio rex*?

¿Por qué crees que el *Tyranosaurio rex* tenía las patas más largas que los brazos?

¿Cómo hallan los científicos datos para responder a estas preguntas?

¿Qué aprenden los científicos de las ubicaciones de los dinosaurios fosilizados?

Rotafolio de investigación
página 52

Lección 3
INVESTIGACIÓN

Nombre ______________________

Pregunta esencial

¿Cómo usan los científicos los fósiles?

Establece un propósito

¿Qué vas a aprender en esta actividad?

____

____

____

____

Formula tu hipótesis

Escribe tu hipótesis o enunciado que se puede probar.

____

____

____

____

Piensa en el procedimiento

¿Por qué es importante examinar atentamente los símbolos de los fósiles?

____

____

____

¿Cómo cambiarían los resultados si se dibujara un solo símbolo en cada tarjeta?

____

____

____

Anota tus datos

Anota tus resultados en el espacio siguiente.

Secuencia de estratos rocosos (de más antiguo a más reciente)	Símbolos de fósiles
Más reciente	
↑	
↑	
↑	
↑	
↑	
↑	
Más antiguo	▲★

Saca tus conclusiones

Con tu pila de tarjetas, identifica los fósiles del más antiguo al más reciente. Anota tu secuencia aquí.

Secuencia de estratos rocosos (de más antiguo a más reciente)	Símbolos de fósiles
Más reciente	
Más antiguo	

¿Es el fósil $ más antiguo o más reciente que el fósil ♥?

Analiza y amplía

1. **Los científicos se valen de las relaciones tiempo-espacio para comparar estratos rocosos en todo el mundo. ¿Qué puedes saber sobre la edad del fósil ✚ con esta información?**

   El fósil ❍ tiene 25 a 50 millones de años.
   El fósil ● tiene 75 a 110 millones de años.

2. **Si un fósil apareció en un estrato rocoso más antiguo pero no aparece en un estrato rocoso más reciente, ¿qué fue lo que más probablemente ocurrió?**

3. **Supón que el fósil # apareció en cada estrato rocoso. ¿Sería este un buen fósil guía? Explica.**

4. **¿Qué otras preguntas tienes sobre el uso de los fósiles?**

Repaso de la Unidad 10

Nombre ______________________________

Repaso de vocabulario

Completa las oraciones con las palabras de la casilla.

contramolde
fósil
combustible fósil
fósil guía
extinción masiva
molde

1. El combustible formado por los restos de seres que vivieron alguna vez se llama ______________________.

2. Los restos o rastros de una planta o animal que vivió hace mucho tiempo es un(a) ______________________.

3. Un suceso que causa la muerte de muchas especies se llama ______________________.

4. La impresión de un organismo, formada cuando se endurece sedimento alrededor del organismo, se llama ______________________.

5. El modelo de un organismo, formado cuando un molde se llena de sedimento y el sedimento se endurece, es un(a) ______________________.

6. El fósil de un tipo de organismo que vivió en muchos lugares durante un lapso de tiempo relativamente corto se llama ______________________.

Conceptos de ciencias

Rellena la burbuja de la mejor respuesta.

7. No todos los animales o plantas se convierten en fósil al morir. ¿Qué suceso ayuda **más** a que se formen fósiles?

   Ⓐ El agua se lleva la tierra.

   Ⓑ Los animales se comen los tejidos blandos.

   Ⓒ El viento se lleva los organismos muertos.

   Ⓓ El sedimento sepulta al organismo muerto rápidamente.

8. Josh leyó sobre un animal terrestre cuyos fósiles se encontraron en capas rocosas similares en África y Sudamérica. ¿Qué conclusión puede sacar de este descubrimiento?

   Ⓐ Todos los fósiles de animales se ven iguales.

   Ⓑ Las masas terrestres alguna vez estuvieron unidas.

   Ⓒ Los animales atravesaron el océano nadando.

   Ⓓ Los fósiles se formaron en un océano y las olas los trajeron a la orilla.

Conceptos de ciencias

Rellena la burbuja de la mejor respuesta.

9. Nikomo encontró un trozo de ámbar. ¿Cuál de los objetos que ves abajo es el que más probablemente estaría en el ámbar?

Ⓐ
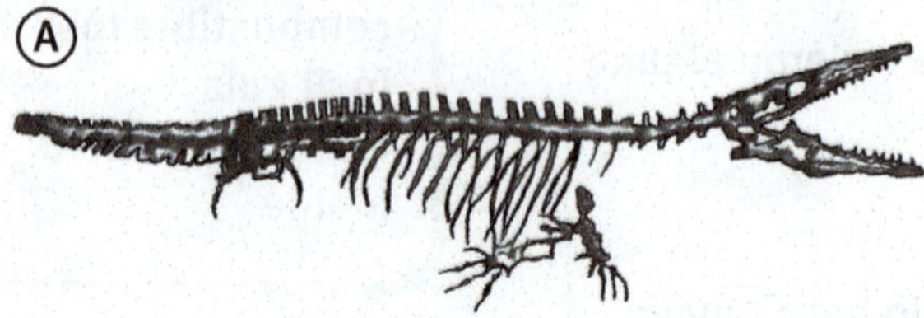

Ⓑ

Ⓒ

Ⓓ
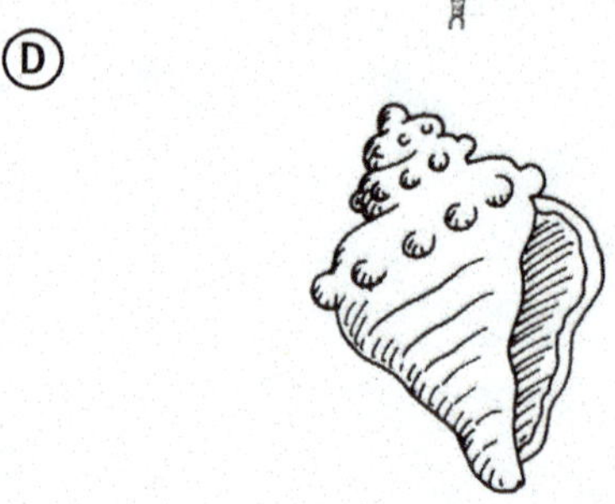

10. Malaya estaba juntando fósiles. Encontró uno cuyo material original había sido reemplazado por cuarzo. ¿Qué tipo de fósil encontró?

Ⓐ fósil de rastro
Ⓑ película de carbono
Ⓒ madera petrificada
Ⓓ cuerpo momificado

11. Imagina que encontraste fósiles de tiburones y otros peces en un bosque cercano. Con estos descubrimientos ¿qué podrías inferir sobre la zona?

Ⓐ La zona fue un desierto antiguamente.
Ⓑ La zona fue un océano antiguamente.
Ⓒ La zona fue un bosque antiguamente.
Ⓓ La zona fue un campo de hielo antiguamente.

12. Con el tiempo, los materiales que forman el carbón van cambiando. Lo que antes fue un producto que se quemaba con mucho humo y poco calor se convierte en un producto que da mucho calor con poco humo.

¿Qué gráfica muestra correctamente lo que ocurre bajo tierra a medida que el carbón mejora de calidad?

Ⓐ
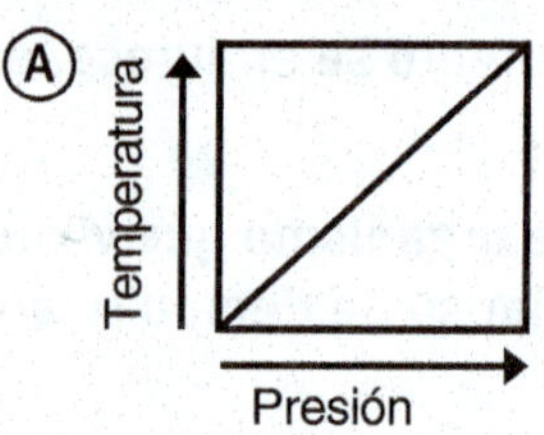

Ⓒ
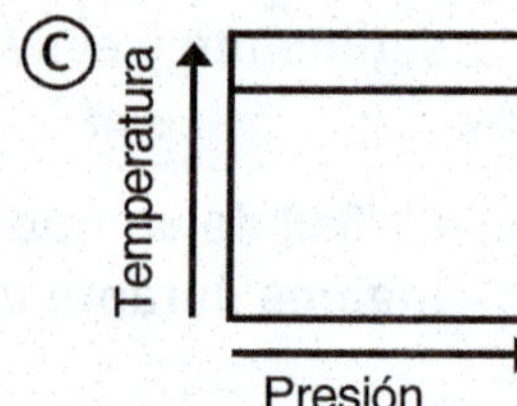

Ⓑ
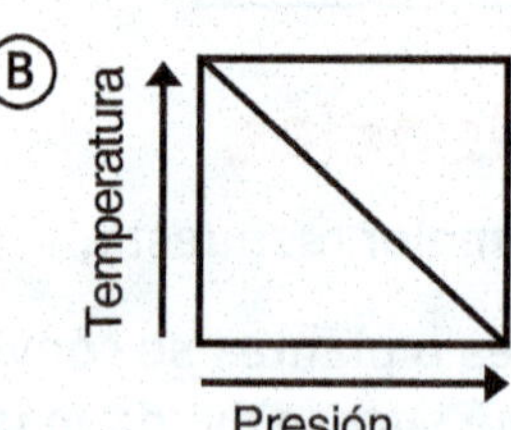

Ⓓ
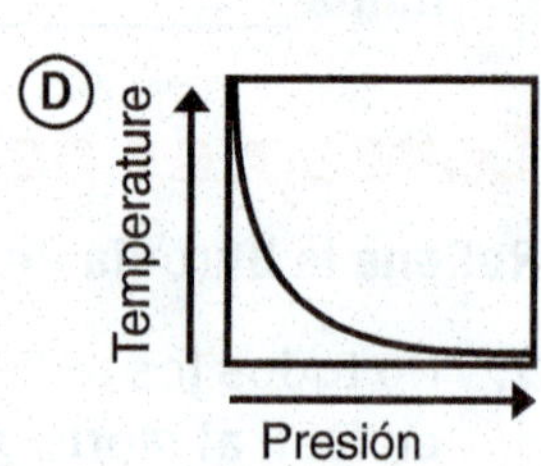

Nombre ______________________

13. Dana investigó los usos del petróleo crudo. Hizo la siguiente lista. ¿Qué conclusión puede sacar acerca de los usos del petróleo crudo?

Productos hechos de petróleo crudo	
combustible de motor diésel	crayolas
aceite para calefacción	jabón de lavar platos
combustible *jet*	desodorante
gasolina	anteojos
CD y DVD	llantas

Ⓐ El petróleo crudo se usa para calentar casas.

Ⓑ El petróleo crudo se usa para hacer otros productos además de combustible.

Ⓒ El combustible hecho de petróleo crudo causa polución.

Ⓓ El petróleo crudo se usa para producir únicamente combustible para vehículos de motor.

14. El petróleo y el gas natural empiezan como diminutos organismos marinos. Con el tiempo, sus restos cambian de modo que solamente quedan dos elementos. ¿Cuáles son los dos elementos que forman el petróleo y el gas natural?

Ⓐ carbono y oxígeno

Ⓑ carbono e hidrógeno

Ⓒ oxígeno e hidrógeno

Ⓓ hidrógeno y nitrógeno

15. ¿Qué es un "fósil viviente"?

Ⓐ un fósil fácil de identificar

Ⓑ un organismo que tiene por lo menos 100 años

Ⓒ un fósil que es bien conocido en la comunidad científica

Ⓓ un organismo vivo que se parece a sus antecesores antiguos

16. Estudia los estratos rocosos en el siguiente diagrama.

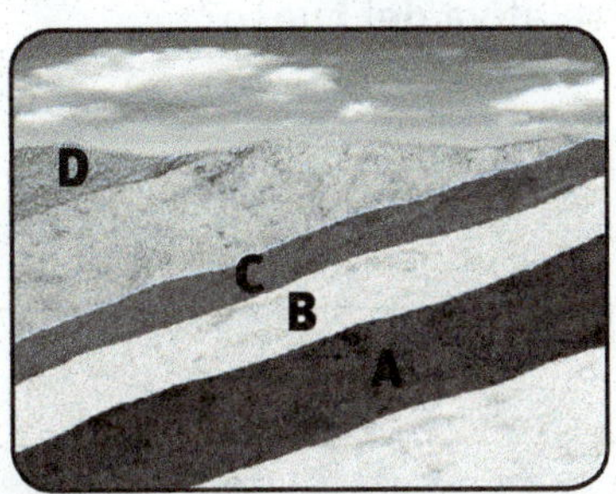

¿Qué estrato rocoso probablemente es el más antiguo?

Ⓐ Estrato A

Ⓑ Estrato B

Ⓒ Estrato C

Ⓓ Estrato D

17. ¿Qué formas de vida eran comunes durante la Era Mesozoica?

Ⓐ dinosaurios

Ⓑ mamuts

Ⓒ helechos de árbol

Ⓓ trilobitas

18. Pablo visitó las capitales de varios estados del oeste en sus vacaciones. El mapa siguiente muestra las paradas de su viaje.

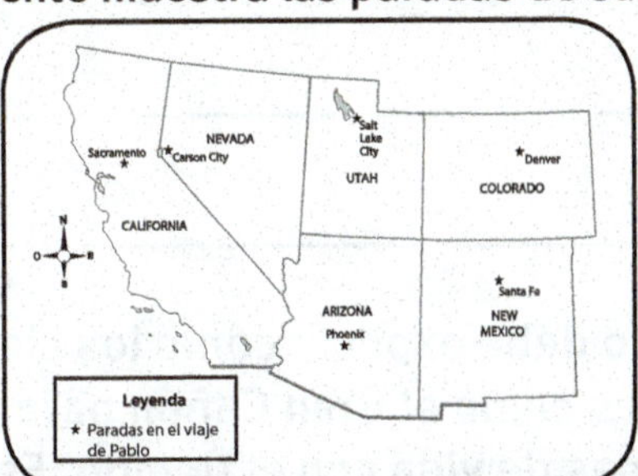

Pablo dijo que encontró fósiles guía. ¿Qué requisito para un fósil guía se cumplió **completamente** en el hallazgo de Pablo?

Ⓐ El fósil es de un organismo que vivió durante un período corto de la historia de la Tierra.

Ⓑ El fósil es de un organismo que tenía una población grande.

Ⓒ El fósil está bien difundido.

Ⓓ El fósil es fácil de reconocer.

Aplica la investigación y repasa La gran idea

Escribe las respuestas a estas preguntas.

19. Leeza quería saber la edad relativa de un hueso fosilizado que encontró. ¿Cómo puede usar los estratos rocosos que se ven abajo para determinar la edad relativa del hueso?

20. Dos estudiantes de quinto grado piensan dar una presentación sobre los fósiles a la clase.

a. Ronda debe explicar cómo los científicos usan el registro de los fósiles para aprender sobre medioambientes antiguos. Escribe por lo menos dos cosas que debe incluir en su presentación.

b. Gabo debe explicar cómo los científicos usan los fósiles hallados en zonas como el Gran Cañón para demostrar cómo han cambiado las formas de vida con el tiempo. Escribe tres cosas que debe incluir en su presentación.

UNIDAD 11

Los océanos de la Tierra

La gran idea

Los océanos son sistemas complejos que interactúan con la Tierra, el aire y los organismos.

Me pregunto por qué

¡Llegaron las olas! ¿Es verdad que el agua lo lleva hacia la playa? No. Entonces, ¿por qué se mueve hacia delante? *Da vuelta a la página para descubrirlo.*

Por esta razón Las ondas de energía que se mueven por el océano no mueven el agua hacia delante. Dejan el agua en el mismo lugar. La ola que pasa empuja la superficie del agua hacia arriba y, al pasar, la superficie cae hacia atrás. El surfista se desliza por la parte de adelante de la ola, ¡como si se estuviera deslizando en un trineo por una montaña de nieve!

En esta unidad vas a aprender más sobre La gran idea, y a desarrollar las preguntas esenciales y las actividades del Rotafolio de investigación.

Niveles de investigación ■ Dirigida ■ Guiada ■ Independiente

La gran idea Los océanos son sistemas complejos que interactúan con la Tierra, el aire y los organismos.

Preguntas esenciales

Cuaderno de ciencias

No te olvides de escribir lo que piensas sobre la Pregunta esencial antes de estudiar cada lección.

Pregunta esencial

¿Cómo son los océanos?

Ponte a pensar

Halla la respuesta a la siguiente pregunta en esta lección y escríbela aquí.

Los océanos cubren la mayor parte de la superficie del planeta. ¿Cómo afectan los océanos la vida en la tierra?

____

____

____

____

____

Lectura con propósito

Vocabulario de la lección

Haz una lista de los términos. A medida que aprendes cada uno, toma notas en el Glosario interactivo.

____

____

____

____

____

Idea principal y detalles

Las oraciones detalladas dan información sobre un tema. La información pueden ser ejemplos, rasgos, características o hechos. Los buenos lectores se concentran en el tema cuando se preguntan: ¿Qué hecho o qué información le agrega esta oración al tema?

¡Qué cantidad de agua!

Cuando viajaban hacia la Luna, los astronautas miraron hacia atrás y tomaron fotografías de la Tierra. Esas fotos inspiraron el sobrenombre de "canica azul" para nuestro planeta. La vista desde el espacio muestra sin lugar a dudas la gran cantidad de agua que cubre a la Tierra.

Lectura con propósito Mientras lees estas dos páginas, encierra cuatro detalles entre corchetes [ ]. Subraya la idea principal que los detalles ayudan a explicar.

Algunas personas que viven en medio de un continente pueden pasar toda su vida sin conocer el mar. ¡Pero los océanos nos rodean a todos! Cinco océanos separan y rodean a las masas de tierra de nuestro planeta. Ellos son, del más grande al más pequeño, el Pacífico, el Atlántico, el Índico, el Antártico y el Ártico.

También puedes pensar en los océanos del mundo como una sola gran masa de agua. Casi toda el agua de la Tierra se encuentra en los océanos. Si llenaras 100 jarras con toda el agua de la Tierra, 97 se llenarían con el agua salada del mar. ¡Solo tres serían de agua dulce!

La gente usa líneas geográficas en los mapas para mostrar la ubicación de los océanos; pero sus aguas no conocen fronteras. El agua se mueve libre por el océano del mundo.

¡Si pudiéramos meter toda el agua de los océanos en galones de agua, ¡llenaríamos billones!

¡343,000,000,000,000,000,000!

343 millones de billones

Los océanos cubren aproximadamente 71% de la superficie de nuestro planeta, casi tres veces más de lo que cubre la tierra.

Práctica matemática

Interpreta los datos de una gráfica

El océano Pacífico cubre 155,557,000 de kilómetros cuadrados (km^2). El océano Ártico cubre 14,056,000 km^2. Las áreas totales de los océanos Atlántico, Índico y Antártico son 76,762,000 km^2, 68,566,000 km^2, y 20,327,000 km^2, en ese orden. Escribe los nombres de los océanos en el color que les corresponde, según el porcentaje que ocupan en el océano del mundo.

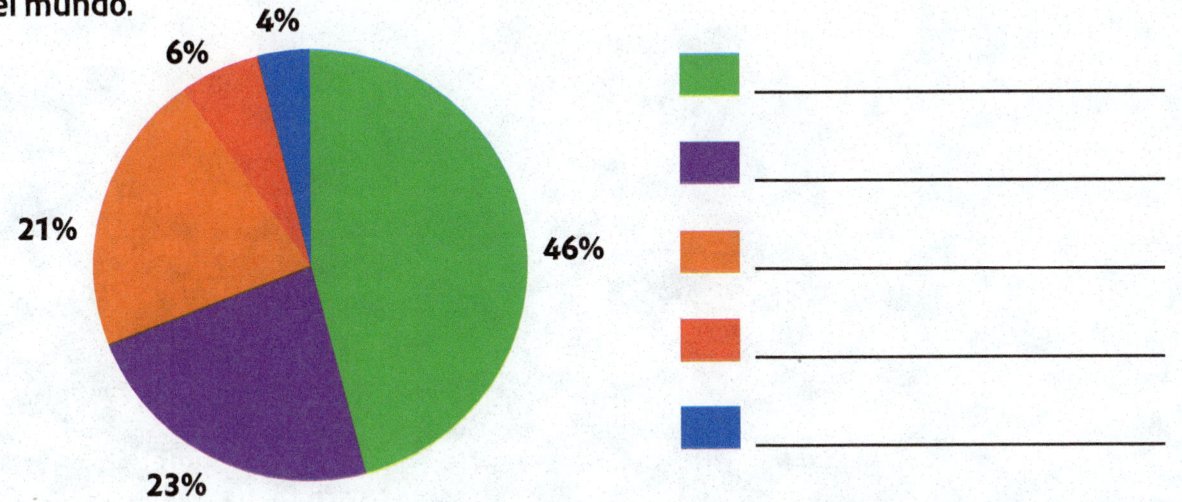

El mismo océano con agua diferente

Pensarás que la gente ha viajado a todos los lugares que existen en la Tierra. Sin embargo, los océanos siguen muy inexplorados. ¡Algunas partes son muy profundas, oscuras y frías para visitarlas!

Lectura con propósito **Mientras lees estas dos páginas, encierra en un círculo las frases que describen los problemas que presenta la exploración submarina.**

Cuanto más profunda sea el agua, mayor la tecnología que necesitan los exploradores submarinos para enfrentarse a las temperaturas bajas, la presión alta y la oscuridad.

Puedes cruzar el océano en barco, pero tienes que llevar agua para beber. El agua del mar es salada y por eso no te la puedes tomar. La sal que tiene el agua del mar es su **salinidad**. La salinidad hace más densa el agua. Por eso los barcos pueden flotar mejor en el océano que en agua dulce.

Para explorar bajo la superficie marina, tienes que llevar tu propio aire. También tienes que protegerte del frío. Cuanto más profunda sea el agua, menos luz solar recibe para calentarse. Los buzos respiran el aire que llevan en tanques de oxígeno y se ponen trajes que conservan el calor.

Después de cierta profundidad, la presión del agua es demasiado fuerte para los buzos. **Presión de agua** es la fuerza que ejerce el agua sobre los objetos. Para visitar las profundidades marinas, los exploradores deben viajar en vehículos especiales llamados *sumergibles*. Algunos lugares son demasiado profundos, incluso para los sumergibles piloteados por personas. Esos lugares solo se pueden explorar usando robots sumergibles.

Los sumergibles tienen aire, luz y protección contra la presión de agua y el frío.

▶ Escribe las soluciones para dos de los problemas que marcaste en tu texto.

¿Es plano el fondo oceánico?

Si hicieras una excursión a lo largo del continente, pasarías colinas, valles, montañas y llanuras. ¿Sería diferente una caminata por el fondo oceánico?

Lectura con propósito Mientras lees estas dos páginas, subraya dos cosas que se están comparando.

El **talud continental** es un área empinada donde el océano se vuelve profundo muy rápidamente. Puede alcanzar hasta 3,000 m (10,000 pies) bajo la superficie. La *elevación continental* es la parte baja del talud continental. Llega hasta los 4,000 m (13,000 pies) bajo la superficie.

La llanura costera es la parte baja y plana de tierra de la costa.

Una trinchera oceánica es un valle profundo en el fondo océanico. La más profunda tiene 11,000 m (36,000 pies). Una *cordillera oceánica* es un sistema submarino de montañas y valles, generalmente paralelo a una trinchera oceánica.

La **plataforma continental** es la frontera submarina de cada continente. Su profundidad promedio es de 140 m (460 pies).

El fondo, o suelo, de todos los océanos del mundo comparte casi las mismas características.

Imagina que pudieras hacer una caminata por el fondo oceánico. Empiezas en la llanura costera y entras al agua en la plataforma continental. La plataforma continental tiene más de 1,000 km de ancho en algunas costas, pero hay unas pocas que casi no tienen plataforma continental.

En el borde de la plataforma, el talud continental baja súbitamente. La pendiente se nivela poco a poco por el sedimento que se acumula en el fondo. Esta es la elevación continental.

En las profundidades de altamar, llegarías a una región llana llamada llanura abisal. Las llanuras abisales cubren más del 50% de la superficie de la Tierra. Luego de una buena caminata por esta llanura, llegas a otra caída fuerte. La trinchera oceánica es un valle profundo en la llanura abisal.

También cruzas por una cordillera submarina, o una cadena de montañas y valles bajo el agua. Algunas montañas volcánicas son tan altas que salen de la superficie del agua. Las cimas de estas montañas son islas.

Las cimas de las montañas volcánicas más altas salen sobre la superficie del océano para formar islas.

► Si pudieras viajar por el fondo oceánico ilustrado en estas páginas, ¿qué características encontrarías? Escríbelas en orden.

1. ______
2. ______
3. talud continental
4. ______
5. ______
6. ______
7. montaña volcánica
8. ______

La llanura abisal es un área grande y llana en el fondo oceánico. Su profundidad promedio es de 4,500 m(15,000 pies).

Las islas vienen y se van

Los procesos que les dan forma a los accidentes geográficos generalmente se demoran mucho tiempo. ¡Sin embargo, mañana podría haber una nueva isla en medio del océano donde no existe hoy!

Lectura con propósito Mientras lees estas dos páginas, subraya una causa. Encierra el efecto en un círculo.

La corteza terrestre está formada por placas que se mueven. Las trincheras oceánicas se forman donde se encuentran dos placas. Donde una placa se hunde debajo de la otra, el magma sale por la frontera entre las dos y se forma una nueva corteza que va construyendo una cordillera volcánica.

Los volcanes crecen hasta que sus cimas salen de la superficie del agua. ¡Así nacen las islas volcánicas! Cuando estos volcanes se vuelven inactivos, las islas dejan de crecer. Con el tiempo, las islas sufren meteorización y erosión y en algún momento desaparecen bajo el agua otra vez.

Las cadenas de islas volcánicas se forman en las fronteras entre placas por todo el mundo.

En las regiones tropicales, los arrecifes de coral se forman en aguas poco profundas alrededor de las islas volcánicas. Un arrecife puede crecer hasta rodear totalmente a una isla. El arrecife mismo puede sobresalir de la superficie del agua, formando tierra que rodea una laguna de aguas poco profundas.

Cuando una isla volcánica se hunde lo suficiente hasta desaparecer, el anillo de coral permanece circundando la laguna. La isla de coral en forma de anillo se llama *atolón*. Los atolones solo se forman en aguas tropicales, porque los corales que construyen arrecifes solo viven en aguas cálidas.

El movimiento de las placas también hace que las islas se muevan y se hundan. Con el tiempo, el arrecife también se hunde y no se verá más tierra sobre la superficie del agua. Las olas erosionan la tierra bajo el agua. Esta formación sumergida se llama *guyot*.

La isla volcánica de Bora Bora se está meteorizando y erosionando. Con el tiempo, la isla central va a desaparecer dejando solamente un atolón que rodea la laguna.

▶ Dibuja cómo se vería esta isla en dos momentos futuros. Explica el proceso que muestran tus dibujos.

Ahora	1,000 años	10,000 años

____

____

____

Cuando termines, lee la Clave de respuestas y corrige lo que sea necesario.

1

Identifica cada característica del fondo oceánico.

a. ____________________

b. ____________________

c. ____________________

d. ____________________

e. ____________________

En pocas palabras

2

Escribe las palabras que faltan para describir los océanos.

El océano del mundo está formado por los océanos ____________, ____________, ____________, ____________ y ____________. Toda el agua del océano es ____________, y el nivel de sal que tiene se llama ____________. A partir de cierta profundidad, la ____________ es muy fuerte para los buzos. Los exploradores tienen que visitar las grandes profundidades a bordo de ____________. A medida que se mueven las placas que forman la corteza terrestre, se van formando islas ____________. Con el paso del tiempo se van formando arrecifes de coral que rodean las islas. Cuando una isla se hunde se forma un ____________ y queda tan solo el coral.

Clave de respuestas: 1. a. plataforma continental b. talud continental c. trinchera oceánica d. trinchera submarina e. isla volcánica 2. Ártico, Atlántico, Índico, Pacífico, Antártico, salada, salinidad, presión de agua, sumergibles, volcánicas, atolón

Lección 1

Nombre ______________________

Juego de palabras

1 Ordena las palabras de la casilla. Úsalas para completar las oraciones.

El área de tierra llana y baja de la costa se llama

_ _ _ _ _ _ _ _ _ _ _ _ _ _ _ _ _.

La frontera submarina de los continentes se llama

_ _.

La región pendiente donde el mar se vuelve profundo repentinamente se llama

_ _ _ _ _ _ _ _ _ _ _ _ _ _ _ _ _ _ _ _.

La parte más baja del talud continental es la

_ _ _ _ _ _ _ _ _ _ _

_ _ _ _ _ _ _ _ _ _ _ _ _ _.

El área grande y llana en el fondo oceánico es el

_ _ _ _ _ _ _ _ _ _ _ _ _ _ _ _ _

Un valle profundo en el fondo oceánico se llama

_ _ _ _ _ _ _ _ _ _ _

_ _ _ _ _ _ _ _ _ _.

Una cadena de montañas y valles submarinos es una

_ _ _ _ _ _ _ _ _ _ _ _ _

_ _ _ _ _ _ _ _ _ _ _.

auranll toscare ______________

laud tinonctnael ______________

naullar isabla ______________

arellidroc mraibausn ______________

atflopamoar nintoctlnae ______________

noicaveel latnenitnoc ______________

ihtecnrar muasbairn ______________

Aplica los conceptos

2 Dibuja una región del fondo oceánico. Rotula por lo menos tres características.

3 Escribe tres problemas que presenta la exploración del océano profundo y por qué los sumergibles pueden solucionarlos.

4 ¿Qué protección le suministra a un buzo el traje que lleva puesto y el equipo de buceo?

____

____

____

5 ¿Por qué es frío y oscuro el fondo del mar?

____

____

____

____

____

____

____

____

Pídele a un adulto en casa que te ayude a investigar por Internet. Piensa en el océano que está más cerca de donde tú vives. Averigua a qué distancia está ese océano de tu ciudad.

Ingeniería y tecnología

Cómo funciona:

Observación del suelo submarino

Los científicos usan el GPS y el sonar para hacer mapas del fondo oceánico, el cual es muy grande, profundo y oscuro para hacerlo a simple vista. El GPS es un instrumento que indica el lugar exacto donde se encuentra un punto sobre la Tierra. El sonar usa sonido para calcular distancias bajo el agua.

Mapa del fondo oceánico

El sonar envía un sonido hacia el fondo oceánico y detecta el eco que produce. El instrumento se basa en la velocidad del sonido para calcular la distancia que recorrió el sonido. Así indica la profundidad del océano en el lugar desde donde rebotó el sonido. El GPS ubica el lugar. Al repetir el proceso una y otra vez, se forma una imagen del fondo oceánico a partir de muchos puntos.

Razonamiento crítico

Traza flechas en el dibujo para indicar cómo viaja el sonido desde el barco hasta el fondo oceánico y de regreso. ¿Por qué necesitas el sonar y el GPS para crear un mapa detallado del fondo oceánico?

____

____

continuación

El GPS usa *trilateración* para determinar un punto en la Tierra. La trilateración es una manera de hallar un lugar en el espacio con base en al menos cuatro puntos de referencia. *Triangulación* es la técnica que se usa para las superficies planas. Esta técnica usa tres puntos de referencia.

Dibuja un círculo con un radio de 1.5 pulgadas alrededor del campo de béisbol. Luego dibuja un círculo de 1 pulgada de radio alrededor del estanque. Por último, dibuja un círculo de 1.5 pulgadas de diámetro alrededor del parque de juegos.

PARQUE PÚBLICO

Habrá un picnic en el punto donde se intersecan los tres círculos. ¿Cuál es ese punto? __________

Parte de la base

Acepta el desafío de hacer un diseño de ingeniería. Completa el Rotafolio de investigación **Diséñalo: Construye un modelo de submarino que funcione.**

Lección 2

Pregunta esencial

¿Cómo se mueve el agua del mar?

Ponte a pensar

Halla la respuesta a la siguiente pregunta en esta lección y escríbela aquí.

El movimiento del agua del mar afecta muchas cosas por fuera del mar. ¿Cuáles son algunas de las cosas que suceden debido al movimiento del agua del mar?

____

____

____

____

Lectura con propósito

Vocabulario de la lección

Haz una lista de los términos. A medida que aprendes cada uno, toma notas en el Glosario interactivo.

______________ ______________

______________ ______________

______________ ______________

Comparar y contrastar

Muchas ideas en esta lección están conectadas porque explican parecidos y contrastes: es decir, en qué se parecen y diferencian las cosas. Los buenos lectores se enfocan en comparar y contrastar cuando se preguntan: ¿En qué se parecen estas cosas? ¿En qué se diferencian?

¡Súbete a una ola!

Desde olas pequeñas a olas gigantes, la superficie del océano está en movimiento permanente. Las olas transportan energía de un lugar a otro.

Lectura con propósito Mientras lees estas dos páginas, dibuja una casilla alrededor de un efecto. Encierra en un círculo la causa de cada efecto.

Al ver esta fotografía, podrías pensar que las olas empujan grandes cantidades de agua hacia las costas. En realidad, el agua de las olas no se mueve hacia adelante sino hacia arriba y hacia abajo. Una **ola** es el movimiento hacia arriba y hacia abajo de la superficie del agua. Las olas transportan energía hacia adelante, no agua. Adentro de la ola, el agua se mueve en pequeños óvalos. A medida que las olas se acercan a la costa donde el agua es poco profunda, disminuyen de velocidad. El fondo de la ola se mueve más lentamente y la parte de arriba se adelanta. Luego, la aparte de arriba cae, o se rompe. Lo que ves golpeando la costa son las olas que se rompen.

Las olas de la superficie son causadas por el viento que empuja la superficie del agua. Puesto que el mar abierto es grande y no hay nada que pueda detener el viento, la superficie sigue tomando energía del viento. Si hay suficiente viento, ¡lo que empieza como una pequeña onda puede convertirse en una ola tan alta como un edificio!

Las olas afectan las costas constantemente. Incluso las olas pequeñas meteorizan y erosionan las rocas y transportan arena. Los poderosos vientos de los huracanes producen olas mucho más grandes. Estos vientos pueden producir una *marejada de tormenta*, o un inusual nivel alto de agua. Entonces el agua puede inundar áreas de tierra que normalmente son secas.

La energía de las olas no es solamente destructiva. La gente ha construido aparatos que flotan en el mar y convierten la energía de las olas en energía eléctrica. ¡A medida que esta tecnología mejora, podrá suministrar una fuente permanente de energía porque el movimiento de las olas nunca se detiene!

▶ Identifica la *causa* o el *efecto* de cada pareja.

Causa		Efecto
______ ______	→	**transferencia de energía a la superficie del océano**
vientos huracanados y olas	→	______ ______

El viento de las tormentas transfiere mucha energía al agua produciendo olas muy grandes.

Sigue la corriente

¿Hay algún río cerca de tu casa? A lo mejor te has sentado a ver cómo se mueve el agua sin parar. En el océano también hay lugares donde el agua se mueve en cierta dirección sin parar.

Lectura con propósito Mientras lees estas dos páginas, subraya la característica del océano que más se parece a un río.

Una **corriente** oceánica es el flujo permanente del agua del océano en un patrón. Las corrientes se mueven como los ríos y transportan grandes cantidades de agua a grandes distancias. Los vientos estables que soplan del ecuador a los polos contribuyen a mover las corrientes. La temperatura, la salinidad del agua y la forma del fondo oceánico y las costas, también desempeñan un papel en las corrientes.

Las corrientes oceánicas tienen efectos predecibles, y algunas hasta tienen nombre. Por ejemplo, la Corriente del Golfo es una corriente de agua cálida en el océano Atlántico que se mueve de sur a norte a lo largo de la costa este de los Estados Unidos. Luego, esta corriente cruza el océano hacia Europa. El agua cálida de la Corriente del Golfo contribuye para que la temperatura de Europa sea más caliente que en otros lugares más al norte.

El agua que se mueve desde la orilla hacia fuera, en contra de la dirección de las olas que llegan, se llama corriente de resaca. Puedes ver estas corrientes como un espacio de agua revuelta, o una interrupción del patrón regular de las olas.

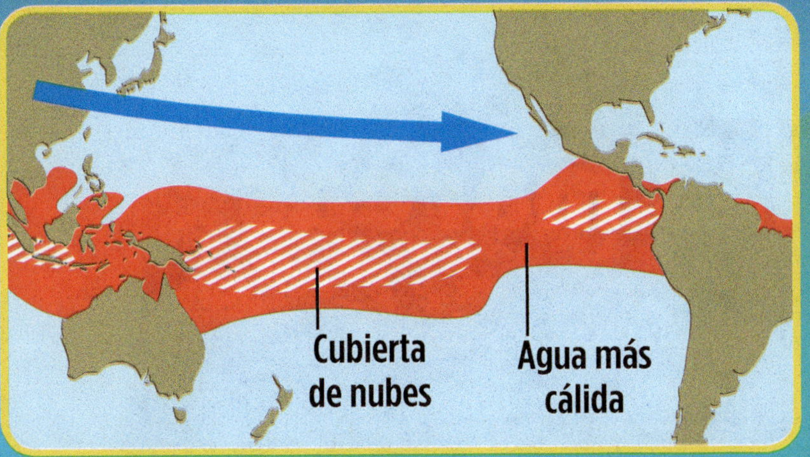

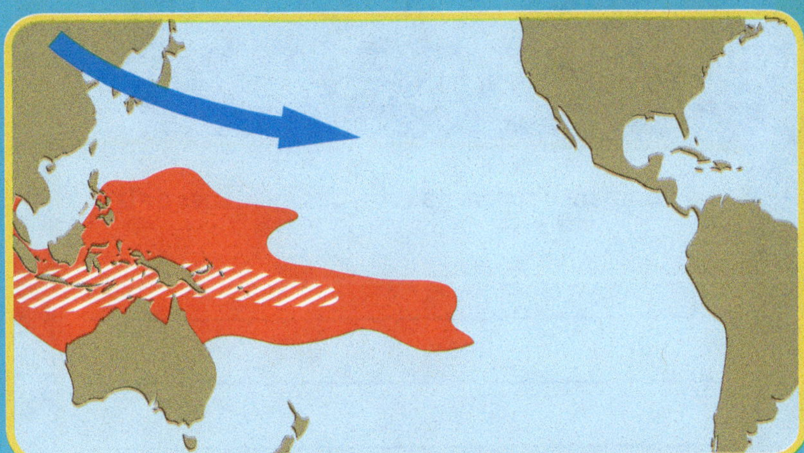

A veces el agua del océano Pacífico del Sur se calienta mucho. Esto produce un patrón de clima conocido como El Niño. Cuando se presenta El Niño, los patrones normales del clima cambian abruptamente. El Niño causa condiciones climáticas extremas en muchas regiones del mundo, como sequías e inundaciones.

Océano Pacífico del Norte

Océano Atlántico

Ecuador

► Dibuja flechas para mostrar la dirección del movimiento del agua en esta corriente de resaca.

El cambio de las mareas

Imagina que sales a caminar por la playa antes de desayunar. Cuando regresas después de almuerzo, ves que esa misma área está cubierta de agua. Esto sucede dos veces al día a lo largo de las playas del mar.

Lectura con propósito Mientras lees estas dos páginas, subraya dos cosas que se están contrastando.

▶ Compara y contrasta estas dos imágenes de la costa.

____

____

____

____

Las mareas vivas son las mareas más altas. Las mareas muertas son mareas altas y bajas casi del mismo nivel.

El nivel del océano sube y baja en un ciclo. Este movimiento del nivel de agua del océano se llama **marea**. Las mareas son causadas por la "atracción" del Sol y la Luna sobre los océanos de la Tierra.

La fuerza de gravedad de la Luna atrae a la Tierra. Como resultado se forman dos gibas en los océanos. Uno de ellos se forma en el lado de la Tierra que mira hacia la Luna. El otro se forma en el lado de la Tierra alejado de la Luna. Las gibas tienen un nivel de agua más alto y por eso producen *marea alta*. El nivel de agua es más bajo entre las dos gibas. Ahí se produce *marea baja*.

Cuando la Tierra, el Sol y la Luna están alineados, sus fuerzas de gravedad combinadas producen los cambios más dramáticos en el nivel de las mareas. Las mareas altas son las más altas y las mareas bajas las más bajas. Cuando los tres están en posición de L, la diferencia entre la marea alta y baja es mucho menor.

Práctica matemática

Tiempos de marea

Baja	Alta
12:25 a.m.	6:42 a.m.
12:55 p.m.	7:07 p.m.

¿Cuánto tiempo pasa entre una marea alta y la siguiente?

___

¿Cuánto tiempo de diferencia hay entre dos mareas bajas?

___

¿Cuánto tiempo pasa entre la primera marea alta y la marea baja que le sigue?

___

Costas que cambian

¿Qué te imaginas cuando piensas en un paseo a la costa? ¿Una playa larga de arena? No todas las playas son de arena. Algunas son rocosas y otras tienen altos acantilados.

Lectura con propósito Mientras lees estas dos páginas, encierra en un círculo dos problemas. Subraya sus soluciones.

Las olas y las corrientes marinas llevan y traen arena en esta playa. El mismo viento que mueve las olas erosiona los acantilados.

Para restaurar esta playa tuvieron que bombear arena desde abajo del agua hasta la playa.

La tierra que está al borde del océano se llama **costa**. La acción del viento y el océano cambian constantemente las costas. Las rocas y acantilados sufren meteorización lentamente y el océano se lleva la arena de las playas en poco tiempo. ¡En realidad, una tormenta grande puede erosionar toda una playa en un solo día! La gente puede restablecer la playa reemplazando y estabilizando la arena.

La gente también construye estructuras para evitar que la corriente se lleve la arena. Un **espigón** es una estructura generalmente hecha de montones de rocas, que la corriente no puede mover. Es una barrera contra el flujo de agua. Los espigones protegen las playas y evitan que la arena se acumule haciendo muy poco profundos los canales para el paso de los botes.

▶ Describe cómo sería diferente esta costa si no tuviera el espigón.

Cuando termines, lee la Clave de respuestas y corrige lo que sea necesario.

1

Escribe la palabra de vocabulario que corresponde con su definición.

_______________ 1. Estructura construida que la corriente no puede mover

_______________ 2. Tierra que bordea el océano

_______________ 3. Cambio periódico de nivel del agua del mar

_______________ 4. Movimiento continuo del agua del mar en un patrón

_______________ 5. Transferencia de energía por el agua

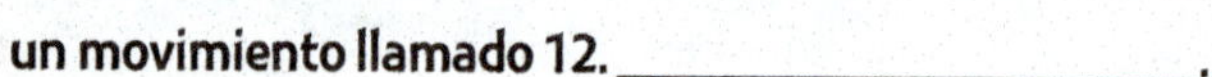

Busca las palabras que faltan para describir el movimiento del agua del mar.

Si observas la superficie del océano, ves el movimiento constante de 6. _______________ producidas por el 7. _______________. En realidad, las olas no 8. _______________ mucha agua. Más bien se mueven 9. _______________ del agua. El agua del mar fluye como un 10. _______________ en 11. _______________. El nivel de agua en las costas sube y baja en un movimiento llamado 12. _______________.

Clave de respuestas: 1. espigón 2. costa 3. marea 4. corriente 5. ola 6. olas 7. viento 8. mueven 9. a través 10. río 11. corrientes 12. marea

Ejercita tu mente

Lección 2

Nombre ______________________

Juego de palabras

1 Ordena las palabras que están en los círculos. La letra de la mitad es la primera letra de cada palabra. Cada respuesta tiene más de una palabra.

R
O T A S E A C E D A T N E M R

______________________ Nivel alto anormal de agua durante un huracán

______________________ Condiciones severas de clima causadas por una corriente cálida en el Pacífico del Sur

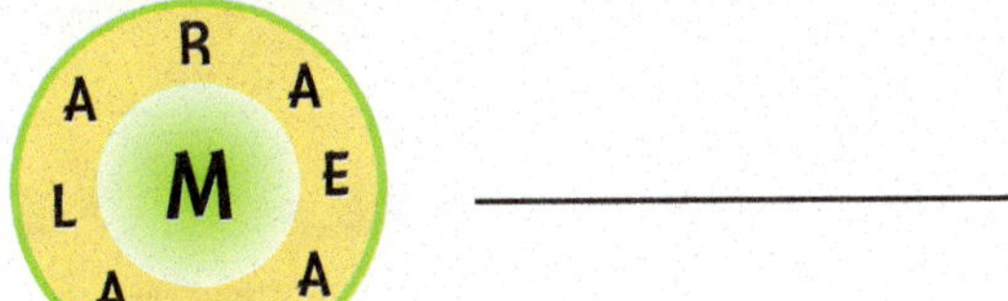

______________________ Momento en el que el agua alcanza su punto más alto en la costa

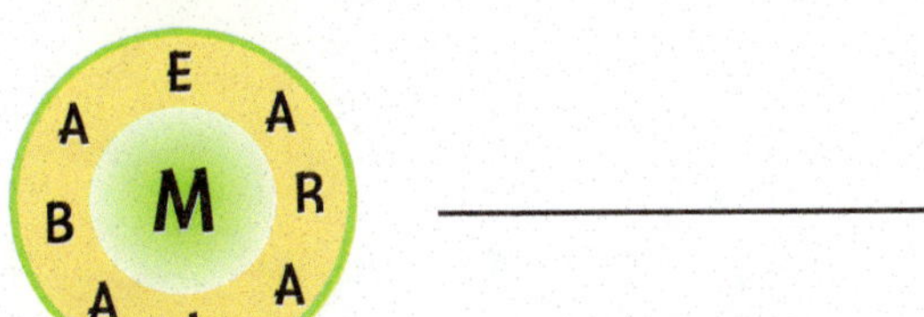

______________________ Momento en el que el agua alcanza su punto más bajo en la costa

______________________ Dos objetos que influyen en las mareas

Escribe una oración con tres de las respuestas anteriores.

____

Aplica los conceptos

2 Dibuja la posición del Sol, la Luna y la Tierra durante una marea viva.

3 Encierra en un círculo el diagrama que ilustra la condición climática de El Niño.

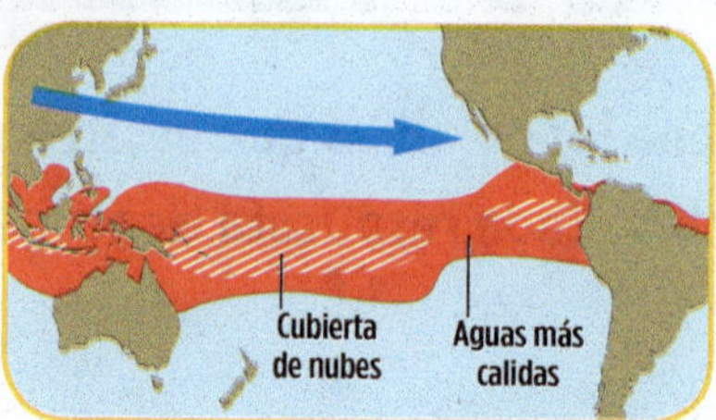

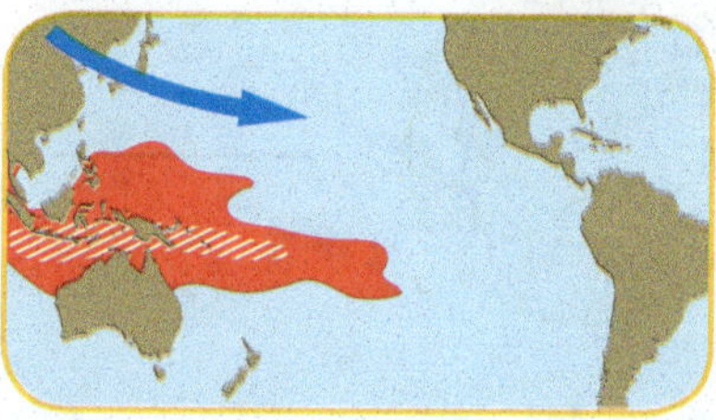

4 Describe cómo se mueve una partícula de agua con el paso de energía por una ola.

____

____

____

____

____

5 Haz un diagrama de la Corriente del Golfo.

Para la casa

Con un miembro de tu familia, haz un modelo de una costa en una caja de zapatos. Escribe rótulos para indicar los modos en que el agua se mueve por la costa.

Rotafolio de investigación, pág. 56

Nombre ______________________________

Pregunta esencial

¿Cómo puedes representar el agua del mar?

Establece un propósito

¿Qué vas a aprender de esta investigación?

____

____

____

Piensa en el procedimiento

¿Qué condiciones vas a controlar para que sean siempre las mismas en todas las pruebas?

____

____

¿Por qué es importante repetir el procedimiento con las botellas en posiciones diferentes?

____

____

____

____

____

____

Anota tus datos

Usa la siguiente tabla para anotar tus observaciones. Describe lo que ves en cada observación.

____

____

____

	Posición inicial de las botellas	Comportamiento del agua
Prueba 1		
Prueba 2		
Prueba 3		
Prueba 4		
Prueba 5		
Prueba 6		

Saca tus conclusiones

¿Qué prueba produjo resultados más rápidamente? Dibuja lo que observaste.

Cuál es más densa: ¿el agua salada o el agua dulce? ¿Por qué?

¿El cambio de la temperatura del agua influyó en los resultados de las últimas tres pruebas?

Analiza y amplía

1. ¿Cómo se relaciona esta actividad con las corrientes oceánicas?

2. En general, ¿cómo se comporta el agua más salada y fría en el océano?

3. ¿Cómo influye el comportamiento del agua salada fría en el agua salada más caliente?

4. ¿Qué otras preguntas te gustaría hacer sobre el agua del océano?

Pregunta esencial

¿Cómo son algunos ecosistemas marinos?

Ponte a pensar

Halla la respuesta a la siguiente pregunta en esta lección y escríbela aquí.

¿Qué parte del océano es el hogar del mayor número de organismos?

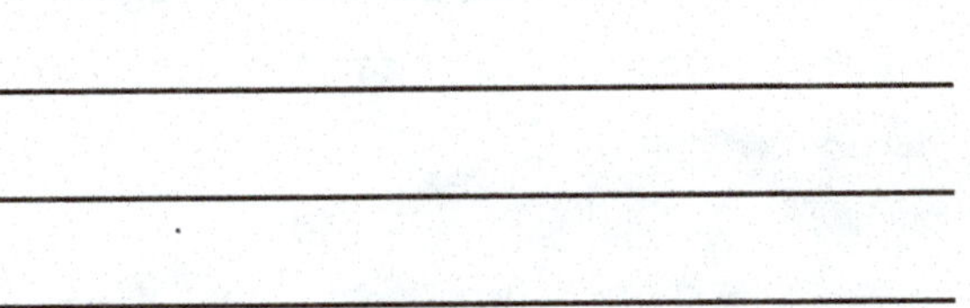

Lectura con propósito

Vocabulario de la lección

Haz una lista de los términos. A medida que aprendes cada uno, toma notas en el Glosario interactivo.

Usa los títulos

Los buenos lectores ojean los títulos y los usan para hacerse preguntas que responden durante la lectura. Al leer con este propósito, los buenos lectores se concentran en comprender y acordarse de lo que leyeron para poder responder sus preguntas.

Donde el océano y la tierra se encuentran

El océano está repleto de vida, hasta la línea de marea alta. ¿Qué sucede en la línea de marea alta cuando el nivel del agua disminuye con la marea baja? ¿Las plantas y animales se mueven por la playa para regresar al agua?

Lectura con propósito ¿Qué puedes decir sobre la localización de este ecosistema según los títulos de esta página? Encierra en un círculo el título que se refiere a la localización de la zona intermareal.

¡Cuando observas una laguna de marea, puedes ver la vida marina sin meterte al océano!

El ecosistema intermareal ofrece hábitats para más organismos que aquellos bajo el mar. Durante la marea baja, las aves marinas se alimentan de muchos organismos que no podrían capturar durante la marea alta.

La zona intermareal

La zona **intermareal** es el área que se encuentra entre las líneas de marea alta y marea baja. Durante la marea alta, esta zona está totalmente bajo agua. Durante la marea baja, el área queda expuesta al aire. Los hábitats intermareales dependen de las características que tiene la tierra de la costa. Las partes bajas de los acantilados se cubren a veces de percebes y plantas que pueden sobrevivir fuera del agua cuando baja la marea. En las playas de arena hay cangrejos y almejas que se esconden bajo la arena para esperar que suba la marea. Las entradas de los ríos se ramifican hacia pantanos y zonas de barro llenas de vegetación con moluscos prendidos en las raíces.

En muchos lugares, las rocas forman hondonadas con piscinas de agua cuando baja la marea. Así, algunos animales de las lagunas de marea siguen en una especie de acuario natural. Estas lagunas contienen por lo general cangrejos, pequeños langostinos, anémonas de mar, estrellas de mar, pepinos de mar, caracoles y variedad de plantas pequeñas.

Los organismos en las lagunas de marea están protegidos de los peces grandes durante la marea alta por el rompimiento de las olas. Pero corren peligro de ser devorados por las aves durante la marea baja. Los peces pequeños pueden nadar hasta esta área cuando la marea es alta, y luego pueden salir cuando esa área queda de nuevo cubierta de agua. ¡O tal vez se conviertan en la cena de alguna anémona!

Dos mundos en uno solo

Elige dos organismos de la zona intermareal. Escribe lo que el animal hace durante la marea baja.

Organismo	Comportamiento en la marea baja

La riqueza de los arrecifes

El océano es menos profundo cerca de la costa. La luz solar calienta el agua y sostiene la vida animal. Los animales se alimentan de las plantas. Esta es un área rica de vida. El área entre la zona intermareal y altamar es la zona cercana a la costa.

Lectura con propósito ¿Qué puedes decir sobre la localización de este ecosistema según los títulos de estas páginas? Subraya el término del título que se refiere a la ubicación de los arrecifes de coral.

La zona costera

La zona costera es el hogar de muchas especies de peces, aguamalas y algas. Las plantas y peces pequeños atraen a los animales más grandes y hambrientos, como delfines y tiburones. Los corales también viven en las zonas costeras. Los corales individuales, llamados pólipos, viven en colonias. Los pólipos producen exoesqueletos fuertes que se adhieren a aquellos de sus vecinos. Los **arrecifes de coral** son unas estructuras que parecen ramas, construidas por colonias de pólipos coralinos. Los arrecifes ramificados suministran hábitats para muchos organismos, que forman una comunidad compleja y una red alimentaria.

Si los corales están saludables, los otros organismos que viven en sus alrededores prosperan. Si los corales mueren en esa área, todo el ecosistema sufre. ¿Por qué es tan importante esto? Si dividiéramos el océano en 1,000 partes, los arrecifes de coral solo ocuparían una parte, ¡pero el 25% de todas las especies del océano vivirían en esa parte!

Los pólipos coralinos individuales son diminutos, pero los arrecifes que construyen son tan grandes que se pueden ver desde un avión, ¡incluso desde una nave en órbita terrestre!

Bufet bajo el agua

Algunos peces pequeños encuentran protección entre los corales. ¿Por qué contribuye esto a que los arrecifes sean una red alimentaria importante?

Ancho y profundo

Si miras hacia altamar, ves una inmensa extensión azul. Parece que toda fuera igual. El mar abierto no es un solo ecosistema. Las condiciones cambian a medida que se hace más profundo.

Lectura con propósito ¿Qué puedes decir sobre la ubicación de este ecosistema según los títulos de esta página? Encierra en un círculo las formas en que altamar se diferencia de los ecosistemas sobre los que leíste antes.

La zona de altamar

Los animales de la superficie de altamar se parecen a aquellos que viven en la zona costera. Muchos peces, tortugas marinas y ballenas se mueven de allá para acá y viceversa entre la zona costera y altamar. Lo hacen en diferentes épocas del año. A medida que el océano se hace más profundo, la luz disminuye, la presión aumenta y la temperatura baja. Los organismos que viven en esas condiciones extremas son muy diferentes de los organismos que viven cerca de la superficie.

Es muy poca la luz solar que llega más allá de 200 m. Los organismos fotosintéticos no pueden sobrevivir. Los calamares son animales que viven en la región que está entre 200 m y 1,000 m de profundidad. Las ballenas piloto pueden sumergirse a esas profundidades para alimentarse de calamares, pero tienen que regresar a la superficie a respirar. Muchos animales que viven más abajo de 200 m suben cerca de la superficie por la noche para alimentarse.

Los calamares son más pequeños que tu brazo. ¡Pero hay calamares gigantes que crecen más de 40 m!

Algunas ballenas filtran el krill y el plancton diminuto del agua. Otras atrapan calamares y presas mayores.

La luz prácticamente no llega más allá de los 1,000 m de profundidad. El agua es muy fría y tiene poco oxígeno. Aun así, hay organismos que viven en el fondo oceánico. Alrededor de las chimeneas hidrotérmicas se forman comunidades de langostinos, lombrices tubícolas, babosas e incluso peces. Una *chimenea hidrotérmica* es un punto volcánico en el fondo oceánico. Allí las bacterias se comen los químicos disueltos en el agua caliente. Las bacterias dan inicio a la cadena alimentaria de los organismos más grandes.

Algunas variedades de rapes viven en la oscuridad total cerca del suelo submarino. Atraen a su presa con una parte de su cuerpo que expide luz propia.

Práctica matemática

Interpreta los datos

Las zonas de altamar reciben nombres según su profundidad. En una columna de 1 m^2 de ancho, ¿cuánta agua contiene cada una de estas zonas?

Zona	Profundidad	Cantidad de agua
soleada	200 m	
crepúsculo	1,000 m	
medianoche	4,000 m	
medianoche baja	11,000 m	

¿Cuánta agua en la columna recibe suficiente luz para sostener vida vegetal?

____

¿Cuánta agua en la columna no recibe suficiente luz para sostener vida vegetal?

____

Los organismos más importantes que nunca ves

Si te lanzaras al agua en altamar, podrías mirar hasta donde te alcanza la vista en todas las direcciones sin ver una planta, un pez o un mamífero. ¡Pero estarías rodeado de seres vivos!

El plancton son organismos que viven en altamar. Casi todo el plancton es microscópico y no pertenece a una misma especie. Se trata de un grupo que comprende organismos parecidos a plantas, organismos que parecen animales, y bacterias. El plancton parecido a plantas produce su propio alimento mediante fotosíntesis. El plancton parecido a los animales se alimenta de otro plancton. Los animales grandes y pequeños filtran el plancton del agua para alimentarse. Los peces más pequeños, a su vez, se convierten en alimento para los grandes depredadores.

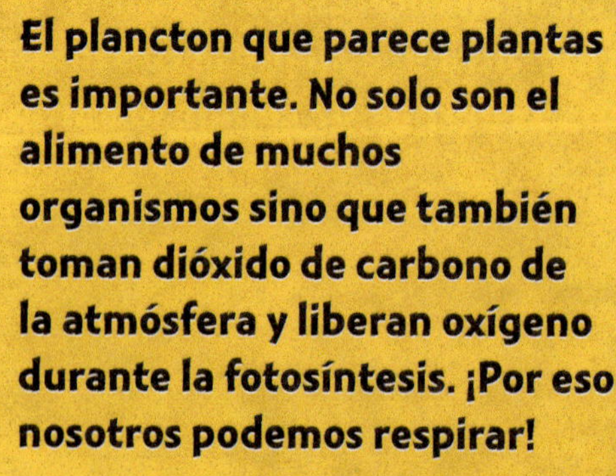

Las explosiones de plancton pueden durar días o semanas. El plancton se reproduce en número tan grande que forman nubes en el agua. ¡Hasta se pueden ver desde el espacio!

¿Quieres pescar plancton?

Describe dos maneras en que esta pescadora depende del plancton.

____

____

____

____

____

____

Cuando termines, lee la Clave de respuestas y corrige lo que sea necesario.

Escribe las palabras de la casilla según la categoría ambiental que les corresponde. Puedes usar las palabras más de una vez.

anémonas, percebes, playa, aves, arrecife de coral, cangrejos, oscuridad, delfines, marea alta, chimenea hidrotérmica, aguamala, marea baja, pantanos, moluscos, barrizales, plantas, tiburones, costa, langostinos, calamares, luz solar, laguna de marea, lombrices tubícolas, ballenas

1. Zona intermareal → ______________________

2. Zona costera → ______________________

3. Altamar → ______________________

4. Escribe tres cosas que aprendiste acerca de los ecosistemas oceánicos.

____

Clave de respuestas: 1. marea alta, marea baja, laguna de marea, plantas, anémonas, percebes, costa, playa, pantanos, barriales, moluscos, aves, luz solar, cangrejos, langostinos 2. arrecifes de coral, aves, aguamalas, delfines, tiburones, luz solar, ballenas, plantas 3. ballenas, calamares, chimeneas hidrotérmicas, lombrices tubícolas, oscuridad, cangrejos, langostinos

Ejercita tu mente

Nombre ______________________________

Juego de palabras

1 **Usa las palabras de la lección para completar cada oración.**

La zona intermareal se encuentra bajo el agua durante la _ _ _ _ _ _   _ _ _ _ _.

Las aves pueden alimentarse de los animales expuestos en las

_ _ _ _ _ _ _ _   _ _ _   _ _ _ _ _ _.

El área que está entre la zona intermareal y altamar se llama

_ _ _ _ _   _ _ _ _ _ _ _ _ _.

El grupo de diferentes organismos microscópicos que flotan en los océanos se llama

_ _ _ _ _ _ _ _ _ _.

Muchos organismos intermareales quedan expuestos al aire durante la

_ _ _ _ _ _   _ _ _ _ _.

Los ecosistemas más extensos y profundos se encuentran en _ _ _ _ _ _ _ _ _.

En comparación con altamar, la zona costera es más cálida y poco

_ _ _ _ _ _ _ _ _ _.

Los pólipos de corales viven juntos en _ _ _ _ _ _ _ _ _ _.

Averigua cómo colocar las respuestas en las casillas de abajo para que las letras en las cajas rojas resuelvan la adivinanza.

Adivinanza: Los peces nunca se ahogan en ______________.

					e													
					l													
					o													
					c													
					e													
					a													
					n													
					o													

Aplica los conceptos

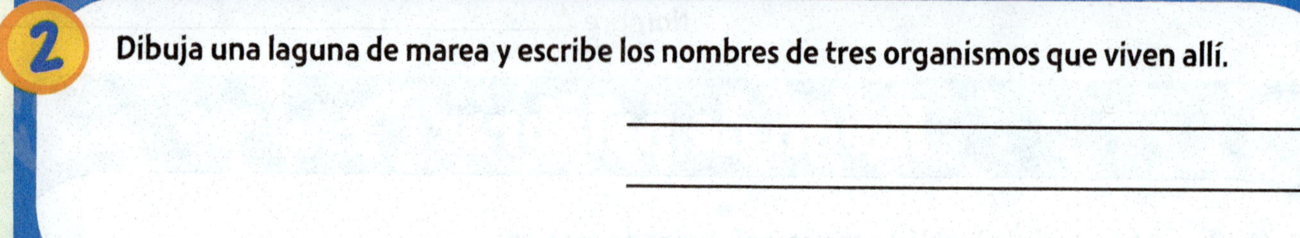

2 Dibuja una laguna de marea y escribe los nombres de tres organismos que viven allí.

____

____

____

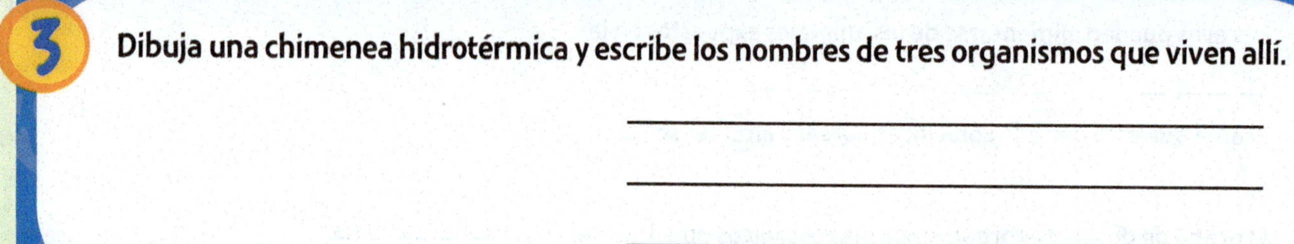

3 Dibuja una chimenea hidrotérmica y escribe los nombres de tres organismos que viven allí.

____

____

____

4 Explica por qué hay más organismos fotosintéticos en la zona costera que en altamar.

____

____

5 Identifica qué sucede en estas fotos de antes y después.

____

Pídele a un adulto en tu hogar que te ayude a investigar en Internet. ¿En qué se parecen las redes alimentarias marinas y las redes alimentarias terrestres? ¿En qué se diferencian? Haz un modelo tridimensional de una red alimentaria oceánica.

Conoce a algunos exploradores del océano

Evan B. Forde

Desde que se graduó de la universidad, Evan B. Forde ha sido oceanógrafo. Ha explorado muchos cañones submarinos. También estudia por qué los huracanes se forman sobre las aguas del océano. Forde habla con frecuencia en las escuelas para enseñarles a estudiantes y maestros qué es la oceanografía, y les explica que una de las misiones más importantes de un científico es resolver misterios.

Eugenie Clark

El amor de Eugene Clark por los peces comenzó el día en que visitó un acuario cuando tenía nueve años. Ella es una de las especialistas en el comportamiento de los tiburones más reconocidas del mundo. La Dra. Clark aprendió a bucear con tanques para poder estudiar a los peces de cerca. Ha escrito muchos libros y viajado por todo el mundo educando a la gente sobre todas las cosas que ha aprendido.

Clasifica la vida del océano

Una tarea importante de los oceanógrafos es clasificar la vida del océano. Mira la clave dicotómica. Luego responde las preguntas.

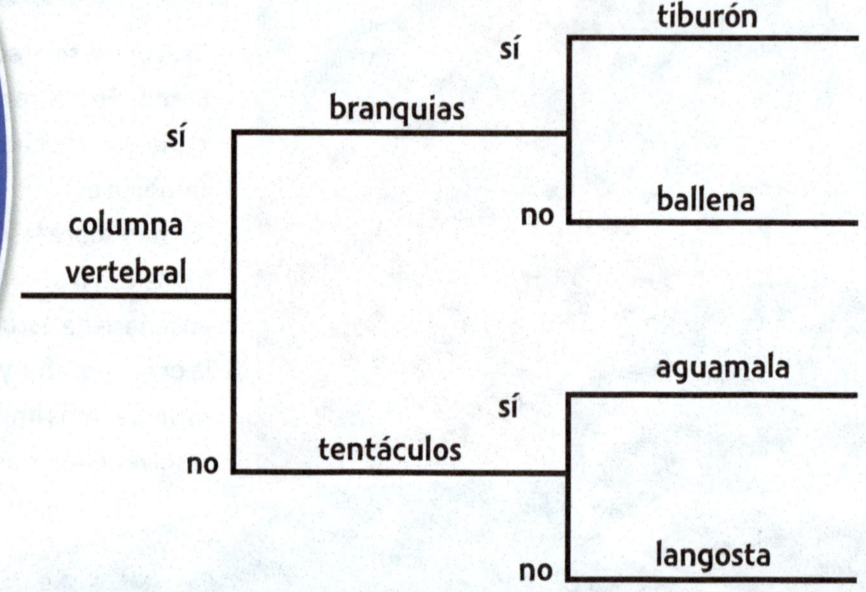

¿Qué animal no tiene branquias?

____

¿Qué animal tiene tentáculos?

____

¿Por dónde respiran los tiburones?

____

Repaso de la Unidad 11

Nombre ______________________________

Repaso de vocabulario

Completa las oraciones con las palabras de la casilla.

llanura abisal
plataforma continental
talud continental
corriente
costa
resaca de tormenta
marea
ola

1. El aumento y disminución del nivel del mar causado por la atracción de gravedad entre la Tierra, el Sol y la Luna se

   llama ______________________.

2. Cuando el agua del océano se mueve hacia arriba y hacia abajo debido a la energía que pasa por la superficie, se forma

   un(a) ______________________.

3. El patrón de movimiento continuo del agua se

   llama ______________________.

4. El aumento anormal del nivel del mar debido a vientos fuertes, grandes

   olas u otras razones, se llama ______________________.

5. La tierra que bordea el agua del océano se llama

   ______________________.

6. El vasto suelo del océano profundo se llama

   ______________________.

7. La porción del suelo submarino que desciende gradualmente formando una frontera submarina se llama

   ______________________.

8. La parte pendiente del suelo oceánico que desciende abruptamente

   hacia el fondo de llama ______________________.

Conceptos de ciencias

Rellena la burbuja con la letra de la mejor respuesta.

9. **Soon-Yi analizó un diagrama en corte de las características del fondo oceánico. Luego predijo que una de esas características se convertiría en una isla algún día. ¿A qué característica se refiere Soon-Yi con más probabilidad?**

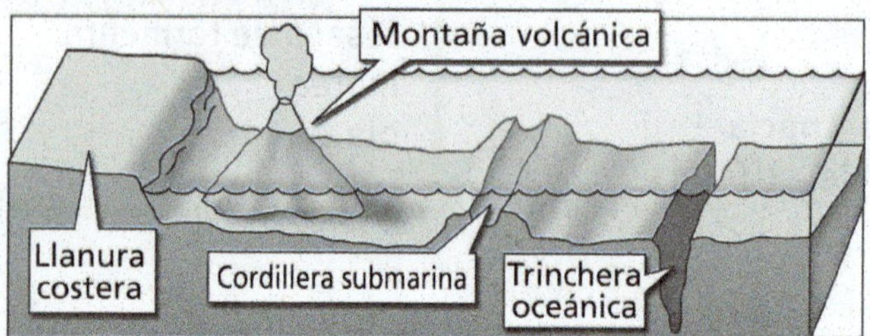

Ⓐ Llanura costera
Ⓑ Cordillera submarina
Ⓒ Trinchera oceánica
Ⓓ Montaña volcánica

10. **En la costa esperaban la llegada de un huracán. Juan escuchó un informe del estado del tiempo recomendándoles a los habitantes de la costa moverse hacia el interior. ¿Qué peligro representaba para estas personas el viento producido por el huracán?**

Ⓐ mareas
Ⓑ corrientes
Ⓒ olas muy grandes
Ⓓ cambio de las playas

11. **En una playa cercana a la casa de Tara hay una ensenada que se llena de arena. La corriente oceánica se mueve de sur a norte por esa entrada.**

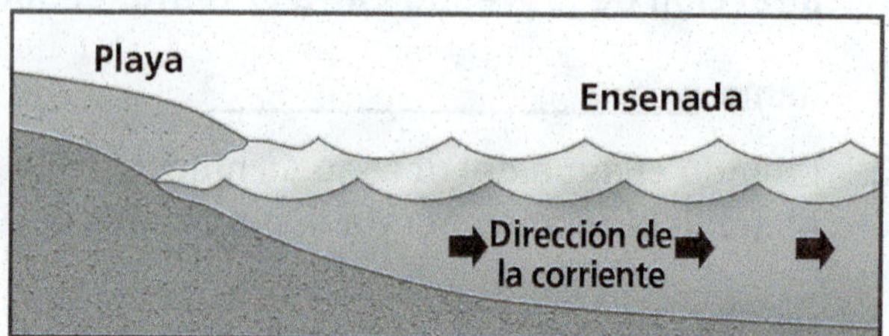

¿Qué podría ocurrir si se construye un espigón al sur del acceso a la entrada?

Ⓐ Se acumularía menos arena en la ensenada.
Ⓑ La arena cubriría la ensenada completamente.
Ⓒ Habría menos arena en la playa a la izquierda del espigón.
Ⓓ Se acumularía más arena en la playa a la derecha del espigón.

12. **En una excursión a la costa, Rani observó anémonas de mar, cangrejos, langostinos pequeños, estrellas de mar y peces pequeños en piscinas rocosas. ¿Qué ecosistema oceánico estuvo observando Rani?**

Ⓐ chimenea hidrotérmica
Ⓑ zona intermareal
Ⓒ zona costera
Ⓓ zona de altamar

Nombre ______________________

13. El dibujo muestra cómo se veía la costa cuando Yuri llegó por la mañana. Vio muchas aves marinas que llegaban a la playa. Cuando se fue por la tarde, el área estaba cubierta de agua y las aves se habían ido.

¿Qué oración explica **mejor** por qué se fueron las aves?

Ⓐ Por la mañana subió la marea y por la tarde bajó.

Ⓑ Los organismos en la laguna de marea estaban más expuestos durante la marea alta.

Ⓒ Los organismos en la laguna de marea estaban más expuestos durante la marea baja.

Ⓓ Los organismos en la laguna de marea fueron arrastrados por la subida de agua.

14. La comunidad de seres vivos alrededor de una chimenea hidrotérmica es diferente de otros ecosistemas oceánicos. ¿Cuál es la razón **principal** de esta diferencia?

Ⓐ tiene menos tipos de organismos

Ⓑ ballenas, tortugas de mar y calamares entran y salen de este ecosistema

Ⓒ sus cadenas alimentarias no dependen de de la energía solar o de la vida vegetal

Ⓓ es más fácil formar comunidades vivas por la actividad volcánica

15. Mira el mapa.

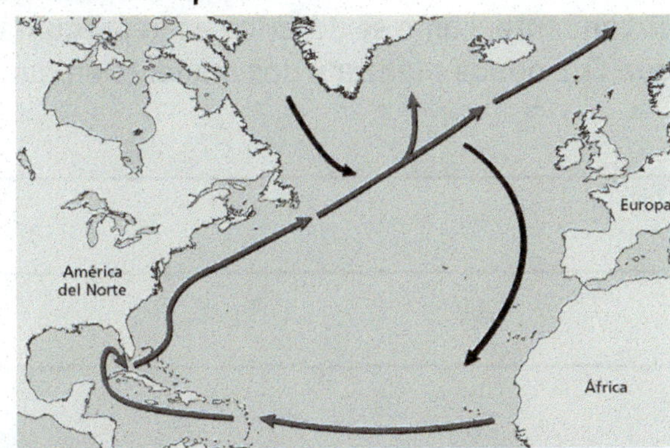

¿Qué representan las flechas oscuras?

Ⓐ los vientos causados por El Niño

Ⓑ el movimiento de toda el agua del océano Atlántico

Ⓒ el movimiento de la Corriente del Golfo

Ⓓ el movimiento y sedimentación de arena a lo largo de la costa

16. Unos científicos bajan al fondo del mar en un sumergible. ¿Cuál de los siguientes factores ambientales **aumentará** a medida que el sumergible descienda a las profundidades?

Ⓐ luz

Ⓑ oxígeno

Ⓒ temperatura

Ⓓ presión de agua

17. Un témpano de hielo de agua dulce se está derritiendo. ¿Qué oración describe los efectos **más probables** de este proceso?

Ⓐ La salinidad del agua de los alrededores disminuirá y la temperatura aumentará.

Ⓑ La salinidad del agua de los alrededores aumentará y la temperatura aumentará.

Ⓒ El agua de los alrededores formará una corriente cálida como la Corriente del Golfo.

Ⓓ La salinidad y la temperatura del agua de los alrededores disminuirán.

Aplica la investigación y repasa La gran idea

Escribe las respuestas a estas preguntas.

18. Erik quiere modelar el efecto que tiene un témpano al derretirse en el agua circundante, como se describe en la pregunta anterior. Describe la investigación que Eric puede realizar y dos maneras en que puede medir los resultados.

19. Explica la importancia de los sumergibles para la exploración científica del océano.

20. La siguiente tabla da información sobre diferentes zonas de altamar. ¿Qué puedes inferir sobre el medioambiente físico de cada zona? ¿Qué diferencias observarías entre los ecosistemas de estas zonas?

Zona	Profundidad
soleada	0–200 metros
penumbra	200–1,000 metros
medianoche	1,000–4,000 metros
medianoche baja	4,000–11,000 metros

UNIDAD 12

El sistema solar y el universo

La gran idea

La Tierra es parte de un sistema solar formado por objetos diversos que giran alrededor de un sol.

Me pregunto por qué

¿Por qué la mayoría de los observatorios se construyen lejos de las grandes ciudades?

Da vuelta a la página para descubrirlo.

Por esta razón La mayoría de los observatorios han sido construidos lejos de las ciudades para evitar que el alumbrado artificial ilumine el cielo, lo cual a veces hace casi imposible ver las luces tenues de las estrellas.

En esta unidad vas a aprender más sobre La gran idea, y a desarrollar las preguntas esenciales y las actividades del Rotafolio de investigación.

Niveles de investigación ■ Dirigida ■ Guiada ■ Independiente

La gran idea La Tierra es parte de un sistema solar formado por objetos diversos que giran alrededor de un sol.

Preguntas esenciales

¡Ya entiendo La gran idea!

Cuaderno de ciencias

No te olvides de escribir lo que piensas sobre la Pregunta esencial antes de estudiar cada lección.

Pregunta esencial

¿Qué objetos forman parte del sistema solar?

Ponte a pensar

Halla la respuesta a la siguiente pregunta en esta lección y escríbela aquí.

¿Qué planetas tienen anillos, y de qué están hechos los anillos?

____

____

____

Lectura con propósito

Vocabulario de la lección

Haz una lista de los términos. A medida que aprendes cada uno, toma notas en el Glosario interactivo.

______________ ______________

______________ ______________

____

Comparar y contrastar

Muchas ideas en esta lección están conectadas porque explican comparaciones y contrastes: en qué se parecen las cosas y en qué se diferencian. Los buenos lectores se concentran en las comparaciones y los contrastes preguntándose: ¿En qué se parecen estas cosas? ¿En qué se diferencian?

El sistema solar

El Sol, la Tierra y su luna forman un sistema en el espacio. La Tierra se traslada alrededor del Sol. Eso significa que la Tierra da vueltas alrededor del Sol trazando un camino que se llama órbita. A su vez, la Luna se traslada alrededor de la Tierra. Sigue leyendo para aprender sobre otros objetos en el espacio.

Lectura con propósito Mientras lees estas dos páginas, subraya dos detalles que indiquen en qué se parecen todos los planetas.

La Tierra y su luna son parte de un sistema espacial más grande, llamado sistema solar. Un **sistema solar** está compuesto por una estrella y los planetas y otros objetos espaciales que dan vueltas alrededor de ella. Un **planeta** es un cuerpo grande y redondo que se traslada alrededor de una estrella. En nuestro sistema solar, los planetas y otros objetos se trasladan alrededor de una estrella a la que llamamos Sol.

Existen ocho planetas en nuestro sistema solar. Todos ellos rotan, o giran, alrededor de un eje. El eje es una línea imaginaria que atraviesa el centro de un planeta. La Tierra rota sobre su eje una vez cada 24 horas: esto es lo que dura un día terrestre.

A diferencia de los planetas, algunos objetos no se trasladan directamente alrededor del Sol. Las *lunas* son objetos naturales pequeños que se trasladan alrededor de otros objetos. Muchos planetas tienen lunas. La Tierra solo tiene una, que tarda cerca de 27 días en darle una vuelta completa.

¡La Tierra está a unos 150 millones de kilómetros del Sol!

Los diagramas no están a escala.

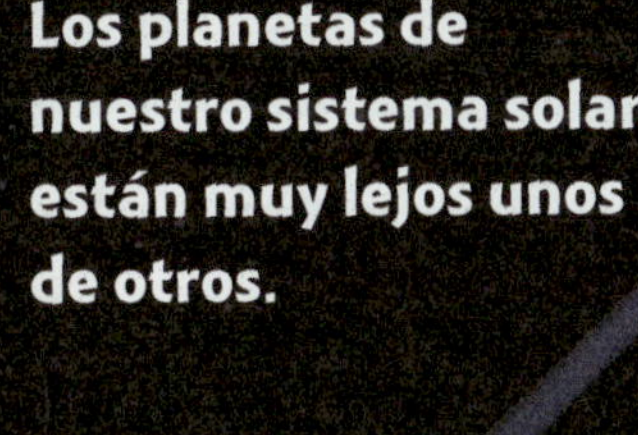

Los planetas de nuestro sistema solar están muy lejos unos de otros.

Las órbitas de los planetas de nuestro sistema solar no son círculos perfectos: su forma es ovalada o elíptica.

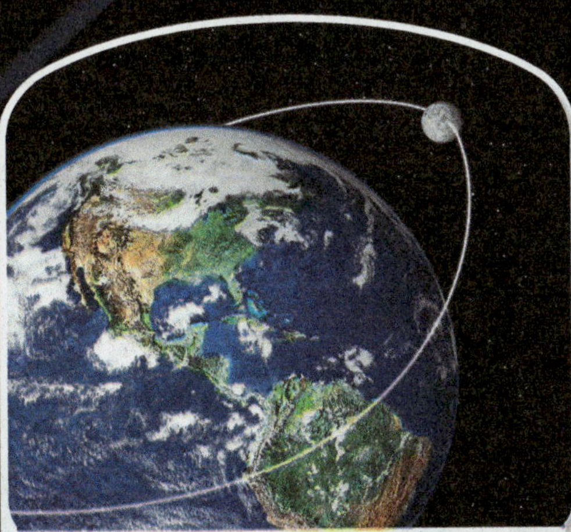

Algunos planetas tienen muchas lunas. La Tierra solo tiene una. ¡Venus y Mercurio no tienen ninguna!

Vueltas y vueltas

Dibuja una órbita para el planeta. Luego, dibuja una luna y su órbita.

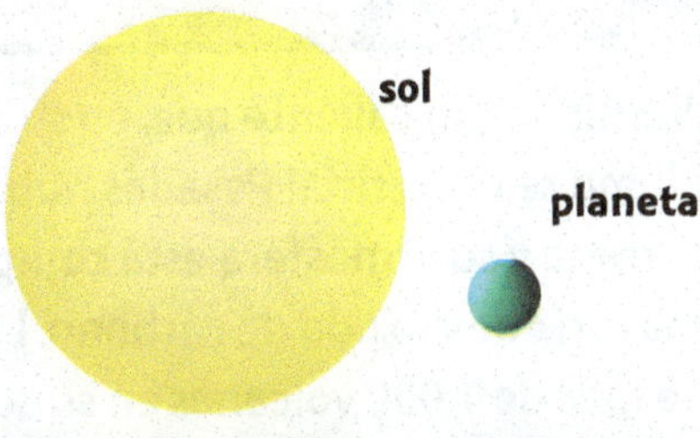

A veces, el objeto más brillante en el cielo nocturno no es la Luna o una estrella. Es Venus, uno de los vecinos más cercanos de la Tierra en el espacio.

Lectura con propósito Mientras lees estas dos páginas, subraya las formas en que los planetas interiores se parecen.

Mercurio

El tamaño de Mercurio, el planeta más pequeño de nuestro sistema solar, es menos de la mitad que el de la Tierra. Su superficie está llena de cráteres; se parece mucho a nuestra luna, y es el planeta más cercano al Sol. En Mercurio, el Sol se vería tres veces más grande de como se ve desde la Tierra.

Los planetas de nuestro sistema solar pueden clasificarse según su distancia al Sol. Los cuatro planetas interiores son los más próximos al Sol. En orden de más cercano a más lejano, los planetas interiores son Mercurio, Venus, la Tierra y Marte.

Los planetas interiores son muy densos y rocosos. Sus atmósferas son ralas y sus diámetros son pequeños. El diámetro de un planeta es la distancia de un lado al otro, pasando a través de su centro. Los planetas interiores poseen grandes núcleos sólidos en su centro. Tienen pocas lunas y tiempos de revolución cortos, comparados con los demás planetas del sistema solar.

Venus

¡Venus es tan caliente que, en su superficie, el plomo se derretiría! Pesadas nubes rodean el planeta y su atmósfera está compuesta en su mayoría de dióxido de carbono. La lava fluye de más de 1,000 volcanes en su superficie.

Los planetas no están a escala.

Tierra

La Tierra es el tercer planeta desde el Sol. Su atmósfera está compuesta en su mayor parte por nitrógeno, oxígeno y dióxido de carbono. La Tierra es el único planeta del que se sabe que posee agua líquida en abundancia, lo que permite temperaturas en las que se puede desarrollar la vida.

No es un hogar para mí

Enumera tres razones por las que la gente no podría vivir en Venus.

1. ______________________________

____

2. ______________________________

____

3. ______________________________

____

Marte

Algunas veces podemos ver a Marte en el cielo nocturno. Se lo conoce como el "planeta rojo" por su superficie de rocas rojizas. Gigantescas tormentas de polvo cubren con frecuencia el planeta, formando enormes dunas de arena. Como todos los planetas interiores, Marte tiene muchos volcanes.

Los planetas exteriores

En una noche clara, es posible ver a Júpiter como una gran estrella brillante. Pero, de hecho, Júpiter es uno de los planetas exteriores de nuestro sistema solar.

gran mancha roja

Lectura con propósito Mientras lees esta página, subraya las formas en que los planetas exteriores se parecen.

Júpiter, Saturno, Urano y Neptuno son los planetas exteriores. En ese orden, son los planetas que más lejos se encuentran del sol. Los planetas exteriores también se llaman gigantes gaseosos porque son enormes y están compuestos en su mayor parte por gases. No tienen una superficie sólida y sus núcleos son muy pequeños.

Puesto que los gigantes de gas están tan lejos del Sol, sus superficies son mucho más frías que las de los planetas interiores. Todos los planetas exteriores poseen muchas lunas y sistemas de anillos. El sistema de anillos de Saturno es el más visible de los planetas exteriores.

Júpiter

Júpiter es el planeta más grande del sistema solar. De hecho, ¡todos los demás planetas cabrían en él! El tamaño de su gran mancha roja es tres veces el de la Tierra. Las manchas rojas son enormes tormentas giratorias. Los tenues anillos de Júpiter fueron descubiertos en 1979 por la sonda espacial *Voyager* 1.

Saturno

Saturno, el segundo planeta más grande, está rodeado por miles de anillos. Los anillos están hechos de trozos de hielo y rocas. Algunas de las lunas de Saturno se encuentran en el interior de estos anillos. Al igual que en Júpiter, en Saturno ocurren grandes tormentas.

Los planetas no están a escala.

¿Qué los hace únicos?

Escribe una cosa que hace único a cada uno de los planetas exteriores.

Júpiter

____

____

Saturno

____

____

Urano

____

____

Neptuno

____

____

Urano

El eje de Urano está tan inclinado que, en comparación con otros planetas, rota sobre su lado. ¡Esto hace que las estaciones en Urano duren más de 20 años! Desde las profundidades del planeta, burbujean gases calientes hacia la superficie, donde forman nubes brillantes. Urano tiene un sistema de por lo menos 13 anillos tenues.

Sol

Neptuno

Neptuno es el planeta más ventoso de nuestro sistema solar. Sus vientos se mueven a velocidades cercanas a los 2,000 Km/h (1,243 mi/h). Estos vientos desplazan su gran mancha oscura alrededor del planeta. La mancha es una tormenta, tiene el tamaño de la Tierra, y desaparece y se vuelve a formar. Neptuno está rodeado por nueve anillos.

Comparemos los planetas interiores y exteriores

El tamaño, las características de la superficie y la distancia desde el Sol son solo algunas de las diferencias entre los planetas interiores y los exteriores. Observa la siguiente tabla para enterarte de otras diferencias.

Planeta	**Periodo de revolución** (en días y años terrestres)	**Periodo de rotación** (en días y horas terrestres)	**Temperatura (°C)** Planetas interiores: rango superficial; planetas exteriores: parte superior de las nubes	Número de lunas	Densidad (g/cm^3)	Diámetro
Planetas interiores						
Mercurio	88 días	59 días	−173 a 427	0	5.43	4,878 km (3,031 mi)
Venus	225 días	243 días	462	0	5.24	12,104 km (7,521 mi)
Tierra	365 días	1 día	−88 a 58	1	5.52	12,756 km (7,926 mi)
Marte	687 días	cerca de 1 día	−87 a −5	2	3.94	6,794 km (4,222 mi)
Planetas exteriores						
Júpiter	12 años	cerca de 10 horas	−148	63	1.33	142,984 km (88,846 mi)
Saturno	29 años	cerca de 10 horas	−178	61	0.70	120,536 km (74,898 mi)
Urano	84 años	cerca de 17 horas	−216	27	1.30	51,118 km (31,763 mi)
Neptuno	165 años	cerca de 16 horas	−214	13	1.76	49,528 km (30,775 mi)

La densidad del agua es de 1 gramo por centímetro cúbico (g/cm^3). Saturno flotaría porque su densidad es menor que la densidad del agua. La Tierra se hundiría.

Práctica matemática

Hallar un promedio

En el espacio siguiente, halla la densidad promedio de los cuatro planetas interiores. Repite para los cuatro planetas exteriores.

Planetas interiores:

Planetas exteriores:

¿Cómo se comparan las densidades promedio?

____

____

____

Patrones en los datos

Observa la tabla de datos de la página anterior. Describe dos tendencias en los datos entre los planetas interiores y exteriores.

____

____

____

____

____

Los objetos voladores

Además de los planetas, existen muchos otros cuerpos que orbitan el Sol. Aprendamos un poco más sobre ellos.

Lectura con propósito Mientras lees estas dos páginas, busca y subraya dos hechos sobre los asteroides.

Lunas

Otras lunas son muy diferentes a la luna de la Tierra. Se supone que Europa, una de las lunas de Júpiter, podría tener un océano líquido debajo de una capa de hielo. Otra de sus lunas, Io, tiene los volcanes más activos de cualquier cuerpo del sistema solar.

Io

Planetas enanos

Anteriormente, Plutón se consideraba un planeta, pero en 2006 fue reclasificado como planeta enano. Los **planetas enanos** son cuerpos casi redondos, cuyas órbitas se cruzan con las órbitas de otros cuerpos. La mayoría se encuentra en una región del sistema solar más allá de la órbita de Neptuno, llamada cinturón de Kuiper. Estos objetos son muy distantes y difíciles de estudiar. Quaoar, mostrado arriba, fue descubierto en 2002.

Asteroides

Los **asteroides** son objetos de roca y hierro que orbitan el Sol. Se han encontrado millones de ellos en una extensa región entre Marte y Júpiter, llamada *cinturón de asteroides*. Algunos son tan pequeños como una cuadra de una ciudad; otros podrían ocupar un océano. ¡Algunos hasta tienen sus propias lunas!

Meteoroides, meteoros y meteoritos

Todos los días, toneladas de meteoroides entran en la atmósfera terrestre. Los *meteoroides* son pedazos de roca que se desprenden de los asteroides y viajan a través del espacio. La mayoría de los meteoroides se queman en la atmósfera de la Tierra, produciendo un rayo de luz llamado *meteoro*. Los meteoroides que alcanzan la superficie terrestre se llaman *meteoritos*.

¿Dónde está el Sol?

En este dibujo de un cometa, escribe una *S* para indicar la dirección hacia el Sol. Pon una *C* sobre cada cola.

Cometas

Un **cometa** es un trozo de gases, roca, hielo y polvo congelados. Los cometas tienen órbitas largas alrededor del Sol. Cuando pasan cerca de éste, parte de su superficie congelada se deshace y se convierte en gases y polvo. Estas partículas reflejan la luz solar y se hacen visibles en forma de largas colas. Las colas de los cometas apuntan en dirección opuesta al Sol.

Observando el espacio

Las órbitas de algunos objetos del espacio se cruzan entre sí. Por lo general, no ocurre nada, pero algunas veces los objetos chocan. Los científicos buscan objetos que pudieran cruzarse con la órbita de la Tierra.

Las imágenes de la superficie lunar cuentan una historia. Durante millones de años, objetos espaciales como cometas, meteoroides y asteroides han impactado, o golpeado, la Luna. En su superficie se pueden ver cráteres de impacto de todos los tamaños. Los objetos espaciales también han golpeado otros cuerpos del sistema solar. El cometa llamado Shoemaker-Levy 9 chocó con Júpiter en 1994. La sonda espacial *Galileo* tomó fotografías del impacto.

Los científicos saben que la Tierra también ha sido golpeada por objetos grandes. De hecho, uno enorme impactó nuestro planeta hace unos 65 millones de años. Muchos científicos creen que provocó cambios en el medioambiente que causaron la desaparición de los dinosaurios. Afortunadamente, ese tipo de impactos no ocurre con frecuencia.

Los científicos usan telescopios para explorar el espacio en busca de asteroides cercanos a la Tierra. Estos son objetos que podrían cruzarse con la órbita terrestre. Los científicos anotan su tamaño, posición y movimiento. Luego, analizan estos datos para determinar cuál objeto podría impactar la Tierra.

El impacto del Shoemaker-Levy 9 produjo burbujas de gas caliente que subieron a la atmósfera de Júpiter, y se formaron manchas oscuras en su superficie.

El cráter Barringer, en Arizona, fue formado por un meteorito que chocó con nuestro planeta hace unos 50,000 años.

¡Los impactos pueden suceder en cualquier parte de la Tierra! Este mapa muestra algunos cráteres de impacto en todo el mundo.

Diámetro de cráteres de impacto

- 10–25 Km
- 25–50 Km
- mayor que 50 Km

▶ Subraya en estas páginas los efectos de los impactos. Luego, encierra en un círculo una imagen que muestre la evidencia de un impacto en la Tierra.

Los observatorios tienen potentes telescopios que permiten a los científicos seguir el movimiento de objetos en el espacio.

Resúmelo

Cuando termines, lee la Clave de respuestas y corrige lo que sea necesario.

Lee el resumen y luego coloca la información de la lista en la casilla correcta.

El Sol está en el centro del sistema solar. El sistema solar está compuesto por planetas, planetas enanos, lunas y otros objetos más pequeños. Los ocho planetas del sistema solar se dividen en planetas interiores y planetas exteriores. Cada grupo tiene características diferentes.

pequeños y densos	revoluciones más largas	muchas lunas	pocas lunas
tamaño gigante	más cerca del Sol	superficie gaseosa	baja densidad
anillos	superficie rocosa		

1 Planetas interiores

2 Planetas exteriores

Completa los espacios con la información que falta para describir el siguiente objeto.

3

Io

a. Tipo de objeto: ______________________

b. Vecinos en el espacio: ______________________

c. Característica clave: ______________________

d. En qué se diferencia de la Tierra: ______________________

____

____

Clave de respuestas: 1. Planetas interiores: pequeños y densos, superficie rocosa, pocas lunas, más cerca del Sol 2. Planetas exteriores: superficie gaseosa, tamaño gigante, anillos, muchas lunas, baja densidad, revoluciones más largas 3a. luna 3b. Júpiter y sus otras lunas 3c. volcanes activos 3d. Io orbita un planeta.La Tierra es un planeta, por lo tanto, orbita al Sol. Io está más lejos del Sol que la Tierra.

Ejercita tu mente

Lección 1

Nombre ______________________

Juego de palabras

1 Usa los términos del recuadro para rotular los objetos del diagrama siguiente.

planeta	cometa	asteroide	sistema solar	planeta enano
luna	órbita	gigante gaseoso	Sol	* Vocabulario clave de la lección

(x 1) Plutón

9. ______________________

1. ______________________

Neptuno

(x 27) Urano

(x 13)

8. ______________________

7. ______________________

Júpiter

(x 63)

Saturno

(x 61)

5. ______________________

6. ______________________

4. ______________________

Mercurio

Tierra

Marte

2. ______________________

3. ______________________

Venus

Aplica los conceptos

2 En el espacio siguiente, explica con dibujos las principales características físicas de un planeta interior y de un planeta exterior. Luego, describe tus dibujos.

3 Describe las características de un cometa.

4 ¿Qué es un meteoroide y cómo se convierte en meteorito?

Nombre ______________________

Lección 1

5 Identifica los siguientes objetos grandes del sistema solar. Escribe cómo puedes identificar cada uno.

____

____

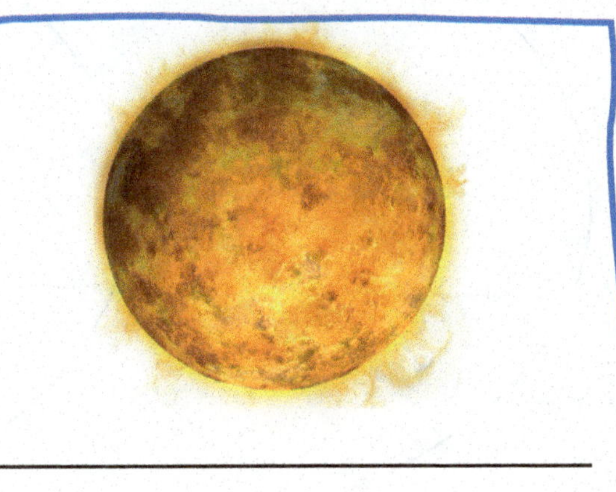

____

____

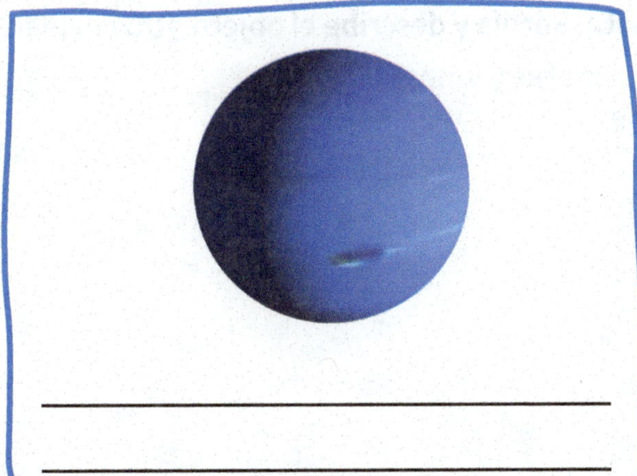

____

____

____

____

6 Un científico descubre un objeto en el sistema solar. Lo describe como más grande que un asteroide, más pequeño que Mercurio y más lejos del Sol que Neptuno. ¿Qué tipo de objeto podría ser? Explica.

____

____

7 Completa el diagrama de Venn para comparar y contrastar un asteroide y un cometa.

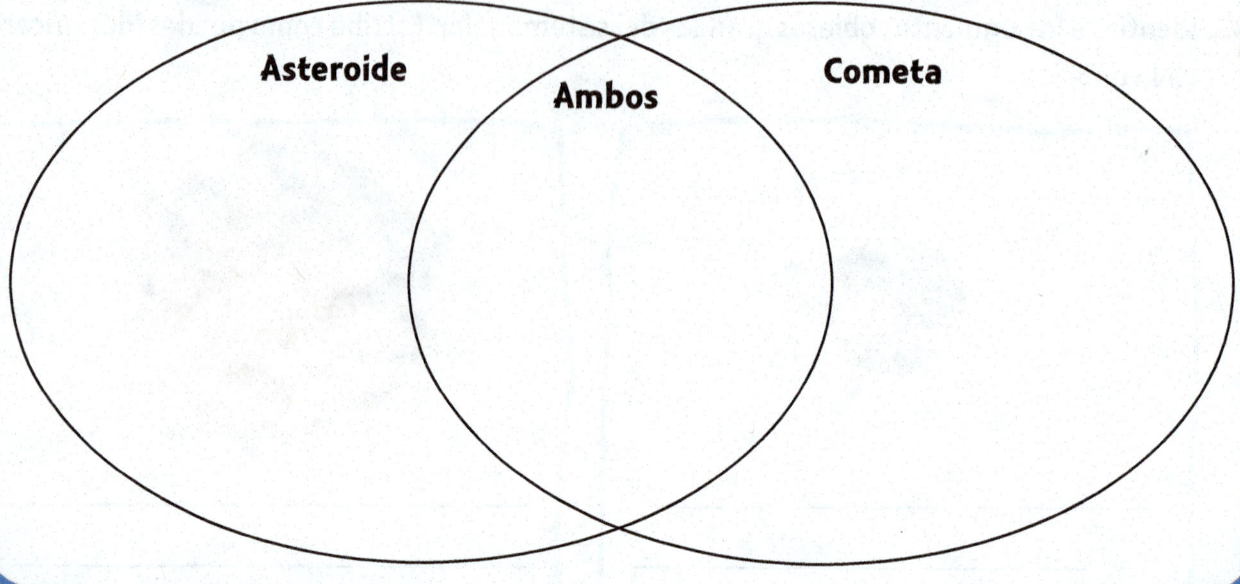

8 Dibuja un objeto que podría impactar el planeta. Rotula y describe el objeto. ¿Qué evidencia hay de que estos objetos hayan chocado con planetas y lunas?

____

____

____

Para la casa

Muchos periódicos publican la ubicación de Venus, Marte y Júpiter en el cielo. Busca en qué parte del cielo pueden aparecer estos planetas y trata de encontrarlos. Son algunos de los objetos más brillantes del cielo nocturno.

Conoce a dos exploradoras espaciales

Kalpana Chawla viajó en su primera misión ¡más de seis millones de millas en 15 días!

Kalpana Chawla

Kalpana Chawla soñó volar aviones desde que era una niña en India. Vino a Estados Unidos y estudió mucho hasta obtener su licenciatura como ingeniera aeroespacial. Kalpana Chawla podía volar muchos tipos de aviones. ¡Sus sueños se habían hecho realidad! pero, seguía soñando, quería volar en el espacio. Fue a trabajar para la NASA y se convirtió en astronauta. Al poco tiempo, ¡Kalpana Chawla se convirtió en la primera mujer de India en el espacio!

Claudia Alexander

Claudia Alexander también explora el espacio exterior, ¡pero, nunca deja la Tierra! Además, estudia las lunas del planeta Júpiter y estuvo a cargo de la misión *Galileo* de la NASA. En 1989 la misión envió desde la Tierra una nave espacial no tripulada a Júpiter. El viaje a Júpiter duró seis largos años, y Claudia Alexander lo dirigió ¡a 385 millones de millas de distancia! Bajo su dirección, *Galileo* fue la primera nave espacial que tomó fotos detalladas de Júpiter y sus lunas.

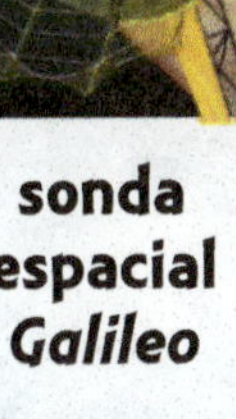

sonda espacial *Galileo*

Dos formas de estudiar el espacio

Kalpana Chawla y Claudia Alexander estudian el espacio de forma diferente. Escribe los enunciados que corresponden a cada científica en el círculo correcto.

Kalpana Chawla

___

___

___

___

___

- Dirijo misiones espaciales sin dejar la Tierra.
- Viajé en el transbordador espacial.
- Estudio las lunas de Júpiter.
- Crecí en India y aprendía a volar muchos aviones.
- Estudio objetos en el espacio.

El telescopio espacial Hubble envía fotografías del espacio a los científicos desde su órbita, a gran distancia de la Tierra.

Claudia Alexander

___

___

___

___

___

Muchos científicos estudian el espacio desde la Tierra en un observatorio, usando telescopios como este.

Rotafolio de investigación, pág. 59

Nombre ______________________________

Pregunta esencial

¿Cómo observamos los objetos del sistema solar?

Establece un propósito

¿Qué crees que aprenderás de esta investigación?

____

____

____

Piensa en el procedimiento

¿Para qué piensas que observarás el objeto de diferentes maneras?

____

____

____

____

¿Por qué es importante que trabajes en equipo en esta investigación?

____

____

____

Anota tus datos

En el siguiente espacio, anota las observaciones que hiciste usando los tres métodos.

Saca tus conclusiones

Piensa en qué hacen los científicos para ver los objetos del espacio. ¿Qué representa la observación del objeto desde lejos?

¿Qué representa el uso de los binoculares?

¿Qué representa ver el objeto de cerca?

Analiza y amplía

1. ¿Cómo difieren tus observaciones desde lejos de las que se hicieron con binoculares? Da un ejemplo.

2. ¿Cómo difieren tus observaciones con binoculares de las observaciones hechas cuando un estudiante se acercó al cartel? Da un ejemplo.

3. ¿De qué manera les sirven las sondas espaciales a los científicos para aprender sobre los objetos del espacio?

4. Piensa en objetos del sistema solar. ¿Cómo usan los científicos las relaciones entre tiempo y espacio para observarlos?

5. Piensa en otras preguntas que te gustaría hacer acerca de los científicos que estudian objetos del espacio. Escribe tus preguntas.

Pregunta esencial

¿Qué son las estrellas y las galaxias?

Ponte a pensar

Halla la respuesta a la siguiente pregunta en esta lección y escríbela aquí.

El espacio no está completamente vacío. Hay pequeñas partículas en él. ¿Qué sucede cuando estas partículas se juntan?

Una nebulosa como esta, la nebulosa del Pelícano, es una nube gigante de gas y polvo.

Lectura con propósito

Vocabulario de la lección

Haz una lista de los términos. A medida que aprendes cada uno, toma notas en el Glosario interactivo.

Palabras clave: detalles

Las palabras clave muestran conexiones entre ideas. *Por ejemplo* y *tal como* sirven para señalar ejemplos de una idea. *También* y *de hecho* indican hechos agregados. Los buenos lectores recuerdan lo que han leído porque están pendientes de las palabras clave que identifican ejemplos y hechos acerca de un tema.

Estrellas TITILANTES

Las estrellas lucen como puntos diminutos de luz blanca en el cielo nocturno. Pero las estrellas no son diminutas ni son todas blancas. Aprende cómo estudian las estrellas los científicos.

Lectura con propósito Mientras lees estas dos páginas, encierra en cuadrados las palabras o frases que indiquen un detalle o un hecho agregado.

Las personas siempre han observado los objetos del cielo. La **astronomía** es el estudio de los objetos del espacio y sus características. Los *astrónomos* son científicos que estudian el espacio y todo lo que hay en él. Ellos usan muchos tipos de telescopios para observar los objetos del espacio, tales como las estrellas y los planetas.

Las **estrellas** son enormes bolas de gases calientes y brillantes que producen su propio calor y luz. El Sol es la estrella de la que sabemos más. Parece más grande que otras estrellas solo porque está más cerca de la Tierra.

Práctica matemática

Dividir por números de tres dígitos

Un telescopio pequeño amplifica los objetos 150 veces. Un gran telescopio de observatorio amplifica un objeto 3,300 veces. ¿Cuántas veces mayor es la amplificación del telescopio de observatorio que del pequeño?

____

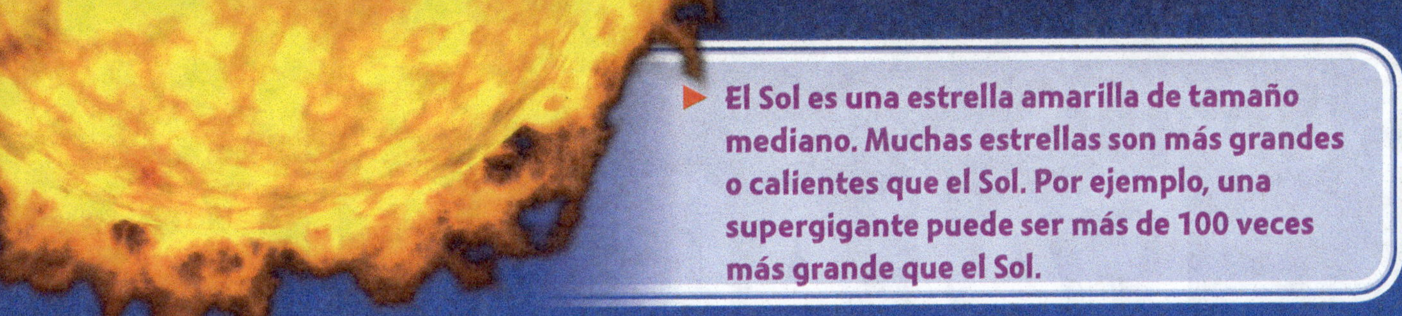

► El Sol es una estrella amarilla de tamaño mediano. Muchas estrellas son más grandes o calientes que el Sol. Por ejemplo, una supergigante puede ser más de 100 veces más grande que el Sol.

NACE UNA ESTRELLA

Las estrellas se forman cuando la gravedad hace que las partículas de gas y polvo del espacio se agrupen. Estas partículas se comprimen a una gran presión. Con el tiempo, la energía almacenada en estas se libera en forma de calor y luz, y nace una estrella.

Las estrellas se clasifican por su color, temperatura, brillo y tamaño. Por el color de una estrella podemos conocer su temperatura. Por ejemplo, las estrellas azules son las más calientes. La temperatura promedio de una estrella azul es de unos 15,000 °C.

Las estrellas tienen un amplio rango de tamaños. Las enanas blancas, por ejemplo, pueden ser tan pequeñas como un planeta. Las gigantes y supergigantes son mucho más grandes que las estrellas de tamaño promedio. Las estrellas más grandes suelen ser también las más brillantes. El brillo de una estrella se relaciona con la cantidad de luz visible que emite.

Supercaliente y caliente

Dibuja un rectángulo alrededor de las estrellas más calientes del diagrama. Dibuja un círculo alrededor de las estrellas más brillantes.

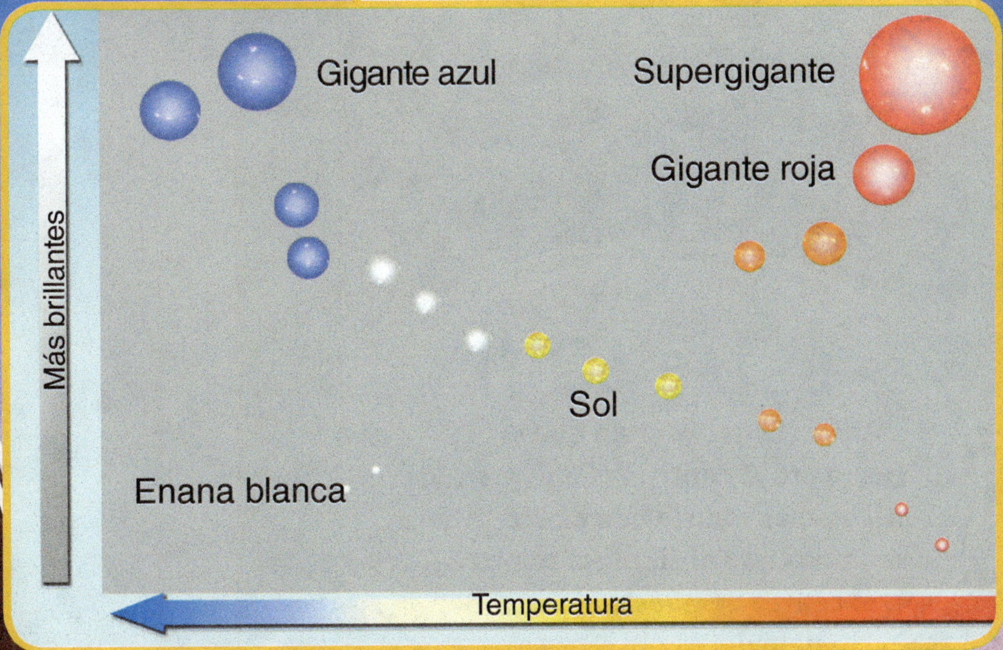

Gigante azul

Supergigante

Gigante roja

Sol

Enana blanca

Más brillantes

Temperatura

SOMOS GALÁCTICOS

Nuestro sistema solar es enorme. Sin embargo, es apenas una parte diminuta de un sistema espacial mucho más grande. Nuestro sol es una estrella de un grupo de miles de millones de estrellas que se encuentran en la galaxia Vía Láctea.

Lectura con propósito Mientras lees las siguientes cuatro páginas, encierra en círculos los detalles sobre las edades de las estrellas de cada tipo de galaxia.

Galaxia Vía Láctea

ESTÁS AQUÍ

Antes, la gente creía que la Tierra era el centro del universo. El universo es todo lo que existe. ¡Ahora sabemos que ni siquiera somos el centro de nuestra propia galaxia!

▶ En el siguiente espacio, describe la posición del sistema solar dentro de la Vía Láctea.

CARACTERÍSTICAS DE LAS GALAXIAS

Una **galaxia** es un grupo de miles de millones de estrellas, objetos que orbitan las estrellas, gas y polvo. Una galaxia se mantiene unida por la gravedad. Existen miles de millones de galaxias en el universo. Grandes distancias las separan. En una noche despejada puedes ver lo que parece ser una tenue banda de nubes entre las estrellas: esa es una parte de nuestra galaxia, la Vía Láctea. La mayoría de las demás galaxias solo pueden verse con telescopios muy potentes.

TIPOS DE GALAXIAS

El astrónomo Edwin Hubble fue el primero en estudiar las galaxias en los años veinte, y las clasificó según su forma. A través de su telescopio, Hubble observó grupos de estrellas en forma de molinete, a los que llamó *galaxias espirales.* Algunas galaxias espirales, conocidas como *galaxias espirales barradas,* poseen un centro en forma de barra larga. Evidencias recientes indican que la Vía Láctea es una galaxia espiral barrada.

GALAXIAS ESPIRALES

Las galaxias espirales constan de un disco rotatorio de estrellas jóvenes, gas y polvo, y un abultamiento central de estrellas más viejas.

GALAXIAS ESPIRALES BARRADAS

Las galaxias espirales barradas pueden presentar dos o más brazos espirales. A diferencia de las espirales corrientes, hay estrellas jóvenes en el centro de las galaxias espirales barradas.

MÁS TIPOS DE GALAXIAS

La mayoría de las galaxias más brillantes del universo tienen forma de espiral. Pero las espirales no son el único tipo de galaxias. De hecho, sólo son el 20 por ciento de todas las galaxias. Las *galaxias irregulares* y las *galaxias elípticas,* más opacas, constituyen el 80 por ciento de todas las galaxias del universo.

GALAXIAS IRREGULARES

Las galaxias irregulares no tienen una forma particular. Las estrellas están esparcidas al azar, y tienen mucho polvo y gas para formar nuevas estrellas. Cerca de un 20 por ciento de todas las galaxias son irregulares. Algunos astrónomos piensan que la gravedad de las galaxias próximas causa la formación de las galaxias irregulares.

GALAXIAS ELÍPTICAS

Las galaxias elípticas son más brillantes en su centro. Cerca del 60 por ciento de todas las galaxias del universo son elípticas. Su forma es la de una esfera perfecta o un globo achatado. Las grandes elípticas están compuestas por estrellas viejas y contienen muy poco gas o polvo para formar nuevas estrellas.

CHOQUES CÓSMICOS

¡A veces, las galaxias colisionan, o chocan, entre sí! ¿Por qué? La gravedad empuja a las galaxias unas hacia otras. Aunque las galaxias pueden colisionar, las estrellas o los planetas casi nunca lo hacen.

Muchas cosas pueden ocurrir cuando las galaxias colisionan. Con frecuencia, se comprimen grandes cantidades de gas y polvo. Esto ocasiona una explosión estelar, o la rápida formación de muchas estrellas nuevas. A veces, una galaxia pequeña se integra a otra más grande. Una colisión de galaxias también puede formar una gran galaxia irregular. Los científicos creen que, en el pasado, muchas galaxias irregulares fueron espirales o elípticas que chocaron entre sí.

1

2

3

4

Las galaxias no están quietas. Siempre se están moviendo. Las galaxias pueden alejarse unas de otras o acercarse.

5

Observa las imágenes 1 a 5. Haz un dibujo para mostrar lo que crees que va a suceder con estas dos galaxias. Descríbelo en una oración.

____

____

Resúmelo

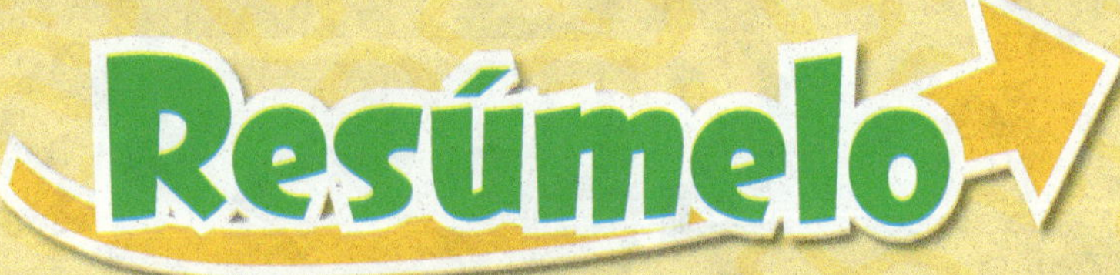

Cuando termines, lee la Clave de respuestas y corrige lo que sea necesario.

El universo está compuesto de miles de millones de galaxias. Polvo, gas y miles de millones de estrellas forman una galaxia. La red de ideas de abajo resume información sobre las estrellas y galaxias, complétala usando las palabras y frases de la casilla.

Tipos de galaxias	Elíptica	Temperatura
Espiral	Características de las estrellas	Tamaño
Color	Irregular	

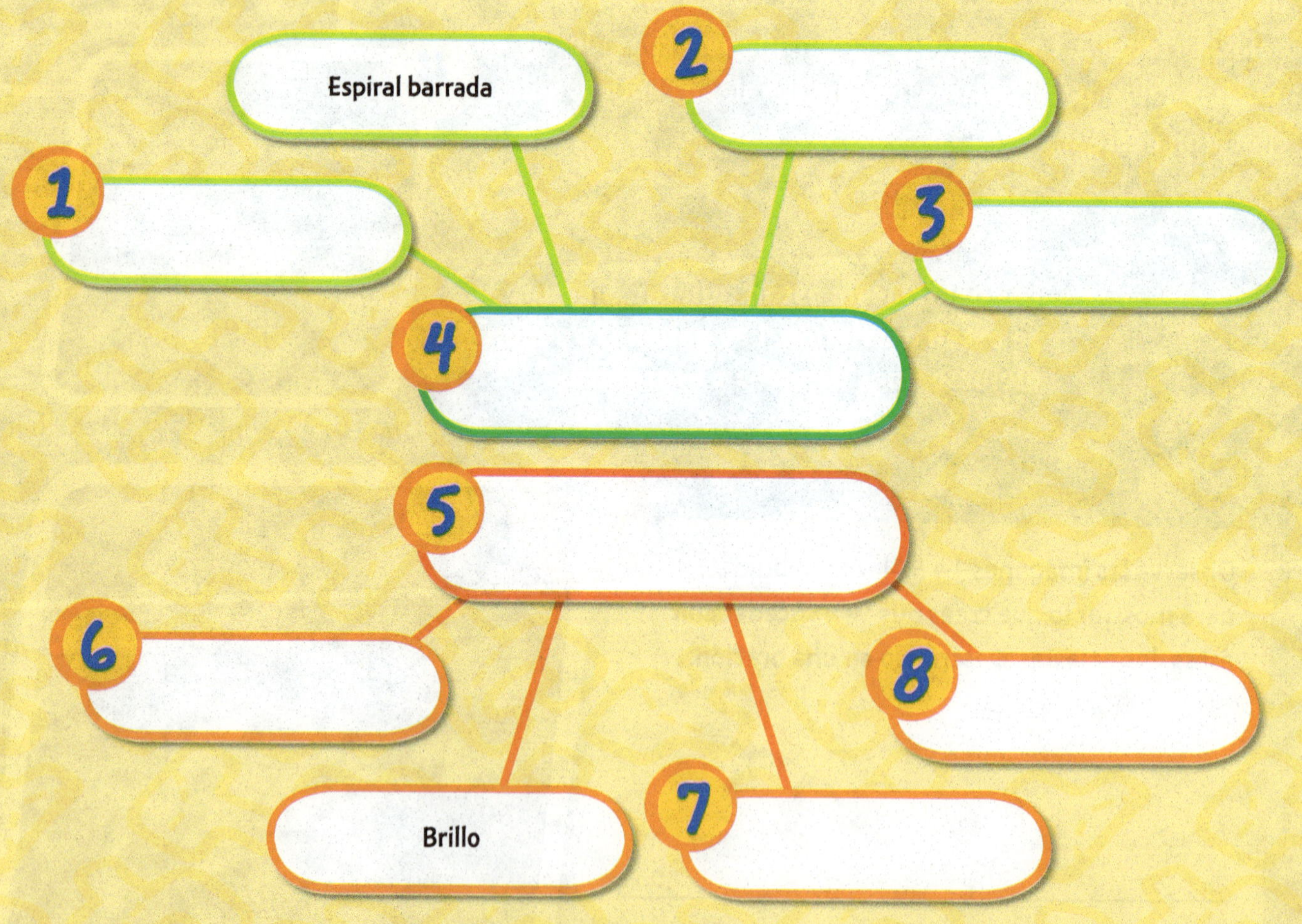

Espiral barrada
2
1
3
4
5
6
8
Brillo
7

Clave de respuestas: 1–3 (en cualquier orden): Espiral, Elíptica, Irregular 4. Tipos de galaxias 5. Características de las estrellas 6–8 (en cualquier orden): Color, Tamaño, Temperatura

Nombre ______________________________

Juego de palabras

1 Completa el crucigrama. Si necesitas ayuda, usa las palabras en la casilla debajo de las pistas.

Horizontales

1. Persona que estudia el universo
4. Galaxia sin una forma particular
8. Característica relacionada con la temperatura de una estrella
9. Bola de gases calientes y brillantes

Verticales

2. Galaxia en forma de molinete
3. Grupo de estrellas, polvo y gases
5. Galaxia con forma de globo achatado
6. Todo lo que existe: planetas, estrellas, polvo y gases
7. El estudio de los objetos en el espacio y sus propiedades

espiral	elíptica	astronomía*	irregular	galaxia*	estrella*
astrónomo	color	universo*	* Vocabulario clave de la lección		

Aplica los conceptos

2 ¿Cuáles son algunas formas en que se diferencian las galaxias?

3 Mira esta foto de una galaxia espiral.

Dibuja una galaxia espiral barrada.

Explica las similitudes y diferencias entre las dos galaxias.

4 Observa estas dos estrellas. Compáralas y contrástalas, usando por lo menos dos propiedades.

gigante roja

estrella azul

5 ¿Cómo se comparan estas estrellas con el Sol?

Descubre cuáles son las estrellas más brillantes que son visibles en tu área en esta época del año. Observa las estrellas con un adulto. Haz un diagrama del cielo nocturno mostrando dónde encontrar las estrellas más brillantes.

S.T.E.M.

Ingeniería y tecnología

Herramientas en el espacio

Un astronauta a menudo tiene que usar un destornillador o un taladro para arreglar cosas en el espacio. Las herramientas del astronauta están diseñadas especialmente para una persona con guantes abultados y que flota en el espacio. Las herramientas manuales deben funcionar en el frío intenso del vacío espacial y deben mantenerse amarradas para que no se vayan flotando. Un brazo robótico le ayuda al astronauta a moverse afuera. Sin embargo, su herramienta más importante es el traje espacial que mantiene un entorno en el que el astronauta puede respirar.

Soluciones

Busca en la foto el taladro del astronauta. ¿En qué se parece a un taladro usado en la Tierra? ¿En qué se diferencia?

____

____

S.T.E.M.

continuación

Tú estás acostumbrado a hacer todo bajo la fuerza de la gravedad de la Tierra. Eso es lo que hace posible que sientas movimientos hacia arriba, hacia abajo y de lado a lado. En el espacio ¡no hay una "posición correcta"! Trabajar en un entorno tan poco familiar es mucho más difícil de lo que te imaginas.

Voltea tu libro de manera que la parte superior de esta página esté más cerca de ti.

____

Sostén tu lápiz cerca del borrador. Escribe tu nombre en la línea de arriba, de manera que cuando voltees el libro otra vez, lo puedas leer correctamente.

¿Por qué fue difícil esta tarea?

____

____

¿Cómo hacen los ingenieros para tener en cuenta la microgravedad al diseñar el interior de una estación espacial?

____

____

Parte de la base

Acepta el reto de hacer un diseño de ingeniería. Completa en el Rotafolio de investigación **Improvísalo: ¿A qué distancia está esa estrella?**

Repaso de la Unidad 12

Nombre ______________________________

Repaso del vocabulario

Completa las oraciones con las palabras de la casilla.

asteroide
cometa
galaxia
sistema solar
estrella

1. Una estrella y todos los planetas y objetos en órbita a su alrededor, forman en conjunto un(a) ____________________.

2. Un pedazo de roca o de hierro de menos de 1,000 km (621 mi) de diámetro y que gira alrededor del Sol se llama ____________________.

3. Una bola enorme en el espacio de gases brillantes muy calientes, que puede producir su propio calor y luz es un(a) ____________________.

4. Un grupo de sistemas solares unidos por la gravedad y clasificados según su forma es un(a) ____________________.

5. El dibujo muestra un ejemplo de un(a) ____________________.

Conceptos de ciencias

Rellena la burbuja con la letra de la mejor respuesta.

6. Los científicos usan modelos para representar o explicar cosas en el mundo natural. ¿Por qué los modelos son útiles para estudiar el sistema solar?
   - Ⓐ porque no se puede probar que los modelos son errados
   - Ⓑ porque todos los científicos siempre aceptan los modelos
   - Ⓒ porque los modelos describen cómo son las cosas realmente
   - Ⓓ porque los modelos se pueden usar para describir cómo funcionan las cosas

7. En una noche clara, Ram identificó correctamente unas nubes entre las estrellas como la Vía Láctea. ¿Qué parte de la Vía Láctea era **la más** visible para Ram?
   - Ⓐ asteoides
   - Ⓑ polvo
   - Ⓒ planetas
   - Ⓓ estrellas

Conceptos ciencias

Rellena la burbuja con la letra de la mejor respuesta.

8. Los astrónomos usan el término *brillo* para describir la cantidad de luz que una estrella produce, no qué tan brillante se ve una estrella desde la Tierra. El siguiente diagrama compara el color, la temperatura y el brillo de algunas estrellas que se pueden ver desde la Tierra.

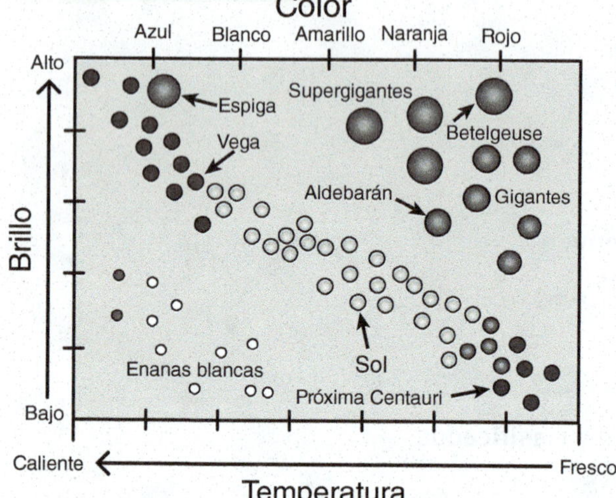

¿Cuáles de estas estrellas producen la **mayor cantidad** de luz?

(A) Betelgeuse

(B) Próxima Centauri

(C) nuestro Sol

(D) Vega

9. Durante un paseo de la escuela a un observatorio, Smita usó un telescopio para observar estrellas de diferentes colores. Con base en el diagrama de la Pregunta 8, ¿qué factor determina el color de una estrella?

(A) su tamaño

(B) su brillo

(C) su temperatura

(D) su distancia de la Tierra

10. Ming trabaja en un proyecto sobre los planetas en otros sistemas solares. Aprende sobre un planeta llamado Z. El Planeta Z es muy grande y tiene una atmósfera gruesa y una densidad baja. ¿A qué planeta se parece más el Planeta Z?

(A) Tierra

(B) Marte

(C) Mercurio

(D) Saturno

11. El siguiente diagrama muestra unos planetas que orbitan una estrella.

¿Qué tipo de grupo ilustra el diagrama?

(A) una constelación

(B) la Vía Láctea

(C) un sistema solar

(D) un universo

12. Algunas galaxias elípticas parecen ser esferas perfectas. ¿Cómo están distribuidas las estrellas dentro de este tipo de galaxia?

(A) Las estrellas están distribuidas uniformemente por toda la galaxia.

(B) El centro es muy denso con muchas estrellas y la densidad disminuye más hacia fuera.

(C) La mayoría de las estrellas se encuentran cerca de la parte de afuera de la esfera y en el centro hay nubes de polvo.

(D) Las estrellas están dispersas por toda la esfera en franjas que se ven como los brazos de las galaxias en espiral.

Nombre ______________________________

13. Existen muchos tipos de estrellas. Cada dibujo abajo muestra dos estrellas del **mismo** color. ¿Qué dibujo y enunciado son verdaderos?

Ⓐ 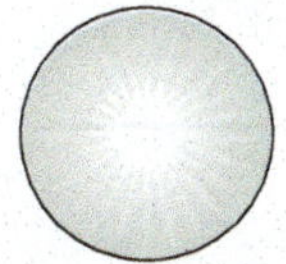 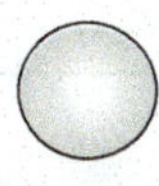

La estrella más grande debe ser más brillante.

Ⓑ 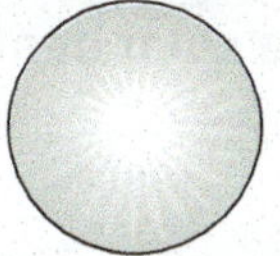 

La estrella más pequeña debe ser más caliente.

Ⓒ 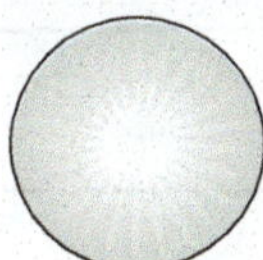 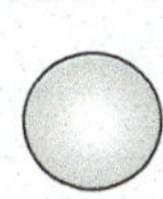

La estrella más pequeña debe estar más cerca de la Tierra.

Ⓓ 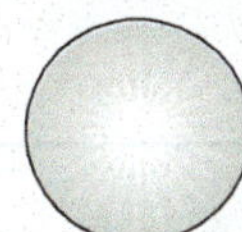 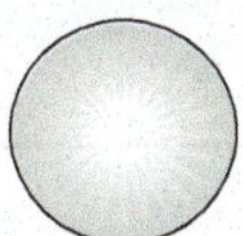

Las estrellas del mismo color generalmenteson del mismo tamaño.

14. Todos los planetas en el sistema solar giran alrededor del Sol. ¿Cuál es la principal diferencia entre las órbitas de los planetas internos y los externos?

Ⓐ Los planetas internos y los planetas externos orbitan en direcciones diferentes.

Ⓑ Los planetas internos recorren una distancia más grande que los planetas externos.

Ⓒ Los planetas externos se demoran más en orbitar alrededor del Sol que los planetas internos.

Ⓓ Los planetas externos rotan al girar alrededor del Sol y los planetas internos no.

15. El siguiente diagrama muestra las órbitas de la Tierra y de Borrelly.

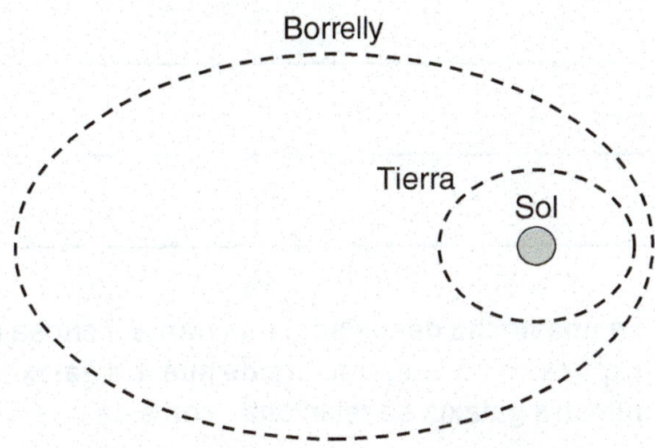

¿Cuál de estos objetos espaciales será Borrelly con **más** probabilidad?

Ⓐ un asteroide

Ⓑ un cometa

Ⓒ una luna

Ⓓ un planeta

16. Cuando Galileo observó a Júpiter, vio cuatro objetos en línea con el planeta. Estos cuatro objetos se movían de una noche a otra y a veces desaparecían en frente o detrás del planeta. ¿Qué tipo de objeto espacial observaba Galileo?

Ⓐ planetas enanos

Ⓑ sistemas solares

Ⓒ metereoides

Ⓓ lunas

Aplica la investigación y repasa La gran idea

Escribe las respuestas a estas preguntas.

17. Cuando Galileo usó su telescopio para observar la Vía Láctea, las estrellas se veían como pequeños puntos de luz. ¿Qué demostraron las observaciones de Galileo sobre las estrellas?

____

____

____

18. En una noche despejada, una franja lechosa conocida como la Vía Láctea es visible desde la Tierra. Explica cómo la estructura de nuestra galaxia y la posición de nuestro sistema solar dentro de nuestra galaxia se relacionan con esta observación.

____

____

____

19. Sofía observa un objeto en el cielo de noche. ¿Qué preguntas y observaciones puede usar para determinar si el objeto es un planeta o una estrella?

Preguntas ______________________________

____

Observaciones ______________________________

____

20. Durante miles de años se han desarrollado modelos del universo. Señala dos observaciones que un modelo del universo debería explicar para ser útil.

a. ______________________________

____

b. ______________________________

____

UNIDAD 13

La materia

La gran idea

La materia tiene propiedades que se pueden observar, describir y medir.

Me pregunto por qué

¡Acércate y prueba tu suerte! ¿Por qué lucen tan distintos todos los premios de los carnavales? *Da vuelta a la página para descubrirlo.*

Por esta razón Los científicos clasifican la materia de diversas formas, por ejemplo, por el color, el tamaño y el estado.

En esta unidad vas a aprender más sobre La gran idea, y a desarrollar las preguntas esenciales y las actividades del Rotafolio de investigación.

Niveles de investigación ■ Dirigida ■ Guiada ■ Independiente

La gran idea La materia tiene propiedades que se pueden observar, describir y medir.

Preguntas esenciales

Cuaderno de ciencias

No te olvides de escribir lo que piensas sobre la Pregunta esencial antes de estudiar cada lección.

Lección 1

Pregunta esencial

¿Qué son los sólidos, líquidos y gases?

Ponte a pensar

Halla la respuesta a la siguiente pregunta en esta lección y escríbela aquí.

El agua embotellada y la nieve de esta máquina de nieve, ambas son agua. ¿En qué se diferencian estas formas de agua?

Vocabulario de la lección

Haz una lista de los términos. A medida que aprendes cada uno, toma notas en el Glosario interactivo.

Comparar y contrastar

Muchas ideas de esta lección comprenden comparaciones y contrastes: en qué se asemejan y diferencian las cosas. Los buenos lectores se concentran en las comparaciones y contrastes cuando se preguntan: ¿En qué se parecen estas cosas? ¿En qué se diferencian?

¿Qué es la materia?

Este libro está hecho de materia, y tú también. Tal vez pienses que la materia puede verse y sentirse. Pero, ¿sabías que el aire también es materia? ¿Qué es la materia?

Lectura con propósito Mientras lees las siguientes dos páginas, subraya con dos líneas cada idea principal.

Respira y exhala con la mano cerca de tu boca. ¿Puedes sentir el aire en tu mano? No puedes ver el aire ni lo puedes agarrar. Sin embargo, el aire es **materia** porque tiene masa y volumen. La materia no puede ser creada ni destruida. Puede cambiar de forma, pero siempre será materia.

La *masa* es la cantidad de materia que tiene una cosa. Cada una de las diminutas partículas que forman la materia tiene masa, aunque esas partículas sean tan pequeñas que no puedas verlas. El **volumen** es la cantidad de espacio ocupado por algo. Cuando soplamos aire en un globo, vemos que tiene volumen.

El lápiz grande tiene más materia que los pequeños. El grande tiene más masa y más volumen.

Nombra esta materia

Observa la materia en esta imagen.

1. ¿Qué materia es blanda y pegajosa?

____

2. ¿Qué materia es dura y afilada?

____

La materia tiene propiedades

Podemos decir que el jugo de manzana es de color dorado, su sabor es dulce y se vierte con facilidad. Estas son las propiedades del jugo, es decir, son las características que lo describen o lo identifican. Toda materia tiene propiedades.

Todas las propiedades mostradas en esta página son propiedades físicas. Puedes observar una propiedad física sin transformar la materia en una nueva sustancia. Por ejemplo, la textura es cómo algo se siente al tacto. Cuando observas que la textura del papel de lija es áspera, no cambias el papel de lija.

Comparar piedras

Completa el diagrama de Venn comparando y contrastando las propiedades de las dos piedras.

Más propiedades

El color, la textura y el olor son solo algunas propiedades físicas. ¿Qué otras propiedades tiene la materia?

Lectura con propósito Mientras lees estas dos páginas, encierra en círculos las palabras de uso diario que tienen un significado distinto en las ciencias.

Temperatura

La **temperatura** es una medida de la energía del movimiento de las partículas en la materia. El vidrio derretido tiene una temperatura muy alta. La temperatura se puede medir con un termómetro.

Volumen

El alimento del plato pequeño tienen menos volumen que el del plato grande porque ocupa menos espacio. Hay muchos instrumentos para medir el volumen.

Masa

Una bola de bolos y una de básquetbol tienen casi el mismo volumen. La bola de bolos posee mayor masa porque contiene más materia. La masa se puede medir con una báscula.

Densidad

La densidad se halla dividiendo la masa del objeto entre su volumen. La densidad del gas de este globo es menor que la densidad del aire que lo rodea. Por eso es que el globo "flota" en el aire.

Práctica matemática

Usar la división

Usa los datos para hallar la densidad de cada uno de estos alimentos.

Determinar la densidad de los alimentos			
Alimento	**Masa (g)**	**Volumen (cm^3)**	**Densidad (g/cm^3)**
gelatina	75	100	
pudín	90	100	
crema batida	50	100	

Estados de la materia

Otra propiedad física de la materia es su estado. Sólido, líquido y gas son los estados más comunes de la materia en la Tierra.

Lectura con propósito Mientras lees estas dos páginas, encierra en rectángulos los nombres de las tres cosas que se están comparando.

Líquidos

Un **líquido** es una sustancia que posee un volumen definido, pero que no tiene una forma definida. Las partículas de un líquido se mueven más lentamente que las partículas de un gas y se deslizan entre sí.

Gases

Un **gas** es una sustancia que no posee un volumen ni una forma definidos. Las partículas de un gas se mueven muy rápido y están muy distantes entre sí.

La materia está formada por partículas diminutas. Las partículas de los sólidos, los líquidos y los gases poseen cantidades diferentes de energía. La cantidad de energía afecta la velocidad con que se mueven las partículas y lo cerca que están unas de otras.

La forma y volumen de una cosa depende de su estado. Las partículas de un gas se afectan muy poco por las demás partículas, por lo tanto, se mueven libremente dentro de su recipiente. Los gases adoptan la forma y el volumen del recipiente que los contiene.

Las partículas de un líquido no se pueden mover con tanta libertad. Una muestra de un líquido conserva el mismo volumen, sin importar la forma del recipiente. Sin embargo, puesto que las partículas se deslizan entre sí, el líquido adopta la forma de su recipiente.

Las partículas de un sólido no se mueven de un lugar a otro, por lo cual los sólidos conservan su forma y su volumen.

Sólidos

Un **sólido** es una sustancia con volumen y forma definidos. Las partículas de un sólido se hallan muy próximas entre sí y no se desplazan de un lugar a otro: solo vibran donde están.

Las burbujas de la pecera son un ________.

El agua es un ejemplo de un ________.

El castillo es un ________.

El papel de la temperatura

En un día caluroso, los cubos de hielo se derriten. Este cambio es causado por un cambio de temperatura. Cuando la materia cambia de estado, el tipo de materia no cambia.

Lectura con propósito Mientras lees estas dos páginas, subraya con una línea las causas y con dos líneas sus efectos.

Cuando la materia toma o libera energía, su temperatura cambia. Cuando la materia toma o libera la energía suficiente, puede cambiar de estado.

Cuando un gas libera energía, su temperatura desciende hasta que se *condensa*, o se convierte en líquido. Cuando un líquido libera energía, su temperatura desciende hasta que se *congela*, o se convierte en sólido.

Cuando un sólido toma energía, su temperatura aumenta hasta que se *derrite*, o se convierte en líquido. Cuando un líquido toma energía, su temperatura aumenta hasta que se *evapora*, o se convierte en gas. La evaporación y la ebullición son semejantes: ambas convierten líquidos en gases. La evaporación es más lenta y ocurre solamente en la superficie del líquido. La ebullición es más rápida y ocurre a través de todo el líquido.

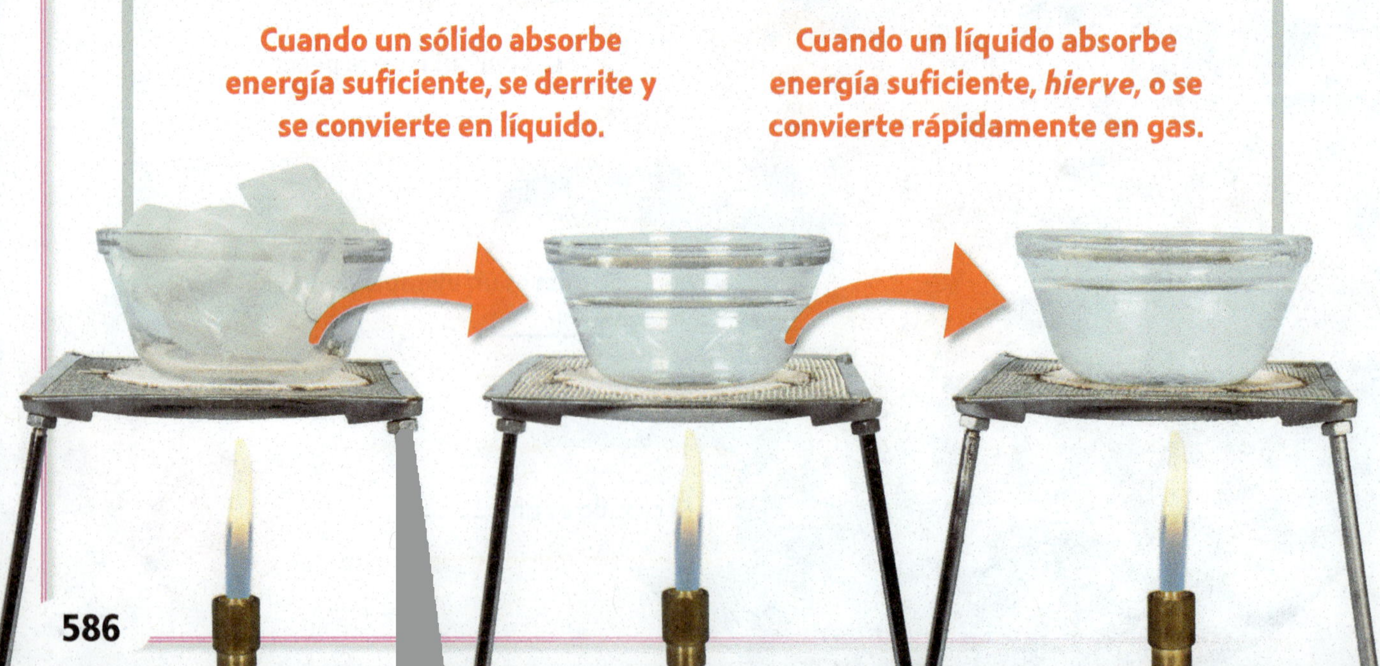

Cuando un sólido absorbe energía suficiente, se derrite y se convierte en líquido.

Cuando un líquido absorbe energía suficiente, *hierve*, o se convierte rápidamente en gas.

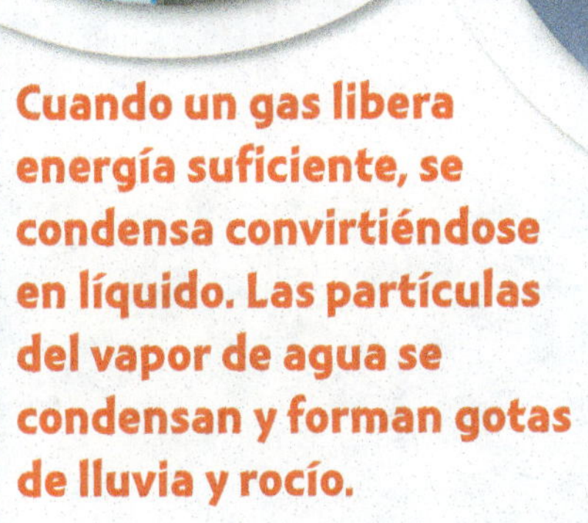

Cuando un gas libera energía suficiente, se condensa convirtiéndose en líquido. Las partículas del vapor de agua se condensan y forman gotas de lluvia y rocío.

Cuando un líquido libera energía suficiente, se congela convirtiéndose en sólido. El agua que gotea puede congelarse, formando carámbanos.

La temperatura a la que se congela o se derrite un tipo determinado de materia es la misma. La temperatura a la que se condensa o hierve un tipo determinado de materia también es la misma. Para el agua, los puntos de fusión y congelación son 0 °C. Los puntos de condensación y ebullición son 100 °C. La evaporación puede presentarse a temperaturas inferiores al punto de ebullición.

La lava es roca caliente y derretida que brota de los volcanes. Mientras se enfría, la lava libera energía y se convierte en roca sólida.

▶ Completa este organizador gráfico.

A medida que un sólido toma energía, su temperatura __________. Con el tiempo, se ________ y se convierte en ________.

↓

Si el líquido absorbe suficiente ________, se __________ y se convierte en ________.

Propiedades de los sólidos, líquidos y gases

Los distintos tipos de materiales tienen propiedades únicas. Sin embargo, esas propiedades cambian según el estado del material.

Lectura con propósito Mientras lees estas dos páginas, busca y subraya hechos acerca de cada estado de la materia.

Cada estado de la materia tiene propiedades físicas diferentes. Los líquidos y los gases fluyen, desplazándose de un lugar a otro. Los gases pueden expandirse y ocupar más espacio, o comprimirse, ocupando menos espacio. Los sólidos tienen texturas definidas.

El agua líquida fluye más rápidamente que la miel.

Líquidos

Todos los líquidos fluyen de un lugar a otro. Líquidos diferentes fluyen a velocidades diferentes.

Sólidos

Aunque la plastilina y una mesa son sólidos, cada uno se siente diferente al tacto. Todos los sólidos tienen forma, pero la forma de algunos de ellos puede cambiar fácilmente.

Gases

Este tanque está lleno de gas comprimido, el gas se encuentra a gran presión. El gas comprimido del tanque puede expandirse y llenar muchos globos.

▶ Completa este organizador gráfico de idea principal y detalles.

Idea principal		
___________		
Líquidos El aceite de motor y la leche ________ a velocidades diferentes.	**Gases** Cuando apretamos los lados de un globo, el gas que tiene adentro se ________.	________ El vidrio y el papel de lija tienen diferentes ________.

Cuando termines, lee la Clave de respuestas y corrige lo que sea necesario.

Lee las siguientes oraciones. Todas son incorrectas. Cambia la parte en azul para corregirlas.

1. Una propiedad es una característica de la materia que se usa para **determinar el estado de la materia**.

   ____

2. Una muestra de hielo tiene un volumen de 1.0 cm^3 y una masa de 0.9 g. La densidad del hielo es de **1.1 g/cm^3**.

   ____

3. Las partículas de un **sólido** están próximas, pero se pueden deslizar entre sí.

   ____

4. Un sólido puede convertirse en líquido durante un proceso conocido como **congelación**.

   ____

5. Los **sólidos y líquidos** pueden comprimirse cuando se ponen bajo presión.

   ____

6. La masa de un objeto puede medirse usando una **taza de medir**.

   ____

En pocas palabras

Lee las propiedades a continuación. Escribe *S* para sólido, *L* para líquido y *G* para gas. Algunas propiedades pueden tener más de una respuesta.

7. Tiene forma y textura definidas ____
8. Puede derretirse ____
9. Puede congelarse ____
10. Puede hervir ____
11. Toma el volumen de su recipiente ____
12. Puede condensarse ____
13. Puede fluir ____
14. Toma la forma de su recipiente ____
15. Tiene volumen definido ____

Clave de respuestas: 1. describir o identificar la materia 2. 0.9 g/cm^3 3. líquido 4. fusión 5. gases 6. báscula
7. S 8. S 9. L 10. L 11. G 12. G 13. L, G 14. L, G 15. S, L

Ejercita tu mente

Lección 1

Nombre ______________________________

Juego de palabras

1 Lee las definiciones de abajo para completar las palabras del crucigrama.

1. Apretar un gas en un espacio más pequeño
2. Propiedad física que describe cómo se siente algo al tacto
3. El estado de la materia que mantiene su forma y volumen cuando se pone en un recipiente diferente
4. Medida de la energía del movimiento de las partículas en la materia
5. Cualquier cosa que tenga masa y volumen
6. Lo que pasa a un líquido cuando libera suficiente energía
7. Estado de la materia en que las partículas se deslizan entre sí
8. Cantidad de materia que tiene una cosa
9. Se halla dividiendo la masa entre el volumen
10. Cantidad de espacio que ocupa algo
11. Estado en que la materia se expande para llenar su recipiente

Lee los cuadros verticales con borde rojo. La palabra que encontrarás responde el acertijo de abajo.

El retrato de Perry, el puercoespín, muestra perfectamente su fastidiosa personalidad y sus _ _ _ _ _ _ _ _ _ _ _ espinosas.

Aplica los conceptos

2 Di qué propiedad mide cada uno de los siguientes instrumentos.

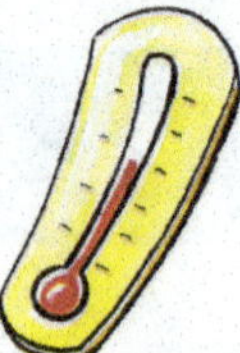

____________ ____________ ____________

3 Completa estas descripciones de los diferentes estados de la materia.

________	________	Sólidos
____________ ____________	Las partículas están más próximas y se deslizan entre sí.	Las partículas están muy próximas y vibran en el mismo lugar.
Ejemplos: aire; helio en los globos; el oxígeno de un tanque	Ejemplos: ________ ____________	Ejemplos: ________ ____________

4 Completa los espacios con los nombres de los procesos (como congelación) representados.

a ____________ b ____________

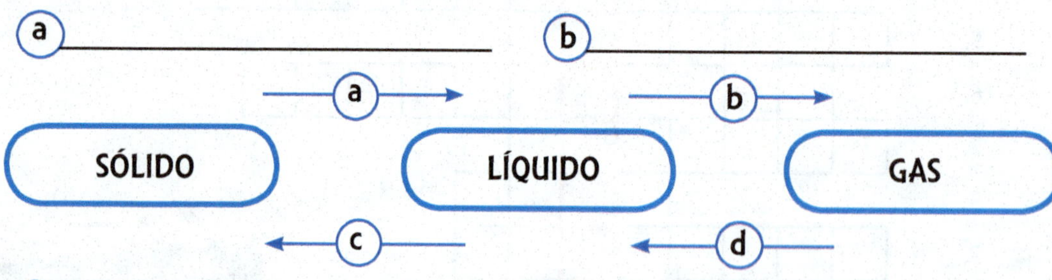

c ____________ d ____________

Juega a las 20 preguntas con miembros de tu familia. Pídeles que elijan un artículo de los que ves en la habitación. Trata de adivinar el artículo haciendo preguntas para responder sí o no sobre sus propiedades.

Ingeniería y tecnología

La fibra de carbono se usa para hacer esta rueda de bicicleta resistente y liviana.

¿Resistente, liviana o ambos?

Una rueda de bicicleta debe ser resistente para ser segura. También debe ser liviana para que necesites menos energía para pedalear tu bicicleta. Tú podrías doblar fácilmente uno solo de los rayos de la rueda, ¡pero todos juntos forman una rueda lo suficientemente resistente para resistir tu peso y más!

Los hilos de la fibra de carbono están entrelazados y forman un tejido.

¡La fibra de carbono es más pequeña y más resistente que un cabello humano!

La seda de la araña es el material natural más resistente y liviano. ¡Es más resistente que el acero! La fibra de carbono es un hilo resistente hecho por el hombre, y se puede entrelazar para formar un tejido. Una sola fibra de carbono es mucho más delgada que un cabello humano. La fibra de carbono es uno de los materiales más resistentes y livianos hechos por el hombre.

Encierra en un círculo un material natural. Marca una X en un material confeccionado. ¿Cuáles son dos modos en que se parecen estos materiales?

____

____

S.T.E.M.
continuación

Todo diseño tiene sus aspectos positivos y sus aspectos negativos. Cuando se elige el diseño de un objeto para cumplir con un propósito, tal vez otras características no sean tan buenas. La cualidad a la que debe renunciar un diseñador para obtener la cualidad que desea se conoce como compromiso del diseño. Un diseñador debe tener en cuenta tanto los aspectos positivos como los aspectos negativos de un diseño en particular.

Mira estos zapatos. Escribe dos ejemplos de los aspectos positivos y dos de los aspectos negativos de cada zapato. Piensa en otro tipo de zapato. Dibújalo en el espacio en blanco y explica los compromisos.

Aspecto positivo	**Aspecto negativo**
______________	______________
______________	______________
______________	______________

Aspecto positivo	**Aspecto negativo**
______________	______________
______________	______________
______________	______________

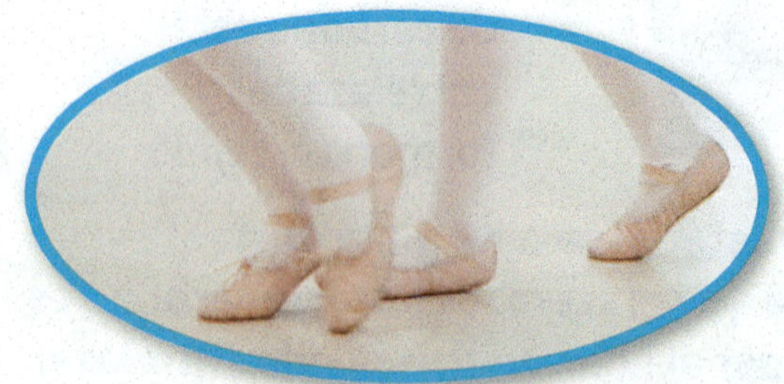

Aspecto positivo	**Aspecto negativo**
______________	______________
______________	______________
______________	______________

Aspecto positivo	**Aspecto negativo**
______________	______________
______________	______________
______________	______________

Parte de la base

Acepta el desafío de hacer un diseño de ingeniería. Completa el Rotafolio de investigación Diséñalo: Un destilador.

Rotafolio de investigación, página 64

Nombre ______________________________

Pregunta esencial

¿Cómo cambia el agua?

Establece un propósito

¿Qué vas a aprender con este experimento?

____

____

Piensa en el procedimiento

¿Por qué secas la bolsa en el paso 2?

____

____

¿De dónde viene el agua en la parte de afuera de la bolsa?

____

____

Haz una predicción

Escribe tu predicción del paso 3.

____

____

____

____

Anota tus observaciones

En el siguiente espacio, haz una tabla para anotar las masas que mediste.

Saca tus conclusiones

¿Era correcta tu predicción? Explica.

Analiza y amplía

1. ¿Por qué la masa de la bolsa no importó en esta actividad?

2. ¿Qué propiedades del agua cambiaron durante esta actividad? ¿Qué propiedades no cambiaron?

3. ¿Qué predices que le ocurriría a la masa si pones la bolsa del paso 5 en el congelador, y luego calculas la masa después de que el agua se convierte en hielo de nuevo?

4. Imagínate que viertes el agua del paso 5 en un recipiente y mides su volumen. Si congelas el agua, ¿su volumen cambia o permanece igual? Explica.

5. ¿Qué otras preguntas tienes sobre el modo en que el agua cambia durante un cambio físico? ¿Qué experimentos puedes realizar para responder a las preguntas?

Pregunta esencial

¿Cómo cambia la materia?

Ponte a pensar

Halla la respuesta a la siguiente pregunta en esta lección y escríbela aquí.

Un pedazo de hierro puede cambiar de diferentes maneras. ¿Qué diferencia hay entre forjar hierro y la corrosión del hierro?

____

____

____

Lectura con propósito

Vocabulario de la lección

Haz una lista de los términos. A medida que aprendes cada uno, toma notas en el Glosario interactivo.

____

____

____

____

Idea principal y detalles

Las oraciones de apoyo dan información sobre un tema. La información puede ser en forma de ejemplos, características o hechos. Los buenos lectores se mantienen concentrados en el tema preguntándose: ¿Qué hecho o información le añade esta oración al tema?

Clasificar el cambio

▲ Cortar manzanas y romper huevos son cambios físicos.

La materia tiene propiedades, pero también sufre cambios. ¿De cuántas maneras cambia la materia?

Lectura con propósito En las fotos de estas dos páginas hay una burbuja vacía. Escribe una *Q* en la foto si esta muestra un cambio químico. Escribe una *F* si muestra un cambio físico.

Cuando se hornea una tarta de manzana, ocurren cambios químicos. Las manzanas cocidas no tienen las mismas propiedades que la manzana cruda.

La materia tiene propiedades que se pueden observar sin cambiar el tipo de materia. La materia también puede cambiar de maneras que no cambian el tipo de materia. Estos cambios se llaman **cambios físicos**.

Cuando afilas un lápiz, el lápiz se somete a un cambio físico. La viruta de madera y los trocitos de grafito no se ven más como un lápiz. Pero la madera sigue siendo madera y el grafito sigue siendo grafito.

▲ Cortar una tarta es otro cambio físico.

▲ Las propiedades de la ceniza y los gases que se forman cuando se quema la madera son diferentes de las propiedades de la madera.

La materia tiene otras propiedades que no se pueden observar sin cambiar la identidad de la materia. Estas propiedades son propiedades químicas. Por ejemplo, no sabes si un tipo de materia se quema a menos que la quemes. Cuando la materia se quema, cambia de identidad.

De la misma manera, los **cambios químicos** resultan en un cambio en la identidad de la materia. Cuando una fresa se pudre, sufre un cambio químico. Las propiedades de la fresa podrida son bastante diferentes de las de una fresa fresca. Una **reacción** química es el proceso mediante el cual nuevas sustancias se forman durante un cambio químico.

▲ Cuando el hierro se corroe, sufre un cambio químico.

◀ Cuando comes tarta de manzana, los cambios químicos en tu cuerpo digieren la comida.

▶ Marca una *F* junto a cada cambio físico y una *Q* junto a cada cambio químico.

Cambio	Type
Las bacterias descomponen las hojas.	
Un periódico se pone amarillo en el sol.	
El agua se evapora.	
Se quema gasolina en el motor de un carro.	

Hincharse y encogerse

¿Por qué piensas que tantos dueños de carros usan una presión en las llantas en el verano y otra en el invierno? Cuando la temperatura es diferente, el volumen a menudo es diferente.

Lectura con propósito Mientras lees esta página, traza dos líneas bajo cada idea principal. Encierra en un círculo un ejemplo de materia que se expande cuando se calienta.

La mayor parte de la materia se expande cuando la temperatura sube y se contrae cuando la temperatura baja. Algunos tipos de materia se expanden y se contraen más que otros. A veces la gente deja correr agua caliente sobre la tapa metálica de un frasco. Esto expande la tapa y hace que sea más fácil destapar el frasco.

El agua es una excepción. Esta se expande cuando se congela. Puesto que el hielo ocupa más volumen que la misma cantidad de agua líquida, el hielo es menos denso que el agua. Por eso es que el hielo flota en un vaso de agua. En el invierno, el hielo se forma primero en la superficie de un lago.

Agua líquida
Volumen = 1.00L

Agua congelada
Volumen = 1.09L

Una de las características únicas del agua es que se expande cuando se congela.

A veces el agua penetra dentro de las grietas en las rocas y se congela. El agua al expandirse agranda las grietas en la roca y rompe las rocas grandes en pedazos más pequeños.

Juntas de expansión

Explica por qué los puentes tienen juntas de expansión.

____

____

____

____

Esta foto muestra el mismo globo a dos temperaturas diferentes. El tamaño de una muestra de gas depende de su temperatura. El gas en el globo se expande al calentarse. El gas se comprime cuando se enfría.

Temperatura = −80 °C
Volumen = 1.9 L

Temperatura = 35 °C
Volumen = 3.0 L

Alterar la temperatura

Cuando un quemador en una estufa está muy caliente, se pone rojo. El cambio de color es tan solo una de las maneras en que la temperatura afecta la materia.

Lectura con propósito Mientras lees esta página, subraya los ejemplos de cómo la temperatura afecta los cambios físicos en la materia.

Algunos cambios físicos, como romper un pedazo de papel, no se ven afectados por la temperatura. Otros cambios físicos ocurren más rápido o más despacio a diferentes temperaturas. La velocidad a la que ocurre un cambio se llama la tasa de cambio.

Por ejemplo, el hielo en un lago se derrite si la temperatura está por encima de 0 °C. Se derrite aún más rápido si la temperatura del aire es más caliente. De la misma manera, el agua se condensa más rápido en el exterior de una lata de refresco muy fría que en una lata fresca.

¡Caliente! ¡Caliente! ¡Caliente!
Cuando se calienta el hierro, arde de color rojo o amarillo.

¡VAYA! Esta vara de metal ha sido calentada a más de 500 °C (932 °F).

¡AY, AY! El filamento de un foco está hecho de un metal llamado tungsteno. ¡Está brillando porque ha sido calentado a 2,500 °C!

Práctica matemática

Haz una gráfica de los datos

Esta tabla de datos muestra el tiempo que toman en derretirse dos cubos de hielo idénticos cuando se ponen en la misma cantidad de agua a temperaturas diferentes.

Temperatura del agua (°C)	Tiempo de fusión del hielo (seg)
14	450
19	300
27	170
42	140
48	90
70	25

Cuando el pasto y el aire a su alrededor de enfrían por la noche, el vapor de agua en el aire se puede condensar formando rocío. A medida que la luz del sol matutino calienta el aire, el rocío se evapora. En esta fotografía, el pasto en la sombra está mojado pero el pasto en el sol se ha secado.

¡Súmalo!

¿Qué le ocurre a la masa de las sustancias durante un cambio físico o químico?

Lectura con propósito Mientras lees estas páginas, subraya ejemplos de la conservación de la masa.

Durante los cambios físicos y químicos, la apariencia o la identidad de la materia puede cambiar. En cualquiera de los dos cambios, la masa total de la materia permanece igual antes y después del cambio. Esto se llama **conservación de la masa**. *Conservar* significa "salvar".

Por ejemplo, cuando el agua hierve, parece desaparecer. Sin embargo, la masa total de las partículas de vapor de agua en el aire es igual a la masa del agua que hirvió. Imagínate que rompes en pedazos una caja de cartón de 100 gramos. La masa total de todos los pedazos también será 100 gramos. La masa de la caja de cartón permanece igual. En este ejemplo, sin embargo, el volumen de la caja de cartón cambia porque al romperla en pedazos cambia de forma.

75 gramos

110 gramos

90 gramos

La masa total de la ensalada mezclada es la suma de las masas de los vegetales en la ensalada.

▶ ¿Cuál es la masa de la ensalada?

____

Un cambio químico convierte un tipo de materia en otro. Sin embargo, la masa de la materia permanece igual. Pero la comparación puede ser difícil. Primero, debes reunir y medir la masa de todo lo que tienes al comienzo. Luego, debes reunir y medir la masa de todo lo que te queda.

Cuando la madera se quema, se combina con el oxígeno del aire. La quema produce cenizas, humo y otros gases. La masa de la madera y el oxígeno es igual a la masa de las cenizas, el humo y los gases que se producen.

Durante esta reacción química, el frasco está sellado. Nada puede entrar ni salir, por lo tanto la masa final es igual a la masa inicial.

Práctica matemática

Resuelve los problemas

En un cambio físico, el azúcar se disuelve en agua para formar agua azucarada. En un cambio químico, el hierro se combina con oxígeno para formar óxido. Completa los valores que faltan en la tabla.

Cambio físico	Masa (gramos)
azúcar	125
agua	
agua azucarada	198
Cambio químico	
hierro	519
oxígeno	23
óxido	

¿Más rápido o más despacio?

La temperatura también afecta la velocidad a la que ocurre un cambio químico. Lee para averiguar cómo lo hace.

Lectura con propósito Mientras lees esta página, encierra en un círculo dos palabras o frases clave que indican un detalle como un ejemplo o un hecho de más.

Un aumento de temperatura a menudo acelera la velocidad de un cambio químico. Por ejemplo, aumentar la temperatura del horno acelera los cambios químicos que ocurren cuando se hornea un pastel o se cocina una papa.

Disminuir la temperatura generalmente desacelera la velocidad del cambio químico. Por eso es que la comida permanece fresca por más tiempo cuando se mantiene fría. Las pilas también se mantienen cargadas más tiempo cuando se guardan en el refrigerador.

Una tableta antiácida efervescente reacciona más rápido en agua tibia que en agua fría.

Los cambios químicos que echan a perder los alimentos se desaceleran cuando los alimentos se guardan en el refrigerador.

Por qué es importante

La fiebre

Te sientes muy mal. Te duele la cabeza y tienes fiebre. ¿Por qué puede ser buena cosa tener fiebre?

Cuando tienes fiebre, la temperatura de tu cuerpo sube por encima de tu temperatura corporal normal (aproximadamente 37 °C). Una fiebre baja es entre 38 °C y 39 °C. Una fiebre alta es más de 40 °C. Las fiebres bajas le ayudan al cuerpo a combatir enfermedades. Las fiebres altas pueden causar problemas graves.

La temperatura puede aumentar por varias razones. Por ejemplo, ciertas bacterias tienen materiales que tu cerebro identifica como dañinos. El cerebro envía señales que causan un aumento en los cambios químicos que producen energía. Tu temperatura aumenta. Las bacterias no pueden sobrevivir en esta temperatura elevada.

Práctica matemática

Usa una recta numérica

En la siguiente recta numérica, marca los siguientes valores en °C.

a. temperatura corporal normal

b. una fiebre leve

c. una fiebre alta

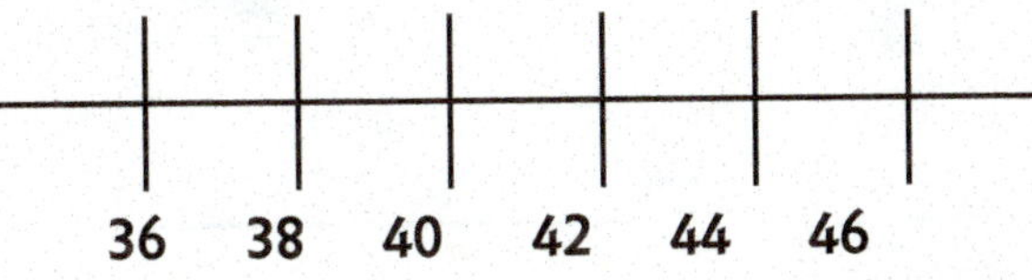

Cuando termines, lee la Clave de respuestas y corrige lo que sea necesario.

El siguiente esbozo es un resumen de la lección. Completa el esbozo.

I. La materia sufre cambios.

A. Un tipo de cambio es un (1) ________________.

1. La materia no cambia de identidad.
2. Ejemplo: (2) ____________________________

B. (3) ____

1. La materia cambia de identidad.
2. Ejemplo: (4) ______________________________________

II. La temperatura afecta la materia.

A. Cuando la temperatura aumenta,

1. la velocidad de un cambio químico (5) ________________.
2. la velocidad de fusión y de ebullición (6) ________________.

B. Cuando la temperatura disminuye,

1. la velocidad de un cambio químico (7) ________________.
2. la velocidad de congelación o de condensación (8) ________________.

III. Durante los cambios físicos o químicos, la masa total de la materia (9) ________________.

Di si cada cambio es un cambio físico o un cambio químico.

(10) ________________ (11) ________________ (12) ________________

Clave de respuestas: 1. cambio físico 2 Respuesta de ejemplo: cortar papel 3. Otro tipo de cambio es un cambio químico 4. Respuesta de ejemplo: madera que se quema 5. aumenta 6. aumenta 7. disminuye 8. aumenta 9. permanece igual 10. cambio químico 11. cambio físico 12. cambio físico

Nombre ________________________

Juego de palabras

1 Es fácil trabarse cuando se habla de cómo cambia la materia. Mira los siguientes enunciados. Intercambia las palabras en rojo de una oración a otra hasta que todos los enunciados tengan sentido.

A. En un cambio químico, la identidad de la materia no cambia. ________________

B. El agua se derrite más rápido en una lata de refresco muy fría que en una lata de refresco fresca. ________________

C. Otro nombre para un cambio químico es una propiedad química. ________________

D. El hielo se condensa más lentamente en agua fría que en agua tibia. ________________

E. En un cambio físico, la identidad de la materia cambia. ________________

F. Cuando el agua se congela, su masa disminuye. ________________

G. Una reacción de la materia se conserva durante un cambio físico. ________________

H. Cuando el agua se congela, se contrae. ________________

Reto Las palabras en las siguientes casillas están mezcladas. Ponlas en el orden correcto para formar una oración con sentido.

cambios son la corrosión y químicos la quema	se físicos y masa cambios en químicos los conserva la
________________	________________

Aplica los conceptos

2 Cada dibujo muestra un cambio. Escribe una *F* al lado de los dibujos que muestran cambios físicos y una *Q* al lado de los dibujos que muestran cambios químicos.

3 Haz una lista de cambios físicos y químicos que observas o de los cuales ves los efectos en la escuela.

Cambios físicos

Cambios químicos

Nombre ______________________________

4 **¿Qué haría que cada uno de los siguientes procesos ocurriera más rápido? En cada línea, escribe *aumento en la temperatura* o *disminución en la temperatura*.**

Helado que se derrite	Agua hirviendo para cocinar papas
______________________	______________________
Agua que se condensa en la parte exterior de un vaso	Agua que se congela en una calle por la noche
______________________	______________________

5 **Explica lo que ocurre en estos dibujos. Di si los cambios son físicos o químicos.**

____
____
____
____
____
____
____

6 **¿Por qué es importante seguir las instrucciones en este frasco de comida?**

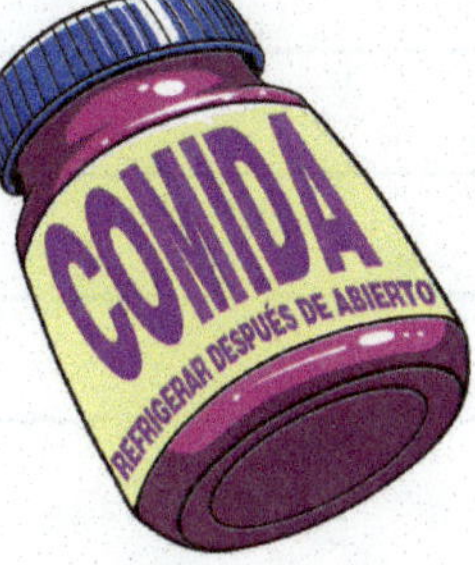

____
____
____
____
____
____
____

7 Haz el dibujo de una reacción química. Luego explica lo que ocurre y por qué la masa se conserva durante la reacción.

____
____
____
____
____
____

8 Explica por qué la mayoría de las aceras tienen grietas integradas cada tantos pies.

____
____
____
____
____
____

9 Explica lo que ocurre en una fogata.

La madera se compone de celulosa, lignina y otras sustancias.

↓

La madera se enciende y ocurre un cambio __________.

↓

La celulosa y la lignina se convierten en otras sustancias, entre estas __________ y __________.

Pídele a un adulto que te ayude a practicar cómo tomarle la temperatura a alguien de tu familia. Determina si alguno de tus familiares tiene fiebre. Explícales por qué a la gente le da fiebre.

Lección 4

Pregunta esencial

¿Qué son las mezclas y las soluciones?

Ponte a pensar

Halla la respuesta a la siguiente pregunta en esta lección y escríbela aquí.

¿En qué se parecen un batido de frutas y una ensalada? ¿En qué se diferencian?

____

____

____

____

Lectura con propósito

Vocabulario de la lección

Haz una lista de los términos. A medida que aprendes cada uno, toma notas en el Glosario interactivo.

____

____

Problema y solución

Las ideas en esta lección pueden estar unidas por una relación problema-solución. Los buenos lectores marcan un problema con una *P* para mantenerse concentrados en la manera como está organizada la información. Cuando se describen soluciones múltiples, marcan cada solución con una *S*.

Confusión de mezclas

Una caja de lápices de colores. Una canasta de pelotas de básquetbol, pelotas de tenis y discos de hockey. Una caja llena de juguetes. Todas estas cosas son mezclas. Pero, ¿qué es una mezcla?

Lectura con propósito Mientras lees la siguiente página, traza dos líneas debajo de la conclusión. Traza una línea debajo de cada hecho que lleva a la conclusión.

Esta ensalada de fruta es una mezcla de diferentes pedazos de fruta.

Mira las mezclas en estas páginas. Tienen unas pocas cosas en común. Primero, dos o más sustancias u objetos están combinados. La ensalada de fruta tiene varios tipos de frutas. La pila de ropa limpia tiene varios tipos de ropa. Segundo, cada tipo de materia en una mezcla conserva su propia identidad. El durazno en la ensalada de fruta es el mismo tipo de materia que era antes de ser mezclado en la ensalada. Los pantalones vaqueros en la pila de ropa siguen siendo pantalones vaqueros.

Ya has probablemente descubierto que una **mezcla** es una combinación de una o más sustancias que conservan su identidad. Las partes de una mezcla no sufren un cambio químico. Hacer una mezcla es un cambio físico.

Una bebida con gas es una mezcla de agua, gases y otros ingredientes.

▶ Estas prendas están todas revueltas. ¿Cómo sabes que esta pila de ropa limpia es una mezcla?

____

____

____

¡Halla una solución!

En algunas mezclas es fácil ver los pedazos individuales que están mezclados. En otras mezclas, las partes pequeñas están mezcladas muy uniformemente. ¿Qué son estas mezclas especiales?

Lectura con propósito Mientras lees estas dos páginas, subraya las palabras de vocabulario de la lección cada vez que se usan.

Cada bocado de ensalada de fruta tiene combinaciones de frutas diferentes. Puedes saborear los duraznos y diferentes tipos de bayas independientemente. ¿Pero qué notas cuando bebes un vaso de limonada? Cada sorbo sabe igual. Esto ocurre porque la limonada es una solución. Una **solución** es una mezcla que tiene una composición uniforme.

Cuando se añade colorante comestible al agua, los dos líquidos se mezclan uniformemente y se forma una solución.

Una solución se forma cuando una sustancia *se disuelve* en otra. Cuando algo se disuelve, se descompone en partículas tan pequeñas que no se pueden ver ni siquiera con un microscopio. Luego, estas partículas se mezclan uniformemente con la otra parte de la solución. No todo se disuelve. Si pones una roca y sal en agua, la roca no se disuelve, pero la sal sí.

Por lo general las soluciones son líquidos, como la mezcla de los diferentes líquidos que conforman la gasolina. Pero no todas las soluciones son líquidos. El aire es una solución de diferentes gases. Partículas diminutas de nitrógeno, oxígeno y otros gases están mezcladas uniformemente en el aire. El latón es un ejemplo de una solución sólida compuesta por cobre sólido y cinc sólido.

Una mezcla de arena y agua se forma donde las olas barren la arena. Tal mezcla no es una solución.

El agua de mar es una solución. Contiene diferentes tipos de sustancias disueltas.

▶ ¿Qué hace que una solución sea diferente de otras mezclas?

____

____

Separar mezclas

Imagínate que no te gustan las aceitunas. ¿Cómo se las vas a quitar a esa pizza especial que pidió tu amigo? A veces es necesario separar los componentes de una mezcla.

Lectura con propósito Mientras lees esta página, pon unos corchetes [ ] alrededor de la oración que describe el problema y escribe una *P* al lado de la oración. Subraya la oración que describe la solución y escribe una *S* al lado de esta.

Las mezclas no siempre son fáciles de separar. Pero, puesto que mezclar es un cambio físico, cada componente en una mezcla conserva la mayoría de sus propiedades físicas. Las propiedades físicas como el color, el tamaño, el punto de fusión, el punto de ebullición, la densidad y la capacidad de disolverse se pueden usar para separar mezclas. Separar una mezcla puede ser muy sencillo. O puede involucrar varios pasos complejos cuando un solo método no es suficiente.

Densidad

Toda sustancia tiene su propia densidad. Una sustancia menos densa flota en una sustancia más densa. Los objetos flotan en el agua si son menos densos que el agua. Se hunden si son más densos.

▶ ¿Qué propiedad se usó para separar los objetos en esta bandeja?

____

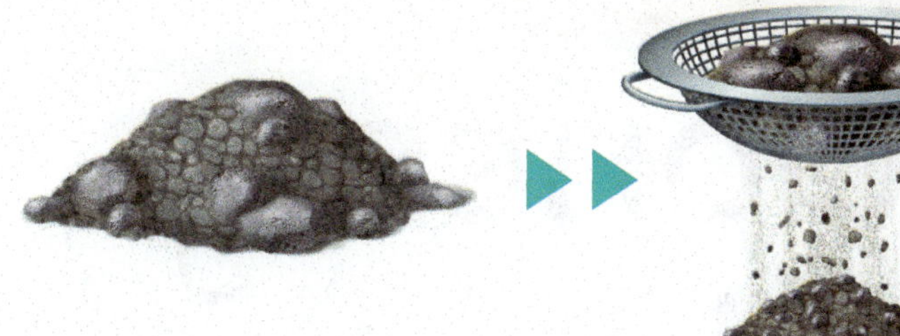

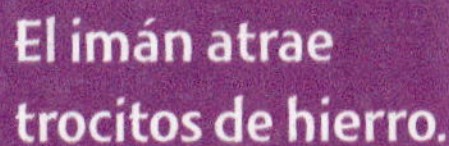

Cuando uno solo no es suficiente

El imán atrae trocitos de hierro.

colador/cedazo

Un colador o un cedazo tienen orificios que dejan pasar la materia. La materia más pequeña que los orificios pasa por el cedazo mientras que la materia que es más grande que los orificios se queda dentro del cedazo.

fuerza magnética

Un imán atrae la materia que contiene hierro, y la separa de otras partes de la mezcla.

filtración

Un filtro funciona como un cedazo con orificios diminutos, o poros. Únicamente los pedacitos más pequeños de materia —como las partículas de agua y las partículas de sal disueltas— pueden pasar por los poros.

evaporación/ebullición

La ebullición ocurre cuando un líquido cambia rápidamente a un gas en el punto de ebullición del líquido. La evaporación también cambia un líquido a un gas, pero ocurre a temperaturas por debajo del punto de ebullición. Durante este proceso, únicamente las partículas líquidas salen de la solución. Las partículas disueltas permanecen en esta.

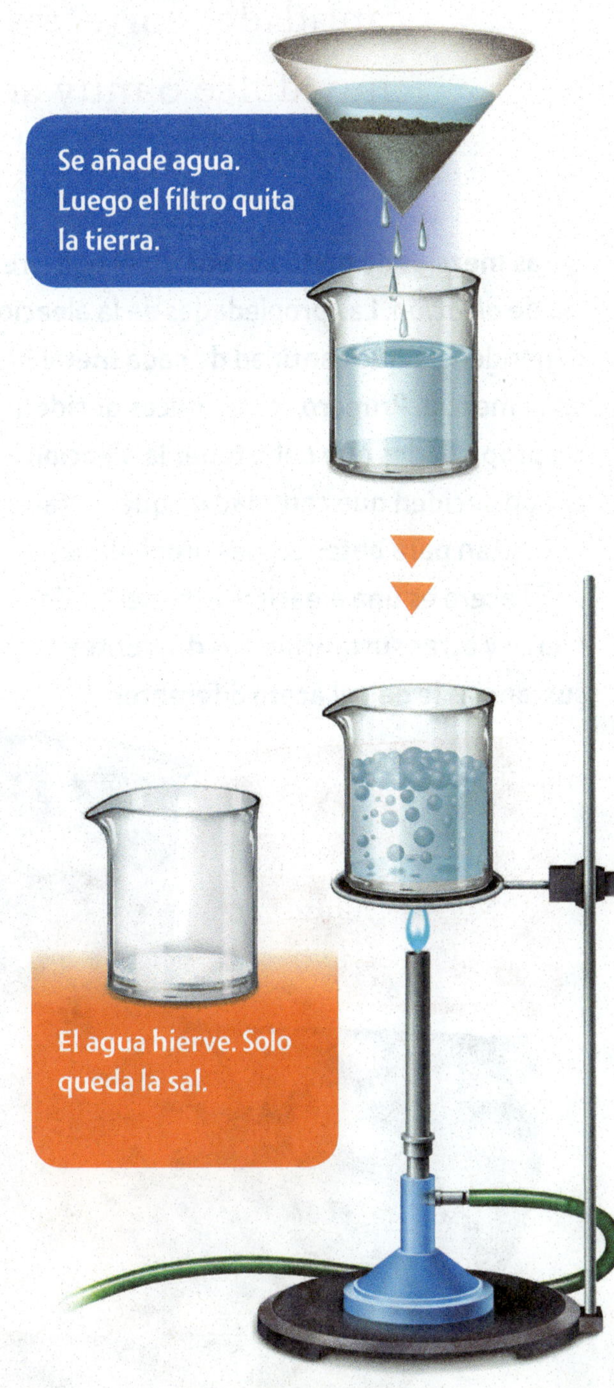

Se añade agua. Luego el filtro quita la tierra.

El agua hierve. Solo queda la sal.

Por qué es importante

Proporciones y propiedades

Cuando haces limonada, es importante usar las cantidades correctas de limón y azúcar. Si queda muy dulce o muy ácida, no sabe bien. ¿Cómo las proporciones afectan las propiedades de una mezcla?

Las mezclas de metales reciben el nombre de *aleación*. Las propiedades de la aleación dependen de qué cantidad de cada metal hay en la mezcla. Primero, los químicos deciden las propiedades que debe tener la aleación. Luego deciden qué cantidad de qué metales necesitan para obtener esas propiedades.

El acero es una aleación. Está hecho de hierro y otras sustancias. Las diferentes sustancias le dan al acero diferentes propiedades. Por ejemplo, si se añade cromo, el acero se pone brillante. Los metales como el níquel y el titanio evitan que el acero se corroa. A menudo se le añade carbono al acero para hacerlo más resistente. Otras sustancias ayudan a que el acero que se usa en las herramientas permanezca afilado o no se gaste.

Para hacer una aleación, se derriten los metales y otros elementos juntos y luego se dejan endurecer.

Práctica matemática

Usa gráficas

Haz dos gráficas circulares para comparar y contrastar los metales y las otras sustancias en el acero inoxidable y el acero para herramientas.

Sustancia	Acero inoxidable %	Acero para herramientas %
Acero	74	94
Cromo	18	0
Níquel	8	1
Carbono	0	1
Otra	0	4

Cuando termines, lee la Clave de respuestas y corrige lo que sea necesario.

Escribe *S* si la foto describe una mezcla que es una solución. Escribe *M* si describe una mezcla que NO es una solución.

_____ (1) Cuando combinas ingredientes par hacer un sándwich, cada ingrediente conserva su identidad. Puedes separarlos fácilmente.

_____ (2) Para hacer una gaseosa, se disuelven un gas y otros ingredientes en agua. Las partículas disueltas son demasiado pequeñas para poderlas ver.

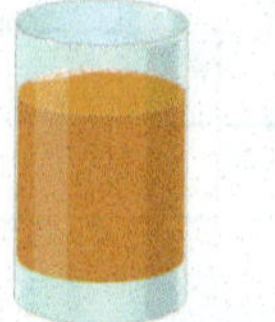

_____ (3) Los trocitos de pulpa de naranja no se disuelven en el líquido. Puesto que las partículas de pulpa son grandes, finalmente se separan.

_____ (4) El aire se compone de partículas de varios gases diferentes. El aire en una parte de un cuarto es igual al aire en otra parte del cuarto.

En pocas palabras

Completa las palabras que faltan para explicar cómo separar mezclas.

Para separar los objetos en tu cajón de cachivaches, usas (5) ________________ observables como tamaño, color, forma y atracción (6) ________________. Pero, ¿cómo separas azúcar de mesa, arena y piedritas? Puesto que las piedritas son (7) ________________ que los granos de azúcar y arena, puedes quitarlas con un cedazo, o un (8) ________________. Luego puedes añadir agua y revolver hasta que el azúcar se (9) ________________. Si viertes esta mezcla en un vaso graduado por un (10) ________________ de café, la (11) ________________ se queda en el filtro, pero la solución de azúcar pasa por este. Añadir calor hace que el agua se (12) ________________, y queda el azúcar sólida.

Clave de respuestas: 1. M 2 S 3. M 4. S 5. propiedades 6. magnética 7. más grandes 8. tamiz de malla 9. disuelva 10. filtro 11. arena 12. evapore o hierva

Ejercita tu mente

Lección 4

Nombre ____________________

Juego de palabras

1 Completa el crucigrama. Usa las palabras de la casilla si necesitas ayuda.

Horizontales

4. Herramienta que atrae objetos que contienen hierro
5. Objeto para separar partículas muy pequeñas de una mezcla
6. Otra palabra para malla de tamiz
9. Proceso mediante el cual un líquido cambia lentamente a gas

Verticales

1. Tipo de cambio que no involucra un nuevo tipo de materia
2. Tipo de mezcla que tiene una composición uniforme
3. Una propiedad física; por ejemplo circular, cuadrado, rectangular o plano
5. Lo que hace un objeto menos denso que el agua cuando se pone en agua
7. La cantidad de materia en un volumen dado
8. Combinación de dos o más sustancias que conservan sus identidades individuales

cedazo	forma	evaporación	solución*	físico
imán	mezcla*	flota	filtro	densidad

* Vocabulario clave de la lección

Aplica los conceptos

2 Encierra en un círculo las sustancias que son soluciones.

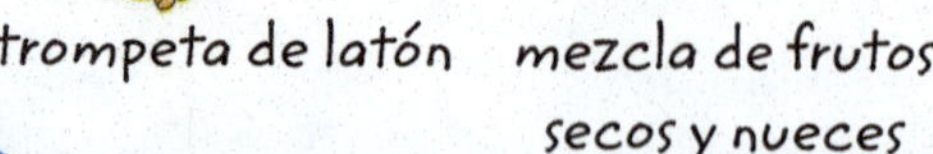

trompeta de latón

mezcla de frutos secos y nueces

conchas

emparedado

bebida en polvo

3 Haz una lista de mezclas sólidas en tu salón de clases.

______________________ ______________________

______________________ ______________________

______________________ ______________________

______________________ ______________________

______________________ ______________________

4 Dibuja y rotula un diagrama para mostrar cómo separar cada mezcla.

Nombre ______________________

5 Contesta estas preguntas según lo que sabes sobre las mezclas.

a. ¿Cómo cambian las propiedades de una aleación cuando se cambian las proporciones de las sustancias en la aleación?

____

____

____

b. ¿Por qué es posible usar propiedades físicas para separar una mezcla?

____

____

c. Reciclar conserva los recursos. Traza una línea para conectar cada pedazo de basura mezclado en una bolsa con el recipiente en el que se debe tirar.

botella de leche | lata de refresco | sobre | caja de cartón

lata de sopa | botella de agua | lápiz roto

Basura | Plástico | Aluminio y lata | Papel

6

La sal parece desaparecer cuando se echa en el agua. Usa los términos *mezcla*, *solución* y *disolver* para explicar lo que ocurre.

____

____

____

7

Explica cómo usarías uno o más de estos útiles para separar las mezclas.

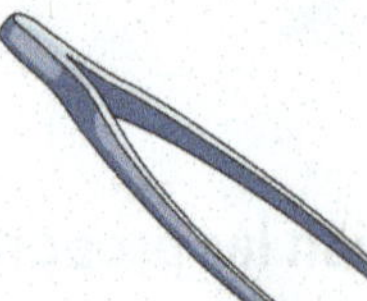

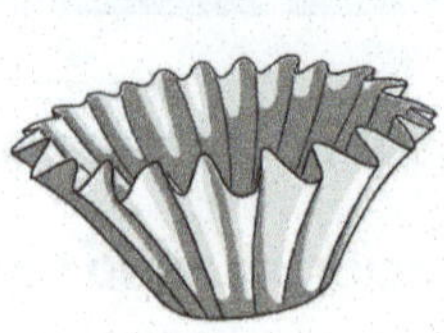

Arroz de una mezcla seca para sopas

Sal de agua salada

Clavos de grava

8

Di lo que ocurriría si revolvieras cada uno de estos vasos más rápidamente.

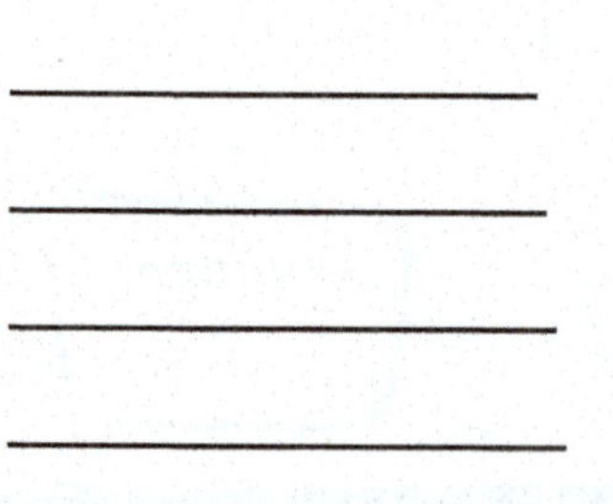

Comparte con tu familia lo que aprendiste sobre las mezclas. Con uno de tus familiares, identifica ejemplos de mezclas a la hora de la comida o en algún lugar en tu casa.

Rotafolio de investigación, pág. 67

Nombre ______________________

Pregunta esencial

¿Qué afecta la velocidad de una disolución?

Establece un propósito

¿Qué aprenderás de este experimento?

____

____

____

____

Formula tu hipótesis

Escribe tu hipótesis o enunciado comprobable.

____

____

____

____

Piensa en el procedimiento

¿Por qué debes enjuagar los recipientes entre un paso y otro?

____

____

____

¿Afectaría las conclusiones de esta actividad el que dos grupos diferentes agitaran las sustancias a velocidades diferentes?

____

____

____

____

Anota tus datos

Anota tus resultados en la siguiente tabla.

Tiempo requerido para la disolución	
Tratamiento	Tiempo (seg)
Sin agitar	
Agitación lenta	
Agitación rápida	
Sal gruesa	
Sal de mesa	
Agua fría	
Agua tibia	

Saca tus conclusiones

Haz una gráfica de barras para mostrar los datos de la prueba de cómo la agitación afecta la tasa de disolución.

¿Qué conclusión puedes sacar?

Analiza y amplía

1. Estás agregando azúcar a un vaso de té helado. ¿Cómo podrías acelerar la disolución del azúcar?

2. Los minerales se disuelven en agua de río. ¿Esperarías que los minerales se disolvieran más rápidamente en un río rápido o en uno lento? ¿Por qué?

3. Un suavizante de agua es un dispositivo que usa sales para eliminar ciertas sustancias del agua. Muchos suavizantes caseros usan gránulos de sal o sal gema (gruesa), que son pedazos de sal. ¿Por qué no usarías sal de mesa en un suavizante?

4. Piensa en otras preguntas que te gustaría hacer sobre la tasa de disolución de un sólido en agua.

Pregunta esencial

¿Qué es la teoría atómica?

Ponte a pensar

Halla la respuesta a la siguiente pregunta en esta lección y escríbela aquí.

Esta estructura, localizada en Bruselas, Bélgica, se conoce como el Atomium. ¿Por qué crees que la llamaron así?

____

____

____

Lectura con propósito

Vocabulario de la lección

Haz una lista de los términos. A medida que aprendes cada uno, toma notas en el Glosario interactivo.

______________ ______________

______________ ______________

____

Ayudas visuales

Un diagrama añade información al texto que lo acompaña en la página. Los buenos lectores hacen una pausa en su lectura para revisar el diagrama y deciden cómo se suma esa información al texto.

Hace más de 2,000 años, yo declaré que toda la materia está compuesta por diminutas bolitas sólidas llamadas átomos. La palabra *átomo* significa "indivisible".

DEMOCRITUS

→ **Átomos**

Elementos

Compuestos

Una teoría minúscula

Desde los tiempos de Demócrito, los científicos han estudiado la materia y propuesto teorías al respecto. ¿De qué creemos hoy que está compuesta la materia?

Lectura con propósito Mientras lees la siguiente página, traza una línea desde cada parte del diagrama del átomo hasta las oraciones que la describen.

Supón que pudieras romper una cadena de plata en pedazos cada vez más pequeños. Las piezas se harían tan pequeñas que no podrías verlas sin un microscopio. ¿Qué tan pequeños podrían llegar a ser los pedazos sin dejar de ser de plata? Respuesta: un átomo de plata. Un **átomo** es la unidad más pequeña de un elemento que conserva las propiedades de dicho elemento.

La **teoría atómica** es una explicación científica de la estructura de los átomos y cómo interactúan con otros átomos. Demócrito fue el primero en formular la idea de que la parte más pequeña de la materia era el átomo. Con el tiempo, las teorías de los científicos acerca de los átomos han cambiado, a medida que aprenden más sobre ellos.

El oro es un tipo de materia.

Los átomos son los bloques constructores de toda la materia.

La teoría atómica actual afirma que un átomo es, en su mayoría, espacio vacío. En su centro se encuentra el núcleo, pequeño y denso. El núcleo está rodeado por electrones.

Protón

Un *protón* es una partícula con carga positiva, que se halla en el núcleo de un átomo.

Neutrón

Los *neutrones* también son partículas del núcleo, pero no tienen carga.

Electrón

Los *electrones* son partículas con carga negativa que se mueven rápidamente en un área alrededor del núcleo llamada nube electrónica.

▶ Dibuja una flecha apuntando a un solo átomo de oro.

▶ Usa el diagrama de Venn para comparar y contrastar electrones y protones.

Protón | Ambos | Electrón

27 28 29 30

Ni

110 111 112 113 114 115 116

Mt Ds Rg Uub Uut Uuq Uup Uuh

A mediados del siglo XIX, yo organicé todos los elementos conocidos según sus propiedades y por orden creciente de masas. Los científicos todavía ordenan los elementos basados en mi trabajo.

¡Esto es elemental!

El cobre, el oxígeno y el mercurio tienen algo en común: todos son elementos. ¿Qué es exactamente un elemento?

Lectura con propósito Mientras lees estas dos páginas, escribe una *E* grande junto a los nombres de cinco elementos descritos.

Átomos

→ Elementos

Compuestos

Existen muchas clases de materia. Un **elemento** es un tipo de materia consistente en una sola clase de átomo. Todos los átomos de un elemento tienen el mismo número de protones. Por ejemplo, el boro es un elemento. Todos los átomos del boro contienen exactamente cinco protones. Ningún otro elemento tiene átomos con exactamente cinco protones.

¿Qué tienen de especial los protones? Los electrones se hallan lejos del núcleo, entonces, pueden ganarse o perderse. Asimismo, los distintos átomos del mismo elemento pueden contener números diferentes de neutrones. Los protones, por su parte, siempre son los mismos.

Neón

Protones: 10

Usos: señales de neón, láser de helio-neón, tubos de televisión, refrigerante

Mercurio

Protones: 80

Usos: instrumentos de laboratorio, termostatos, empastes dentales, pesticidas

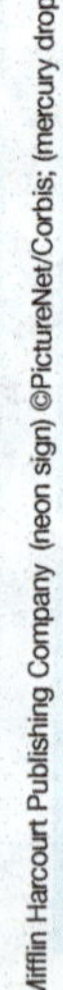

Los elementos son sustancias que no pueden descomponerse en sustancias más simples.

Cloro

Protones: 17

Usos: desinfección del agua; para hacer papel, pinturas, plásticos y tinturas

Plata

Protones: 47

Usos: joyería, cubiertos de plata, fotografía, soldadura, espejos

Cobre

Protones: 29

Usos: plomería, monedas, cables eléctricos, para hacer latón y bronce

Dibuja y rotula un átomo de carbono

Usa la información provista para dibujar y rotular un átomo de carbono.

Protones: 6

Neutrones: 6

Electrones: 6

Cómo juntar las piezas

Átomos

Elementos

→ Compuestos

Existen más de 100 elementos, pero también es evidente que hay muchos más tipos de materia. ¿Cuáles son esos otros tipos?

Lectura con propósito Mientras lees esta página, encierra en rectángulos los nombres de las dos cosas que se están comparando.

Muchos átomos experimentan un cambio químico con un átomo de otro tipo y forman moléculas. Una **molécula** se compone de dos o más átomos unidos químicamente. Un **compuesto** es una sustancia formada por átomos de dos o más elementos.

Con frecuencia, las propiedades de un compuesto son diferentes de las propiedades de los elementos que lo forman. Por ejemplo, los átomos de carbono y oxígeno reaccionarán formando el compuesto dióxido de carbono. Este compuesto tiene sus propiedades, diferentes de las del carbono y el oxígeno.

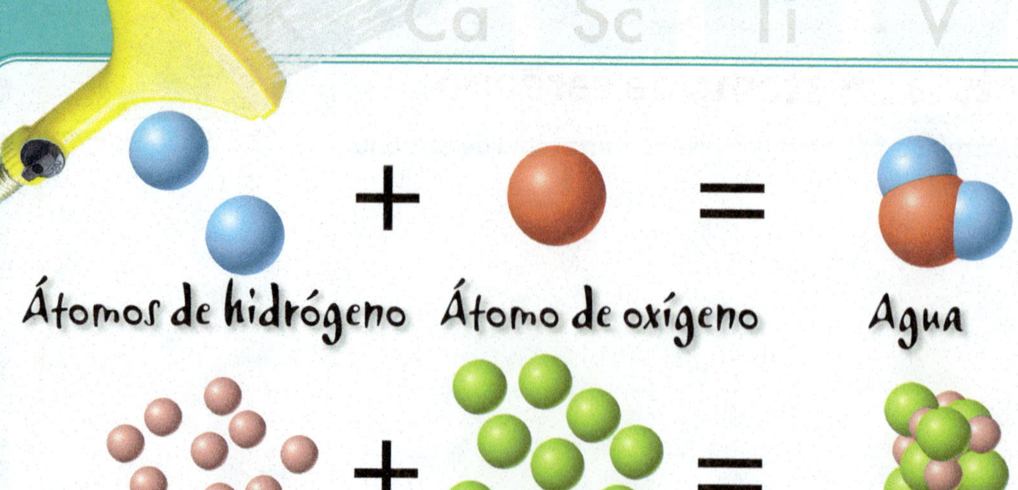

Los compuestos están hechos de átomos de al menos dos tipos diferentes de elementos.

Fuegos artificiales de colores

Naranja	Amarillo	Rojo
cloruro de calcio	nitrato de sodio	carbonato de litio

1 calcio 2 cloros	1 sodio 1 nitrógeno 3 oxígenos	2 litios 1 carbono 3 oxígenos

Algunos colores de los fuegos artificiales provienen de compuestos. Por ejemplo, el cloruro de calcio, que contiene un átomo de calcio por cada dos átomos de cloro, da como resultado un color naranja.

La fructosa también es conocida como azúcar de la fruta. Por cada 6 átomos de carbono en el compuesto hay 12 átomos de hidrógeno y 6 átomos de oxígeno.

Práctica matemática

Usar fracciones

Suma el número total de átomos de la fructosa. En términos simplificados, di qué fracción de la fructosa consiste de:

1. ¿átomos de carbono? ____________
2. ¿átomos de hidrógeno? ____________
3. ¿átomos de oxígeno? ____________

Cuando termines, lee la Clave de respuestas y corrige lo que sea necesario.

1 Rotula las partes de este átomo.

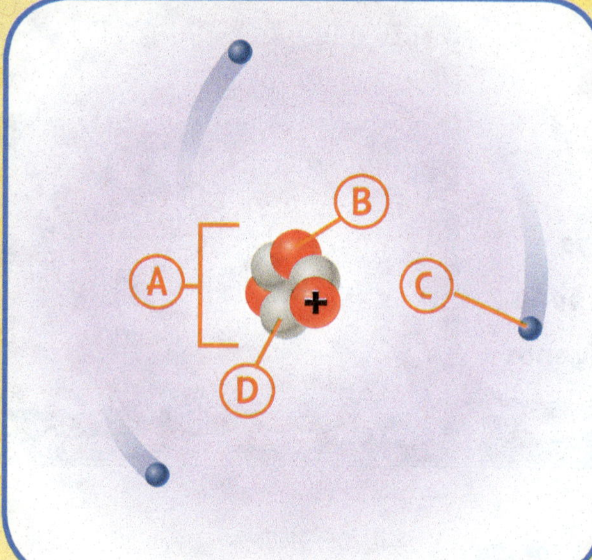

Ⓐ ______________________

Ⓑ ______________________

Ⓒ ______________________

Ⓓ ______________________

2 Haz una secuencia de menor a mayor con los siguientes términos.

_____ Ⓐ átomo   _____ Ⓑ protón   _____ Ⓒ compuesto   _____ Ⓓ núcleo

3 Completa los espacios en blanco.

Un átomo es la partícula más pequeña de un Ⓐ ______________ que conserva sus propiedades. Nuestra Ⓑ ______________________ actual es el resultado de las ideas de muchos científicos a través del tiempo. Los científicos de hoy siguen la teoría de que los átomos contienen un centro denso llamado Ⓒ ______________. Este contiene partículas con carga positiva llamadas Ⓓ ______________, y Ⓔ ______________, que no poseen carga. Las partículas llamadas Ⓕ ______________ se mueven alrededor del centro del átomo. La identidad de un elemento está determinada por el número de Ⓖ ______________ en un átomo del elemento. Cuando los átomos de dos o más elementos se unen, se forman Ⓗ ______________.

Clave de respuestas: 1a. núcleo 1b. protón 1c. electrón 1d. neutrón 2a. 3 2b. 1 2c. 4 2d. 2 3a. elemento 3b. teoría atómica 3c. núcleo 3d. protones 3e. neutrones 3f. electrones 3g. protones 3h. moléculas

Ejercita tu mente

Nombre ______________________________

Juego de palabras

1 Organiza las letras para formar un término de esta lección. Usa las pistas como ayuda.

1. otásmo — Las partículas más pequeñas de un elemento
_ _ _ _ _ ◯
2. nemotele — Contiene un solo tipo de átomo
_ _ _ _ _ _ _ ◯
3. retelócn — Se mueve rodeando el exterior de un átomo
_ _ _ _ _ _ ◯ _
4. onrópt — La parte del núcleo cargada positivamente
◯ _ _ _ _ _
5. uenótnr — La partícula de un átomo que no tiene carga
_ _ _ _ ◯ _ _
6. loúnec — La parte central, densa, de un átomo
_ _ _ _ ◯ _
7. mtuocsoep — Lo forman por lo menos dos tipos de átomos combinados químicamente
_ _ _ _ _ _ ◯ _ _
8. roetaí miatocá — Cambió a través de la historia, a medida que los científicos aprendieron más sobre los átomos
_ _ _ _ _ _ ◯ _ _ _ _ _ _ _

Acertijo Pon las letras de los círculos en el acertijo en el orden en que están.

¿Qué recibió la maestra de química en su cumpleaños?

el elemento _ _ _ _ _ _ _ _

Aplica los conceptos

2 Dibuja y rotula un diagrama de un átomo de nitrógeno. Debe tener 7 protones, 7 neutrones y 7 electrones.

3 Usa los términos *átomo* y *elemento* para explicar la diferencia entre la plata y el oro.

____

____

4 Completa la tabla.

Compuesto	Átomos	Fracción de cada tipo de átomo
metano	5 en total: 1 carbono, 4 hidrógeno	
propano	11 en total: ____________	3/11 carbono, 8/11 hidrógeno
peróxido de hidrógeno	4 en total: 2 hidrógeno, 2 oxígeno	
dióxido de carbono	3 en total: ____________	1/3 carbono, 2/3 oxígeno

Revisa las listas de ingredientes de varios productos para el hogar. Busca el nombre de dos compuestos diferentes. Usa libros de referencia o internet para averiguar qué elementos hay en los compuestos.

Conoce a las celebridades atómicas

Marie Curie

Marie Curie trabajó como científica en Francia. Descubrió que algunos elementos eran radiactivos. Eso significa que la energía emite radiaciones, o irradia, de los elementos. En 1903, Marie Curie se convirtió en la primera mujer en recibir un Premio Nobel. En 1911, obtuvo otro. Es una de las más famosas científicas de todos los tiempos.

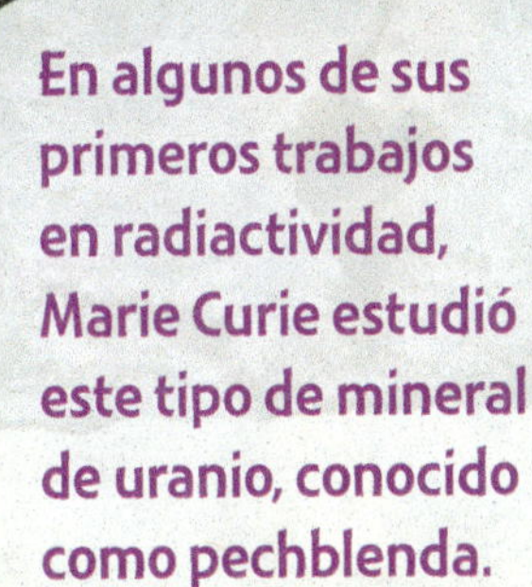

En algunos de sus primeros trabajos en radiactividad, Marie Curie estudió este tipo de mineral de uranio, conocido como pechblenda.

Inés Triay

Inés Triay es una científica que también investiga materiales radiactivos. Su trabajo consiste en limpiar los desechos tóxicos producidos por los elementos radiactivos utilizados en las plantas nucleares. En 2009, el Presidente Barack Obama le asignó un importante trabajo en el Departamento de Energía de EE.UU., como directora del equipo encargado de la apropiada eliminación de los desechos nucleares.

El símbolo de esta señal advierte que la sustancia es radiactiva y puede ser peligrosa para la salud.

Completa la línea cronológica

Rellena las casillas con información sobre Marie Curie e Inés Triay. Desde cada casilla, traza una línea hasta su ubicación correcta en la línea de tiempo.

1896 Henri Becquerel, maestro de Marie Curie, descubre la radiactividad.

1898 Marie Curie descubre dos nuevos elementos radiactivos, llamados radio y plutonio.

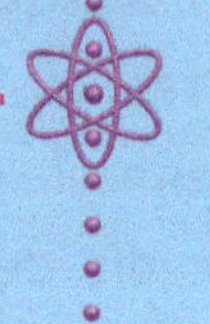

1908 Hans Geiger inventa un instrumento llamado "contador de Geiger", que mide la radiactividad.

1951 Por primera vez, se genera electricidad usando elementos radiactivos.

1934 Marie Curie muere de una enfermedad causada por la radiación. Nadie sabía que la radiactividad era muy peligrosa para la salud humana.

1979 Dos científicos, Godfrey Hounsfield y Allan McLeod Cormack, reciben el Premio Nobel de Medicina por la máquina de escáner CT, que se basa en el uso de pequeñas cantidades de radiación para tomar fotografías del interior del cuerpo humano.

¿De qué manera el trabajo de Marie Curie contribuyó a mejorar la asistencia médica?

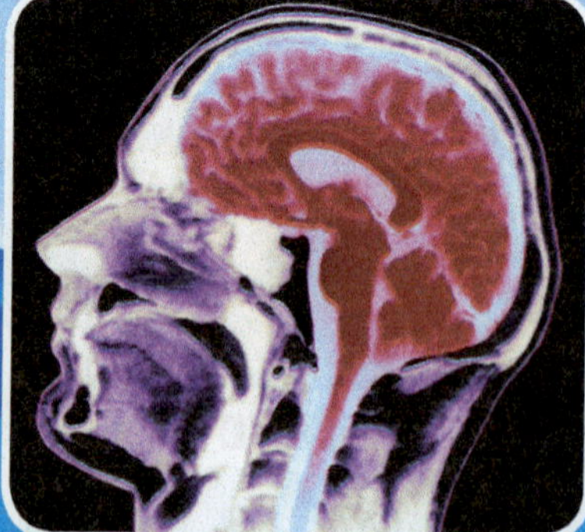

Repaso de la Unidad 13

Nombre ______________________

Repaso de vocabulario

Completa las oraciones con las palabras de la casilla.

- cambios químicos
- compuesto
- elemento
- gas
- líquido
- molécula
- cambios físicos
- solución

1. La materia que tiene un volumen definido pero no una forma definida es un(a) ______________________.

2. Una mezcla que tiene una composición uniforme es un(a) ______________________.

3. Los cambios en una o más sustancias que forman sustancias nuevas y diferentes se llaman ______________________.

4. Una sola partícula de materia compuesta por dos o más átomos unidos químicamente es un(a) ______________________.

5. Los cambios en los que la forma de una sustancia cambia pero la sustancia sigue teniendo la misma composición química se llaman ______________________.

6. La materia sin un volumen o forma definidos se llama ______________________.

7. La materia que no se puede descomponer en una sustancia más sencilla es un(a) ______________________.

8. Una sustancia en la que al menos dos tipos de átomos están combinados químicamente es un(a) ______________________.

Conceptos de ciencias

Rellena la burbuja con la letra de la mejor respuesta.

9. **¿Qué gráfica muestra cómo cambia el volumen de un gas a medida que la temperatura del gas aumenta?**

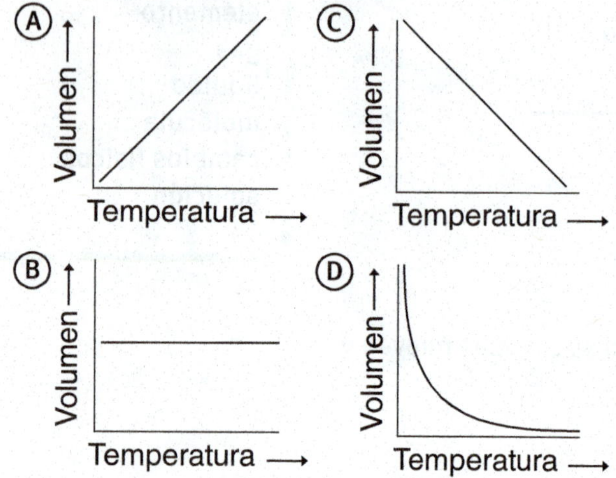

10. **¿Cuál es una propiedad física de la materia?**

Ⓐ la capacidad de quemarse

Ⓑ la capacidad de corroerse

Ⓒ la capacidad de descomponerse

Ⓓ la capacidad de disolverse

11. **¿Cuál de los siguientes cambios físicos no es un ejemplo de un cambio de estado?**

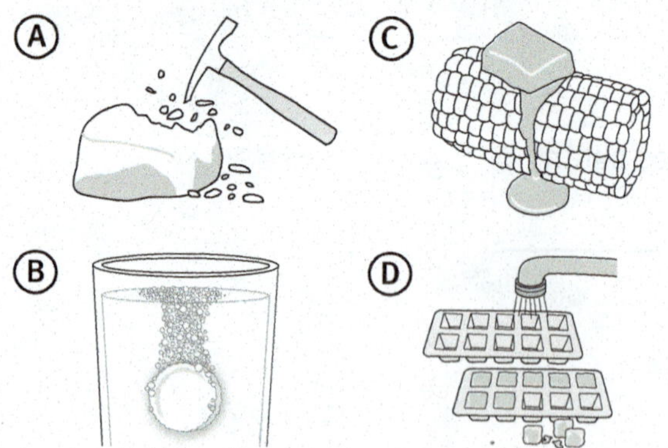

12. **Este diagrama muestra lo que ocurre cuando el agua cambia de estado.**

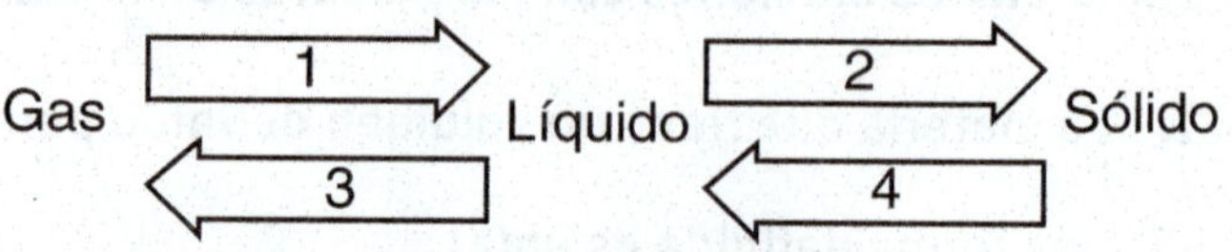

¿Qué enunciado es verdadero?

Ⓐ La temperatura aumenta en el Paso 1 y el Paso 2.

Ⓑ La energía de las moléculas disminuye en los Pasos 3 y 4.

Ⓒ La masa del agua permanece igual entre cualquiera de dos etapas.

Ⓓ La masa del agua cambia entre cualquiera de dos etapas.

13. **Nadia tiene una mezcla de agua y aceite. Quiere separar la mayoría del aceite de la mezcla. ¿Cómo puede hacerlo?**

Ⓐ usar un imán para atraer el aceite

Ⓑ verter la mezcla por un cedazo

Ⓒ revolver la mezcla hasta que el aceite se disuelva

Ⓓ dejar que el aceite flote en la superficie y sacarlo

14. **Un ingeniero hace una mezcla de metales para hacer acero para el armazón de un edificio. El acero debe tener dos propiedades; ¿cuáles son?**

Ⓐ brillante y fácil de darle forma

Ⓑ fuerte y ligeramente flexible

Ⓒ brillante y magnético

Ⓓ magnético y resistente a la corrosión

Nombre ______________________________

15. Este dibujo muestra las partes de un átomo.

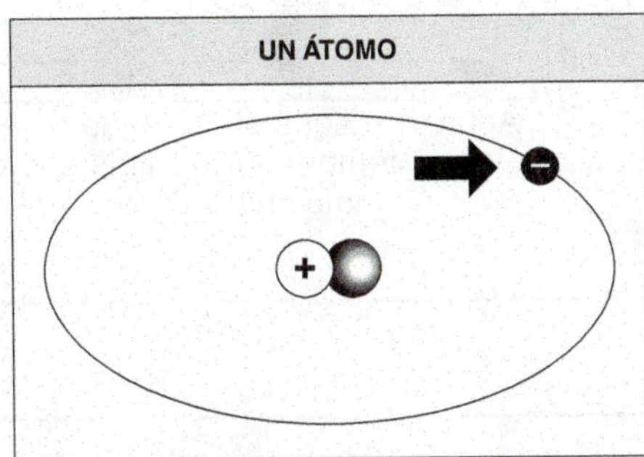

¿Qué parte del átomo señala la flecha?

Ⓐ un electrón
Ⓑ un protón
Ⓒ un neutrón
Ⓓ el núcleo

16. Daniel pone agua, azúcar y levadura en un globo. Él sabe que la levadura reacciona con el agua y el azúcar. Mide la masa del globo y su contenido. Pone el globo en un lugar cálido durante dos horas. Luego vuelve a medir la masa. Repite este experimento tres veces para obtener más datos. Predice cómo cambiará la masa del globo.

Ⓐ Aumentará.
Ⓑ Disminuirá.
Ⓒ Permanecerá igual.
Ⓓ No tiene masa.

17. ¿Cuál de estos enunciados describe correctamente cómo cambia el agua de estado?

Ⓐ El agua líquida se derrite para formar hielo.
Ⓑ El agua líquida hierve para formar vapor.
Ⓒ El hielo se condensa para formar agua líquida.
Ⓓ El vapor de agua se evapora para formar agua líquida.

18. Piet tiene una muestra del elemento cobre. ¿Qué enunciado es **verdadero** acerca de **todos** los átomos de cobre en esta muestra?

Ⓐ Todos tienen el mismo número de electrones.
Ⓑ Todos tienen el mismo número de neutrones.
Ⓒ Todos tienen el mismo número de protones.
Ⓓ Todos se pueden descomponer para formar otros elementos.

19. ¿Qué dice la teoría moderna del átomo?

Ⓐ Toda la materia está hecha de átomos.
Ⓑ Toda la materia está hecha de compuestos o moléculas.
Ⓒ Los átomos de elementos diferentes son exactamente iguales.
Ⓓ Los átomos de diferentes tipos se combinan para formar elementos diferentes.

20. La velocidad a la cual un sólido se disuelve en un líquido depende de muchos factores. ¿Cuál de estas propiedades no afecta la velocidad a la que se disuelve un sólido?

Ⓐ la temperatura del líquido
Ⓑ el tamaño del sólido
Ⓒ si el líquido se revuelve o no
Ⓓ el color del líquido

Aplica la investigación y repasa La gran idea

Escribe las respuestas a estas preguntas.

21. Kym probó qué tan rápido se disolvían 10 g de azúcar en 1 L de agua a diferentes temperaturas. Se muestra una gráfica de sus resultados. ¿Cuáles eran las variables de Kym? Con base en su gráfica, ¿piensas que rotuló correctamente sus vasos graduados de agua? ¿Por qué?

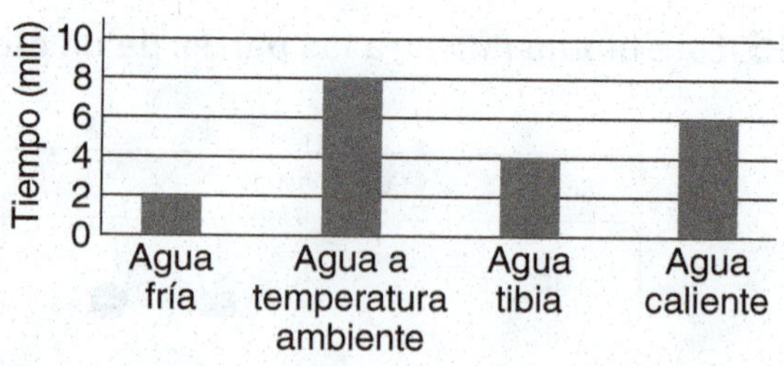

22. Frank aprendió sobre los estados de la materia en la clase de ciencias. Hizo unos dibujos, pero se le olvidó rotularlos. Sus dibujos se muestran a continuación.

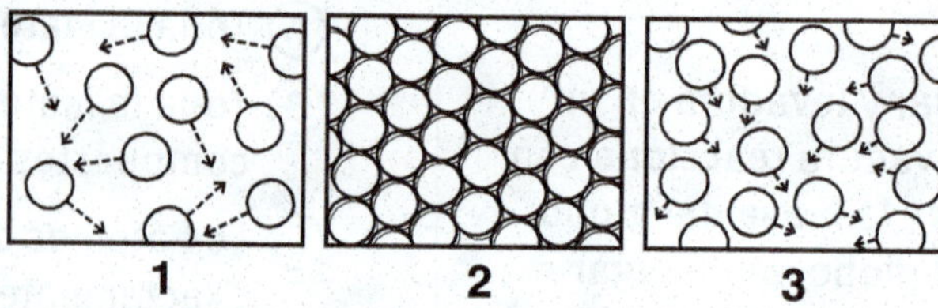

Describe lo que muestra cada dibujo de Frank.

23. Mina organiza un picnic. Va a llevar jugo de naranja, té sin dulce y gaseosas. Planea llevar sándwiches de mantequilla de cacahuate y una mezcla de frutos secos y nueces. También va a hace una gelatina con plátanos adentro. ¿Qué alimentos del picnic son mezclas? ¿Cuáles son soluciones? Explica.

UNIDAD 14

Luz y sonido

La gran idea

La luz y el sonido son formas de energía que viajan en ondas.

Me pregunto por qué

Cuando veo fuegos artificiales a la distancia, ¿por qué veo los destellos de luz antes de oír el estallido? *Da vuelta a la página para descubrirlo.*

Por esta razón El sonido y la luz son dos formas de energía que tu cerebro detecta en su entorno. La luz brillante de los fuegos artificiales viaja más rápidamente que el sonido de las explosiones. Por eso es que a veces ves el estallido de luz antes de oír la detonación.

En esta unidad vas a aprender más sobre La gran idea, y a desarrollar las preguntas esenciales y las actividades del Rotafolio de investigación.

Niveles de investigación ■ Dirigida ■ Guiada ■ Independiente

La gran idea La luz y el sonido son formas de energía que viajan en ondas.

Preguntas esenciales

¡Ya entiendo La gran idea!

Cuaderno de ciencias

No te olvides de escribir lo que piensas sobre la Pregunta esencial antes de estudiar cada lección.

Pregunta esencial

¿Qué es el sonido?

Ponte a pensar

Halla la respuesta a la siguiente pregunta en esta lección y escríbela aquí.

¿Cómo hace música un tamborilero?

____

____

____

____

Lectura con propósito

Vocabulario de la lección

Haz una lista de los términos. A medida que aprendes cada uno, toma notas en el Glosario interactivo.

______________ ______________

______________ ______________

______________ ______________

Comparar y contrastar

En esta lección, vas a leer en qué se parecen las características del sonido y en qué se diferencian. Los buenos lectores se concentran en las comparaciones y los contrastes cuando se preguntan: ¿En qué se parecen estas cosas? ¿En qué se diferencian?

Posiblemente has visto olas de agua que se ven así. Las olas, u ondas, de agua, se mueven en dirección hacia arriba y abajo como se ve aquí. Todas las ondas, cualquiera que sea su forma, transportan energía.

Ondas de sonido

Unas ondas son largas y planas. Otras son apretadas y altas. Pero todas las ondas se mueven de un lugar a otro de manera periódica.

Lectura con propósito Mientras lees estas páginas, subraya el efecto de puntear una cuerda de guitarra.

Las olas, u ondas, de agua transportan energía al cruzar un lago, una tras otra. Una **onda** es una agitación que transmite energía. Hay otros tipos de ondas que no se ven. El sonido es una serie de vibraciones que viajan en ondas. *Vibraciones* son movimientos en vaivén de un objeto. Cuando punteas una cuerda de guitarra, la cuerda vibra, produciendo ondas sonoras. El cuerpo de la guitarra, al vibrar, aumenta el volumen del sonido.

Vibraciones musicales

Indica con flechas las partes de la guitarra que vibran.

Para entender mejor las ondas de compresión, piensa en un juguete de resorte.

1 Las espirales en una zona se aprietan, o comprimen. Luego se estiran, o separan.

2 y **3** Estas compresiones y separaciones ocurren a lo largo de la espiral al irse alejando la onda de su punto de partida.

Los instrumentos musicales no son los únicos que hacen sonido. Al golpear la cabeza de un clavo con un martillo también se producen vibraciones sonoras. Muchos animales hacen sonido haciendo subir una columna de aire por la garganta y la boca.

Todas las vibraciones sonoras viajan en ondas de compresión. Al moverse la onda de compresión, las moléculas de aire u otra materia se aprietan una contra otra bajo presión, o sea, se comprimen. Luego las moléculas se separan y se alejan. La energía sonora se aleja de su origen al repetirse esta compresión y alejamiento de las moléculas una y otra vez. Tus oídos detectan las ondas sonoras cuando las ondas hacen vibrar ciertas partes del oído. Tu cerebro interpreta estas vibraciones como sonido.

▶ Explica en qué se parecen y en qué se diferencian una onda de compresión y una onda de agua.

____

____

____

____

____

____

____

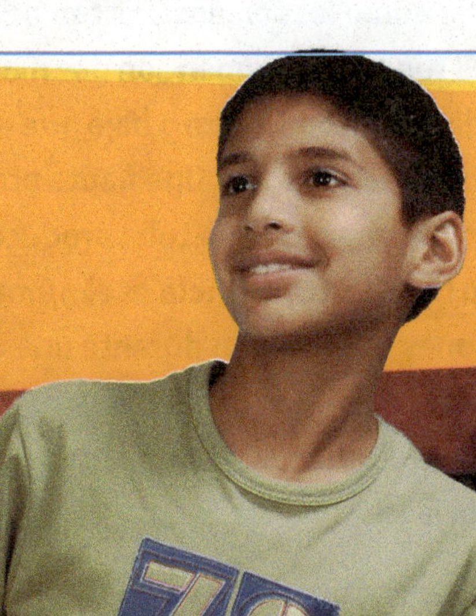

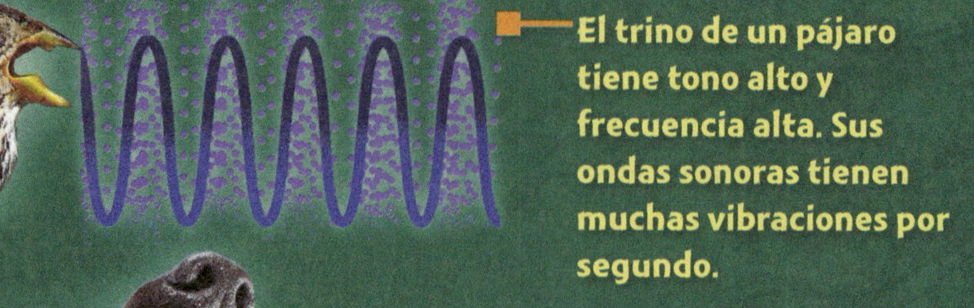

El trino de un pájaro tiene tono alto y frecuencia alta. Sus ondas sonoras tienen muchas vibraciones por segundo.

Los ladridos de este perro tienen menos vibraciones por segundo. El tono es más bajo y la frecuencia también.

Suena como...

Nuestro mundo está lleno de sonidos, muchos de ellos agradables, otros ásperos o molestos.

Lectura con propósito Mientras lees estas dos páginas, traza dos líneas debajo de las definiciones de *tono, frecuencia* y *volumen*.

Las personas miden las características del sonido para comprender, describir y controlar cómo los sonidos afectan nuestros oídos. El tono y el volumen son dos maneras de medir el sonido. Lo alto o bajo que es un sonido se llama su **tono**. Una flauta produce sonidos de tono alto. Una tuba produce sonidos de tono bajo. La **frecuencia** es el número de vibraciones que ocurren durante una unidad de tiempo. Un sonido de tono alto tiene frecuencia alta. Los sonidos de tono bajo tienen frecuencias más bajas.

Lo fuerte que suena un sonido se llama su **volumen**. El volumen se mide en unidades llamadas *decibeles*, abreviado *dB*. Los sonidos más suaves que oye un humano tienen cerca de 0 dB. El zumbido de una refrigeradora tiene 40 dB. El tráfico pesado en una ciudad tiene aproximadamente 85 dB. Cualquier ruido a este nivel puede causar pérdida del oído si la persona lo escucha durante mucho tiempo. Es conveniente usar tapones en los oídos si vas a estar expuesto a 15 minutos o más de ruido a 100 dB. Si el nivel de ruido es 110 dB, es peligroso escuchar más de un minuto sin protección para los oídos.

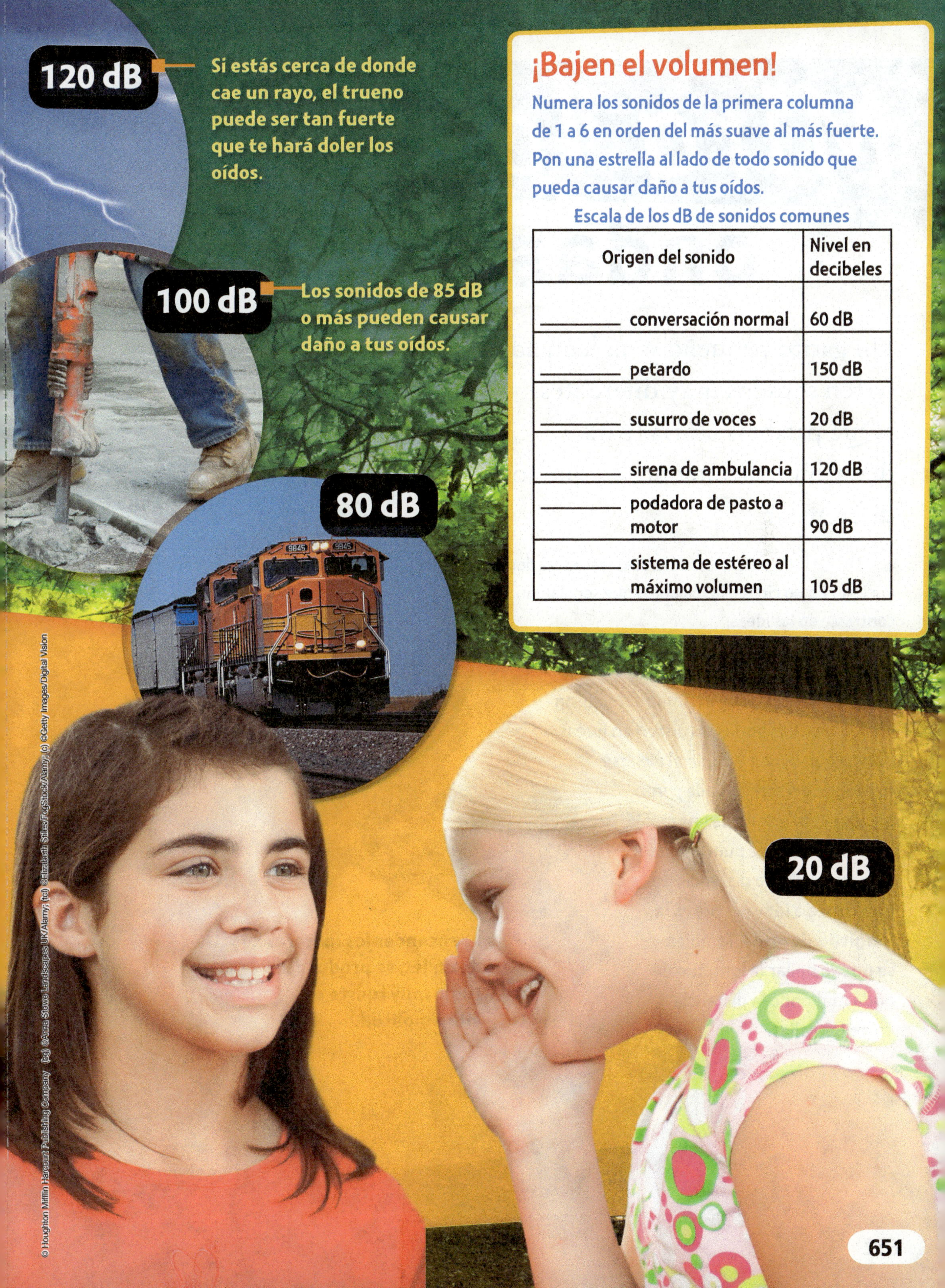

¡Bajen el volumen!

Numera los sonidos de la primera columna de 1 a 6 en orden del más suave al más fuerte. Pon una estrella al lado de todo sonido que pueda causar daño a tus oídos.

Escala de los dB de sonidos comunes

Origen del sonido	Nivel en decibeles
_______ conversación normal	60 dB
_______ petardo	150 dB
_______ susurro de voces	20 dB
_______ sirena de ambulancia	120 dB
_______ podadora de pasto a motor	90 dB
_______ sistema de estéreo al máximo volumen	105 dB

Mira las ondas

Un gatito pequeño y un león adulto hacen sonidos muy diferentes. ¿Qué palabras usarías para describir exactamente en qué son diferentes?

Lectura con propósito Mientras lees estas dos páginas, encierra en un círculo las palabras que señalan un contraste en las ideas.

Para describir el sonido, no se usan solamente palabras. También se usan diagramas. Las ondas consisten en líneas curvas que suben y bajan al alejarse del origen del sonido. Cada punto alto de la onda se llama una *cresta*, mientras que cada punto bajo se llama un *valle*. La distancia de una cresta a la siguiente es la **longitud de onda**. También se puede hallar la longitud de onda midiendo la distancia entre los valles.

Al encender los motores de un jet, se produce un ruido muy fuerte con alta amplitud.

longitud de onda

amplitud

Cuanto más alta sea una onda desde su punto de descanso, más grande es su amplitud y más la energía que transporta.

La caída de una aguja en una superficie dura produce un sonido suave de amplitud baja.

El tamaño importa

Vuelve a mirar las dos páginas anteriores. Escribe los objetos que producen sonidos de amplitud alta. ¿Qué relación hay entre la amplitud de una onda y su volumen?

La **amplitud** indica la cantidad de energía que hay en una onda. Un motor de jet produce una onda sonora de amplitud sumamente grande. En cambio, una aguja que cae en el piso produce una onda sonora de amplitud muy pequeña. Como habrás adivinado, el volumen de un sonido y la amplitud de su onda están relacionados. Los sonidos fuertes tienen amplitud grande, mientras que los sonidos suaves tienen amplitud pequeña. La amplitud se mide hallando la distancia del punto más alto o bajo de una onda hasta su línea central. La línea central es una línea horizontal trazada como una recta por la mitad de la onda.

Los viajes del sonido

El sonido puede atravesar las paredes, ventanas y pisos además del aire y el agua. ¿Viajará a la misma velocidad por un sólido, por un líquido y por un gas?

Lectura con propósito Mientras lees estas dos páginas, subraya los lugares donde se comparan o contrastan los sólidos, líquidos y gases.

El sonido de la voz de este niño viaja por gases (aire) y por un líquido (agua) antes de llegar a los oídos del otro niño debajo del agua.

El sonido viaja en ondas, pero solamente puede viajar si hay partículas que las hagan vibrar. La mayoría de los sonidos que oyes viajan por el aire. El aire y otros gases tienen partículas que vibran cuando la energía sonora las golpea. Los líquidos y los sólidos también están formados por partículas, así que las ondas sonoras también pueden pasar por estos materiales. Pero si no hay partículas para mover, entonces el sonido no puede viajar. ¿Qué ocurriría si un astronauta dejara caer una roca pesada en la Luna? ¿Caería haciendo un ruido de golpe? Como la Luna no tiene atmósfera, no habría nada por lo cual pudieran viajar las ondas sonoras. Por lo tanto, una roca no produciría ningún ruido al caer.

Práctica matemática
Multiplica números enteros

Con la información de esta tabla, calcula cuánto tardaría un sonido en viajar 4,575 m por cada tipo de materia.

Tipo de materia	Velocidad aproximada del sonido (m/s)
Agua pura	1,525
Aire seco	300
Hierro fundido	4,575

Agua pura: ______________________

Aire seco: ______________________

Hierro fundido: ______________________

Las ondas sonoras viajan por diferentes tipos de materia a diferentes velocidades. La velocidad a la cual las ondas sonoras pasan por sólidos, líquidos y gases tiene que ver con la forma en que están dispuestas las moléculas de estos materiales. Las partículas en un sólido están amontonadas, unas cerca de otras. Las partículas en los gases están separadas unas de otras. Los líquidos son un término medio. Por esta razón, el sonido viaja por los gases más lentamente que por líquidos y sólidos.

Cuando golpeas una puerta, el sonido pasa por un sólido (madera) y por un gas (aire) al otro lado de la puerta.

Sonido por todos lados

Si conocemos las propiedades del sonido, podemos controlarlo.

A veces queremos que los sonidos sean más suaves o que no se oigan. Otras veces queremos que sean más fuertes o claros. Los ingenieros diseñan cuartos y edificios para reducir el ruido de afuera y para que los sonidos del interior sean más agradables.

El material de aislamiento sonoro contiene celdillas de aire diminutas. El sonido se absorbe cuando las celdas atrapan las ondas sonoras. Esto mantiene el sonido dentro del cuarto. En los edificios de apartamentos se aplica una tecnología parecida ¡para limitar la cantidad de ruido que se oye de los apartamentos vecinos!

Los ingenieros aplican su conocimiento de las propiedades del sonido cuando graban música, voces y otros sonidos en un estudio. Los ingenieros de sonido también combinan la voz del cantante con la música de fondo.

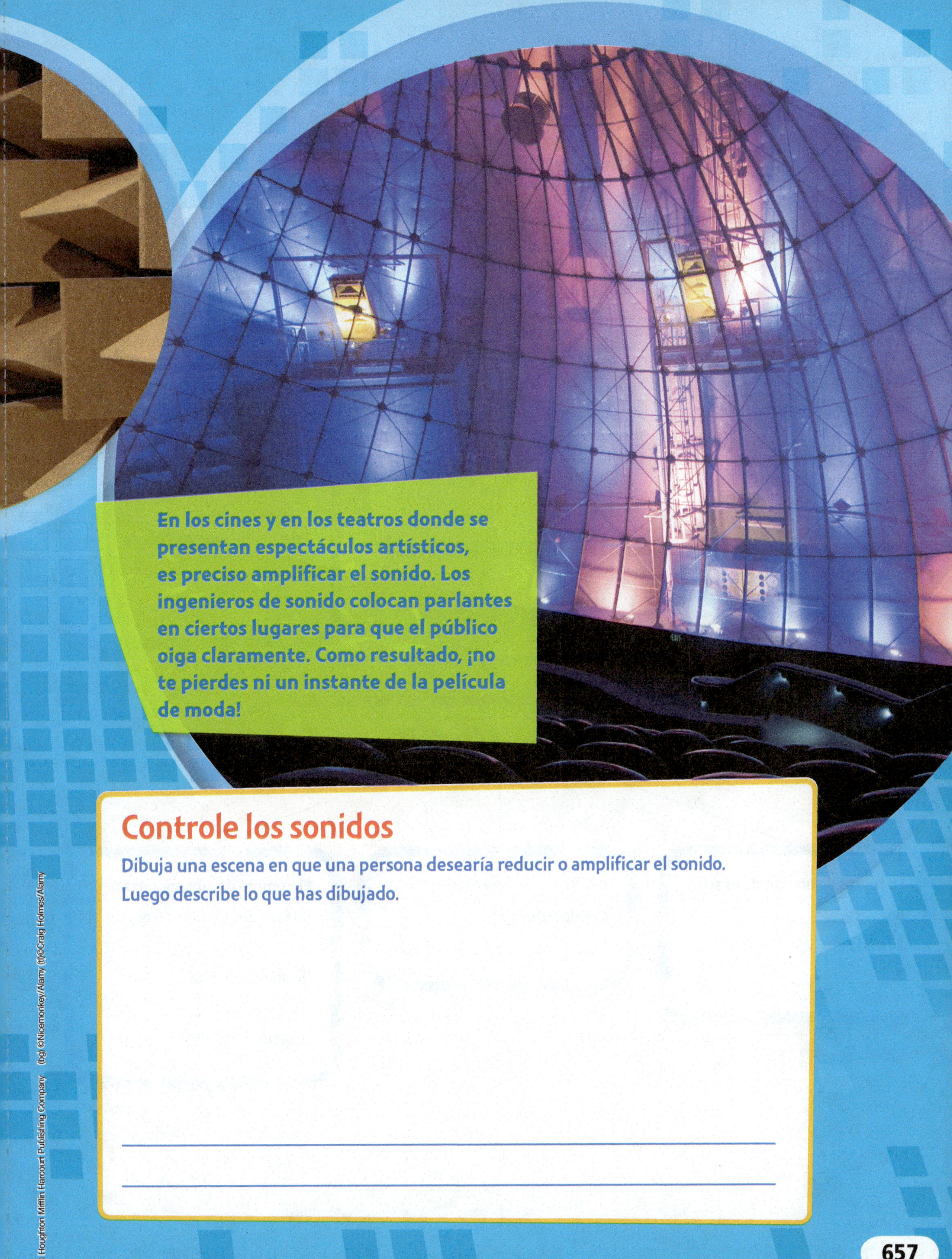

En los cines y en los teatros donde se presentan espectáculos artísticos, es preciso amplificar el sonido. Los ingenieros de sonido colocan parlantes en ciertos lugares para que el público oiga claramente. Como resultado, ¡no te pierdes ni un instante de la película de moda!

Controle los sonidos

Dibuja una escena en que una persona desearía reducir o amplificar el sonido. Luego describe lo que has dibujado.

Cuando termines, lee la Clave de respuestas y corrige lo que sea necesario.

Partes de una onda

La parte más alta de la onda es la 1. ________________.
La parte más baja es el 2. ________________.

La distancia de una cresta a otra es la 3. ________________.

La distancia de una cresta a la línea media de la onda es la 4. ________________.
Esta medida indica cuánta 5. ________________ lleva la onda.

Características del sonido

Lo fuerte de un sonido es su 6. ________________.
Se mide en 7. ________________.

Lo alto o bajo que es un sonido se llama 8. ________________.

El número de vibraciones en una unidad de tiempo es la 9. ________________.
Un sonido de alta 10. ________________ tiene un tono alto.

Clave de respuestas: 1. cresta 2. valle 3. longitud de onda 4. amplitud 5. energía 6. volumen 7. decibeles 8. tono 9. frecuencia 10. frecuencia

Ejercita tu mente

Lección 1

Nombre ______________________________

Juego de palabras

1 Empareja cada imagen con un término y cada término con su definición.

	decibel	lo fuerte que es un sonido
	amplitud	agitación de partículas en la materia al avanzar una onda sonora
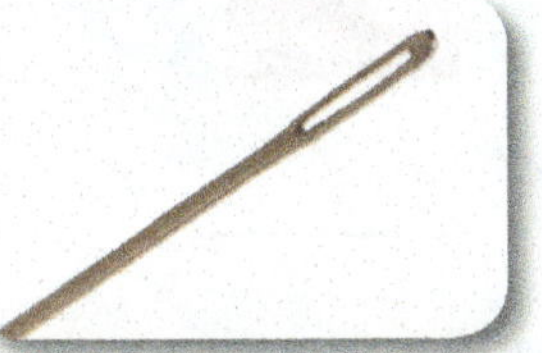	tono	cantidad de energía en una onda
	vibraciones	agitación que transporta energía
	volumen	lo alto o bajo que es un sonido
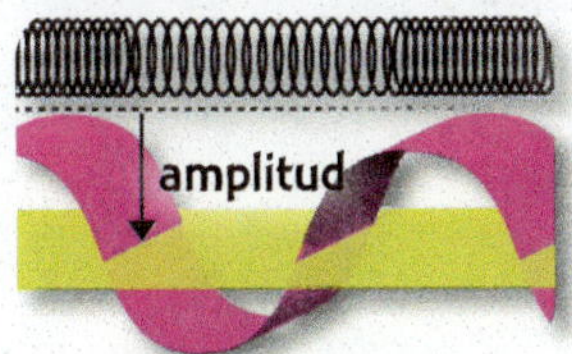	onda	unidad de medida para el volumen de sonido

Aplica los conceptos

2 Define una *onda*. Luego explica cómo las vibraciones, las ondas y la energía están relacionadas con el sonido.

____

____

____

____

3 Rotula las imágenes *1*, *2* y *3* para indicar la velocidad a la cual viajan las ondas sonoras por cada tipo de materia. *1* es lo más rápido y *3* es lo más lento.

____

____

____

4 Identifica el nivel de volumen y tono para cada sonido. Subraya las respuestas que eliges.

sirena de bomberos
volumen: alto/bajo
tono: alto/bajo

trino de pájaro
volumen: alto/bajo
tono: alto/bajo

motor de camión de diésel grande
volumen: alto/bajo
tono: alto/bajo

zumbido de refrigerador
volumen: alto/bajo
tono: alto/bajo

lluvia que cae
volumen: alto/bajo
tono: alto/bajo

trueno
volumen: alto/bajo
tono: alto/bajo

Nombre ____________________

5 Explica la relación entre el número de vibraciones y el tono de un sonido.

6 Explica la relación entre la fuerza de un sonido y los decibeles.

7 Escribe una leyenda para cada imagen, usando el término *amplitud*.

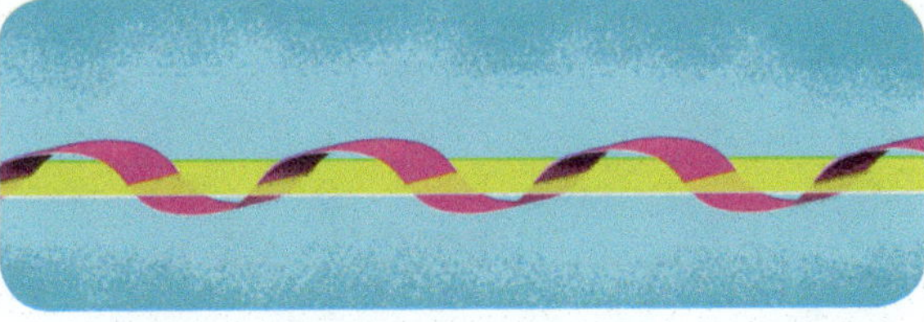

Dibuja una onda sonora que tenga por lo menos tres crestas y tres valles.

- Dibuja una flecha arriba que indique la dirección en que viaja la energía.
- Abajo, pon puntos para indicar dos zonas donde las moléculas de aire están apretadas una contra otra y dos zonas donde las moléculas están distanciadas.
- Indica con flechas las zonas de compresión con partes de la onda.

9 Rotula la onda con *C* para cresta, *V* para valle, *L* para una zona donde se podría medir la longitud de onda, y *A* donde se podría medir la amplitud.

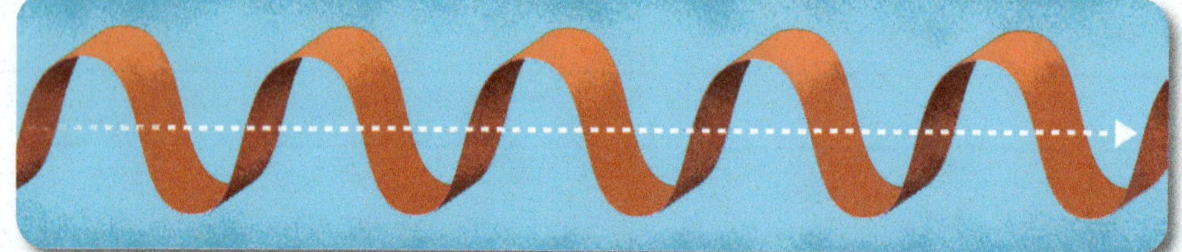

10 Haz una lista de cuatro sonidos que podrían hacer daño a tus oídos. Explica cómo te protegerías los oídos de estos sonidos peligrosos.

____

____

____

____

Para la casa

Pasa un tiempo caminando lentamente de cuarto en cuarto. Con un familiar, escribe y clasifica los sonidos que oyes. Por ejemplo, podrías clasificarlos como *fuertes* y *suaves* o como *electrónicos, mecánicos, humanos* o *naturales*.

Pregúntale a un diseñador de sonido

P. ¿Qué hace un diseñador de sonido?

R. El diseñador de sonido planea y provee los sonidos que oyes en una obra de teatro o en una película. Está encargado de hacer los efectos de ruidos y sonidos. Hacen todos los sonidos desde el golpe de la puerta de un carro hasta el rugido de un león.

P. ¿De dónde sacan estos sonidos los diseñadores?

R. Comienzan por estudiar el guión. Reúnen información sobre los lugares donde tiene lugar la obra de teatro o la película y sobre los sonidos que se oirían en esos lugares. También piensan en la atmósfera. El público no siempre se da cuenta de algunos sonidos que imponen cierta atmósfera o emociones. La música puede dar información sobre un personaje o un cuento y también le ayuda al público a saber cuándo está a punto de ocurrir algo en la obra.

P. ¿Qué necesitan saber los ingenieros de sonido acerca del sonido?

R. Necesitan saber mucho sobre la calidad de los sonidos y cómo se hacen. Los diseñadores de sonido deben comprender el tono, el volumen y cómo viaja y cuánto dura un sonido.

¿Oíste eso?

¿Puedes descubrir qué sonido hace cada objeto? Lee la descripción de cada sonido. Escribe el número del sonido al lado de la imagen que le corresponde.

1. Este objeto hace un sonido de advertencia a volumen muy alto y en tono alto para que todo el mundo lo oiga.
2. Esto hace un sonido de tono bajo al golpearlo.
3. Esto hace sonidos al puntearlo.
4. Esto puede hacer sonidos de tono alto o bajo cuando se sopla.
5. Este objeto hace un sonido de tono bajo y volumen alto.
6. Este organismo puede hacer un sonido de volumen alto y tono alto.

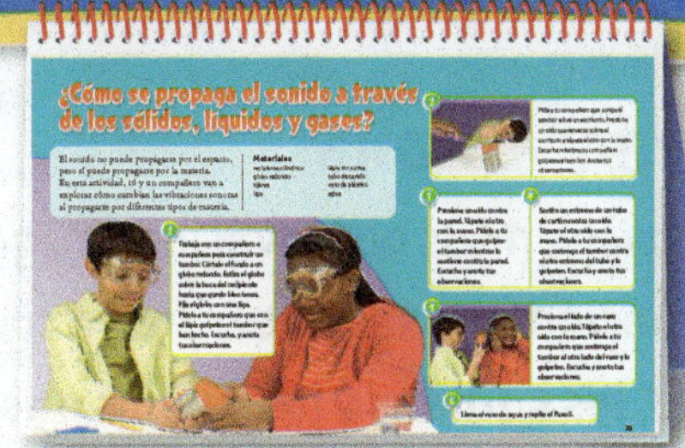

Rotafolio de investigación, pág. 70

Nombre ______________________

Pregunta esencial

¿Cómo se propaga el sonido a través de los sólidos, líquidos y gases?

Establece un propósito

¿Qué vas a entender más acerca del sonido después de completar este experimento?

____

____

Piensa en el procedimiento

¿Qué sigue igual en todos los ensayos?

____

____

¿Qué variable vas a cambiar en cada ensayo?

____

____

____

¿Por qué vas a comenzar por escuchar el sonido sin presionar el oído contra ninguna superficie?

____

____

Anota tus datos

Anota tus observaciones en la siguiente tabla.

¿Cómo viajan las ondas sonoras a tu oído?	Describe cada sonido
Paso 1 Del tambor por el aire (gas)	
Paso 2	
Paso 3	
Paso 4	
Paso 5	
Paso 6	

Saca tus conclusiones

¿Por qué te tapaste el oído libre con la mano en los Pasos 2 a 5?

¿Cambió el sonido del Paso 1 al Paso 2? Explica.

Tus descripciones de los sonidos en el Paso 1 y el Paso 4, ¿fueron diferentes? ¿Por qué?

¿Por qué crees que fueron diferentes los sonidos producidos en los Pasos 5 y 6?

Analiza y amplía

1. Con base en tus observaciones, ¿qué afirmación puedes hacer sobre cómo los gases, los líquidos y los sólidos pueden cambiar el sonido que oímos?

2. Los resultados que obtuviste, ¿por qué podrían ser diferentes de los de otros grupos?

3. La mayoría de los sonidos que oyes viajan por el aire, que es un gas. Si pudieras, ¿cómo cambiarías el procedimiento para entender mejor los sonidos que se transmiten por sólidos y líquidos?

4. ¿Qué otras preguntas quisieras hacer sobre la forma en que viaja el sonido en distintos tipos de materia?

Lección 3

Pregunta esencial

¿Qué es la luz?

Ponte a pensar

Halla la respuesta a la siguiente pregunta en esta lección y escríbela aquí.

¿Qué tipo de luz se usa para producir estas imágenes de holograma?

____

____

____

____

Lectura con propósito

Vocabulario de la lección

Haz una lista de los términos. A medida que aprendes cada uno, toma notas en el Glosario interactivo.

____

____

____

Idea principal y detalles

En esta lección, vas a leer sobre la luz y sus usos. Unas pocas oraciones contienen ideas principales acerca de la luz mientras que otras dan detalles que añaden información a estas ideas. Los detalles pueden ser datos, ejemplos o características de un tema. Los buenos lectores se concentran en el tema cuando se preguntan: ¿Qué información agrega este detalle a la idea principal?

La energía lumínica

¿Alguna vez has hecho una figura con la sombra de las manos? Si la has hecho, viste una de las características de la luz.

Lectura con propósito Traza una casilla alrededor de la idea principal del párrafo. Encierra en un círculo tres detalles que añaden información sobre esta idea.

La **luz** es una forma de energía que se mueve en ondas y puede viajar por el espacio. Las ondas de luz son *ondas transversas*. A medida que avanzan, transportan la energía en dirección perpendicular a la dirección en que avanzan, formando una S. La luz se extiende en todas direcciones, viajando en líneas rectas desde su origen. Puede pasar por un vacío porque no necesita materia para transmitir su energía. Por eso es que la luz puede llegar hasta la Tierra desde el espacio. La luz viaja más rápidamente que cualquier otra cosa en el universo. Tarda solamente 8 minutos en viajar 149 millones de km (93 millones de millas) desde el Sol hasta la Tierra. Toda la vida en la Tierra depende de la energía de la luz solar.

Una onda que pasa por una cuerda es un ejemplo de onda transversa. Cada parte de la cuerda se mueve para arriba y abajo a medida que la onda viaja hacia la derecha.

Cuando un objeto sólido obstruye la luz, se forman sombras.

La luz se extiende naturalmente en todas direcciones al viajar.

La luz viaja en línea recta hasta que choca con la pantalla de la lámpara.

► Traza flechas para mostrar cómo viaja la luz alejándose de la bombilla sin pantalla en la foto de la derecha. Traza flechas para mostrar cómo una pantalla afecta el camino de la luz en la foto de la izquierda.

Práctica matemática

Multiplica números enteros

La luz viaja a una velocidad de aproximadamente 300,000 km/s. Calcula cuánto tardaría la luz en viajar de la Tierra a Marte, que es una distancia de 56 millones de km.

____

____

Las **ondas de radio** pueden tener longitudes de onda tan largas como varios campos de fútbol.

Los instrumentos de "visión nocturna" se valen de **ondas infrarrojas** para hacer visibles los objetos en un medio oscuro.

De baja frecuencia

DE RADIO

INFRARROJAS

Longitud de onda larga

MICROONDAS

Los teléfonos inalámbricos transmiten y reciben **microondas**, que se cuentan entre las longitudes de onda más largas y de menor frecuencia en el espectro electromagnético.

Ahora lo VES, ahora no

Puedes pensar en la luz como la energía que le permite a tu cerebro, con ayuda de los ojos, a percibir el mundo que te rodea. ¡Pero la luz es mucho más que eso! La mayor parte de las longitudes de onda de la luz son invisibles a nuestros ojos.

Lectura con propósito Mientras lees estas páginas, subraya las oraciones que dicen en qué difieren las ondas de luz.

Los seres humanos pueden ver la **luz visible**, que tiene longitudes de onda y frecuencias intermedias, cerca de la mitad del espectro electromagnético.

El protector solar ayuda a proteger la piel humana de los **rayos ultravioletas** del sol.

LUZ VISIBLE

ULTRAVIOLETA

De alta frecuencia

RAYOS X

Longitud de onda corta

▶ ¿Cómo describirías la posición de la luz visible dentro del espectro electromagnético?

____

____

____

Los **rayos X** tienen longitudes de onda muy pequeñas.

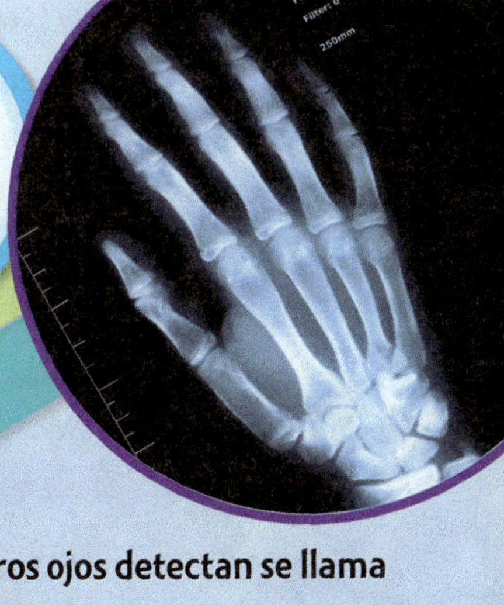

Las ondas de luz están en todo nuestro entorno, pero muchas son invisibles. El **espectro electromagnético** es un rango de ondas de luz organizadas por frecuencia y longitud de onda. En un extremo del espectro, las ondas tienen longitudes mayores y frecuencias bajas. Algunas son las ondas infrarrojas, microondas y ondas de radio. En el otro extremo, las ondas tienen longitudes cortas y frecuencias altas. Algunas son los rayos ultravioletas del sol y los rayos X.

La luz que nuestros ojos detectan se llama luz visible. La luz visible forma una sección muy estrecha aproximadamente en la mitad del espectro electromagnético. Nuestros ojos ven la luz visible como blanca, pero en realidad se compone de muchos colores. La luz roja tiene la mayor longitud de onda dentro del espectro visible, y la violeta tiene la menor.

Por qué es importante

La luz de láser

Hay muchos usos para el láser en escuelas, hospitales, tiendas y hogares. ¿Qué es exactamente el láser? Por qué son tan importantes en tantos campos?

La luz de un foco eléctrico brilla en todas las direcciones. La luz de láser es diferente. Un *láser* es un rayo de luz enfocado en una sola dirección. Además, el rayo de luz de láser tiene ondas de una sola longitud. Estas características le dan al rayo láser mucha precisión y fuerza.

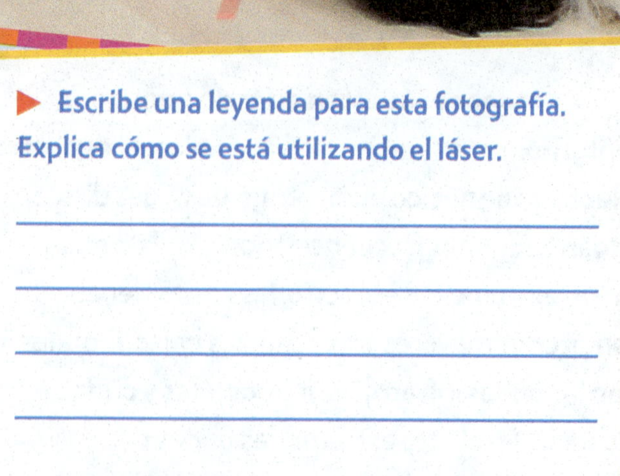

Un escáner de láser lee los códigos de barras en las tiendas y bibliotecas.

▶ Escribe una leyenda para esta fotografía. Explica cómo se está utilizando el láser.

____

____

____

____

____

____

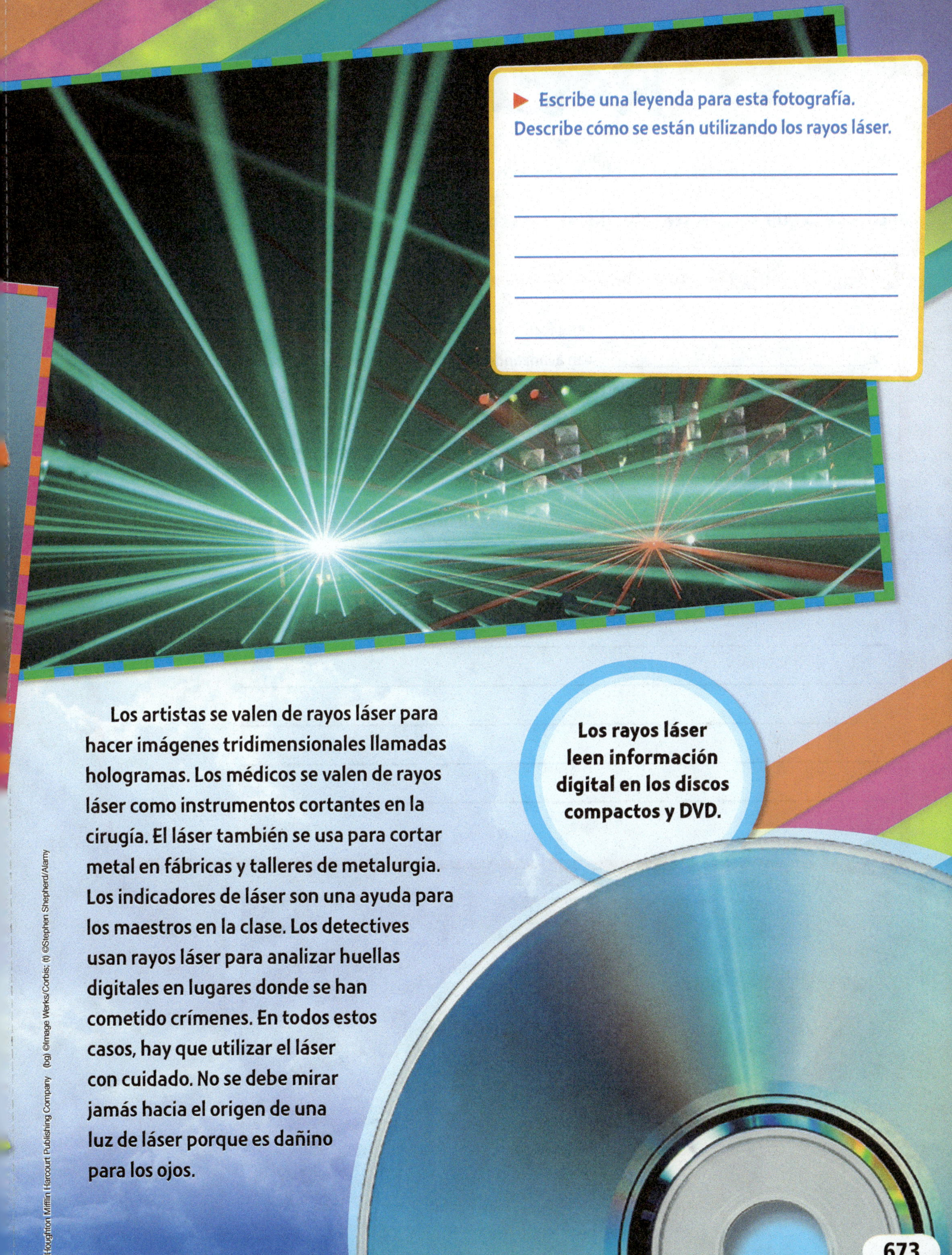

▶ Escribe una leyenda para esta fotografía. Describe cómo se están utilizando los rayos láser.

Los artistas se valen de rayos láser para hacer imágenes tridimensionales llamadas hologramas. Los médicos se valen de rayos láser como instrumentos cortantes en la cirugía. El láser también se usa para cortar metal en fábricas y talleres de metalurgia. Los indicadores de láser son una ayuda para los maestros en la clase. Los detectives usan rayos láser para analizar huellas digitales en lugares donde se han cometido crímenes. En todos estos casos, hay que utilizar el láser con cuidado. No se debe mirar jamás hacia el origen de una luz de láser porque es dañino para los ojos.

Los rayos láser leen información digital en los discos compactos y DVD.

Cuando termines, lee la Clave de respuestas y corrige lo que sea necesario.

Recuerda lo que aprendiste sobre la luz para completar lo siguiente.

En pocas palabras

1. La____________________________ es una forma de energía que viaja en ondas. A medida que las 2. ____________________________ van avanzando, la energía se mueve en dirección perpendicular a la dirección de avance. Las ondas infrarrojas y ultravioletas, las microondas, las ondas de radio, los rayos X y la luz visible se organizan por longitudes de onda en el 3.____________________________. La fuerza de los 4.____________________________ se debe a que contienen luz de una sola longitud de onda y enfocada en una sola dirección.

Escribe tres cosas nuevas que has aprendido acerca de la luz.

____

____

____

____

____

Clave de respuestas: luz. 2. ondas de luz (u ondas transversas) 3. espectro electromagnético 4. rayos láser

Ejercita tu mente

Lección 3

Nombre ____________________

Juego de palabras

1 Completa el crucigrama con las palabras de la casilla.

Horizontales

2. Un tipo de onda que tiene forma de S
7. Una forma de energía electromagnética, de la cual parte es visible
8. Un tipo de onda que viene del sol y que puede causar daño a la piel humana
9. Una zona oscura donde la luz está bloqueada por un objeto

Verticales

1. La dirección que lleva la energía a medida que una onda de luz avanza
3. El tipo de luz que nos permite ver el mundo
4. El conjunto de ondas electromagnéticas desde las ondas de radio hasta los rayos X
5. Un tipo de onda que se emplea en los dispositivos de "visión nocturna"
6. Un rayo de una sola longitud de onda enfocada en una sola dirección

espectro	infrarroja	láser	luz*	perpendicular
sombra	transversa	ultravioleta	visible	

* vocabulario clave de la lección

2 Explica cómo viaja la luz. Incluye todos los detalles que puedas.

3 Describe la parte del espectro electromagnético que podemos ver. Luego nombra tres dispositivos que usan ondas electromagnéticas que *no* podemos ver.

4 Encierra en un círculo la luz que sería la mejor para señalar detalles en un mapa fijado en lo alto de la pared. Luego explica por qué elegiste esa.

5 Explica por qué la luz producida por el Sol llega a la Tierra, pero el sonido producido por el Sol no llega.

Con algún familiar, haz una cacería de ondas electromagnéticas. Escribe los objetos que funcionan con ondas de luz. Organiza los objetos de tu lista por los términos *luz infrarroja, ultravioleta* y *visible*.

Pregunta esencial

¿Cuáles son algunas de las propiedades de la luz?

Ponte a pensar

Halla la respuesta a la siguiente pregunta en esta lección y escríbela aquí.

¿Por qué se usan lentes en los faros?

____

____

____

____

Lectura con propósito

Vocabulario de la lección

Haz una lista de los términos. A medida que aprendes cada uno, toma notas en el Glosario interactivo.

______________ ______________

______________ ______________

______________ ______________

Comparar y contrastar

Muchas ideas en esta lección están conectadas porque explican comparaciones y contrastes; en qué se parecen las cosas y en qué se diferencian. Los buenos lectores se concentran en las comparaciones y los contrastes cuando se preguntan: ¿En qué se parecen estas cosas? ¿En qué se diferencian?

De paso ...

La luz actúa de modo diferente al tocar una ventana, una cortina delgada o un muro de ladrillo. ¿Cómo afecta cada material a la luz que le llega?

Lectura con propósito Mientras lees estas dos páginas, subraya las oraciones que den detalles sobre cómo actúa la luz al dar con distintos materiales.

La luz viaja hacia afuera en todas las direcciones desde su origen hasta que choca contra algo. Se comporta de diferentes modos según el tipo de materia con la que choca. La mayor parte de los objetos absorben parte de la luz que les llega. La cantidad de luz que se absorbe depende del material del cual está hecho el objeto.

Los materiales **opacos** no dejan pasar la luz sino que la absorben: La luz entra en el material pero no lo deja. Cuando un material absorbe luz, la energía de la luz se transfiere al material. Muchos objetos sólidos son opacos porque están hechos de materiales como metal, madera y piedra que no dejan pasar la luz. Los objetos que son opacos producen sombras porque el objeto absorbe o refleja toda la luz que le llega.

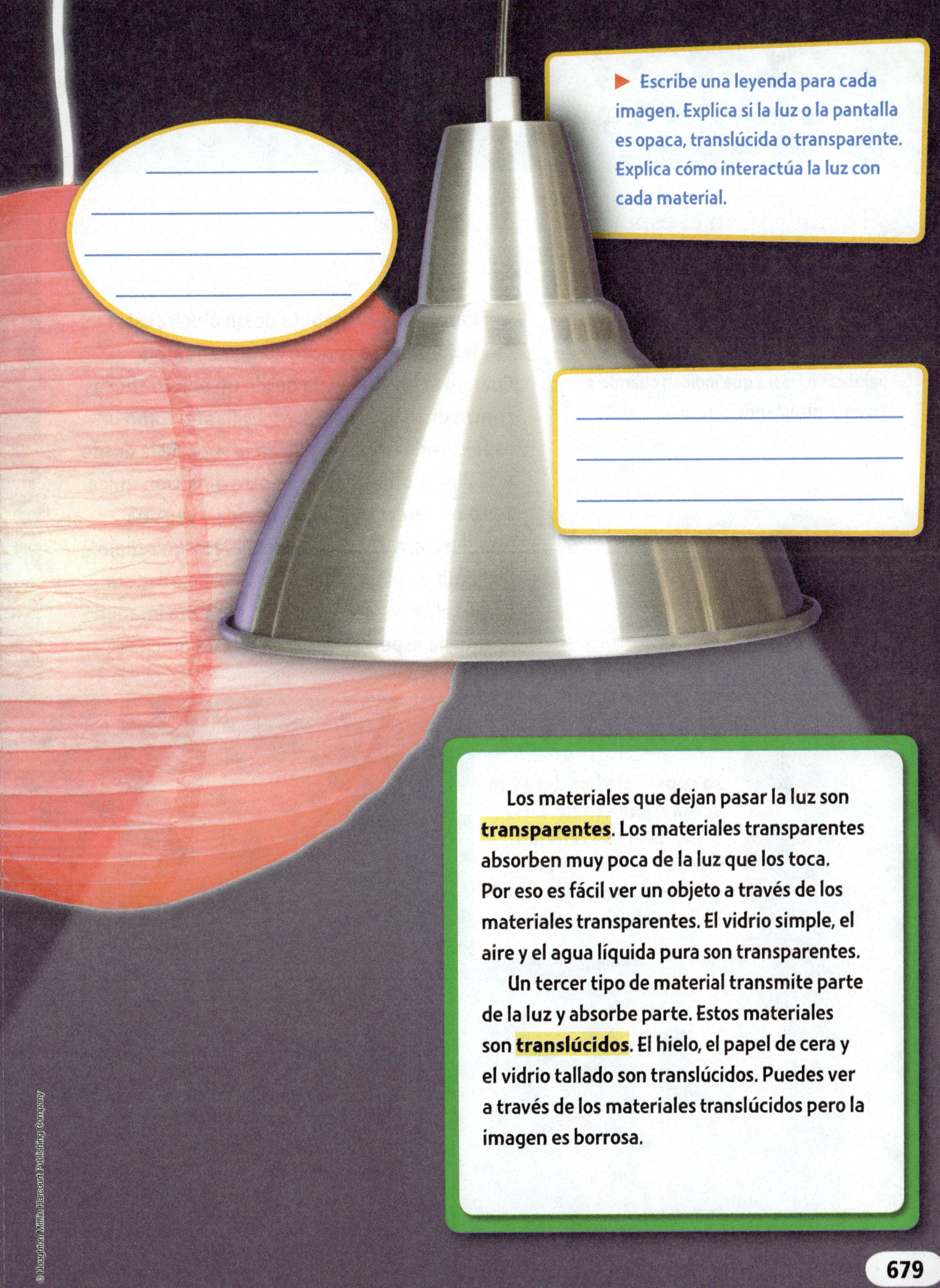

Los materiales que dejan pasar la luz son **transparentes**. Los materiales transparentes absorben muy poca de la luz que los toca. Por eso es fácil ver un objeto a través de los materiales transparentes. El vidrio simple, el aire y el agua líquida pura son transparentes.

Un tercer tipo de material transmite parte de la luz y absorbe parte. Estos materiales son **translúcidos**. El hielo, el papel de cera y el vidrio tallado son translúcidos. Puedes ver a través de los materiales translúcidos pero la imagen es borrosa.

Espejo, espejo

¿Te miraste en el espejo cuando te alistabas para la escuela? Gracias a las propiedades de la luz, pudiste ver tu imagen.

Lectura con propósito Al leer estas dos páginas, encierra en un círculo las palabras o frases que indican cuándo se están contrastando cosas.

Cuando una luz rebota de un objeto, este fenómeno se conoce como **reflexión**. Cuando la luz que viaja desde un objeto choca contra una superficie lisa y brillante, como un espejo, toda la luz que da en la superficie desde una dirección se refleja en otra dirección única. Tus ojos detectan la luz reflejada y ves una imagen clara e invertida del objeto: un reflejo. En cambio, en un objeto de superficie áspera, como tela o madera, no se ve ninguna imagen porque la aspereza refleja la luz en muchas direcciones.

La superficie lisa del agua actúa como espejo. Los rayos de luz se reflejan y devuelven de un modo que nos permite ver una imagen clara e invertida.

La mochila se ve amarilla porque refleja la luz amarilla y absorbe los demás colores de luz.

▶ Compara las superficies del recipiente de metal y la bolsa de papel. La superficie lisa refleja la luz nuevamente a tus ojos en una sola dirección. La superficie áspera refleja la luz en todas las direcciones. Identifica el material que produciría el mejor reflejo.

La forma en que un objeto refleja la luz también determina qué colores vemos. Cuando la luz golpea la superficie de un objeto, el objeto absorbe ciertos colores de luz y refleja otros. Una fresa madura absorbe casi todos los colores de luz, pero refleja la luz roja. Entonces tus ojos ven la fresa como roja. La hierba refleja la luz verde pero absorbe los demás colores.

Los objetos negros absorben todos los colores de luz. También absorben más energía de la luz. En cambio, los objetos blancos reflejan todos los colores de la luz y absorben menos energía. Como la ropa blanca no absorbe tanta energía, la ropa blanca nos mantiene el cuerpo más fresco que la oscura en un día de mucho sol y calor.

▶ Cuando miramos estas frutas y verduras, vemos una variedad de colores.

Elige una fruta o verdura. Explica por qué tiene el color que tiene.

La luz se dobla

¿Qué le ocurrió a la pajilla en el vaso? ¿Alguien la rompió? ¡No! Lo que estás observando es una propiedad de la luz: la refracción.

Lectura con propósito Mientras lees estas páginas, subraya las palabras que identifican la causa de la refracción. Encierra en un círculo las palabras que identifican un efecto de la refracción.

Cuando la luz se dobla a medida que pasa en ángulo de un tipo de materia a otro, este fenómeno se conoce como **refracción**. La refracción ocurre porque la velocidad de la luz varía según el material por el cual viaja. Al cambiar de velocidad, la luz se dobla. Mira la pajilla de arriba. La luz que rebota de la parte superior de la pajilla pasa por aire y vidrio hasta llegar a tu ojo. En cambio, la luz de la parte inferior comienza viajando por agua y pasa al vidrio y luego al aire. Cada vez que la luz entra en un material nuevo, se dobla ligeramente porque cambia de velocidad. Cuando la luz por fin llega a tu ojo, está llegando desde un ángulo diferente de la luz que rebotó de la parte superior de la pajilla. Como resultado, la pajilla parece doblada o rota.

La refracción produjo la ilusión de que la cabeza del oso polar está separada de su cuerpo.

Un **prisma** es un material transparente que separa la luz blanca en los colores que la componen mediante refracción. Cuando la luz blanca entra en un prisma, los diferentes colores de luz se doblan en ángulos diferentes. La luz pasa por el prisma y sale como un arco ris.

La luz también se dobla de otras maneras. Se llama *difracción* el fenómeno de la luz que se dobla alrededor de las barreras o a través de las aberturas. Si miras las orillas de una sombra producida en la luz solar brillante, quizá notes que las orillas de la sombra son borrosas. Esto se debe a que la luz se dobla alrededor del borde del objeto. Los colores de una puesta del sol se deben a la difracción causada cuando la luz solar se dobla alrededor de las partículas del aire.

Práctica matemática

Ángulos de refracción

El diagrama muestra cómo la luz se dobla al entrar en un material transparente y luego salir de él. Con un transportador, mide los ángulos formados por la luz de refracción.

____

____

____

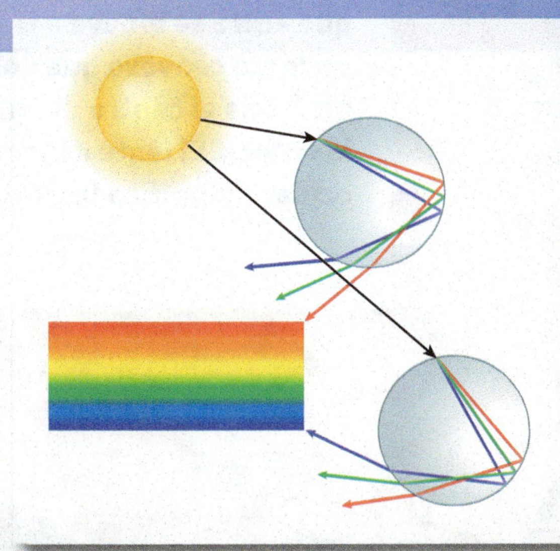

El arco iris es un producto de la refracción y la reflexión. La luz del sol se separa en colores al pasar del aire a una gota de agua. La luz de colores sale reflejada desde la parte de atrás de la gota y sufre otra refracción al pasar al aire. La luz de muchas gotitas forma los arcos de color en un arco iris. La luz roja viene de gotitas que están a mayor altura en el aire, y la luz violeta viene de gotitas que están más abajo.

Lentes

Las cámaras, los telescopios y los anteojos contienen lentes. ¡Incluso dentro de tus ojos hay un lente! ¿Qué hacen los lentes?

Lectura con propósito Al leer la próxima página, encierra entre corchetes [] los detalles que describen los lentes convexos y cóncavos. Traza una línea debajo de la idea principal que se aclara con los detalles.

Los lentes son objetos transparentes y curvos que refractan la luz. Encuentras lentes en reproductores de DVD, fotocopiadoras y binoculares. Aun el microscopio que usas en muchas actividades científicas tiene un lente. La mayoría de los lentes son circulares y están hechos de vidrio o plástico transparente. Muchos dispositivos traen una serie de lentes para aclarar las imágenes. El tamaño de las lentes varía muchísimo. Los microscopios usan varios lentes diminutos para magnificar objetos pequeños. ¡El Observatorio Yerkes en Wisconsin tiene un telescopio reflector con un lente que mide más de un metro de diámetro!

Los telescopios usan lentes que magnifican los objetos. La luz que entra se mueve a través de un lente convexo que dobla la luz hacia el centro del tubo y la enfoca. El lente cóncavo del ocular magnifica la imagen.

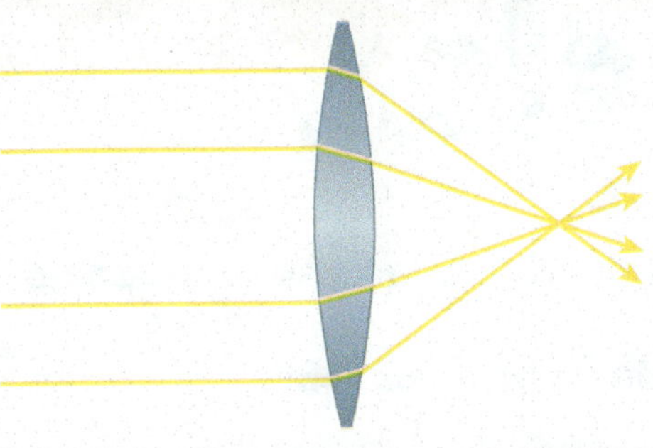

Los lentes convexos se curvan hacia afuera como mínimo en un lado. El otro lado puede ser curvo o plano. Estos lentes refractan la luz hacia un punto de enfoque, o punto focal.

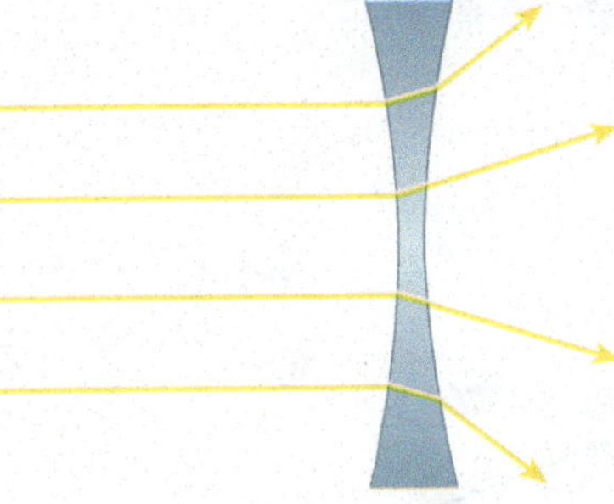

La mayoría de los lentes cóncavos se curvan hacia adentro en ambos lados. Estos lentes dispersan las ondas de luz.

Un lente *convexo* es un lente más grueso en el centro y más delgado en los bordes. También se les dice lentes positivos porque juntan las ondas de luz. En otras palabras, un lente convexo enfoca la luz. El hecho de doblarse la luz permite que se forme una imagen en un punto llamado punto focal.

Un *lente cóncavo* es un lente más grueso en los bordes y más delgado en el centro. Llamados también lentes negativos, los lentes cóncavos dispersan las ondas de luz desde de un punto focal.

Los anteojos pueden tener lentes cóncavos o convexos, según el tipo de corrección visual que se requiera.

¿Cóncavo, convexo o ambos?

Completa el diagrama de Venn para comparar y contrastar los lentes cóncavos y convexos.

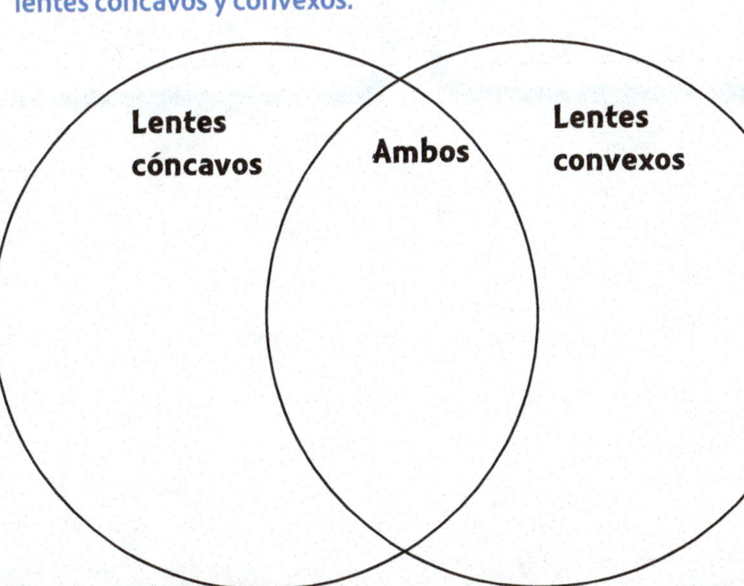

Cuando termines, lee la Clave de respuestas y corrige lo que sea necesario.

Usa los términos de abajo para completar los organizadores gráficos sobre algunas propiedades de la luz.

reflexión	translúcido	difracción
opaco	refracción	transparente

Descripciones de las formas en que distintos materiales absorben la luz

1. ____________________
2. ____________________
3. ____________________

Luz que rebota o se dobla

4. ____________________
5. ____________________
6. ____________________

Clave de respuestas: 1, 2 y 3: transparentes, translúcidos y opacos en cualquier orden 4, 5 y 6: reflexión, Refractaron y difracción en cualquier orden

Ejercita tu mente

Lección 4

Nombre ______________________________

Juego de palabras

1 Sigue las pistas para escribir la palabra correcta en cada hilera. Algunas casillas ya se han completado.

a.					F	R				I		
b.					F	R				I		
c.						F				I		
d.								R	I			
e.			A					R				
f.				A								
g.			A									

Pistas

a. Hace ver borrosas las orillas de una sombra.
b. Se refiere al hecho de que la luz se dobla.
c. Esta palabra se refiere al hecho de que la luz rebota de un objeto.
d. Este objeto separa la luz en los colores del espectro.
e. Esta palabra describe objetos que dejan pasar la luz.
f. Esta palabra describe objetos que dejan pasar solo parte de la luz.
g. Esta palabra describe objetos que no dejan pasar nada o casi nada de luz.

transparente* reflexión* prisma* difracción
translúcido* opaco* refracción*

* Vocabulario clave de la lección

Extra

El prefijo *con-* significa "con". ¿Qué palabras con este prefijo encuentras en la lección?

____

Aplica los conceptos

2 ¿Cuál es mejor: ver tu aspecto en un espejo común y corriente o en una hoja de papel de aluminio arrugado? Explica por qué una superficie reflectora es mejor que la otra.

____

____

____

3 Explica por qué el pescador tiene dificultad para atrapar el pescado.

____

____

____

____

____

4 Encierra en un círculo la imagen que muestra un material opaco.

Para la casa

Con algún familiar, camina por los cuartos de tu casa e identifica objetos opacos, transparentes y translúcidos. Mira cuántas superficies encuentras en que puedes ver un reflejo.

S.T.E.M.

Ingeniería y tecnología

Tócalo otra vez

La Victrola de palanca manual fue una de las primeras máquinas que tocaron sonidos grabados. Los surcos en un disco plano envían una vibración sonora por una aguja.

El tocadiscos hace sonidos del mismo modo que la Victrola pero funciona con electricidad.

En vez de salir de surcos físicos, el sonido de una grabadora proviene de señales grabadas en una cinta magnética.

Un MP3 es un tipo de archivo de computadora. Contiene el código digital para sonidos grabados. Muchos aparatos, desde computadoras hasta teléfonos y reproductores de música de bolsillo, pueden reproducir los archivos de MP3.

Las cintas de casete son magnéticas como las de una grabadora, pero son pequeñas y portátiles. También lo es la máquina en que se tocan, llamada casetera.

Los discos compactos tienen surcos como los discos corrientes. Pero el reproductor de CD no lee los surcos con una aguja sino con un haz de láser.

Encierra en un círculo los aparatos de sonido que usan discos. ¿En qué se parecen los aparatos reproductores de sonidos? ¿En qué se diferencian?

____

____

S.T.E.M.
continuación

Los dispositivos que tocan los sonidos grabados han mejorado con el tiempo.

	¿En qué es mejor un tocadiscos electrónico que una Victrola de palanca manual? ___
	¿En qué es mejor una cinta de casete que una cinta de grabadora? ___
	Una vez que la cinta de grabadora haya sonado, tienes que enrollarla de nuevo, para ponerla al comienzo. ¿Por qué es más fácil tocar un reproductor de CD? ___
	¿Qué tiene un archivo de MP3 que hace más fácil tocar un sonido grabado? ___
	Dibuja un aparato de reproducción de sonidos que sería aun mejor. ¿Qué características tendría? ___

Parte de la base

Acepta el desafío de hacer un diseño de ingeniería. Completa el Rotafolio de investigación **Diséñalo: Mira alrededor de la esquina.**

Rotafolio de investigación, pág. 74

Nombre ______________________

Pregunta esencial

¿Qué sucede cuando se refleja la luz?

Establece un propósito

¿Qué esperas entender acerca de la luz cuando hayas completado esta investigación?

____

____

____

Escribe un enunciado que diga lo que piensas investigar.

____

____

____

____

Piensa en el procedimiento

¿Por qué crees que es importante fijar el espejo con cinta para que se mantenga derecho?

____

____

____

¿En qué difiere el espejo de los demás materiales en el experimento?

____

____

¿Qué tienen en común las posiciones de las primeras dos tachuelas?

____

____

Anota tus datos

En el espacio de abajo, anota tus mediciones de los dos ángulos descritos en el Paso 4.

Saca tus conclusiones

Compara los dos ángulos que mediste en el Paso 4. ¿Qué tienen en común?

Las líneas que trazaste, ¿qué te dicen acerca del camino de la luz?

Analiza y amplía

1. Si un espejo *no* reflejara la luz en línea recta, ¿en qué sería menos útil para nosotros?

---

2. Supón que sabes en qué ángulo choca una luz contra un espejo. ¿Puedes predecir en qué ángulo se reflejará?

---

3. Mira la palabra *reflexión*. Un significado del prefijo latino *re-* es "otra vez". ¿Qué relación tiene este significado con la reflexión que observaste en la investigación?

---

4. ¿Qué otra pregunta te gustaría explorar relacionada con la forma en que viaja la luz al golpear distintas superficies?

Repaso de la Unidad 14

Nombre ______________________

Repaso de vocabulario

Completa las oraciones con las palabras de la casilla.

espectro electromagnético
luz
opacos
tono
refracción
volumen

1. Los materiales que no dejan pasar la luz son ______________________.

2. Lo alto o bajo de un sonido es su ______________________.

3. Una forma de energía que viaja en ondas y que puede viajar por el espacio se llama ______________________.

4. La fuerza de un sonido es su ______________________.

5. Un conjunto de rayos de luz organizados por frecuencia y longitudes de onda se llama el ______________________.

6. El fenómeno de doblarse la luz al pasar en ángulo de un tipo de materia a otro se llama ______________________.

Conceptos de ciencias

Rellena la burbuja con la letra de la mejor respuesta.

7. ¿Cuál de estos objetos produce un sonido de volumen alto y tono bajo?
   - Ⓐ una sirena de ambulancia
   - Ⓑ un aparato de aire acondicionado
   - Ⓒ un pollito
   - Ⓓ una vaca

8. ¿Cuál de los siguientes se encuentra en binoculares, fotocopiadoras, cámaras y reproductores de DVD?
   - Ⓐ un lente
   - Ⓑ un láser
   - Ⓒ un prisma
   - Ⓓ un CD

Conceptos de ciencias

Rellena la burbuja con la letra de la mejor respuesta.

9. Helena usó un resorte como modelo de una onda.

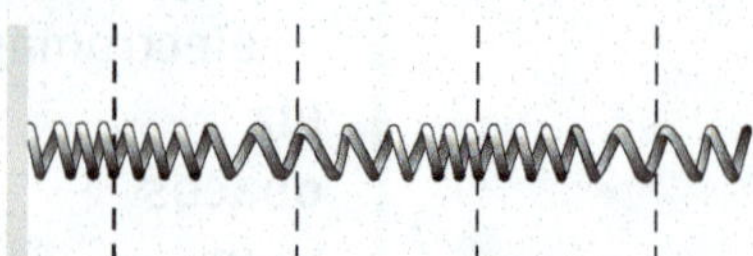

¿Cuál es la **mejor** descripción de la parte de la onda indicada por la línea punteada a la extrema derecha?

Ⓐ una vibración en una onda de luz

Ⓑ una cresta en una onda transversa

Ⓒ una zona donde las moléculas se juntan en una onda de compresión

Ⓓ una zona donde las moléculas se separan en una onda de compresión

10. Jenna hizo un diagrama de una onda.

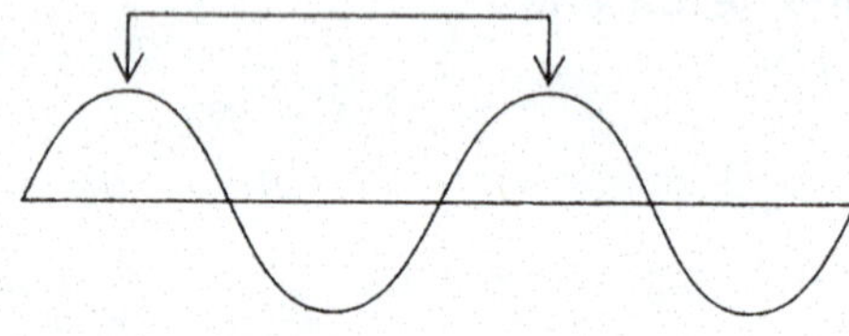

¿Cómo se llama la distancia indicada por las flechas?

Ⓐ valle

Ⓑ longitud de onda

Ⓒ amplitud

Ⓓ volumen

11. Julio hizo este dibujo de un foco eléctrico.

¿Qué concepto da la **mejor** descripción de lo que Julio quiere mostrar con su dibujo?

Ⓐ La luz avanza en ondas que pueden viajar por el espacio.

Ⓑ La luz visible viaja más rápidamente que cualquier otra cosa en el universo.

Ⓒ La luz visible forma una sección del espectro electromagnético.

Ⓓ La luz se extiende en todas direcciones, viajando en líneas rectas desde su origen.

12. Mira la siguiente ilustración.

¿Qué oración resume mejor lo que le está ocurriendo a la luz que golpea la superficie del espejo?

Ⓐ Se refleja en muchas direcciones nuevas.

Ⓑ Atraviesa la superficie del espejo.

Ⓒ Se refleja, volviendose en la misma dirección de donde vino.

Ⓓ Cambia de velocidad y se dobla ligeramente al viajar en una otra dirección única.

Nombre ______________________________

13. Farida hizo este diagrama del espectro electromagnético

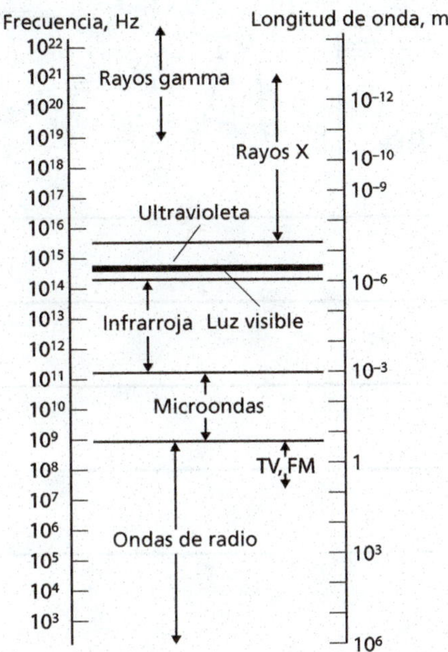

¿Qué enunciado es el **mejor** resumen de **toda** la información que se muestra en un diagrama del espectro electromagnético?

Ⓐ Muestra los colores del arco iris ordenados por tonalidades.

Ⓑ Muestra las longitudes de onda de la luz visible en relación con las de las ondas de radio.

Ⓒ Muestra un conjunto de ondas de luz ordenadas por longitud de onda y frecuencia.

Ⓓ Muestra un conjunto de objetos y dispositivos ordenados por el nivel de decibeles de los sonidos que producen.

14. ¿Qué características tiene la luz de láser que la distinguen de un foco eléctrico?

Ⓐ La luz de láser tiene solamente ondas infrarrojas muy largas.

Ⓑ La luz de láser tiene un número infinito de longitudes de onda.

Ⓒ La luz de láser brilla en todas direcciones y tiene rayos ultravioletas.

Ⓓ La luz de láser tiene una sola longitud de onda y se enfoca en una dirección.

15. Nadando debajo del agua en una piscina, Hamid oye la bocina de un camión. ¿Qué ocurrió mientras las ondas viajaban de la bocina a los oídos de Hamid?

Ⓐ Las ondas se detuvieron cuando llegaron al agua.

Ⓑ Las ondas aceleraron cuando pasaron del aire al agua.

Ⓒ Las ondas frenaron cuando pasaron del aire al agua.

Ⓓ Las ondas no cambiaron de velocidad al pasar del aire al agua.

16. Mira este dibujo.

¿Qué palabra describe **mejor** el material empleado para hacer la pantalla?

Ⓐ opaco

Ⓑ ultravioleta

Ⓒ transparente

Ⓓ translúcido

Aplica la investigación y repasa La gran idea

Escribe las respuestas a estas preguntas.

17. Este dibujo muestra a Dak haciendo tareas en su escritorio. Cerca de él se están produciendo varios sonidos. Usa detalles sobre cómo viajan las ondas de sonido para explicar por qué le cuesta a Dak concentrarse y qué puede hacer para mejorar la situación.

18. El diagrama siguiente muestra dos tipos de lente.

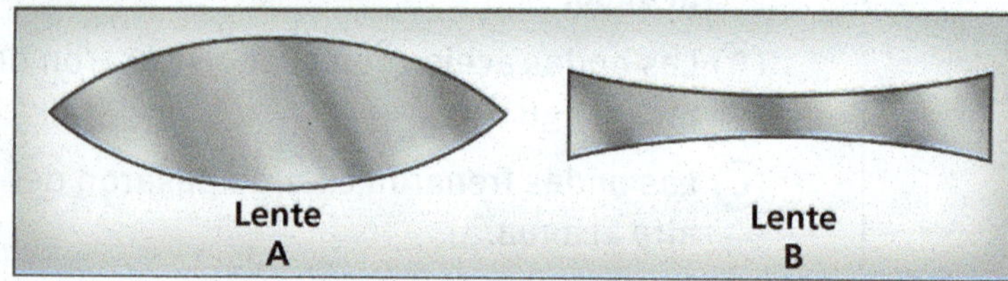

Identifica los dos tipos de lente y explica cómo cada uno dobla la luz.

Lente A:

Lente B:

19. Si colocas una pajilla en un vaso de agua transparente, ¿cómo se verá la pajilla? Escribe una descripción de la pajilla y el agua y explica por qué tiene esta apariencia.

UNIDAD 15

Fuerzas y movimiento

La gran idea

Las fuerzas interactúan con los objetos para producir movimiento. El movimiento se puede observar, medir y describir.

Me pregunto por qué

¿Por qué un equipo de asistencia debe cambiar las llantas de un carro de carreras varias veces durante la carrera? *Da vuelta a la página para descubrirlo.*

Por esta razón La fricción provee tracción al carro de carreras y le permite agarrarse a la pista, pero también produce mucho calor. La alta velocidad y las vueltas forzadas de una carrera desgastan las llantas muy rápidamente.

En esta unidad vas a aprender más sobre La gran idea, y a desarrollar las preguntas esenciales y las actividades del Rotafolio de investigación.

Niveles de investigación ■ Dirigida ■ Guiada ■ Independiente

La gran idea Las fuerzas interactúan con los objetos para producir movimiento. El movimiento se puede observar, medir y describir.

Preguntas esenciales

Cuaderno de ciencias

No te olvides de escribir lo que piensas sobre la Pregunta esencial antes de estudiar cada lección.

Pregunta esencial

¿Qué son las fuerzas?

Ponte a pensar

Halla la respuesta a la siguiente pregunta en esta lección y escríbela aquí.

¿Qué fuerzas están actuando sobre este motociclista? ¿Están todas las fuerzas en equilibrio?

____

____

____

____

____

____

Lectura con propósito

Vocabulario de la lección

Haz una lista de los términos. A medida que aprendes cada uno, toma notas en el Glosario interactivo.

______________ ______________

______________ ______________

____

Causa y efecto

Algunas ideas de esta lección tienen una relación de causa y efecto. Por qué sucede algo es una causa. Lo que ocurre como resultado de algo es un efecto. Los buenos lectores buscan los efectos preguntándose: ¿Qué sucedió? Y buscan las causas preguntándose: ¿Por qué sucedió?

EMPUJAR y halar

Tú halas una puerta para abrirla. Levantas una mochila. Empujas los pedales de una bicicleta para ir más rápido. ¿Cuál es la relación entre la fuerza y el movimiento?

Lectura con propósito A medida que lees esta página, subraya los efectos que puede tener una fuerza sobre un objeto.

Tanto el caballo como el camino en el que se encuentra ejercen una fuerza sobre la carreta.

► Dibuja una flecha que muestre la dirección de la fuerza que aplica el caballo a la carreta.

Todos los cambios en el movimiento tienen algo en común. Requieren de una **fuerza**, que puede ser un empujón o un halón. Las fuerzas pueden hacer que un objeto en reposo se mueva. Pueden hacer que un objeto en movimiento adquiera más velocidad o la disminuya, cambie de dirección o se detenga. Las fuerzas también pueden cambiar la forma de un objeto.

Las fuerzas se miden con una báscula de resorte en unidades llamadas newtons (N). Mientras más grande es la fuerza, más grande es el cambio que causa en el movimiento del objeto. Las fuerzas más pequeñas causan cambios más pequeños. A veces, varias fuerzas actúan en conjunto de tal manera que no ocurre ningún cambio en el movimiento.

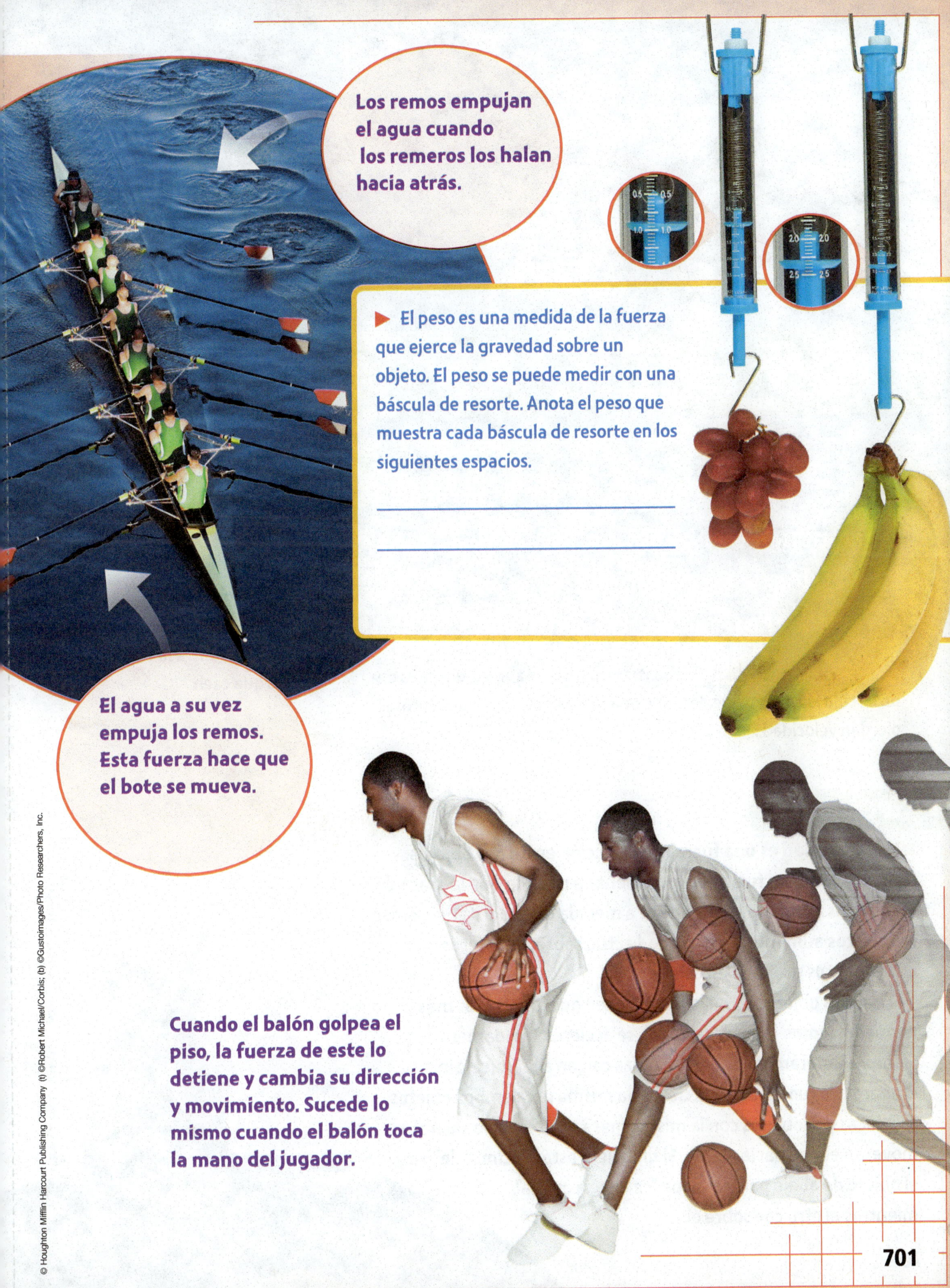

Los remos empujan el agua cuando los remeros los halan hacia atrás.

El agua a su vez empuja los remos. Esta fuerza hace que el bote se mueva.

▶ El peso es una medida de la fuerza que ejerce la gravedad sobre un objeto. El peso se puede medir con una báscula de resorte. Anota el peso que muestra cada báscula de resorte en los siguientes espacios.

____

____

Cuando el balón golpea el piso, la fuerza de este lo detiene y cambia su dirección y movimiento. Sucede lo mismo cuando el balón toca la mano del jugador.

DOS FUERZAS comunes

¿Qué tienen en común los paracaidistas y los pétalos de estas flores? ¡Ambos están cayendo! ¿Por qué ocurre esto?

Lectura con propósito Mientras lees estas páginas, encierra en un círculo la oración que describe una fuerza que hace que las cosas pierdan velocidad.

▶ Dibuja una flecha que muestre la dirección de la fuerza gravitacional entre la Tierra y los pétalos que caen.

Gravedad

La **gravedad** es una fuerza de atracción entre dos objetos. El tamaño de esta fuerza se incrementa a medida que la masa de los objetos aumenta, y disminuye a medida que la distancia entre los objetos aumenta. La gravedad actúa sobre los objetos aun cuando éstos no estén en contacto.

Grandes objetos como la Tierra hacen que los objetos más pequeños, como los paracaidistas, se aceleren rápidamente. Siempre esperamos ver que las cosas caigan a la Tierra. Sin embargo, la fuerza de atracción es la misma para ambos objetos. Si colocas dos objetos con la misma masa en el espacio sideral, se moverán el uno hacia el otro. Si un objeto está "encima" del otro, el objeto de abajo parecerá que "cae hacia arriba", mientras el otro cae sobre él.

La fricción cambia la energía del movimiento en energía térmica. Cuando usas papel de lija para alisar la madera, sientes cómo sube la temperatura.

→ Fricción

¿Es más fácil montar en bicicleta en un camino pavimentado o en un sendero barroso? ¿Por qué?

La **fricción** es una fuerza que se opone al movimiento. La fricción actúa entre dos objetos que están en contacto, como las ruedas de la bicicleta y el camino. También puede haber fricción entre el aire y un objeto en movimiento. Esto se llama resistencia del aire.

Es fácil deslizarse sobre el hielo liso porque no hay mucha fricción. Es mucho más difícil mover algo sobre papel de lija porque hay mucha fricción.

Una mesa de hockey mecánico sopla el aire hacia arriba. Esta capa de aire reduce la fricción de la superficie y las piezas se mueven con rapidez.

► En las imágenes de esta página, encierra en círculos los lugares donde hay fricción entre dos objetos. En las casillas pequeñas, escribe *Aum* si el objeto está diseñado para aumentar la fricción, y *Dism* si lo está para disminuir la fricción.

Las ruedas de esta bicicleta están diseñadas para evitar que el ciclista resbale. En una superficie áspera, tienes que pedalear con más fuerza para superar la fricción.

¿EQUILIBRADO o no equilibrado?

En el juego de halar la soga, los equipos juegan a aplicar fuerzas. Entonces, ¿por qué nadie se mueve?

Lectura con propósito Encierra en un círculo las oraciones que explican por qué los objetos no siempre se mueven cuando se ejerce una fuerza.

Cuando te sientas en una silla, la fuerza de la gravedad te hala hacia abajo. Al mismo tiempo, la silla te empuja hacia arriba. Tú permaneces en el mismo lugar porque las fuerzas están en equilibrio. Las **fuerzas equilibradas** son iguales en tamaño y opuestas en dirección, por lo tanto, se cancelan.

Estos equipos de halar la soga no se mueven porque las fuerzas están equilibradas. La fricción impide que se deslicen. No se moverán hasta que uno de los lados ejerza una fuerza mayor. En ese momento, las fuerzas ya no estarán equilibradas.

Las fuerzas no equilibradas causan un cambio en el movimiento. Una fuerza debe superar la fuerza de fricción para hacer que un objeto se mueva.

El empujón a la primera ficha de dominó fue una fuerza ____________ que causó que cayera sobre la siguiente ficha. Al caer, cada ficha transfirió la fuerza a la siguiente.

Cuando un avión vuela a una velocidad constante, todas las fuerzas en el avión están equilibradas. Si no lo estuvieran, el avión avanzaría a mayor velocidad, se haría más lento, o ganaría o perdería altitud.

La fuerza ejercida sobre esta ficha por las otras que están cayendo se equilibra con la fuerza de la caja. Puesto que las fuerzas están ____________, esa ficha no cae.

► ¿Hay fuerzas que actúan sobre las fichas de dominó caídas? Si es así, ¿están equilibradas o no equilibradas? ¿Cómo lo sabes?

____

____

____

____

Las fuerzas sobre las fichas están ____________ cuando están verticales. Si una ficha las golpea, las fuerzas se ____________ y, entonces, caen.

¡Empuja (o hala) más fuerte!

¿Podrías sacar la bola del parque de un batazo cuando juegas al béisbol? ¿Por qué?

Lectura con propósito Mientras lees, encierra en un círculo las oraciones que explican la relación entre el tamaño de una fuerza y el movimiento.

▶ Usa fuerzas para explicar por qué el niño no puede hacer sonar el timbre.

____

____

____

Cuando el hombre da un martillazo, ejerce una fuerza sobre el disco. El disco transfiere la fuerza a una pieza metálica que sube por la columna y hace sonar el timbre.

El niño golpea con el mismo tipo de martillo en el mismo tipo de máquina. ¿Por qué la pieza metálica no alcanza a tocar el timbre?

PRUEBA TU FUERZA

PRUEBA TU FUERZA

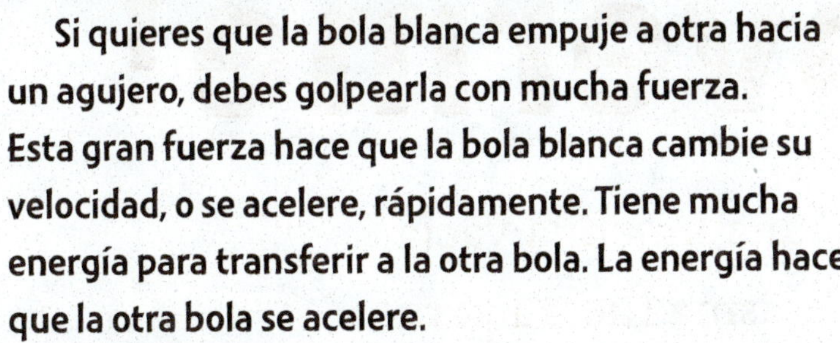

Si quieres que la bola blanca empuje a otra hacia un agujero, debes golpearla con mucha fuerza. Esta gran fuerza hace que la bola blanca cambie su velocidad, o se acelere, rápidamente. Tiene mucha energía para transferir a la otra bola. La energía hace que la otra bola se acelere.

Mientras mayor sea la fuerza que apliques a la bola blanca, mayor será la fuerza que puede transferir a la otra bola. Una gran fuerza causará un gran cambio en el movimiento de la otra bola. Una fuerza pequeña causará un cambio menor. Los cambios en la velocidad también pueden incluir cambios en la dirección.

Práctica matemática

Mostrar datos en una gráfica

Usa los datos de la tabla para hacer una gráfica que muestre la relación entre la fuerza que se aplica a un objeto y su aceleración.

Fuerza (N)	Aceleración (m/seg^2)
1	0.5
2	1.0
5	2.5
8	4.0
10	5.0

¡NO PUEDO moverme!

Es fácil levantar una mochila vacía. ¿Podrías usar la misma fuerza para levantarla si estuviera llena de libros?

Lectura con propósito Mientras lees estas páginas, encierra en círculos las palabras clave de causa y efecto, como *porque*, *entonces* o *por lo tanto*.

Ambos resortes de las imágenes ejercen la misma fuerza sobre las pelotas, haciendo que salten. La pelota con la menor masa se acelera más rápido. Por lo tanto, recorre una mayor distancia. La misma fuerza tiene un mayor efecto sobre un objeto con menor masa que sobre uno con una masa más grande.

▶ Clasifica las pelotas escribiendo *la mayor*, *media* o *la menor* en los seis espacios en blanco.

Pelota de espuma

masa: ________

aceleración: ________

Pelota de béisbol

masa: ________

aceleración: ________

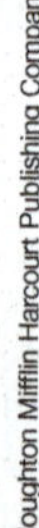

▶ Ambos conductores comenzaron a frenar al mismo tiempo. Los frenos aplicaron la misma fuerza a los dos camiones. ¿Por qué uno de los camiones tardó más en detenerse?

____

____

____

La aceleración de un objeto depende de su masa y de la fuerza que se ejerza en él. Mientras mayor sea la fuerza, mayor es la aceleración. Supón que empujas suavemente un carrito. El carrito se acelera lentamente. Si usas más fuerza para empujarlo, entonces, la velocidad del carrito cambia rápidamente.

Mientras menos masa tiene un objeto, menor es la fuerza que requiere para cambiar su movimiento. Es más fácil empujar un carrito de compras vacío que uno lleno. En las carreras de cuarto de milla se usan carros ligeros porque un carro con menos masa se acelera más rápido que uno con una masa mayor.

Si quieres deslizar más rápidamente una caja por el piso, tienes dos opciones. Puedes sacar algunos artículos de su interior, para reducir su masa, o puedes pedirle ayuda a un amigo, lo que aumentaría la fuerza que ejerces en la caja.

Pelota de acero

masa: __________

aceleración: __________

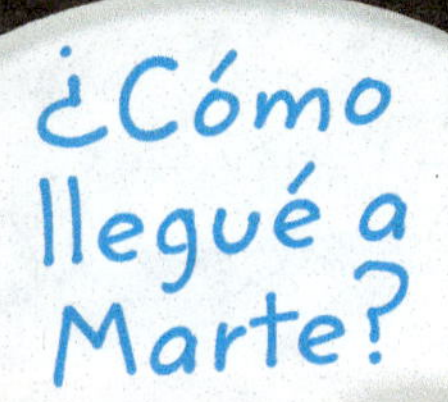

Por qué es importante

¡VÁMONOS a Marte!

¿Cómo la comprensión de las fuerzas permitió enviar un vehículo róver a Marte, hacerlo descender y tocar suelo de forma segura allí?

1 La primera fuerza que se necesita es una fuerza no equilibrada que se oponga a la gravedad de la Tierra. Un enorme cohete impulsor produce alrededor de 900,000 N de fuerza, que aceleran el cohete hacia arriba.

2 En la segunda etapa, luego de que el cohete impulsor cae, se encienden cohetes más pequeños, que cambian la dirección del movimiento del vehículo y lo ponen en órbita alrededor de la Tierra.

3 La tercera etapa del encendido del cohete produce fuerza suficiente para alcanzar la "velocidad de escape". La gravedad terrestre ya no puede halarlo. ¡Nos vamos al espacio!

▶ ¿Qué fuerzas actúan sobre el cohete mientras se halla en reposo en la superficie terrestre? ¿Son equilibradas o desequilibradas?

____

____

____

____

Equilibradas

▶ ¿En qué puntos del viaje del róver a Marte están equilibradas las fuerzas que se ejercen sobre él?

____

____

____

No equilibradas

▶ ¿Qué fuerzas no equilibradas actúan sobre el róver mientras desciende en Marte?

____

____

____

Gravedad

▶ Básate en las fuerzas para explicar por qué el róver necesita un paracaídas y "bolsas de aire".

____

____

____

Durante la mayor parte del tiempo que tarda la nave espacial en llegar a Marte, viaja a velocidad constante. Las fuerzas que actúan sobre la nave están equilibradas y, por lo tanto, el movimiento no cambia.

Ocasionalmente, se encienden cohetes pequeños para mantener la nave en curso. En esos momentos, las fuerzas no están equilibradas.

A medida que la nave se aproxima a Marte, la atracción gravitacional empieza a acelerarlo hacia la superficie. Como una persona que salta de un avión, el róver se despega de la nave espacial y los paracaídas se abren para hacer más lenta la caída. Después, un gran globo se infla alrededor del róver. Cuando toca la superficie de Marte, rebota varias veces antes de detenerse sin peligro.

Prueba de las bolsas de aire del róver

Cuando termines, lee la Clave de respuestas y corrige lo que sea necesario.

Corrige el texto en azul para que coincida con la descripción.

1. Las fuerzas son empujones y halones que incrementan la velocidad de los objetos.

____

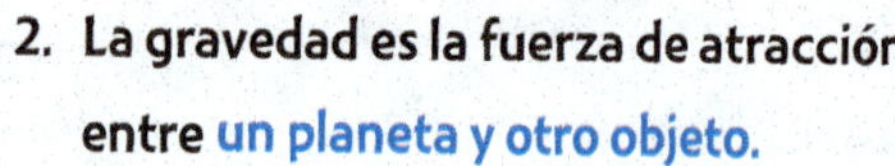

2. La gravedad es la fuerza de atracción entre un planeta y otro objeto.

____

____

3. Un objeto que se mueve en el aire reduce su velocidad porque lo afecta la fuerza de la gravedad.

____

____

4. Cuando actúan fuerzas equilibradas sobre un objeto, este cae.

____

____

5. Para que un objeto cambie su velocidad o dirección, alguien tiene que empujarlo.

____

____

Clave de respuestas: 1. pueden cambiar el movimiento o la forma de los objetos 2. cualquier par de objetos 3. la fuerza de fricción 4. no cambia su movimiento 5. sobre él debe actuar una fuerza no equilibrada

Ejercita tu mente

Lección 1

Nombre ____________________

Juego de palabras

1 Un maestro de idiomas puso palabras en otros idiomas en las siguientes oraciones. Escribe la palabra en español que significa lo mismo que la extranjera. Luego, usa las palabras encerradas en círculos para completar el acertijo.

1. 
Italiano
Empujar es un ejemplo de una forza. Otro ejemplo es halar.
_ ◯ _ _ _ ◯ (11, 3)

2. Francés
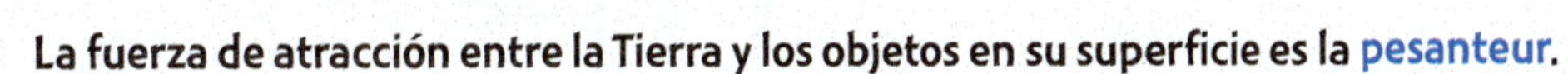
La fuerza de atracción entre la Tierra y los objetos en su superficie es la pesanteur.
_ _ _ _ ◯ _ _ _ (7)

3. Ruso
La fuerza entre dos objetos que están en contacto es la tperlne.
_ _ _ _ _ _ ◯ ◯ (5, 8)

4. Alemán
Dos fuerzas de igual tamaño pero en direcciones opuestas son ausgeglichene krâfte.
_ _ ◯ _ ◯ _ _   _ _ _ _ ◯ _ _ _ _ _ _ _ (10, 13, 4)

5. Portugués
Dos fuerzas de tamaños diferentes son forças desequilibradas.
◯ _ _ _ _ _ _   _ _   _ _ _ _ _ _ ◯ _ _ _ _ _ (6, 2)

6. 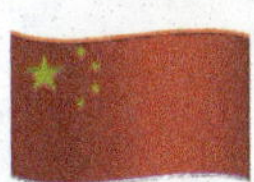
Chino
Una 彈簧秤 es un instrumento que se usa para medir el tamaño de una fuerza.
_ _ _ ◯ _ _ _   _ _ ◯ _ _ _ _ ◯ _ (1, 12, 9)

Acertijo: ¿Qué conclusión sacó el estudiante?

El __(1) a __(2) __(3) __(4) l __(5) es la __(6) u __(7) __(8) __(9) __(10) de la f __(11) e __(12) __(13) a.

Aplica los conceptos

2 Dibuja dos actividades que podrías hacer. En la primera, dibuja una fuerza de empuje. En la segunda, dibuja una fuerza de fricción (que hala).

fuerza de empuje

fuerza de fricción

3 El golfista aplica una fuerza cuando golpea la pelota. Describe al menos dos fuerzas que actúan sobre la pelota mientras rueda. Dibuja flechas para mostrar las fuerzas.

____

____

____

____

4 Dos estudiantes usan una catapulta para tratar de golpear un objetivo. La catapulta solo tiene una posición de lanzamiento. La primera vez, usaron la piedra B. ¿Cuál de las piedras restantes se acercará más probablemente al objetivo? ¿Por qué?

____

____

____

____

Nombre ______________________________

5 Usa las palabras *equilibrada* y *no equilibrada* para nombrar y describir las fuerzas que actúan en cada una de las siguientes imágenes.

a. 

b. 

c. 

____

6 Dibuja lo que le sucedería a una pelota si la lanzas verticalmente hacia arriba. Explica por qué sucede esto.

____

7 Explica por qué es más fácil resbalar en un piso que está mojado.

____

8 Observa los dibujos de la derecha. Mary midió la distancia recorrida por cada pelota. Traza líneas para unir cada pelota con la distancia recorrida.

Explica por qué cada pelota recorrió una distancia diferente.

____

____

25 cm

15 cm

20 cm

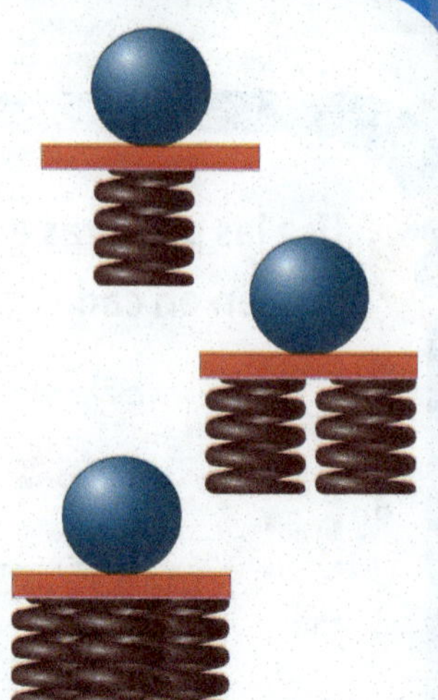

9 Da un ejemplo de cada uno.

a. Se aplica una fuerza pero no pasa nada.

____

b. Una fuerza hace que un objeto cambie de forma.

____

c. Una fuerza hace que un objeto cambie de posición.

____

d. Una fuerza hace que un objeto se detenga.

____

10 Encierra en un círculo el (los) objeto(s) cuyas velocidades no cambian. Dibuja una flecha apuntando hacia arriba junto al objeto cuya velocidad aumenta y una flecha apuntando hacia abajo junto al objeto cuya velocidad disminuye.

Un carro avanza a 35 millas por hora en una curva del camino.

Un carro se detiene cuando la luz del semáforo cambia a roja.

Un carro de carreras acelera cuando se da la señal de partida.

Un carro avanza a 45 millas por hora por un camino recto.

Para la casa

Comenta con tu familia lo que has aprendido sobre las fuerzas. Identifiquen juntos cinco fuerzas que se usen para cambiar el movimiento de los objetos en la vida diaria. Considera fuerzas que no se hayan comentado en la lección.

S.T.E.M.

Ingeniería y tecnología

Equipo de seguridad para el fútbol americano

El fútbol americano es un deporte brusco. Para proteger a los jugadores de lesiones, los diseñadores han desarrollado equipos protectores.

Los primeros cascos estaban hechos a medida por personas que hacían arneses para caballos; eran de cuero. Más adelante se añadieron orificios para las orejas y acolchado. Estos cascos tenían muy poco acolchado y no tenían protectores para la cara.

Hoy en día, los cascos protegen más gracias a una cima plástica dura, acolchado grueso en el interior y una máscara de metal. Algunos cascos hasta tienen sensores que transmiten señales e indican si un jugador ha recibido un golpe en la cabeza lo suficientemente fuerte para causar una lesión grave.

Razonamiento crítico

Los materiales modernos permiten hacer mejores cascos que los hechos de simple cuero. ¿Cómo es posible esto?

____

____

S.T.E.M. continuación

Cuando los ingenieros desarrollan materiales, es posible que surjan nuevos y mejores diseños para toda clase de objetos conocidos.

Elige dos objetos del equipo de seguridad en tu deporte o actividad favorito. Dibuja cada objeto del equipo. Investiga para averiguar de qué material está hecho cada objeto. Rotula los materiales. Explica por qué las propiedades de un material hacen que este sea una buena elección para el diseño.

Enumera tres características de este casco para bicicleta. Subraya las características para la seguridad. Traza un círculo alrededor de las características para comodidad.

Parte de la base

Acepta el desafío de hacer un diseño de ingeniería. Completa el Rotafolio de investigación **Diséñalo: Un carro accionado por un globo.**

Rotafolio de investigación, pág. 77

Nombre ______________________

Pregunta esencial

¿Cómo influyen las fuerzas en el movimiento?

Establece un propósito

¿Qué aprenderás en este experimento?

____

____

____

Formula tu hipótesis

Escribe tu hipótesis o postulado comprobable.

____

____

____

____

____

Piensa en el procedimiento

¿Por qué usas una liga en vez de la mano para echar a andar el camión de juguete?

____

____

____

____

¿Por qué pones tornillos en el camión?

____

____

____

____

Anota tus datos

Anota en la siguiente tabla los datos que recogiste.

Cómo afectan las fuerzas el movimiento

Parte I:	Distancia a la que se estiró la liga		
	1 cm	3 cm	5 cm
Distancia recorrida (cm)			
Parte II:	**Liga estirada a 3 cm**		
	Camión vacío	Camión con 4 tornillos	Camión con 8 tornillos
Distancia recorrida (cm) Prueba 1			
Distancia recorrida (cm) Prueba 2			
Distancia recorrida (cm) Prueba 3			

Saca tus conclusiones

Cada vez que cambiabas una variable y lanzabas el camión, realizabas tres pruebas. Calcula la distancia promedio recorrida por el camión en cada escenario experimental.

Escenario experimental	Distancia recorrida promedio (cm)
Liga a 1 cm	
Liga a 3 cm	
Liga a 5 cm	
Camión con 0 tornillos	
Camión con 4 tornillos	
Camión con 8 tornillos	

Dibuja dos gráficas de barras para mostrar tus datos.

Analiza y amplía

1. Interpreta tus datos. ¿Cómo se relaciona la masa de un objeto al cambio en su movimiento cuando actúa una fuerza sobre él.

2. ¿Cómo afecta el movimiento el tamaño de la fuerza aplicada a un objeto?

3. ¿Por qué es importante repetir un experimento varias veces o que distintas personas realicen el mismo experimento?

4. Escribe otra pregunta que podrías hacer sobre el uso de fuerzas y el movimiento. ¿Qué experimento podrías hacer para responder tu pregunta?

Rotafolio de investigación, pág. 78

Nombre ______________________

Pregunta esencial

¿Qué son las fuerzas equilibradas y las fuerzas no equilibradas?

Establece un propósito

¿Qué aprenderás de esta investigación?

____

____

____

____

Piensa en el procedimiento

¿Qué fuerzas actúan sobre los bloques mientras están en la mesa?

____

____

____

____

¿Por qué halarás el bloque sobre diferentes superficies?

____

____

____

____

Anota tus datos

Anota tus medidas en esta tabla.

Investigación de fuerzas	
Acción	**Fuerza (N)**
Levantar un bloque	
Levantar dos bloques	
Levantar tres bloques	
Halar el bloque sobre papel de lija	
Halar el bloque sobre papel encerado	
Halar el bloque sobre papel aceitado	

Saca tus conclusiones

¿Qué se requiere para que un objeto empiece a moverse?

____

____

____

Analiza y amplía

1. **El bloque de abajo se hala hacia la derecha. Dibuja flechas para mostrar las fuerzas que actúan sobre él. Rotula cada flecha.**

2. **¿En qué punto de esta actividad se equilibraron las fuerzas? Dibuja el bloque y muestra las fuerzas como flechas.**

3. **¿Cómo se relaciona la masa de un objeto con la fuerza hacia arriba necesaria para superar la fuerza de gravedad?**

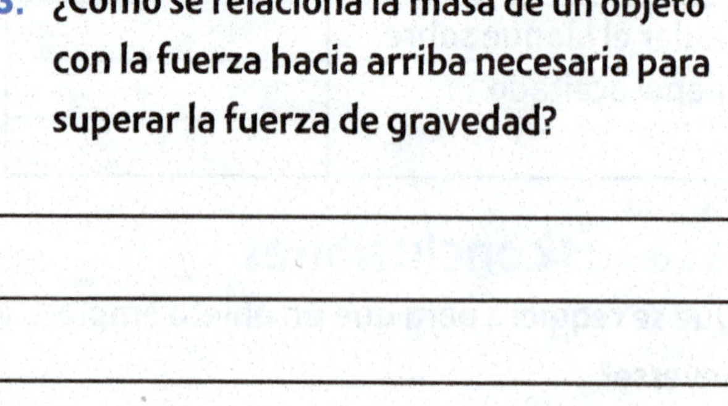

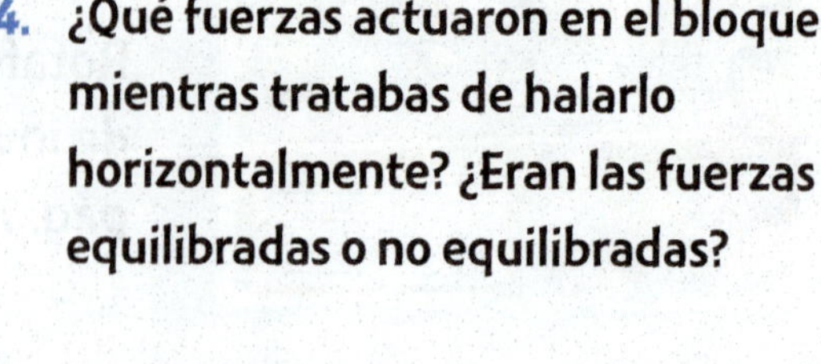

4. **¿Qué fuerzas actuaron en el bloque mientras tratabas de halarlo horizontalmente? ¿Eran las fuerzas equilibradas o no equilibradas?**

5. **¿Por qué requerían los bloques una fuerza diferente para comenzar a moverse en cada una de las tres superficies?**

6. **¿Qué otras preguntas te gustaría hacer sobre las fuerzas equilibradas y no equilibradas? ¿Qué investigaciones harías para responder esas preguntas?**

Lección 4

Pregunta esencial

¿Qué son las leyes de Newton?

Halla la respuesta a la siguiente pregunta en esta lección y escríbela aquí.

¿Cómo una pelota de béisbol obedece a las leyes de Newton?

____

____

____

____

Lectura con propósito

Vocabulario de la lección

Haz una lista de los términos. A medida que aprendes cada uno, toma notas en el Glosario interactivo.

____

____

____

Causa y efecto

Muchas ideas en esta lección sobre las leyes de Newton están relacionadas por causa y efecto. Una causa es la razón por la cual algo ocurre. Un efecto es lo que ocurre como resultado de una causa. Los buenos lectores buscan efectos preguntándose: ¿Qué ocurrió? Buscan causas preguntándose: ¿Por qué ocurrió?

La primera ley del movimiento de Newton

En el siglo XVII, Isaac Newton descubrió algunas leyes que aún se aplican a lo que haces, lo que ves y lo que sientes cada día.

Lectura con propósito Mientras lees la siguiente página, encierra en un **círculo** las palabras que señalan lo que Newton dijo que causaría la aceleración de un objeto.

Newton realizó experimentos para entender cómo se comportan los objetos en el mundo natural. Quería saber más sobre lo que hace que un objeto se empiece a mover o cambie la forma en que se mueve.

Bueno, ¡esto prueba que puedo hacer mover estos boliches!

En 1687, Newton publicó un libro acerca de cómo se mueven los objetos en el mundo físico. Los científicos ingleses resumieron sus ideas en tres reglas o leyes. *La primera ley del movimiento de Newton* dice que sin una fuerza no equilibrada no ocurre ninguna aceleración. *Aceleración* aquí significa "cambio en el movimiento" y *fuerza* significa "un empujón o un tirón". Otra manera de decir la primera ley de Newton es la siguiente. Los objetos en reposo no se mueven a menos que una fuerza no equilibrada actúe sobre ellos. Los objetos en movimiento no disminuyen o aumentan de velocidad, paran o voltean a menos de que una fuerza se lo haga hacer.

La primera ley de Newton describe la inercia. La **inercia** es la tendencia de los objetos a resistir el cambio de movimiento. Piensa en un paseo en carro. Si el carro voltea bruscamente en una dirección, sientes que a tu cuerpo lo jalan hacia el otro lado del carro. Tu cuerpo trata de seguirse moviendo en la misma dirección en la que iba antes de que el carro volteara. Cuando el carro para, tu cinturón de seguridad y la fricción del asiento ofrecen la fuerza no equilibrada necesaria para mantenerte en tu asiento.

Cuando un carro voltea bruscamente o hace una parada súbita, un cinturón de seguridad evita que tu cuerpo siga su movimiento anterior.

Describir la inercia

La inercia se aplica tanto a los objetos en movimiento como a los objetos en reposo. Explica cada situación y usa ejemplos.

____

____

____

____

____

____

____

____

La segunda ley del movimiento de Newton

¡Creo que sé por qué no puedo mover estos perros igual de fácilmente!

La primera ley de Newton habla sobre objetos, fuerzas y movimiento. La segunda ley de Newton es más específica. También ten en cuenta: ¿Qué tan grande es el objeto? ¿Cuánta fuerza? ¿Cuánto movimiento?

Lectura con propósito Mientras lees esta página, **subraya** dos factores que afectan la manera como se mueve un objeto.

La segunda ley del movimiento de Newton dice que la aceleración de un objeto depende de dos factores: la cantidad de fuerza que se le aplica al objeto y la masa del objeto. Piensa en como patear una pelota más fuerte la hace moverse más rápido. En otras palabras, mientras mayor sea la fuerza que se aplica, mayor será la aceleración. Una patada fuerte es una fuerza más grande.

Tengo una gran personalidad, ¡pero mi masa es pequeña!

Práctica matemática

Resuelve problemas verbales

F significa *fuerza*, *m* significa *masa* y *a* significa *aceleración*.

Usa la segunda ley de Newton ($F = m \times a$) para hallar los valores que hacen falta en las siguientes ecuaciones. Recuerda que la unidad estándar de fuerza es el newton (N).

Si una masa tiene un valor de 1 y su aceleración es un valor de 3, ¿qué valor tiene la fuerza que actúa sobre la masa?

____

Una pelota tiene una masa de 6 unidades. Su aceleración es 8 unidades. ¿Qué valor tiene la fuerza que pone la pelota en movimiento?

____

La masa de un objeto afecta cómo, o si, el objeto se mueve cuando se le aplica una fuerza. Piensa en un carrito de supermercado vacío. ¿Cuánta fuerza se necesita para ponerlo en movimiento? ¿No mucha, cierto? Ahora imagínate el carrito lleno de compras. Si usas la misma fuerza que antes, ¿se moverá el carrito lleno? Probablemente no. La segunda ley de Newton explica por qué debes usar más fuerza para mover un objeto con una masa más grande. La segunda ley del movimiento se puede escribir con una ecuación: Fuerza = masa x aceleración.

La cantidad de fuerza necesaria para que el molinete dé vueltas no sería suficiente para mover las palas de la turbina eólica.

La tercera ley del movimiento de Newton

Mi mano le aplica una fuerza a esta tabla. La tabla le aplica una fuerza igual y opuesta a mi mano. ¡Ay!

Más de una fuerza a la vez actúa sobre los objetos. La tercera ley del movimiento de Newton describe la manera en que diferentes fuerzas se relacionan entre sí.

Lectura con propósito Mientras lees esta página, **subraya** las palabras que señalan el efecto que ocurre cuando un objeto le aplica una fuerza a otro objeto.

Siempre que un objeto le aplica una fuerza a otro objeto, el segundo objeto le aplica una fuerza igual y opuesta al primer objeto. Esta es *la tercera ley del movimiento de Newton*. Dicho más sencillamente, las fuerzas siempre actúan en pares.

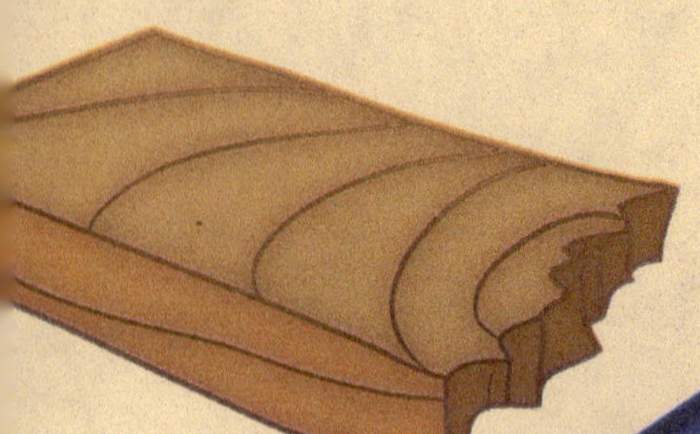

Para entender mejor la tercera ley de Newton, imagínate dos objetos: tu cuerpo y una pared. Al recostarte contra la pared, tu cuerpo le aplica una fuerza a la pared. La pared no se mueve porque le aplica la misma cantidad de fuerza a tu cuerpo. Algunos científicos usan los términos *fuerza de acción* y *fuerza de reacción* para referirse a un par de fuerzas.

Ahora piensa en dos adjetivos que Newton usó para describir un par de fuerzas. ¿Cómo las fuerzas de acción y reacción son *iguales* y *opuestas*? Las dos fuerzas descritas arriba tienen igual tamaño y dirección opuesta.

Durante el despegue, los impulsores del cohete empujan los gases del tubo de escape hacia abajo mientras que los gases empujan el cohete hacia arriba con una fuerza igual.

Fuerzas en acción

Mira los diagramas de la manzana y la mesa cuidadosamente. Traza flechas para mostrar las fuerzas entre la manzana y la mesa. Haz líneas más largas para mostrar las fuerzas más fuertes.

El movimiento en el espacio

Habrás visto fotos de astronautas y otros objetos flotando dentro de una nave espacial. Los astronautas, los objetos y la nave espacial se están moviendo, y las leyes de Newton se aplican a todos.

Lectura con propósito Mientras lees la siguiente página, **encierra en un círculo** la idea principal. **Subraya** los detalles que añaden información importante sobre la idea principal.

Los astronautas en órbita parecen no tener peso. Para entender el movimiento de los objetos en el espacio, es importante recordar la diferencia entre peso y masa. Recuerda, *masa* se refiere a cuánta materia hay en un objeto. *Peso* se refiere a cuánta fuerza le aplica la gravedad a un objeto.

Mientras una persona hace girar un objeto, puedes ver un ejemplo de cómo los objetos giran alrededor de la tierra. La cuerda actúa como la gravedad, halando el objeto constantemente hacia el centro de la trayectoria circular. Si la persona suelta el objeto, la inercia toma el control; el objeto se sigue moviendo pero en línea recta. La *Estación Espacial Internacional (EEI)* muestra cómo funciona la primera ley de Newton en el espacio. Debido a la inercia, la *EEI* se mueve hacia delante a una velocidad constante. Al mismo tiempo, la gravedad tira de la *EEI* hacia la Tierra, de manera que la *EEI* cambia de dirección constantemente. Como resultado de estos dos movimientos, la *EEI* sigue la curvatura de la superficie de la Tierra. ¿Qué pasaría si la gravedad de la Tierra no tirara de la *EEI* constantemente? ¡La inercia haría que la estación saliera volando al espacio en línea recta!

▶ Explica las dos fuerzas que actúan sobre Isaac Newton mientras flota en la *EEI*.

Las leyes del movimiento de Newton se aplican a los objetos en el espacio, porque las leyes involucran la masa, no el peso. La masa de un objeto es igual en la Tierra y en el espacio. Su peso cambia porque está relacionado con la fuerza de gravedad. Los astronautas se ven y se sienten sin peso debido a la microgravedad; esta, a la cual se le llama erróneamente "gravedad nula". La *microgravedad* ocurre porque la gravedad de la Tierra hace que la estación espacial caiga hacia la Tierra a una velocidad constante. Todo lo que está dentro de la estación espacial cae a la misma velocidad. Como los astronautas también están en caída libre, parece que flotaran.

Cuando termines, lee la Clave de respuestas y corrige lo que sea necesario.

Contesta las preguntas siguientes sobre las leyes del movimiento de Newton. Encierra la respuesta correcta en un círculo para completar la oración.

1. La primera ley de Newton dice que no puede ocurrir ninguna aceleración sin una fuerza.
2. Cuando una gota de agua cae en un muro de ladrillo, la fuerza que la gota aplica al muro es [mayor que / igual a / menor que] la fuerza que aplica el muro a la gota.
3. Se colocan dos cajas idénticas en el suelo una al lado de la otra. Una está vacía y la otra está llena de arena. Se necesitaría [más fuerza / la misma fuerza / menos fuerza para halar la caja vacía que la caja de arena.
4. Cuando un martillo golpea un clavo, la dirección de la fuerza que el martillo aplica al clavo es [igual a / opuesta a] la dirección de la fuerza que el clavo aplica al martillo.
5. Dos fuerzas poderosas que pueden vencer la inercia son: [masa / fricción] y gravedad.

Clave de respuestas: 1. aceleración, 2. igual a, 3. menos fuerza, 4. opuesta a, 5. fricción

Nombre ____________________

Juego de palabras

1 Ordena las palabras que están desordenadas en cada oración. Escribe la palabra ordenada después de la oración. La primera ya se ha completado.

a. Las dos fuerzas en un par tienen dirección **suotape**.	o p u e s t a
b. La aceleración de un objeto depende en parte de la **saam** del objeto.	_ _ _ _
c. La primera ley de Newton da una buena descripción de la **ecirian**.	_ _ _ _ _ _ _
d. En ciencias, **neceócarila** es un término que significa cambio de velocidad o de dirección.	_ _ _ _ _ _ _ _ _ _ _
e. Los objetos no cambian su movimiento a menos que una **zurefa** los haga cambiar.	_ _ _ _ _ _
f. En el espacio, la **virdragemcoda** hace que un astronauta no sienta su peso.	_ _ _ _ _ _ _ _ _ _ _ _ _

Palabras extra

En un par de fuerzas, a la primera se le llama a veces una fuerza de _ _ _ _ _ _ y a la segunda se le llama una fuerza de _ _ _ _ _ _ _ _.

aceleración	acción	fuerza	inercia*
masa	microgravedad	opuesta	reacción

* Vocabulario clave de la lección

Aplica los conceptos

2 Mira la ilustración de dos carritos de supermercado. Encierra en un círculo el carrito que sería más difícil de mover. Explica por qué es así.

____

____

3 Explica cómo una persona que duerme la siesta en una pradera es un ejemplo de inercia.

____

____

____

____

____

____

____

4 Haz tres dibujos para ilustrar las tres leyes del movimiento de Newton. Rotula tus dibujos con el nombre de la ley y otras palabras importantes.

Para la casa

Comenta con tu familia lo que has aprendido sobre las leyes del movimiento de Newton. Con uno o más familiares, diseña y realiza una demostración de la inercia.

1 Un ingeniero de seguridad ayuda a diseñar y probar dispositivos para hacerlos más seguros.

2 Los ingenieros de seguridad hacen cambios en los diseños para evitar posibles peligros.

3 Soy un muñeco para pruebas de choque. Algunos ingenieros de seguridad me usan como modelo.

10 cosas que hay que saber sobre los ingenieros de seguridad

4 Los ingenieros de seguridad pueden hacer más seguro el uso de algunas máquinas, como los carros.

5 Los ingenieros de seguridad hacen más seguros los carros con inventos como el cinturón de seguridad y las bolsas de aire.

6 Algunos ingenieros de seguridad se concentran en evitar peligros específicos, como los incendios.

7 Los ingenieros de seguridad ayudan a la sociedad a sufrir menos lesiones y enfermedades.

8 Algunos evitan que los gérmenes se propaguen en nuestros alimentos y nos enfermen.

9 Pueden concentrarse en proteger a los trabajadores para que no se lesionen en el trabajo.

10 Para hacer su trabajo, los ingenieros de seguridad deben estudiar física, química, matemáticas y comportamiento humano.

¡Conviértete en ingeniero o ingeniera!

1. ¿Qué crees que es lo mejor de ser un ingeniero de seguridad?

2. ¿Cómo ayudan los ingenieros de seguridad a la sociedad?

3. ¿Qué atributos de seguridad en los carros han ayudado a desarrollar los ingenieros de seguridad?

4. ¿Qué pregunta te gustaría hacerle a un ingeniero de seguridad?

1 ______

2 ______

3 ______

4 ______

Repaso de la Unidad 15

Nombre ______________________________

Repaso de vocabulario

Completa las oraciones con las palabras de la casilla.

fuerzas equilibradas
fuerza
fricción
gravedad
inercia
fuerzas no equilibradas

1. Las fuerzas que causan un cambio en el movimiento son ____________________.

2. Una fuerza de atracción entre dos objetos, aunque no se estén tocando, se llama ____________________.

3. La tendencia de los objetos a resistir el cambio de movimiento se llama ____________________.

4. Un empuje o un tirón, que causa movimiento o un cambio en el movimiento o forma de un objeto, es una ____________________.

5. Las fuerzas que actúan sobre un objeto y que son del mismo tamaño y opuestas son ____________________.

6. Una fuerza que se opone al movimiento y actúa entre dos objetos que se están tocando se llama ____________________.

Conceptos de ciencias

Rellena la burbuja con la letra de la mejor respuesta.

7. Esta tabla muestra las masas de varios objetos.

Objeto	Arandela de metal	Disco de plástico	Roca	Bloque de madera
masa (g)	1.5	34	16	22

¿Cuál de estos objetos requiere más fuerza para lanzarlo a 2 metros?

Ⓐ la roca
Ⓑ el disco de plástico
Ⓒ la arandela de metal
Ⓓ el bloque de madera

8. ¿Cuál de estos es un ejemplo de una fuerza que se está aplicando?

Ⓐ mirar televisión
Ⓑ leer un libro
Ⓒ tirar de una carreta
Ⓓ pararse en la cumbre de una colina

Conceptos de ciencias

Rellena la burbuja con la letra de la mejor respuesta.

9. **Suri coloca imanes sobre tres carritos de juguete idénticos, como se muestra abajo. Luego mide la distancia que rueda cada carro al lanzarlos del mismo punto de partida usando la misma liga estirada.**

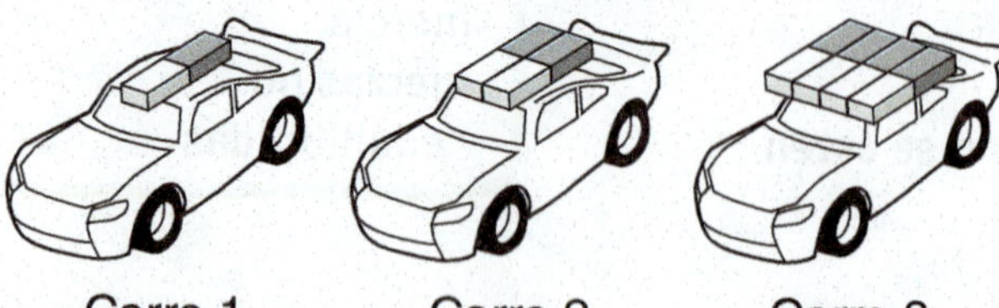

¿Qué efecto tendrá la fuerza de la liga sobre los carros?

Ⓐ El Carro 3 recorrerá la distancia más larga.

Ⓑ El Carro 1 recorrerá la distancia más corta.

Ⓒ El Carro 1 será el menos afectado por la fuerza que actúa sobre él.

Ⓓ El Carro 3 será el menos afectado por la fuerza que actúa sobre él.

10. **Cuando bajas una cuesta en bicicleta sin pedalear, aceleras más y más. Cuando andas sin pedalear en una superficie plana, por fin te detienes. Indica qué te hace parar según las leyes de Newton.**

Ⓐ La segunda ley de Newton explica que no hay ninguna fuerza actuando sobre la bicicleta en la superficie plana, y por eso se detiene.

Ⓑ La primera ley de Newton explica que cuando llegas al final de la cuesta, se te acaba la energía, y por eso te detienes.

Ⓒ La tercera ley de Newton explica que la fricción entre las llantas y el suelo es una fuerza no equilibrada que cambia tu movimiento.

Ⓓ La primera ley de Newton explica que la gravedad te afecta cuando vas cuesta abajo pero no te afecta cuando vas por una superficie plana.

11. **Katja empuja una bola de boliche alejándola con mucha fuerza. Luego repite el mismo procedimiento con una bola de fútbol. Explica la diferencia entre los movimientos de las dos bolas según las leyes de Newton.**

Ⓐ La segunda ley del movimiento de Newton explica que la bola de fútbol viaja más lejos porque tiene menos masa.

Ⓑ La tercera ley del movimiento de Newton explica que la bola de fútbol viaja más lejos porque hay más fuerza actuando sobre ella.

Ⓒ La segunda ley del movimiento de Newton explica que la bola de boliche viaja más lejos porque tiene más masa.

Ⓓ La primera ley del movimiento de Newton explica que la bola de boliche viaja menos lejos porque hay menos fuerza actuando sobre ella.

12. **La báscula de resorte mide la fuerza.**

¿Cuál es la fuerza que produce la marca de la aguja en la báscula de resorte de la ilustración?

Ⓐ masa

Ⓑ peso

Ⓒ gravedad

Ⓓ fricción

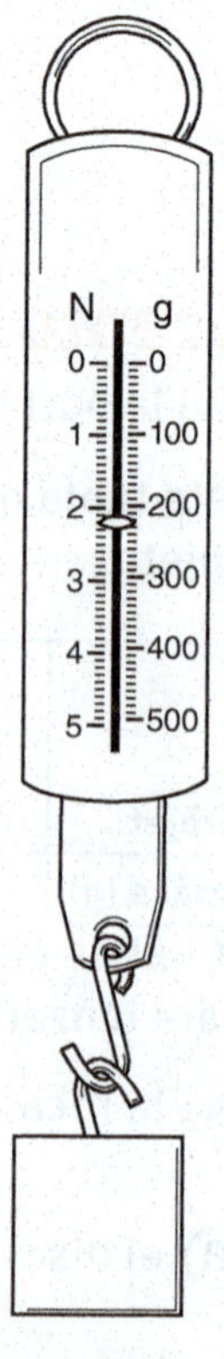

Nombre ______________________________

13. Cuatro fuerzas actúan sobre el bloque que se ve en la siguiente ilustración.

- F es la fuerza aplicada.
- F_f es la fricción.
- F_g es la fuerza de gravedad.
- F_n es la fuerza normal: el empuje hacia arriba de la mesa sobre el bloque.

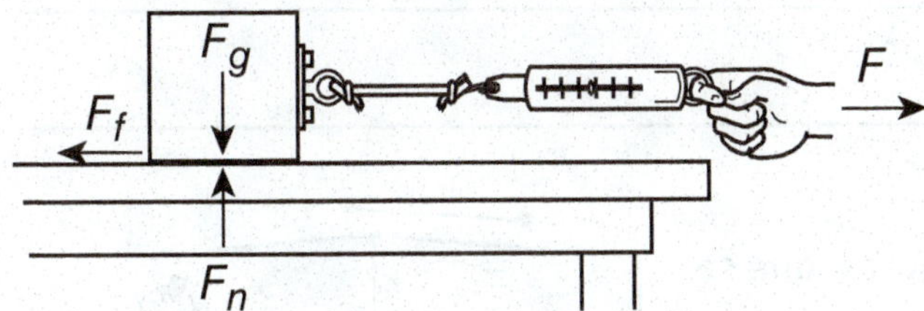

Si el bloque no se mueve. ¿Cuál de las siguientes alternativas es **verdadera**?

(A) F y F_f son iguales.

(B) F y F_g son iguales.

(C) F_f es mayor que F.

(D) F_g es mayor que F.

14. Un objeto está viajando en línea recta en el espacio. No hay ninguna fuerza afectándolo. Por causa de la inercia, ¿qué le ocurrirá al movimiento del objeto?

(A) Andará más y más rápido porque no hay ninguna fuerza que lo detenga.

(B) Se detendrá gradualmente porque no hay ninguna fuerza que lo mantenga andando.

(C) Se detendrá inmediatamente cuando la fuerza que comenzó su movimiento desaparezca.

(D) Su movimiento no cambiará y seguirá en la misma dirección y a la misma velocidad.

15. Esta tabla muestra las masas de cuatro bloques y las fuerzas que se están aplicando a cada uno.

Color del bloque	Masa(g)	Fuerza de empuje (N)	Fricción (N)
Rojo	50	24	6
Verde	100	24	6
Azul	40	24	6
Amarillo	75	24	6

Según las leyes del movimiento de Newton, ¿qué bloque tendrá el mayor cambio de movimiento?

(A) bloque rojo

(B) bloque azul

(C) bloque verde

(D) bloque amarillo

16. La siguiente ilustración muestra las fuerzas que están actuando sobre una caja.

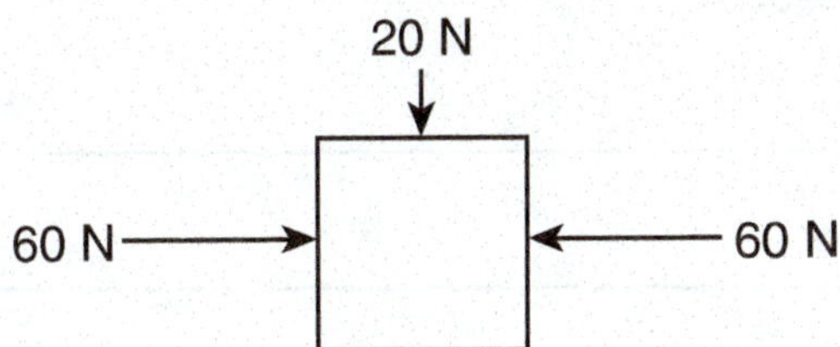

¿Qué tipo de movimiento producirán las fuerzas?

(A) La caja se quedará en su posición actual.

(B) La caja bajará en línea recta.

(C) La caja se moverá a la derecha en línea recta.

(D) La caja tendrá un movimiento de vaivén de izquierda a derecha.

Aplica la investigación y repasa La gran idea

Escribe las respuestas a estas preguntas.

17. Jermaine se pregunta si una pelota pesada baja por una rampa más rápidamente que una pelota liviana. En el siguiente espacio, describe una investigación que podría hacer para descubrir la respuesta.

____

____

____

____

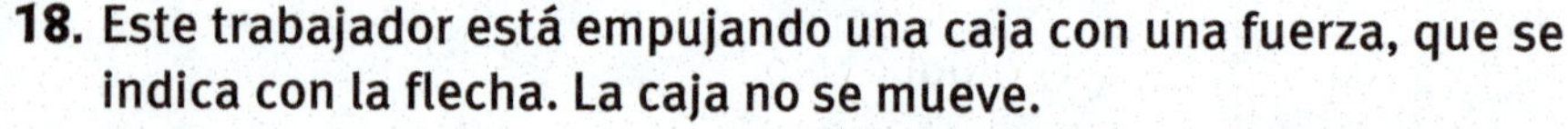

18. Este trabajador está empujando una caja con una fuerza, que se indica con la flecha. La caja no se mueve.

¿Qué impide que la caja se mueva aunque el trabajador le está empujando?

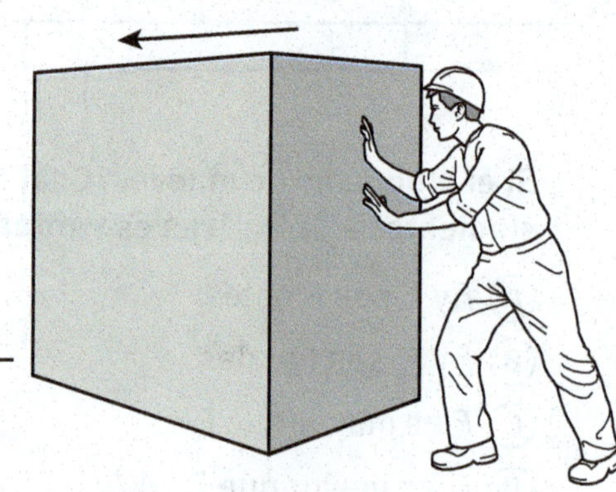

____

19. Explica por qué las leyes del movimiento de Newton se aplican a los objetos en el espacio aunque esos objetos en el espacio se ven y se sienten como si no tuvieran peso.

____

____

____

____

20. La báscula de resorte que se ve tiene colgada una pesa. Cuando se colgó la pesa, la aguja de la báscula bajó.

¿Qué ocurrirá si se agrega una segunda pesa a la báscula? Explica tu respuesta.

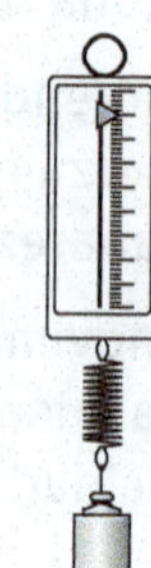

____

____

Glosario interactivo

A medida que vayas aprendiendo cosas nuevas sobre cada término, toma notas, haz dibujos o escribe oraciones en el espacio en blanco. Así podrás recordar lo que significan estos términos. Mira estos ejemplos.

Hongos Un reino de organismos que tienen un núcleo y que obtienen sus nutrientes mediante la descomposición de otros organismos.

Las setas pertenecen al reino Fungi.

cambio físico Cambio de tamaño, forma o estado de la materia sin que se forme una nueva sustancia.

Cuando corto papel, ese papel sufre un cambio físico.

A

adaptación Rasgo o característica que le sirve a un organismo para sobrevivir. (pág. 226)

angiosperma Planta vascular que da flores cuyas semillas están rodeadas por una fruta. (pág. 197)

amplitud Medida de la cantidad de energía que tiene una onda. (pág. 653)

arrecife de coral Estructuras ramificadas formadas por los esqueletos de colonias de pólipos de coral (pág. 523)

asteroide Trozo de roca o hierro que mide menos de 1,000 km (621 mi) de diámetro y gira en órbita alrededor del Sol. (pág. 548)

astronomía El estudio de los objetos en el espacio y sus propiedades. (pág. 562)

átomo La unidad más pequeña en que se puede dividir un elemento sin perder las propiedades de ese elemento. (pág. 630)

báscula Instrumento empleado para medir la cantidad de materia en un objeto, que es la masa del objeto. (pág. 46)

báscula de resorte Instrumento que se usa para medir la fuerza. (pág. 47)

bioingeniería La aplicación del proceso de diseño de ingeniería a los seres vivos. (pág. 88)

biotecnología Producto de la tecnología empleado para beneficiar a los organismos y el medioambiente. (pág.89)

cadena alimentaria Transferencia de energía alimentaria entre los organismos en un ecosistema. (pág. 309)

cambios físicos Cambios en los cuales una sustancia cambia de forma o aspecto pero conserva su composición química. (pág. 598)

cambios químicos Cambios ocasionados por la reacción de una o más sustancias, los cuales producen sustancias nuevas y diferentes. (pág. 599)

carácter dominante Un carácter o rasgo que aparece si el organismo tiene un factor para ese carácter. (pág. 115)

carácter heredado Una característica que se transmite de los padres a su progenie. (pág. 112)

carácter recesivo Un rasgo o carácter que aparece solamente si un organismo tiene dos factores para ese rasgo. (pág. 115)

célula unidad básica de la estructura y función de todos los seres vivos. (pág. 104)

cerebro Órgano del cuerpo humano que procesa información. (pág. 128)

ciclo de vida Las etapas por las cuales pasa un ser vivo a medida que crece y cambia. (pág. 216)

ciencia El estudio del mundo natural mediante la observación y la investigación. (pág. 5)

clasificación Separación de cosas en grupos de objetos o de cosas similares. (pág. 176)

clave dicotómica Recurso empleado para identificar organismos según pares de características contrastantes. (pág. 177)

clorofila Pigmento verde de las plantas que permite a las células usar la luz solar para producir alimento. (pág. 293)

combustible fósil Combustible que se forma a partir de los restos de seres que alguna vez estuvieron vivos. El carbón, el petróleo y el gas natural son combustibles fósiles. (pág. 456)

cometa Objeto formado por gases congelados, rocas, hielo y polvo que gira alrededor del Sol. (pág. 549)

compuesto Sustancia formada por dos o más tipos de átomos que están combinados químicamente. (pág. 634)

comunidad Grupo de organismos que viven en la misma zona e interactúan unos con otros. (pág. 250)

conservación de la masa Ley que establece que la materia no se crea ni se destruye; sin embargo, la materia puede cambiar de forma. (pág. 604)

conservación El proceso de preservar y proteger un ecosistema o un recurso. (pág. 344)

consumidor Ser vivo que no es capaz de producir su alimento y debe alimentarse de otros seres vivos. (pág. 295)

contramolde fósil Modelo de un organismo que se forma cuando cuando se acumula sedimento en un molde hasta llenarlo y luego se endurece. (pág. 455)

control Situación experimental a usarse para comparar las otras situaciones. (pág. 29)

corazón Órgano muscular que bombea la sangre hacia todo el resto del sistema circulatorio. (pág. 148)

corriente Flujo continuo de agua en el océano que sigue un patrón regular. (pág. 508)

corteza Capa externa y delgada de la Tierra, que incluye tierra firme y el fondo oceánico. (pág. 389)

costa Área donde el océano y la tierra se encuentran e interactúan. (pág. 513)

criterios Conjunto de factores con los que se mide el grado de desempeño. (pág. 70)

D

dominio El nivel más amplio en la clasificación de los organismos. (pág. 179)

E

ecosistema Comunidad de organismos y el medioambiente en el que viven. (pág. 249)

elemento Materia compuesta de un solo tipo de átomo. (pág. 632)

epicentro El punto en la superficie de la Tierra que está justo encima del foco de un terremoto. (pág. 394)

erosión Proceso mediante el cual los sedimentos son acarreados de un lugar a otro. (pág. 368)

especie En la clasificación de los organismos, el grupo más pequeño de individuos que están estrechamente relacionados. (pág. 179)

espectro electromagnético Todas las ondas de energía que viajan a la velocidad de la luz en el vacío; incluye ondas de radio, infrarrojas, visibles, ultravioleta, de rayos X y de rayos gama. (pág. 671)

espigón Estructura a modo de muralla que sobresale hacia el mar para impedir que este se lleve la arena. (pág. 513)

espora Estructura reproductora de algunas plantas, entre ellas los musgos y los helechos, que puede convertirse en una nueva planta. (pág. 194)

estómago Un órgano en forma de bolsa donde la comida se mezcla con jugos digestivos y es triturada por unos músculos. (pág. 154)

estrellas Bolas enormes de gases resplandecientes y muy calientes, que producen su propia luz y calor. (pág. 562)

evidencia Información reunida durante una investigación científica. (pág. 6)

experimento Una investigación en la cual se controlan todas las condiciones para probar una hipótesis. (pág. 23)

extinción Desaparición de todos los individuos de una especie animal o vegetal. (pág. 274)

extinción masiva Período durante el cual un gran número de especies desaparece. (pág. 475)

F

falla Rompimiento de la corteza terrestre en el que la roca de un lado se desplaza en relación con la roca del lado opuesto. (pág. 394)

fósil Restos o vestigios de una planta o animal que vivió hace mucho tiempo. (pág. 454)

fósil-guía Fósil de un tipo de organismo que vivió en muchos lugares durante un periodo relativamente corto. (pág. 469)

fotosíntesis Proceso por el cual las plantas fabrican azúcar. (pág. 293)

frecuencia Medida del número de ondas que pasan por un punto en un segundo. (pág. 650)

fricción Fuerza que actúa sobre dos objetos que se están tocando, la cual se opone al movimiento. (pág. 703)

fuerza Un empujón o un tirón que puede alterar el movimiento de un objeto. (pág. 700)

fuerzas equilibradas Fuerzas que se cancelan mutuamente porque son de igual tamaño y van en dirección opuesta. (pág. 704)

fuerzas no equilibradas Fuerzas que causan un cambio de movimiento en un objeto porque no se cancelan mutuamente. (pág. 704)

galaxia Grupo que contiene miles de millones de estrellas, los objetos que giran en órbita a su alrededor, gas y polvo. (pág. 565)

gas Estado de la materia en el que una sustancia no tiene forma ni volumen definidos. (pág. 584)

género En la clasificación de los organismos, una subdivisión de la familia. (pág. 179)

germinar Comenzar a crecer (una semilla, una espora o un retoño). (pág. 200)

gimnosperma Planta vascular que produce semillas , las cuales no están rodeadas por una fruta. (pág. 196)

gravedad Fuerza de atracción entre objetos, como la atracción entre la Tierra y los objetos que contiene. (pág. 702)

H

hábitat Lugar donde un organismo vive y puede encontrar todo lo que necesita para subsistir. (pág. 252)

hígado Órgano de gran tamaño que produce un líquido digestivo llamado bilis. (pág. 155)

huesos Órganos duros con una capa interior esponjosa, que sirven para sostener el cuerpo o proteger otros órganos. (pág. 140)

I

inercia Tendencia de un objeto a resistir un cambio en el movimiento. (pág. 725)

ingeniería Aplicación de las ciencias y las matemáticas con fines prácticos, tales como el diseño de estructuras, máquinas y sistemas. (pág. 65)

instinto Comportamiento que un organismo hereda y sabe aplicar sin que se le enseñe. (pág. 232)

invertebrado Animal que no tiene columna vertebral. (pág. 212)

investigación Un procedimiento que se realiza cuidadosamente para observar, estudiar o probar algo con el fin de aprender más sobre ello. (pág. 4)

luz Forma de energía que viaja por el espacio y se encuentra parcialmente dentro del espectro visible. (pág. 668)

L

líquido Estado de la materia en el que una sustancia tiene volumen definido pero forma indefinida. (pág. 584)

llanura abisal Fondo extenso de las profundidades del océano. (pág. 496)

longitud de onda Distancia entre un punto de una onda y el punto idéntico de la onda siguiente. (pág. 652)

M

manto Capa gruesa de la Tierra que está debajo de la corteza. (pág. 389)

marea Ascenso y descenso regular de la superficie del océano, causado ante todo por la atracción de la gravedad de la Luna sobre los océanos de la Tierra. (pág. 511)

materia Todo aquello que tiene masa y ocupa espacio. (pág. 580)

medioambiente Todos los seres vivos y no vivos que rodean y afectan a un organismo. (pág. 248)

meiosis Proceso por el cual se generan células reproductoras. (pág. 111)

membrana celular La cubierta delgada que rodea a toda célula. (pág. 106)

metamorfosis completa Cambio complejo que sufren la mayoría de los insectos y que incluye las etapas de larva y crisálida. (pág. 217)

metamorfosis incompleta Cambio en el desarrollo de algunos insectos, durante el cual una ninfa sale del huevo y se desarrolla gradualmente hasta convertirse en adulto. (pág. 218)

meteorización Rompimiento de las rocas en la superficie de la Tierra que produce pedazos de roca más pequeños. (pág. 367)

métodos científicos Diferentes maneras en las que los científicos hacen investigaciones y reúnen datos confiables. (pág. 22)

mezcla Combinación de dos o más sustancias diferentes en la cual las sustancias conservan su identidad. (pág. 615)

microscópico Demasiado pequeño para verse sin microscopio. (pág. 43)

mineral Sólido no vivo que tiene forma cristalina. (pág. 414)

mitosis Proceso por el cual se dividen la mayoría de las células. (pág. 110)

molde Impresión de un organismo, que se forma cuando se endurece el sedimento que lo rodea. (pág. 455)

molécula Una sola partícula de materia, que se compone de dos o más átomos unidos químicamente. (pág. 634)

músculos Órganos compuestos de haces de fibras largas que se pueden contraer para producir movimiento en los seres vivos. (pág. 142)

N

nicho ecológico La función que cumple una planta o un animal en su hábitat. (pág. 252)

núcleo Centro de control de una célula que dirige las actividades celulares. (pág. 106)

núcleo Capa de la Tierra que se extiende desde su centro hasta el fondo del manto. Está compuesto principalmente de hierro metálico y níquel. (pág. 389)

opinión Creencia o juicio basado en lo que la persona piensa o siente y no necesariamente en evidencia. (pág. 9)

O

ola Movimiento hacia arriba y hacia abajo de la superficie del agua. (pág. 506)

organismo descomponedor Ser vivo que obtiene energía al descomponer organismos muertos y desechos de animales en sustancias más simples. (pág. 299)

onda Alteración que transporta energía, como el sonido o la luz, a través de la materia o el espacio. (pág. 648)

organismo Ser vivo. (pág. 104)

opaco Que no permite el paso de la luz. (pág. 678)

órgano Grupo de tejidos que trabajan juntamente para cumplir una función determinada. (pág. 126)

P

páncreas Órgano del cuerpo que produce jugo digestivo y también insulina. (pág. 155)

piel El órgano más grande del cuerpo humano, el cual recubre el exterior del cuerpo. (pág. 134)

pirámide de energía Diagrama que muestra que en todos los niveles de una cadena alimentaria se pierde energía. (pág. 312)

plancton Pequeños organismos que flotan a la deriva en grandes números en masas de agua salada o agua dulce. (pág. 526)

planeta enano Cuerpo celeste casi redondo, ligeramente más pequeño que un planeta, cuya órbita se cruza con la órbita de otro cuerpo celeste. (pág. 548)

planeta Cuerpo celeste grande y redondo que gira alrededor de una estrella. (pág. 540)

planta no vascular Planta que carece de tejidos para transportar agua, alimento y nutrientes. (pág. 192)

planta vascular Planta que tiene tejidos para transportar agua, alimento y nutrientes a sus células. (pág. 193)

Glosario interactivo

plataforma continental Parte del fondo oceánico que presenta un declive gradual y está formada por corteza continental. (pág. 496)

presión de agua Empuje del agua hacia abajo. (pág. 495)

población Todos los organismos del mismo tipo que viven juntos en un ecosistema. (pág. 250)

prisma Objeto transparente que separa la luz blanca en los colores del arcoíris. (pág. 683)

polución Todo desecho o contaminación que causa daño o ensucia un ecosistema y afecta a los organismos. (pág. 337)

productor Ser vivo, como una planta, que puede producir su propio alimento. (pág. 294)

preciso En una medición, muy cerca del tamaño o valor real. (pág. 49)

prototipo Modelo original o de prueba en el que se basa un producto. (pág. 68)

pulmones Órganos de gran tamaño del sistema respiratorio que llevan oxígeno del aire al resto del cuerpo y eliminan dióxido de carbono. (pág. 144)

recurso renovable Recurso que se puede reemplazar dentro de un período adecuado de tiempo. (pág. 330)

R

reacción Proceso por el cual se forma una nueva sustancia durante un cambio químico. (pág. 599)

red alimentaria Grupo de cadenas alimentarias que se sobreponen. (pág. 310)

recurso natural Todo lo que está en la naturaleza y que las personas pueden utilizar. (pág. 330)

reflexión El rebote de las ondas de luz cuando chocan contra un obstáculo. (pág. 680)

recurso no renovable Recurso que, una vez utilizado, no se puede reemplazar dentro de un período considerable de tiempo. (pág. 331)

refracción El curvamiento de las ondas de luz al pasar de un material a otro. (pág. 682)

riñones Órganos del sistema excretor que eliminan los desechos de la sangre. (pág. 159)

roca Sólido formado naturalmente compuesto por uno o más minerales. (pág. 428)

roca ígnea Tipo de roca que se forma cuando la roca fundida se enfría y se endurece. (pág. 429)

roca metamórfica Tipo de roca que se forma por la acción del calor o un cambio de la presión sobre una roca existente. (pág. 432)

roca sedimentaria Tipo de roca que se forma cuando varias capas de sedimento se unen bajo presión. (pág. 430)

S

salinidad Cantidad de sal que tiene el agua. (pág. 495)

sedimentación Depósito o asentamiento de materiales erosionados. (pág. 368)

sedimento Arena, pedazos de roca, fósiles y otro tipo de materia transportados y depositados por el agua, el viento o el hielo. (pág. 369)

sistema de órganos Grupo de órganos que trabajan conjuntamente para cumplir una función que beneficie el cuerpo. (pág. 126)

sistema solar Una estrella y todos los demás cuerpos celestes que giran a su alrededor. (pág. 540)

sólido Estado de la materia en el que una sustancia tiene forma y volumen definidos. (pág. 585)

solución Mezcla que tiene una composición uniforme porque todas sus partes están mezcladas uniformemente. (pág. 616)

sucesión Cambio gradual en los diferentes tipos de organismos de un ecosistema. (pág. 266)

T

talud continental Parte del fondo oceánico que presenta un declive brusco. (pág. 496)

tecnología Uso del conocimiento científico para resolver problemas prácticos. (pág. 66)

tectónica de placas Teoría según la cual la corteza terrestre está dividida en placas que siempre están en movimiento. (pág. 390)

tejido Grupo de células similares que trabajan conjuntamente, como el tejido muscular o el tejido estomacal. (pág. 126)

temperatura Medida de la energía del movimiento de las partículas de la materia, la cual percibimos como lo frío o caliente que está algo. (pág. 582)

teoría atómica Explicación científica de la estructura de los átomos y sus interacciones con otros átomos. (pág. 630)

terremoto Temblor de la superficie terrestre que puede causar ascenso o descenso del terreno. (pág. 394)

tono Qué tan agudo o grave es un sonido. (pág. 650)

translúcido Que permite el paso de solamente una parte de la luz. (pág. 679)

transparente Que permite el paso de la luz. (pág. 679)

U

universo Todo lo que existe, incluyendo las galaxias y lo que hay en ellas. (pág. 564)

V

variable Cualquier condición que se puede cambiar en un experimento. (pág. 29)

vejiga Órgano del sistema excretor que almacena y hace salir la orina. (pág. 159)

vertebrado Animal que tiene columna vertebral. (pág. 210)

volcán Lugar de donde salen gases calientes, humo y roca derretida desde el interior de la Tierra hacia la superficie. (pág. 398)

volumen Cantidad de espacio que ocupa algo. (pág. 580)

volumen Fuerza de un sonido. (pág. 651)

Z

zona intermareal Área entre la tierra y el océano que se cubre de agua durante la marea alta y queda descubierta durante la marea baja. (pág. 521)

Índice

N

O

Q

R

S